W0231846

Als Franz Josef Strauß 1988 starb, sagte Kardinal Ratzinger in seiner Totenpredigt: «Er hat wie eine Eiche gelebt. Und er wurde wie eine Eiche gefällt.» Gewiss war Strauß die große politische Reizfigur der Bundesrepublik: Heiliger für die einen, Dämon für die anderen.

Werner Biermann beschreibt den Aufstieg eines Metzgersohns zum ungekrönten König der Bayern – und zugleich die Geschichte eines Familienclans, der zum Schluss jedes Maß verliert. Er erzählt von Strauß' Kindheit im Schwabing der kleinen Leute, vom Vater, in dessen Metzgerei Himmler seine Wurst kaufte und der die Nazis verabscheute. Er schildert eine politische Karriere, die fast in der Kanzlerschaft gipfelte, und das Geflecht von Amigo- und Vetternwirtschaft, das die Familie umspannte: eine schwere Last, unter der die Strauß-Kinder am Ende zusammenbrechen.

Werner Biermann, Jahrgang 1945, war Reporter bei der «Westdeutschen Allgemeinen Zeitung» und beim «Stern», er arbeitet als freiberuflicher Autor und realisierte rund 50 Dokumentarfilme. Für seine Arbeiten wurde er mit dem Adolf-Grimme-Preis ausgezeichnet.

WERNER BIERMANN

Strauß

Aufstieg und Fall einer Familie

ROWOHLT TASCHENBUCH VERLAG

Überarbeitete Taschenbuchausgabe

Veröffentlicht im Rowohlt Taschenbuch Verlag,
Reinbek bei Hamburg, Januar 2008
Copyright © 2006 by Rowohlt · Berlin,
Verlag GmbH, Berlin
Umschlaggestaltung ZERO Werbeagentur, München,
nach einem Entwurf von any.way, Hamburg
(Fotonachweis: bpk)
Druck und Bindung Druckerei C. H. Beck, Nördlingen
ISBN 978 3 499 62302 8

INHALT

Prolog

DER TOD EINES JÄGERS

Die Cessna Citation II fliegt gleichmäßig und ruhig in zehntausend Metern Höhe, Kurs Nordnordwest. Der Düsenjet, der von Franz Josef Strauß gesteuert wird, befindet sich auf dem Rückflug von Varna/Bulgarien nach München. Außer dem bayerischen Ministerpräsidenten und seinem Kopiloten sind noch drei weitere Männer an Bord. Sie sind guter Dinge, vor allem Strauß selbst. Am Vortag hat er auf Einladung eines Jagdkameraden, des bulgarischen Staatsratsvorsitzenden Todor Schiwkoff, ein großartiges Erlebnis gehabt. Sie hatten ihm einen kapitalen Sechzehnender vor die Flinte getrieben. Mit einem einzigen Schuss hat der Jäger Strauß ihn erlegt.

Man überfliegt gerade Klagenfurt. Plötzlich hören die Piloten in der Kanzel ein seltsames Geräusch, zwei Sekunden später einen Knall und ohrenbetäubenden Lärm. Die Luft entweicht aus der Maschine, die Apparate zeigen extremen Druckabfall. Die fünf Männer ringen nach Atemluft. Instinktiv schauen sie auf die Deckenklappen, hinter denen sich die Sauerstoffmasken befinden, doch die Klappen öffnen sich nur halb.

Sofort hat Pilot Strauß einen steilen Sinkflug eingeleitet, raus aus der sauerstoffarmen und eiskalten Reiseflughöhe, und geht auf etwa dreitausend Meter herunter. Sein Kopilot warnt über Funk den Luftraum unter ihnen. Die Kombination aus Atemnot und Sturzflug lässt zwei der Passagiere kurzzeitig das Bewusstsein verlieren. Schließlich zerren sie die Sauerstoffmasken aus den Klappen heraus, doch das System ist defekt, die Masken liefern keinen Sauerstoff.

Zwei oder drei Minuten sind vergangen. Langsam gleicht sich der Druck aus, es steht wieder genügend Atemluft zur Verfügung. Strauß und sein Kopilot haben keine Sekunde gezögert, genau das Richtige zu tun, ein geradezu lehrbuchmäßiges Manöver. Erst nach der Notlandung stellt Strauß fest, dass ihm scheußlich übel ist. Er ist blass, sein Gesicht schweißnass. Auf die extreme Belastung des Sturzflugs reagiert der Körper mit extremer Schwächung. Dann wird es langsam besser. Die Männer gratulieren dem Piloten Strauß wegen seiner Geistesgegenwart; er hat ihnen das Leben gerettet. Und auch sein eigenes Leben, das von jetzt an – was niemand wissen kann – nur noch genau sieben Tage dauern wird.

Nach der Notlandung und der Heimkehr nach München nimmt Strauß seine Amtsgeschäfte wieder auf. Ein Mann wie er lässt sich von einem Beinaheabsturz nicht lange beeindrucken; im Krieg hat er ganz andere Dinge erlebt. Aber ein Sturzflug, bei dem alle nach Luft ringen und sein eigener Leibarzt, Valentin Argirov, als Erster ohnmächtig wird – das macht eine großartige Geschichte.

Nachmittags erzählt er sie mit Vergnügen seiner Freundin Renate Piller, die sich vor Angst noch nachträglich ordentlich schüttelt. Das freut ihn. Er versucht seit langem herauszufinden, ob seine dreißig Jahre jüngere Geliebte, die er heiraten will, ihn wirklich liebt, ihn, den Mann Strauß – oder vielleicht doch nur Strauß, den Berühmten, den Ministerpräsidenten, den «bayerischen Monarchen». Den Multimillionär, ganz nebenbei.

Der Zweifel nagt an ihm, obendrein wird er geschürt von seinen drei erwachsenen Kindern, den beiden Söhnen vor allem. Er ist immer noch eitel, will «um seiner selbst willen» geliebt werden. Wer aber ist das, er selbst? Jeder sieht in ihm einen anderen.

Diesen Abend gehen sie jedenfalls beim Lieblingsitaliener essen, er und Renate. Seit er das Vergnügen hat, dieser schönen Frau gegenüberzusitzen, ihre Blicke zu genießen und ihr strahlendes Lachen, verspürt er den Drang, von sich zu erzählen. Er hat das jahrelang nicht mehr getan, höchstens Anekdoten, auf Partys, zur Gaudi seiner Zuhörer. Storys von der Schlacht am Don, von den wilden Nachkriegszeiten in Schongau, von Telefonaten mit Helmut Kohl. Wie er den zusammengestaucht hat! Aber jetzt, seit Monaten, erzählt er der jungen Frau, die ausgezeichnet zuhören kann, sein wahres Leben, so wie er es sieht.

Und wenn er sich dabei zuhört, kommt es ihm selbst wundersam vor, dieses Leben. Die Schellingstraße damals in Schwabing, mit dem Metzgerladen seines Vaters, das will er ihr einmal zeigen, die Kindheit im Hinterhof, echte Armut, lange vor Renates Geburt. Als Liebender gibt er natürlich auch ein bisschen an, ganz dezent: Seine Leistungen als Schüler und Student damals, na ja, es war das beste Abitur in ganz Bayern und später das beste Staatsexamen seit Menschengedenken.

Da er nun schon über sein Leben nachdenkt, hat er angefangen, ein Buch zu schreiben, seine Autobiographie. Dabei schreibt er nicht selbst, sondern erzählt dem Wilfried Scharnagl sein Leben, und sie lassen ein Tonband laufen. Den Rest besorgt dann Scharnagl, der Chefredakteur des «Bayernkurier». Scharnagl ist mit der geistigen Welt des Ministerpräsidenten seit Jahren so vertraut wie kein anderer: «Scharnagl schreibt, was ich denke; ich denke, was Scharnagl schreibt.»

Schon fast sechshundert Seiten liegen vor, aber kaum ein Satz zu dem, was jeder von ihm wissen will: Was geschah damals wirklich bei der «Spiegel»-Affäre, war er selbst die treibende Kraft bei dem Versuch, Augstein und sein Blatt zu vernichten? Hat er Ahlers in Torremolinos widerrechtlich verhaften lassen? Welche Rolle spielte Adenauer, der greise Kanzler? Und wie lautet seine eigene Version der vielen Affären, der Korruptionsgeschichten um den Starfighter, um den Schützenpanzer, um Onkel Aloys – dieses ganze frühe Amigo-System. Ein Bestseller könnte das werden.

Über Rudolf Augstein hat er auf sechshundert Seiten noch kaum ein Wort verloren. Den «Spiegel» einmal kurz erwähnt, als «Ausdruck der Zerrissenheit und des Nihilismus der deutschen Seele», wobei das Magazin selbst «zu dieser Zerrissenheit entscheidend beigetragen» habe. Alle Einzelheiten fehlen noch. Aber er hat mit Scharnagl verabredet, dass die «Spiegel»-Affäre eines der kommenden Kapitel werden soll. Angefangen bei jener legendären Hamburger Samstagnacht im März 1957, als Strauß und Augstein mit einigen «Spiegel»-Leuten zusammen soffen und krakeelten und sich fürs Leben verfeindeten.

Diesen Sommer 1988, seinen letzten, hat Strauß mit Renate Piller in Südfrankreich verbracht, an der Côte d'Azur, in jenem Ferienhaus, das er damals mit seiner Frau Marianne gekauft hat, gleich nach der Hochzeit. Die erwachsenen Kinder schauen auch jetzt in Calanques des Issambres vorbei, wie jedes Jahr, Monika mit ihrem Mann Michael und dem Enkelkind und die Strauß-Söhne mit ihren Freundinnen.

Vor allem Max hat Renate spüren lassen, dass er sie nicht akzeptiert. Monika verhielt sich diplomatisch, vermied jeden Konflikt; aber die Vorstellung, dass der Vater eine andere Frau zur First Lady macht, ist ihr unangenehm. Schließlich hat sie selbst, seit dem Tod ihrer Mutter vor vier Jahren, diese Rolle eingenommen. Die «Moni», das «Monikale» – sie hat sich bei den Menschen in Bayern beliebt gemacht mit ihrer direkten und manchmal ein wenig schüchternen Art.

Renate Piller vermutet, Strauß habe seinen Kindern gegenüber Schuldgefühle, vor allem den Söhnen. Als sie klein waren, hat er sich viel zu selten um sie gekümmert. Einmal, ein einziges Mal, hat er sogar seine Familie verlassen wollen; das wissen die Kinder nicht, aber an ihm nagt es insgeheim.

Immerhin versucht er jetzt, Max, den jungen Anwalt, in die Geschäfte einzuführen, die er als Aufsichtsratsvorsitzender des Airbus-Konzerns verfolgt, kürzlich auch in schwierige Vermittlungsgeschäfte von Flugzeugen und Panzern, etwa in Saudi-Arabien. Max hat die Prinzen in Riad beeindruckt, als er einen kostbaren Jagdfalken als Gastgeschenk sehr fachmännisch aus dem Käfig holte. Strauß hat den Sohn obendrein mit einem alten Freund zusammengebracht, dem Kaufmann Karlheinz Schreiber, der so ziemlich mit allem handelt, mit Hubschraubern, Flugzeugen, Waffen. Max und Schreiber sind bereits Geschäftspartner und Freunde geworden.

Auch beim jüngeren Sohn, Franz Georg, dem Medienkaufmann, baut Strauß auf die Hilfe eines Freundes. Er hat sich in dessen Werbeagentur eingekauft, die Münchner Agentur «Contas» von Walter Schöll. Von dieser Beteiligung darf die Öffentlichkeit freilich nichts wissen. Dass Strauß, der Ministerpräsident Bayerns, der Agentur regelmäßig Staatsaufträge zukommen lässt, das sähe für viele Menschen nach Selbstbereicherung aus, denn er streicht ja jedes Jahr die «Contas»-Gewinnanteile ein. Er wünscht sich vor allem, dass Franz

Georg mit Schölls Hilfe ein erfolgreicher Manager in der Werbebranche wird.

Viele Sorgen also, sogar im Urlaub. Und auch gesundheitlich geht es ihm in Frankreich nicht gut. Die Zuckerkrankheit plagt ihn zwar schon seit Jahren, ebenso der Bluthochdruck, aber jetzt hat er außerdem oft «heftige Schmerzen in der Brust und ein Drücken und Ziehen im Rücken», wie Tochter Monika später erzählt. Manchmal macht er «einen abwesenden, in sich gekehrten Eindruck».

Ende August, an einem sehr heißen Tag, trifft er sich mit einem alten Freund, dem Comte de Marenches, dem ehemaligen Chef des französischen Geheimdienstes. Da geht es um viele alte Geschichten, das macht ihm Spaß; nur der Fisch in Aspik, den der Comte auftischen lässt, bekommt ihm nicht. Ist es wirklich Fischvergiftung?

Die Symptome sind jedenfalls so gravierend, dass Monika einen anderen alten Freund des Vaters anruft, den Nürnberger Industriellen Karl Diehl. Der schickt sofort seinen Jet, der den Ministerpräsidenten am 2. September nach München bringt. Valentin Argirov, sein Leibarzt, checkt ihn in seiner Starnberger Privatklinik gründlich durch und setzt ihn auf strenge Diät, was freilich für Strauß weiter nichts bedeutet als eine freundschaftliche Ermahnung. Das ist nichts, was einen Patienten wie Strauß beeindruckt, und so lebt er einfach in demselben Stil weiter.

Immer schon hat er sich und seinem Körper zu viel zugemutet, zu viel Essen, zu viel Alkohol, zu viel Arbeit. Seit dem Tod Mariannes vor vier Jahren kommt die Rastlosigkeit hinzu. Die Rastlosigkeit als Programm, vielleicht als Flucht? Als dauernde Suche?

Strauß, der früher gerne einen freien Abend lesend verbrachte, ist plötzlich ein Mitglied des internationalen Jet-Set geworden, erst recht mit der schönen Renate an seiner Seite. Opernball in Wien, dann gleich zum Karneval in Venedig oder auf einen Abend ins «Dodici Apostoli» in Verona, am Wochenende mal schnell zum Essen mit den Thyssens in deren maurischem Stadtpalast in Marrakesch – «die Maschinen standen ja sowieso bereit», sagt Renate Piller dreizehn Jahre später. Wenn Strauß nicht den Jet benutzt, setzt er sich in seinen BMW – den hat er frisieren lassen – und rast über die bayerischen

Landstraßen, ganz ohne Begleitschutz, er hat jetzt immer seine kleine Smith & Wesson dabei. Er lässt sich zu Festen einladen, zu Jagdausflügen. Er trifft die immer gleichen Leute, die Reichen und Einflussreichen aus der Münchner Schickeria, die ihn umschwärmen und die er in Wahrheit nicht besonders mag. Suche nach was, Flucht wovor?

Der letzte Monat seines Lebens. Nachdem Argirov ihn auf Diät setzt, fährt Strauß auf den Praschberghof seines Freundes Franz Dannecker; ein Wochenende mit Renate. Dann, am 5. September, wird mit großer Freundesschar in seinen 73. Geburtstag hineingefeiert, diesmal im «Bogenhauser Hof», wo es wieder sehr spät wird. Anderntags die offizielle Geburtstagsfeier mit Partei- und Regierungsfreunden und allem, was in Bayern Rang und Namen hat, im Wildbad Kreuth. Denn er ist der Ministerpräsident. Er ist sogar mehr als das: ein Monarch, ein bayerischer Fürst, der «Nachfolger der Wittelsbacher», wie er scherzt.

Dann muss das Oktoberfest eröffnet werden, ebenso die Korbwarenmesse in Lichtenfels. Er leitet die Kabinettssitzungen der bayerischen Regierung, empfängt ausländische Delegationen, weiht neue Fabrikanlagen ein. Er will, dass Bayern, das alte Agrarland, sich in ein Hightech-Land verwandelt. Auch deshalb besucht er dauernd private und offizielle Feiern von Unternehmern und Wirtschaftsbossen.

Einmal fliegt er nach Rhodos zu einer langweiligen Konferenz der konservativen Parteien Europas; das bringt Flugstunden, die er als Jetpilot sammeln muss. Auf dem Rückflug legt er den Zwischenstopp bei seinem bulgarischen Jagdkameraden Schiwkoff ein, um den Sechzehnender zu erlegen. Die Sensation und das Privileg, töten zu dürfen, der sinnliche Kick. Als Historiker weiß er, dass dieses Recht früher nur den Mitgliedern des Adels vorbehalten war, und genau deshalb beansprucht er es jetzt für sich. Das Jagen ist aber auch einer seiner tief sitzenden Instinkte: die Jagd nicht nur auf Wild, sondern auf alles, was die Sinne anregt und den Genuss steigert, Jagd auf Erfolg, Frauen, Anerkennung, Geld.

In den Tagen nach dem Beinaheabsturz aus zehntausend Metern Höhe ist ihm manchmal «etwas unwohl», wie er sagt. Einmal erklärt er der besorgten Renate, er wolle endlich mal früh ins Bett gehen. Stattdessen schleicht er sich davon und trifft auf der Wies'n seinen Leibarzt Argirov. Ausgerechnet. Ein Foto in der Morgenzeitung beweist es, und die beiden Männer auf dem Bild, mit den großen Maßkrügen in der Hand, machen nicht den Eindruck, als seien sie mitten in einer ärztlichen Visite. Am Samstag, dem 1. Oktober, vormittags, trifft er sich abermals auf der Wies'n zum Bier, diesmal mit dem Bonner Verteidigungsminister Rupert Scholz, einem seiner Amtsnachfolger. Mal hören, wie's in der Truppe so geht, Kontakt halten, immerhin war Franz Josef Strauß sozusagen der Schöpfer der Bundeswehr – gegen seine mächtigen Feinde damals.

Dann steht auch schon der Wagen bereit, der ihn zum Helikopter-Landeplatz bringt. Ein kurzer Flug ins Regensburger Wildgehege, wo die Jagdfreunde des Fürsten von Thurn und Taxis mit ihm auf die Jagd gehen wollen. Abends will er wieder «daheim» sein, hat er Renate Piller beim Abschied gesagt, daheim, wo immer das sein mag, bei ihm, bei ihr, bei Freunden, in der Kneipe. Der Fürst begrüßt ihn freundschaftlich, Strauß zieht sein Jagdgewand an und besteigt einen Kleinbus, der ihn zur Hirschhatz bringen soll. Da sagt er zum Fahrer: «Halt. Der Flug war ein bisserl anstrengend, warten S' noch.»

Er bricht zusammen und verliert das Bewusstsein. Ein Rettungshubschrauber fliegt ihn in das Regensburger «Krankenhaus der Barmherzigen Brüder», wo er sofort operiert wird. Doch alle ärztlichen Bemühungen sind vergebens. Zwei Tage später, am Montag, dem 3. Oktober 1988, gegen Mittag, stirbt Franz Josef Strauß im Alter von 73 Jahren an einem akuten Herz-Kreislauf-Versagen.

Der Bayerische Rundfunk unterbricht sein Programm. Einen Augenblick stockt das Leben in München. Die Taxifahrer heften schwarze Trauerflore an ihre Fahrzeuge. Bundesinnenminister Friedrich Zimmermann, sein alter Gefährte, ordnet an, im ganzen Land halbmast zu flaggen. Extrablätter werden ausgerufen. «Der Titan ist tot», schreibt die Münchner «Abendzeitung», «das Urgestein, der Vollblutpolitiker, der Machtmensch, Bayerns Monarch. Einer wie er wird nie mehr auf Bayerns Thron sitzen.»

Der Leichnam wird von Regensburg nach München überführt. Auf den Brücken, an den Parkplätzen und Raststätten der ganzen

Autobahnstrecke stehen Tausende von trauernden Menschen, viele von ihnen mit brennenden Kerzen in der Hand. Strauß wird im Prinz-Carl-Palais aufgebahrt. Bundeswehr, Polizei und Gebirgsschützen halten Ehrenwache. Bayern nimmt von seinem Ministerpräsidenten Abschied wie von einem König.

Seit hundert Jahren, seit dem Tod des «Märchenkönigs» Ludwig II. im Jahre 1886, hat München nicht mehr ein solches pompöses Begräbnis erlebt: Trauersitzung im Maximilianeum, Staatsakt in der Residenz, Pontifikalrequiem des Kardinals im Liebfrauendom. Joseph Kardinal Ratzinger sagt in seiner Predigt: «Er hat wie eine Eiche gelebt. Und er wurde wie eine Eiche gefällt.» Rudolf Augstein fasst alle Spannungen und Brüche, alle Fehler und Mängel, alle Schmerzen, Erfolge und Abstürze dieses Lebens zusammen und schreibt: «Ich glaube, dass er sein Leben gut gelebt hat.»

Und schließlich, am 7. Oktober 1988, die große öffentliche Trauerfeier auf den Straßen der Stadt: Zehntausende stehen am Straßenrand, das Fernsehen zeigt in Großaufnahme viele Menschen, die hemmungslos schluchzen, sich in den Armen liegen. Sechs Pferde, mit schwarzen Tüchern behängt, ziehen die Lafette über die Münchner Boulevards.

Hinter dem mit der Landesfahne bedeckten Sarg geht die Familie: die Tochter Monika mit ihrem Mann, die beiden Söhne Max und Franz Georg, die 81-jährige Schwester des Verstorbenen, Maria Strauß. Renate Piller, die letzte große Liebe des Franz Josef Strauß, gehört jetzt nicht mehr zur Familie und ist hier vorne nicht erwünscht. Hinter der Familie gehen zweitausend Ehrengäste aus aller Welt, Präsidenten, Kanzler, Parteivorsitzende, der Kardinal mit elf Bischöfen, Ministerpräsidenten, Generäle, Bankiers, Aufsichtsratsvorsitzende, Adelige, Operndirektoren, Fernsehintendanten, Volksschauspieler. Dann die Abgesandten von 800 bayerischen Vereinen in Tracht und mit Fahnen, 1200 Tiroler Gebirgsschützen mit Säbeln und Vorderladern.

Der Trauerzug zieht vorbei an der Schellingstraße, wo Strauß seine Kindheit verbrachte, an der Ludwigskirche, wo er getauft wurde, an der Universität, wo er alte Sprachen studiert hatte. Dann erreicht er das schwarz verhüllte Siegestor, gerade als es dunkel wird. Dumpfe

Trommelwirbel, Ehrenformationen der Bundeswehr. Eine einzelne Frau schluchzt laut auf. Friedrich Zimmermann zieht in diesem Moment unwillkürlich eine Bilanz dieses Lebens: «Er war ein Genie. Und er ist gescheitert», so erinnert sich Zimmermann.

Dann ziehen die sechs schwarzen Pferde die Lafette durch das Siegestor und verschwinden hinter einem riesigen schwarzen Trauerflor. Strauß hat seine Stadt, München, verlassen. Der Sarg wird nach Rott am Inn überführt und dort, in der Familiengruft, neben seiner Frau Marianne beigesetzt.

Wie sein ganzes politisches Leben hindurch, so ist Strauß auch im Tod noch umstritten. An mehreren Orten in der Stadt versammeln sich Strauß-Gegner. Da sie schlecht gegen einen Verstorbenen demonstrieren können, protestieren sie gegen die Teilnahme des südafrikanischen Apartheids-Präsidenten, des Strauß-Freundes Botha, an der Trauerfeier. Die Polizei muss einschreiten. Die Demonstrationen zeigen noch einmal die Missverständnisse, an denen Strauß durch seine Doppeldeutigkeit und seine elitäre Neigung zur Geheimdiplomatie selbst schuld ist: In diesem Fall wird Nelson Mandela nach seiner Freilassung aus dem südafrikanischen Kerker erklären, er habe dies auch Franz Josef Strauß und seiner Intervention bei Botha und anderen zu verdanken. Wer hätte es wissen sollen?

Weder sein Land, Bayern, noch seine Partei, die CSU, noch gar seine Familie konnten sich aus dem magischen Bann lösen, der von Strauß auch nach seinem Tod lange Zeit ausging. Seine Nachfolger als Ministerpräsidenten hatten mit seinem Erbe große Probleme, Streibl stürzte, Stoiber musste sich von seinem Übervater Strauß schmerzhaft abnabeln.

Für die Strauß-Kinder war der große Name nicht nur ein Segen. «Der Name öffnet alle Türen», erkannte Max, «aber reingehen müssen wir dann selbst.» Das genau war das Problem: Nun war der Vater nicht mehr da, um sie zu beschützen und die Dinge zu richten. Die Regeln des Ancien Régime waren mit dem Tod des Königs ungültig geworden, wer sie gelernt hatte, musste sich plötzlich verloren fühlen. Das Abenteuer war vorbei. Mit dem Einzug einer anderen politischen Kultur auch in Bayern hatten sie nicht gerechnet.

15

Der riesige Schatten des Vaters ragt bis heute in das Leben seiner Kinder hinein. Sein Name öffnete der Tochter sogar die Tür zum Sitzungszimmer des bayerischen Kabinetts, und eine Zeit lang schien Monika die «Lichtgestalt» zu sein, eine würdige Nachfolgerin des Alten, als Abgeordnete, als Staatssekretärin und Ministerin. Max Strauß wurde wegen Betrugs rechtskräftig verurteilt und geriet dazu in den Strudel der Prozesse um Parteienfinanzierung, Schmiergelder und Steuerhinterziehung, deren Schlüsselfigur sein nach Kanada geflüchteter Freund Karlheinz Schreiber ist.

Sein Anwalt findet ein schönes Bild: Max habe «fliegen wollen wie der Vater», er habe aber nur «flattern» gelernt. Am Ende steht Max in den Trümmern seiner bürgerlichen Existenz und bedarf psychiatrischer Hilfe. Eine Tragödie menschlichen Scheiterns, aus Überforderung und Selbstüberschätzung. Dekadenz und Abstieg einer Familie, die in Bayern zeitweilig den Rang einer Herrscherfamilie eingenommen hatte.

Auch Monika Hohlmeier wollte hoch fliegen, auch sie stürzte ab. Im Münchner CSU-Dschungel aus Intrigen, Erpressungen und Wahl-Manipulationen, bei dem sich immer schon Staats-, Partei- und Privatinteressen zu einem hoffnungslosen Knäuel vermischten («mafiöse Strukturen», sagt ein Richter), verliert sie den Überblick, gerät in die Defensive und muss in Etappen zurücktreten, erst vom Parteiamt, dann vom Ministeramt.

Die Geschichte der Familie Strauß ist noch nicht abgeschlossen. Sie ist viel komplexer und widersprüchlicher, als sie zumeist erzählt wurde. Eine Aufsteigerlegende, in der sich eine ganze Epoche spiegelt, mit ihrem Glanz, ihren Verrücktheiten, ihren Verbrechen, ihren Neurosen. Und in ihrem Mittelpunkt eine Figur von solch großem Format, dass sie alle Ängste und Sehnsüchte der Menschen, auch den Hass auf sich zog. Ein Politiker, der die Gesellschaft polarisierte: Für die einen war er der charismatische Heilsbringer, Beschützer der Unterdrückten. Für die anderen der affärengebeutelte und skrupellose Machtmensch, der über Leichen ging.

Kapitel 1

DIE GLOCKEN DER REVOLUTION
Aufstieg einer Familie

Niemand weiß, was den jungen Franz Josef Strauß bewog, seine Heimat, das Dorf Kemmathen an der Sulzach, zu verlassen und in die Landeshauptstadt zu ziehen, nach München. War es Ehrgeiz, Aufstiegswille? Oder Abenteurertum? Seit neun Generationen waren die Strauß Müller gewesen, die Söhne wie die Väter. Niemals hatte sich einer der Vorfahren weiter als eine Tagesreise vom Geburtsort entfernt. Aber Franz Josef Strauß ist anders, er hat einen Traum. Wie magisch wird er vom Glanz der großen Stadt angezogen. Das 20. Jahrhundert hat gerade begonnen, alles scheint verheißungsvoll für einen entschlossenen jungen Mann, der an die Zukunft glaubt und zu arbeiten versteht.

Zunächst lernt er das ehrbare Metzgerhandwerk. Dann geht er nach München und besteht seine Meisterprüfung – mit einer Note, die später für seinen Sohn zur verbindlichen Norm wird: sehr gut. 1904, er ist knapp 29 Jahre alt, mietet er sich in Schwabing, Schellingstraße 49, ein Ladenlokal und macht sich als Metzgermeister selbständig. Ein Foto zeigt einen schmalen, nicht sehr großen Mann mit dunklem Haupthaar und einem Schnurrbart, der wie ein typischer kaiserlicher Unteroffizier oder ein Wachtmeister aussieht. Stramm steht er im exotischen Dekor des Fotografenstudios und schaut gerade und seriös in die Kamera. Zwei Jahre später, im Oktober 1906, verleiht ihm der Münchner Magistrat das Heimatrecht in der Landeshauptstadt. Er ist angekommen.

Und bald lernt er eine junge Frau mit einiger Lebenserfahrung kennen, von der er glaubt, dass sie zu ihm passt: Walburga Schießl ist knapp 28 Jahre alt, sie wuchs als Tochter eines Kleinbauern in Unterwendling auf, einem Weiler im niederbayerischen Landkreis Kelheim. Michael Schießl war nicht immer Bauer gewesen, er hatte sich das Geld für den kleinen Hof zusammensparen müssen, unter Einsatz seines Lebens. Sieben Jahre lang diente er als Soldat seinem Landesherrn, dem bayerischen König, unter anderem gegen die Preußen, 1866 bei Königgrätz. Dann zählte er hoffnungsvoll sein Geld, aber es war nicht genug. Also verpflichtete er sich für sieben weitere Jahre, diesmal anstelle eines reichen Bauernsohns, der dadurch frei blieb. Jetzt kämpfte er auch für das gerade entstehende deutsche Kaiserreich, 1870 in Frankreich.

Er fühlte sich nur als Bayer, nicht als Preuße oder als Deutscher, als Nationalist. Er hatte keinen Hass auf die Franzosen, er tat nur seine Pflicht als Soldat, eine bezahlte Arbeit, das war alles. Seinem Enkel Franz, der fünfzig Jahre später gelegentlich in Unterwendling die Ferien verbrachte, sagte der alte Soldat: «Woaßt, Bua, d'Franzosen san schlimm, aber no schlimmer san d'Preißen!» Nach vierzehn Jahren Dienst und zwei großen Kriegen reichte es für einen kleinen Hof von sechs Tagewerken, mit zwei, drei Kühen, ein paar Schweinen und Ziegen. Er fand eine Frau, die sein Schicksal teilte, Katharina Engl. Sie bekamen fünf Kinder, allesamt Mädchen. Eine von ihnen war Walburga, die Mutter des Politikers Franz Josef Strauß.

Das Mädchen, ohne Erbanspruch, wurde wie damals üblich zur Arbeit «abgegeben» an bürgerliche Familien, als Magd oder Hausmädchen in verschiedenen Häusern in Kelheim. Auch Walburga träumte von der großen Stadt, von etwas Sicherheit und Wohlstand, von Freiheit vielleicht. Irgendwann nach der Jahrhundertwende kam sie nach Schwabing, als Köchin in einem bürgerlichen Hause, wo sie bald den ehrgeizigen jungen Metzgermeister kennen lernte. Gott sei Dank hatte sie nicht nur die «gutbürgerliche Küche» gelernt: «Sie verstand es, aus wenig viel zu machen», erinnert sich ihr Sohn später. «Die verkochte Brotsuppe, die es immer wieder gab, ist mir in angenehmster Erinnerung. Nachtisch oder Obst waren bei uns zu Hause unbekannt.» Walburga, die Köchin, und Franz Josef, der junge Metzgermeister, heiraten im November 1906 in St. Ludwig, jener Kirche, in der sie später auch ihre Kinder Maria und Franz Josef taufen lassen werden.

Die Maxvorstadt, in der die beiden Wohnung und Laden mieten, ist kein Armeleuteviertel, im Gegenteil: Von der Altstadt im Süden bis hinauf nach Schwabing, vom Englischen Garten im Osten bis nach Neuhausen im Westen ist die Maxvorstadt ein Beispiel für enorm fortschrittlichen Städtebau im 19. Jahrhundert. Damals, nach den Napoleonischen Kriegen und den niedergeschlagenen Revolutionen (für die Strauß junior schon als Schüler eine Art Fachmann wird), standen die europäischen Monarchien unter großem Legitimationsdruck, das Gottesgnadentum hatte längst ausgespielt. Der bayerische König Ludwig I. und sein Sohn Max II. wollten mit ihrer Vorstadt eine ganz neue Idee der Stadt verwirklichen, als sichtbaren Ausdruck des rationalistischen Denkens aufgeklärter Monarchen: Die Straßen waren im präzisen Schachbrettmuster angelegt, luftig und rechtwinklig, eine Neuheit in Süddeutschland (nur in Berlin baute Schinkel Ähnliches). Eine Baukastenstadt. Der Staat setzte den Rahmen: mit breiten Alleen, Kanalisation, Schulen, öffentlichen Prachtbauten, etwa der Türkenkaserne oder der Alten Pinakothek. Die Bürger mussten den Raum dazwischen füllen, mit Häusern, Läden, Werkstätten. Mit Leben.

Die längste Straße der Maxvorstadt ist die zwei Kilometer lange Schellingstraße; etwa in der Mitte, mit Bedacht gewählt, hat Strauß seine Metzgerei. Familien aller gesellschaftlichen Schichten leben hier nebeneinander, vom Großbürgertum bis zum Proletariat. Selbst die Hinterhofwohnung, die Familie Strauß bezieht, gilt Anfang des Jahrhunderts als sehr modern: Es gibt viel Licht, fließendes Wasser, auf jeder Etage ein Klo mit Wasserspülung. Strauß hat eine sorgfältige Entscheidung getroffen. Das Geschäft wird sich, so hofft er, mit dem ganzen Viertel weiterentwickeln, also glänzend.

Im Jahr nach der Heirat, 1907, wird das erste Kind geboren: Maria. Sie wird ein Leben lang unverheiratet bleiben und 1997, beinahe ein Jahrzehnt nach ihrem jüngeren Bruder, im Alter von 90 Jahren sterben. Maria ist sieben, da kommt – zu Kriegsbeginn – ein weiteres Strauß-Kind zur Welt, ebenfalls ein Mädchen, das aber nach wenigen Tagen stirbt.

Der Krieg scheint zunächst nur eine rasch vorübergehende Angelegenheit zu sein, die den Metzgermeister nicht viel angeht. Der
Kaiser, das ist für ihn Berlin, Preußentum, das sind die Protestanten.
Das interessiert ihn nicht. Zum Glück ist Strauß mit knapp vierzig
auch schon viel zu alt, um noch eingezogen zu werden. An der Marne,
in Lothringen und in Flandern wird aus dem Bewegungskrieg bald
ein Stellungskrieg; in den Äckern von Verdun, an der Somme, überall hat man sich eingegraben. Davon zeugen in München einstweilen
nur patriotische Schlagzeilen und Feldpostkarten; der Krieg ist noch
weit weg.

Am 6. September 1915, einem Montag, genau am 40. Geburtstag
des Vaters, wird in der Schellingstraße 49 endlich der Sohn geboren.
Manche Strauß-Biographen vernehmen himmlische Zeichen bei
der Geburt: «Morgens war der Himmel über München noch dicht
bewölkt, dann aber kletterte das Thermometer von 9 auf 14 Grad,
urplötzlich stieg der Luftdruck und ein sanfter Südwind riss die Wol-
kendecke auf. Zartweiße Föhn-Federn huschten plötzlich über den
blitzblauen Himmel: Gerade noch pünktlich hatte er sich zur Geburt
des kleinen Franz Josef in seinen Bayern-Farben herausgeputzt.»
Jubiliert also der Himmel? Geben die Götter einen Wink? Keineswegs, denn es herrscht Nacht, als das Kind schließlich geboren wird,
um 22.10 Uhr.

Sechs Tage später erfolgt der Eintrag ins Geburtsregister des
zuständigen Standesamtes: Der Sohn des Metzgermeisters Franz
Josef Strauß und seiner Ehefrau Walburga erhält denselben Namen
wie sein Vater. Als Franz Josef wird er auch am 12. Oktober 1915 in
der Kirche St. Ludwig getauft – so beweist ein Dokument des erz-
bischöflichen Matrikelamtes. Man müsste sich um derlei Details nicht
kümmern, wenn sie nicht, wie beinahe alles im Leben von Strauß, in
ein seltsames Zwielicht gezogen worden wären. Tatsächlich wurde
er der Kürze halber nur «Franz» gerufen, von seinen Eltern, seinen
Freunden, später auch von seiner Ehefrau. Und so gab es später Behauptungen von Strauß-Gegnern, Strauß habe sich einen falschen
Doppelnamen zugelegt, um sich mit dem Glanz habsburgischer Kaiser zu schmücken. Erst nach dem Tod seines Vaters, 1948, wird Strauß

allmählich selbst den vollen Vornamen benutzen. Für seine Familie blieb er jedoch immer der «Franz».

Es ist eine rasante, schwierige Zeit. München wandelt sich schnell von einer behäbigen Residenzstadt zur industriellen Metropole, mit allen sozialen Spannungen. Am Ende des Krieges entlädt sich dies in Chaos und Gewalt, als Bayern Freistaat wird, Räterepublik. Die Novemberrevolution 1918 beseitigt in München wie in Berlin und Wien die konstitutionelle Monarchie – die Herrschaft der Wittelsbacher, Hohenzollern und Habsburger. Der Sturz der Monarchie, die Proklamation der Republik, der Einzug der Reichswehr (der «weißen Truppen») im Mai 1919, die gewaltsame Niederschlagung der Räterepublik, der Marsch der besiegten Revolutionäre zur Hinrichtung – das alles ist nicht als Ereignis, aber doch als Atmosphäre spürbar für den dreijährigen Franz, als Aufgeregtheit im Ton der Erwachsenen.

Strauß schreibt später, «dass mir – wahrscheinlich mehr in der Tiefe des Unbewussten – aus dem Alter von drei Jahren etwas unvergessen geblieben ist, nämlich das stürmische Läuten der Münchener Kirchenglocken», die den Ausbruch der «Roten Revolution» verkündeten, das Ende der Monarchie, den Untergang der alten Welt in München. Er liegt in seinem Bett im Schlafzimmer der Eltern, und von überall her läuten die Glocken, die Mutter kommt herein, um den Jungen zu beruhigen. Haben die Tage der Räterevolution bei verschreckten Bürgerfamilien, aber auch im Hause Strauß, solche Angst erzeugt, dass sich dies sogar den Kindern eingeprägt hat? Vater Strauß als frommer Katholik und Landwehrmann war über den Sieg der «Roten» jedenfalls entsetzt.

Später, am Ende der Weimarer Republik, gehört es für seinen Sohn zum Unterrichtsstoff: dass Kurt Eisner, der Publizist und Agitator, der im Weltkrieg zum Pazifisten geworden war, in München die Republik ausrief, den republikanischen «Freistaat Bayern» – ebenso wie Philipp Scheidemann in Berlin die Republik. Eisner war Ministerpräsident einer Regierung aus SPD und USPD, während die Verhältnisse immer chaotischer wurden. Nur drei Monate später, am 21. Februar 1919, als er gerade auf dem Weg zum Landtag war, um zurückzutreten, wurde er von einem jungen, nationalistisch gesinnten Studenten erschossen, dem 21-jährigen Grafen von Arco.

Strauß wird später Gelegenheit haben, noch einmal über diese Ereignisse nachzudenken, denn sie spielen in die Familiengeschichte der Zwicknagl, der Familie seiner Frau Marianne, hinein. Mariannes Großvater hatte 1919 als Amtsarzt und Psychiater über den Attentäter ein medizinisches Gutachten zu erstellen. Graf Arco übrigens, 1924 zur gleichen Zeit wie Hitler in Festungshaft, wurde einer der Helden der nationalsozialistischen Bewegung.

Im letzten Jahr seines Lebens, als sich Franz Josef Strauß in Renate Piller verliebt hatte und, wie jeder Liebende, gern von sich erzählte, malte er sich seine ferne Kindheit als eine rosige Epoche aus: «Ich habe noch ein sehr gutes Gedächtnis, das viele Einzelheiten festhält. Meine Kindheit steht mir noch lebhaft vor Augen. Sie war schön. Ich hatte ein strenges, aber auch liebevolles Elternhaus.»

Im Rückblick war es für Strauß ein Leben «in einem Hinterhof in einfachsten Verhältnissen: eine Wohnküche, ein Schlafzimmer für die Eltern gemeinsam mit dem Sohn, eine kleine Kammer für Maria.» Die Eltern sind fromm und fleißig, ihr Arbeitstag dauert meistens vierzehn Stunden, außer am Samstag, wenn nachmittags das Geschäft geschlossen und gründlich sauber gemacht ist. Am Sonntag geht die Familie gemeinsam in die St. Ludwigs-Kirche, das ist in der Nachbarschaft so Sitte. Der Metzgermeister kehrt anschließend zum Frühschoppen in den Schelling-Salon ein, während Walburga das Sonntagsmahl kocht, oder er geht auf eine Versammlung der «Bayerischen Volkspartei», deren Mitglied er ist. 1931 zieht die Familie zwei Häuser weiter in eine etwas größere Wohnung. Damit wird Franz drei Jahre vor dem Abitur endlich ein eigenes Zimmer haben.

Metzgermeister Strauß schlachtet nicht selbst. Frühmorgens, gegen sechs Uhr, zieht er mit seinem Metzgerkarren los zum Schlachthof, lädt sein Fleisch ein und zieht den vollen Wagen zurück – ein Weg von gut einer Stunde. Franz begleitet ihn oft. Auf dem Hinweg darf er, solange er noch klein ist, oben auf dem Handwagen sitzen, zurück muss er laufen oder, später, den Karren auch ziehen. Der Schlachthof ist eine eindrucksvolle Welt für sich: der Geruch des Blutes, die toten

Tiere, der Lärm, die riesigen Kerle, die die Rinderhälften aufladen. Es ist vollkommen klar, dass der Bub in die Fußstapfen des Vaters treten und Metzger werden wird.

Vater Strauß lässt sich in jener Zeit zusammen mit dem kleinen Sohn fotografieren, ein Bild wie für die Ahnengalerie, oder das Gründungsfoto einer gediegenen Firmengeschichte: der Vater frisch gekämmt, den Schnurrbart – der jetzt auch mehr an Maximilian II. erinnert, den König – sorgfältig gewichst, angetan mit Sakko, Krawatte und Weste, die goldene Uhr am Kettchen in der dafür vorgesehen Tasche. Er ist Mitte vierzig und hat immer noch denselben offenen Blick; das Leben hat ihn vielleicht gezeichnet, aber nicht untergekriegt. Den rechten Arm hat er um seinen vierjährigen Sohn gelegt – eine damals eher seltene zärtliche Geste zwischen Vätern und Söhnen. Der kleine Franz ist zu dieser Zeit noch strohblond. Die gewisse Feierlichkeit, mit welcher der Junge, wie alle Kinder der Epoche, in die Linse des Fotografen schaut, gibt ihm die beflissene Aura eines Juniors, eines Nachfolgers: Zwei Generationen treten zur Momentaufnahme an. So mag der Vater das Bild gesehen haben.

Vermutlich ließ Vater Strauß die Fotos in einem Atelier ganz in der Nähe machen, das eigentlich alle Bewohner des Viertels aufsuchten: beim Fotografen Heinrich Hoffmann, Schellingstraße 50, also gegenüber vom Metzgerladen. Ein paar Jahre später wird man ihn den «Leibfotografen des Führers» nennen. Im April 1920 ist Hoffmann, 35 Jahre alt, gerade dabei, sich der Deutschen Arbeiterpartei (DAP) anzuschließen, einem der vielen politischen Grüppchen Schwabings; es wird sich unter Adolf Hitlers Einfluss bald NSDAP nennen. Hoffmann übernimmt Anfang der zwanziger Jahre auch den Vertrieb der antisemitischen Zeitschrift «Auf gut deutsch», mit deren Herausgeber Dietrich Eckart er befreundet ist. Die Schrift liegt im Atelier aus. Eckart wiederum leitet den «Völkischen Beobachter», der im Nachbarhaus der Metzgerei Strauß hergestellt wird – in derselben Druckerei, die ein paar Jahre später den Millionen-Seller «Mein Kampf» drucken wird.

Das andere Schwabing, jenes der Literaten, Künstler und Lebenskünstler gleich nebenan, ist eine Parallelwelt, für die Familie Strauß sich nicht interessiert. Zweihundert Meter vom «Strauß» entfernt, in der Türkenstraße, liegt das Stammlokal der meisten Schauspieler, Maler und Journalisten, der «Simpl», benannt nach der Satire-Zeitschrift «Simplicissimus». Zwischen den Künstlern und Bohemiens und dem Kleinbürgertum gibt es so gut wie keine Berührung. Kunst und Kunstgenuss spielen im Leben der Handwerkerfamilie Strauß keine Rolle, ebenso wenig die Literatur oder die Musik. Für Bücher hat man weder Geld noch Muße.

In Sichtweite vom Metzgerladen liegt das «Café Altschwabing», wo die feineren Herrschaften verkehren, zum Beispiel Thomas und Katia Mann. Eine Ecke weiter, im «Schelling-Salon», spielt ein ständig abgebrannter junger Dichter namens Bertolt Brecht mit seinen Freunden Billard. Manchmal, so um 1919 herum, sitzt an einem Ecktisch in derselben Kneipe ein junger österreichischer Kriegsheimkehrer, von dem man nicht recht weiß, was er macht; bald ersetzt er die abgerissene Uniform durch einen modischen Trenchcoat, er trägt einen Schlapphut und teure Schaftstiefel. Oft hat er einen Schäferhund bei sich. Er fällt auf, weil er, wenn er nicht schweigt, mit schneidender Stimme die kuriosesten Ideen vorträgt.

Adolf Hitler zieht aber bald in die «Osteria Bavaria» um, zwei Ecken weiter, eine italienische Wirtschaft mit billigem Mittagstisch. Um diese Zeit nimmt Hitler für die Reichswehr mit großem Erfolg an einem Rednerkurs in der Universität teil; in seinen Notizen erörtert er zum ersten Mal die «Entfernung der Juden überhaupt». In der «Osteria» verkehrt auch der deftige, urbayerische Schriftsteller Oskar Maria Graf. Sie werden sich zugenickt haben, mindestens; man kannte sich. Ein Dutzend Jahre später wird aus dem einen der deutsche Reichskanzler und Führer einer großen Partei geworden sein, deren Anhänger missliebige Bücher verbrennen, auch die Bücher Brechts, nicht aber die des Oskar Maria Graf, der daraufhin in einem tollkühnen Artikel verlangen wird: Verbrennt mich auch!

Beim Fotografen Hoffmann im Atelier trifft sich die kommende Nazi-Prominenz, im schäbigen rückwärtigen Gebäude eines Hauses, über dessen Durchgang noch heute ein von der Vergänglichkeit angenagter Reichsadler prangt; einige Räume des Foto-Ateliers werden in der frühen Zeit von der DAP als Hauptquartier benutzt: eine Art Vorläufer des «Braunen Hauses», wie die Parteizentrale der NSDAP später genannt werden wird. Der junge Heinrich Himmler geht hier ein und aus; auch Martin Bormann oder der berühmte Weltkriegsflieger Hermann Göring («Staffel Richthofen»). Oft holen sie aus der Metzgerei drüben «beim Strauß» frischen Leberkäs und die Spezialität des Hauses, Leberstreichwurst. Hitler selbst nicht: Der ist bereits Vegetarier. Strauß meint sich aber zu erinnern, dass er das Auto Hitlers öfter gesehen habe, einen Opel «Laubfrosch», mit dem Hitler vorfuhr. Die Kinder nannten den Wagen wegen seines gewölbten Hinterteils «Arschauto».

Einmal lässt sich Franz in kindlicher Unschuld für die Propaganda der Nazis einspannen. Am Eingang des «Völkischen Beobachters» werden bunte Flugblätter verteilt, interessant genug für den Sechsjährigen, sich das anzuschauen. Man drückt ihm, wie den anderen Jungen, einen Stapel Flugblätter in die Hand, er zieht los, um sie voller Stolz in der ganzen Schellingstraße zu verteilen. Eine Kundin des Metzgers verpetzt den Jungen beim Vater, der gibt dem kleinen Franz ein paar saftige Ohrfeigen, die sich ihm tief einbrennen: politische Belehrung von der unvergesslichen Art.

Die Männer beim Strauß gegenüber, für den Vater zuerst nur «Deppen» (später wird er sie «Verbrecher» nennen), sind die Protagonisten der Nazibewegung; man befreundet und versippt sich untereinander, man geht Geschäfte ein, man macht miteinander Karriere. Dank der privilegierten Beziehung zu Hitler wird Hoffmann rasch zum Großunternehmer und Millionär. Eine Hoffmann-Tochter heiratet den späteren Reichsjugendführer Baldur von Schirach. Ein Lehrmädchen von Hoffmann, Eva Braun, verliebt sich in den Führer dieser ganzen Bewegung; auch sie heiraten, wenn auch erst wenige Stunden vor ihrem gemeinsamen Tod, an einem hoffnungslosen kalten Apriltag im Führerbunker unter der Reichskanzlei in Berlin.

Anfang der zwanziger Jahre ist Heinrich Himmler oft beim Strauß im Laden. Der junge Mann kann sehr gewinnend sein, sogar charmant. Hauptberuflich ist er als Geflügelzüchter tätig, was nicht Vater Strauß, wohl aber Himmlers eigene Familie geradezu als Absturz in eine verkrachte Existenz empfindet. Denn die Himmlers gehören zum alten, humanistisch gebildeten und kulturell verfeinerten Münchner Bürgertum; Heinrichs Vater, Gebhard Himmler, ist der Direktor des Wittelsbacher Gymnasiums, das zu jener Zeit auch von dem späteren Schriftsteller Alfred Andersch besucht wird: «Hinter der Maske eines feingeistigen, klassisch-humanistisch gebildeten Schulmanns, der Sokrates im Mund führt, verbirgt sich ein autoritätsbesessener, gefühlloser Pedant, dem es Genugtuung bereitet, seine Schüler und Lehrer in Angst und Schrecken zu versetzen», so wird sich Andersch, in seiner Geschichte «Der Vater eines Mörders», an ihn erinnern.

Sohn Heinrich Himmler, der Literatur- und Musikliebhaber, spätere «Reichsführer SS» und Organisator der «Endlösung», will – so lautet die Strauß-Familienlegende – den Metzgermeister schon sehr früh für die neue «Bewegung» gewinnen: «Wir kommen an die Macht, Strauß! Das hält niemand mehr auf, überlegen Sie mal», lässt Franz Josef Strauß in seinen «Erinnerungen» Himmler zum Vater sagen, «dann kriegen Sie Aufträge für Ihr Geschäft, dann sind Sie Ihre Existenzsorgen los.» Aber Vater Franz Josef Strauß will einen solchen Pakt nicht eingehen. Als guter Katholik und Monarchist hasst er die Nazis. Sie sind für ihn gottlose Fanatiker.

An einem regnerischen Novembertag 1923 steht der achtjährige Bub Franz Strauß mit etlichen Gefährten an einer Absperrkette und beobachtet, wie Beamte der Bayerischen Landespolizei, die «Grünen», versuchen, einen geheimnisvollen Aufruhr unter Kontrolle zu bringen, es fallen Schüsse. Ludendorff und Hitler unternehmen ihren Marsch auf die Feldherrnhalle, wagen den Staatsstreich. Das «Franzl» an der Absperrung weiß natürlich nicht, um was es geht. Doch auf dem Schulhof gibt es anschließend für die Buben ein neues Spiel, sie spielen Hitlerputsch, mit tagelangen Raufereien zwischen Gegnern und Anhängern des Aufrührers. Strauß schreibt: «Bereits nach der Niederschlagung des Hitlerputsches vom 9. Nov. 1923 wurde Hitler zum Inbegriff des politischen Hasses meiner Eltern.» Dieser Hass steigert sich noch, als gegen die gescheiterten Putschisten vergleichsweise milde Urteile gefällt werden und Hitler zu komfortabler Festungshaft in Landsberg verurteilt wird. «Mein Vater war empört darüber.» Wenn er später den Namen Hitler gehört habe, «schlug er das Kreuz, um den Dämon zu brechen».

«Ich habe damals als erster Deutscher Himmler einmal eine Sau geheißen», schreibt der Sohn in seinen «Erinnerungen». Wie das? Hat er ihn im Laden, beim Verkauf von Leberkäs, einmal beschimpft: «Herr Himmler, Sie sind eine Sau!»? Nein, Himmlers DKW, den er gegenüber parkte, war immer schmutzig, voller Dreck – nicht ungewöhnlich für einen Mann, der eine Hühnerfarm betreibt. «Da schrieb ich mit dem Finger einmal ‹Sau› auf Scheiben und Karosserie.» Himmler habe sich «sehr geärgert», will Strauß beobachtet haben. Seinen Lebensweg als entschlossener Widerstandskämpfer, wie er sich selbst sah – hier lässt er ihn beginnen.

Trotz seiner ärmlichen Verhältnisse fühlte sich Vater Strauß einem besonderen Stand zugehörig, dem der Aufrechten im Lande, den Anhängern der «Bayerischen Volkspartei». Auch nach dem Sturz der Wittelsbacher war er königstreu geblieben, dazu katholisch und antipreußisch. In einem Interview mit Günter Gaus sagt sein Sohn 1964: «Mein Vater war das, was man einen geschworenen Gegner Hitlers nennt, und diese Einstellung hat sich schon früh auf mich übertragen … Ich weiß nicht, wie meine politische Haltung gewesen wäre, wenn ich in einem anderen Milieu aufgewachsen wäre. Ich nehme aber als sicher an, dass ich einmal auf die gleiche Einstellung wie mein Vater gekommen wäre. Es ist nicht mein Verdienst, dass ich sie von vornherein hatte.»

Dass Franz Josef Strauß in der Zeit des «Dritten Reiches» niemals in Gefahr war, ein Anhänger der Nationalsozialisten zu werden, ist wohl seiner kindlichen Erfahrung geschuldet: Für ihn blieben die Nazi-Führer unauslöschlich diese «seltsamen Gestalten von gegenüber», die Männer, deretwegen es Ohrfeigen setzte, wenn man für sie Prospekte verteilte, die Männer mit den dicken Arschautos und schmutzigen SAU-Autos, bei deren Eintreten in den Metzgerladen sich die Stimmung schlagartig änderte, obwohl sie höflich grüßten; die im kalten Regen hinter der Polizei-Absperrung wie verrückt herumschrien und um sich schossen bei ihrem Putschversuch, die Protagonisten der Hitler-Spiele auf dem Schulhof, diese «Deppen», diese «Verbrecher».

Im Frühjahr 1922 war Franz eingeschult worden in die Volksschule an der Amalienstraße. Es scheint von Anfang an festzustehen, dass der Bub dort den Schulabschluss machen wird, um alsbald, mit vierzehn, eine Metzgerlehre zu beginnen. Dass der Junge intelligent und ungewöhnlich lernbegierig ist, merkt zuerst die Schwester, dann sehen es auch die Eltern. Sie stellen erstaunt fest, dass er im Alter von neun Jahren lateinische Wörter nachspricht. Stunden, Tage, Monate hatte er als eifriger Messdiener diesen Texten gelauscht. Niemand hier im Metzgerladen spricht Latein, aber man hat doch selbst Hunderte von Messen erlebt, und man findet jetzt, der Bub treffe die Aussprache recht genau, den Ton, den Klang, beinahe wie ein Priester. Niedlich. Voller Stolz führen die Eltern ihren Sohn eines Tages einem ihrer Kunden vor, einem Benediktinerpater, der beim Strauß regelmäßig eine kleine Fleischlieferung für das Ottilien-Kolleg abholt: «Geh, sag amol was auf Lateinisch, Bub!»

Der Pater ist beeindruckt. Genüsslich berichtet Franz Josef Strauß mehr als sechzig Jahre später in seinen «Erinnerungen» von dieser frühen Berufung zur Philologie und damit zu den höheren Dingen überhaupt: «Er gab mir ein lateinisches Lehrbuch, und damit habe ich im Alter von neun Jahren versucht, als Autodidakt Latein zu lernen, was ein mühsames Unterfangen war.» Was der Pater dem Jungen überlässt, ist ein altes Lehrbuch aus der ersten Klasse des Gymnasiums – nicht gerade zum Selbststudium geeignet. Doch mit dieser abgegriffenen Latein-Schwarte beginnt der unaufhaltsame, legendenhafte Aufstieg des Franz Josef Strauß.

Einem katholischen Pfarrer, der als Religionslehrer an der Volksschule Amalienstraße arbeitet, fällt die schnelle Auffassungsgabe des Jungen auf. Der Pfarrer empfiehlt den Eltern, ihn auf eine weiterführende Schule zu schicken, etwa auf die Gisela-Oberrealschule am Elisabethplatz in Schwabing. Nach einigem Zögern stimmt Vater Strauß dem Vorschlag zu. Realschule, warum nicht? Ein bisschen Bildung kann, wenn man damit nicht übertreibt, kaum schaden – auch nicht in der Geschäftswelt eines jungen Metzgermeisters.

Erst als zum dritten Mal ein Kirchenmann eingreift, ist es entschieden, dass der kleine Bub der Welt seiner Eltern vollständig entwachsen würde. Sonst wäre aus ihm ein tüchtiger Schwabinger Metzgermeister geworden oder vielleicht ein international agierender Fleischgroßhändler (wie sein späterer Freund Josef März, der Fleisch aus Afrika an die DDR verkaufte). Franz ist kaum ein Jahr auf der Gisela-Oberrealschule, da tritt Monsignore Zellinger, ein bekannter Theologe und Münchner Universitätsprofessor, in sein Leben. Franz ministriert nämlich zu jener Zeit in der Kapelle des Max-Josef-Stifts, und Zellinger bemerkt sofort, dass der Junge «die schwierigsten lateinischen Messgebete flüssig, fehlerfrei und in der absolut richtigen Betonung» auswendig kann.

Zellinger soll von seinem Ministranten so beeindruckt gewesen sein, dass er ihm eine Zeit lang privaten Lateinunterricht erteilte. Bald spricht der Professor den Metzgermeister persönlich an, weist ihn auf die ungewöhnliche Begabung des Jungen hin und rät dem verblüfften Vater, den Sohn auf ein Gymnasium zu schicken – und zwar am besten gleich auf das renommierte Maximilians-Gymnasium. Zellinger spricht mit dem Schulleiter, Dr. Ernst Bodensteiner, und so wird Strauß, der inzwischen Elfjährige, ohne besondere Prüfung und mitten im Schuljahr in die Quinta aufgenommen – zunächst probeweise. Sein erster Schultag am «Max» ist der 28. April 1927. Der Sohn des Metzgers aus dem Dorf Kemmathen an der Sulzach besucht nun das Münchner Elite-Gymnasium, eine Schule, die sonst nur den Söhnen der Ärzte, Anwälte und höheren Regierungsbeamten vorbehalten ist.

Das Maximilians-Gymnasium ist eine ausgezeichnete Schule, ihre bekanntesten Schüler sind zweifellos Max Planck und Werner Heisenberg, beide weltberühmte Physiker. Während Planck sein Abitur bereits im Jahre 1874 abgelegt hatte (übrigens nur als Viertbester seiner Klasse), ist Heisenberg kaum 14 Jahre älter als Strauß. Er hat 1921 sein Abitur gemacht und steht, während Strauß dank Zellingers Eingreifen gerade ins «Max» eintritt, soeben als 25-jähriger Physiker im Begriff, die quantentheoretischen Thesen zu entwickeln, für die er 1932 den Nobelpreis erhalten wird. Am Max-Gymnasium jubelt man damals über diese Nachricht, auch der Schüler Franz Strauß ist begeistert. Genau 25 Jahre später wird Heisenberg dem Atomminister

Strauß ein paar anhaltende Probleme bereiten, wodurch die Begeisterung Strauß' für seinen ehemaligen Mitschüler merklich abkühlt.

Den lateinischen Spruch am Hauptgiebel kann sich der neue Schüler sofort übersetzen: *non scholae sed vitae discimus*, ein Satz, der in seinem Fall zutreffen wird. Durch den Besuch dieser Schule wird sich sein Leben ändern.

Auch das Max-Gymnasium ist eine Schöpfung König Maximilians II., der die Maxvorstadt konzipieren ließ. Innen, in den säulengeschmückten Gängen und Treppenhäusern, gibt es kolossale Fresken, zum Beispiel den «Fall von Troja», Darstellungen griechischer Philosophen, Marmorbüsten römischer Denker, auch christliche Heiligenstatuen.

Es ist eine Knabenschule. Nur «ganz ausnahmsweise» werden ab Ende der zwanziger Jahre auch Mädchen aufgenommen. Leonore von Tucher zum Beispiel, die 1929/30 das einzige Mädchen in Franzens Klasse ist. Am 10. April 1930 schreibt sein «Klaßleiter» Dietrich folgende aufschlussreiche Beobachtung unter die «Zensurliste» des 14-jährigen Franz Strauß: «Strauss hat sich heuer zum unbestrittenen Primus der Klasse emporgearbeitet, nicht zum wenigsten deshalb, weil durch ein neu eingetretenes Mädchen sein Ehrgeiz geweckt wurde.» Es ist die früheste Liebschaft des jungen Franz, von der wir wissen, eine heftige Schülerliebe. Ein einziges, überdies sehr attraktives Mädchen in einer Klasse von Jungen, das macht die Sache nicht leicht.

Die Bemerkung des Klassenlehrers schließt: «Er ist in den Sprachen ohne Zweifel sehr begabt.» Strauß schreibt später: «Mich zog an der Sprache Latein ihr geometrischer Aufbau und voller Klang an, lateinische Gedichte las ich immer viel lieber als deutsche.» Hinzu kommt als zweite Fremdsprache bald «das Griechische, das mich nicht weniger faszinierte. Obwohl ich unmusikalisch bin, rührte mich die Melodie der griechischen Sprache an, es war ein Verstehen, zu dem man keine Tonleitern beherrschen muss.» Diese Begeisterung für die alten Sprachen zeigt sich noch sechzig Jahre später, 1987, als er mit dem Eifer eines engagierten jungen Studienrates seine letzte Liebe, Renate Piller, in Latein unterrichtet und ihr kleine lateinische Liebes-Zettel schreibt. Wie damals vielleicht für Leonore, in der 3A.

Nach einiger Zeit entdeckt Strauß, dass er nicht nur mithalten kann, er kann die anderen sogar überflügeln. Er ist Klassenprimus – und bleibt es bis zum Ende der Schulzeit. Irgendwann, wahrscheinlich sehr früh, wird er begriffen haben, dass diese Schule seine Chance ist, dem Hinterhof zu entwachsen, der Metzgerei zu entkommen, aufzusteigen in die Schicht seiner Klassenkameraden. Zum ersten Mal kann er sich vorstellen, etwas anderes zu werden als Metzger. In einem Fernsehinterview sagt er 1967: «Ich [musste] einmal in der 5. Klasse des Gymnasiums einen Vortrag über die Napoleonischen Kriege und bestimmte Feldzüge halten [...]. Da hat mein Ordinarius, der Klassenlehrer, gemeint, dass ich alle Voraussetzungen hätte, um mal General zu werden. Das erschien damals als ein noch höheres Ziel – als es heute auch noch ist.»

Aber General, also Berufssoldat zu werden, das ist nicht nach seinem Geschmack; er verabscheut Uniformen. Und außerdem ist er jetzt, da er gefordert wird, hellwach; seine wissenschaftlichen und historischen Interessen sind geweckt, eine endlose Welt des Wissens tut sich auf. Er kann sich vorstellen, einmal einer von denen zu werden, die ihm diese Welt vermitteln: Lehrer. Lateinlehrer oder Geschichtslehrer. Der Vater mag den Kopf geschüttelt haben.

Hinter den andauernd guten Leistungen in der Schule stecken aber nicht nur Intelligenz und Ehrgeiz, sondern auch ganz handfeste Interessen. Gerade in seinen ersten Jahren am «Max» wird der Besuch dieser Anstalt laufend teurer; das Schulgeld steigt von 45 Mark im Jahre 1926 auf 90 Mark, dann auf 140 und schließlich, im Jahre 1931, auf 200 Mark. Selbst Direktor Dr. Bodensteiner sieht «die Gefahr einer Standesschule» (was das «Max» in Wahrheit von Anfang an gewesen ist). Franz weiß, dass die Familie wegen seiner ausgezeichneten Leistungen stets nur einen Bruchteil des üblichen Schulgeldes zu zahlen hat; der Rest wird erlassen. Aber er weiß auch, dass sein Vater den Sohn bei nachlassenden Leistungen und damit steigendem Schulgeld jederzeit von der Schule nehmen kann: Der direkte Weg in die Metzgerlehre bleibt lange offen.

Es ist nicht nur die Drohgebärde eines Mannes, der seinen Sohn auf Abwegen sieht. Vater Franz Josef Strauß und seine Frau Walburga, die nie viel Geld hatten, müssen in diesen Jahren sehr genau rechnen. Die Inflation vernichtet die Ersparnisse ihrer Kunden, und in der allgemeinen wirtschaftlichen Not gerät der Metzgerladen an den Rand des Ruins. Es fügt sich gut, dass die inzwischen 22-jährige Maria, nach dem Besuch der Handelsschule, gerade eine kaufmännische Ausbildung abgeschlossen hat (mit glänzenden Noten, wie es die Familie erwartet). Sie findet mitten in der Krisenzeit, Ende der zwanziger Jahre, eine gut bezahlte Stellung als kaufmännische Angestellte. Maria überlässt ihr ganzes Gehalt den Eltern – und rettet damit nicht nur das elterliche Geschäft, sie sichert auch den Schulbesuch ihres Bruders.

Welcher Dünkel damals auch am Max-Gymnasium herrschte, das zeigt die Notiz eines Klassenlehrers unter einem Strauß-Zeugnis, in der die privaten Verhältnisse der Familie geschildert werden: Er gehöre, heißt es zunächst, zu den führenden Schülern der Klasse. Und das sei sehr anzuerkennen – umso mehr, «als das Milieu, aus dem er stammt, wie es scheint, sehr einfach, zumindest aber völlig ungeistig ist».

Es ist nicht bekannt, wie der Schulmeister – er hieß Dietrich – zu seinem Urteil über die Familie Strauß kam, die er gar nicht kannte. Das Dokument vermerkt: «Mit dem Elternhaus bestand keine Verbindung.» Es ist auch nicht überliefert, wie der Satz in der Familie Strauß einschlug an jenem Tag, an dem Franz mit dem Zeugnis nach Hause kam. Franz Josef Strauß sagt in seinen «Erinnerungen» zu diesen Kränkungen kein Wort.

Strauß schreibt dort, es habe nach dem Wechsel aufs Gymnasium zwischen ihm und seinen Eltern «keinerlei Entfremdung» gegeben. Noch später betont er, durch den Besuch des Max-Gymnasiums keineswegs «ins Bildungsbürgertum aufgestiegen zu sein». Und doch stellt er fest, «die von den Eltern vermittelte und repräsentierte katholisch-konservative Richtung ist in der Schule durch eine bürgerlich-liberale Richtung ergänzt worden». Es sind aber nicht nur Ergänzungen, sondern heftige Brüche, die der junge Franz zu bewältigen hat.

Erst der alte Strauß sieht klarer: «Es sind die nicht ohne weiteres zu erklärenden Antinomien, die den Menschen ausmachen und mit denen man leben muss. Man gehört vielen Welten an, deren Gegensätze man in sich verbindet, und bezahlt das damit, dass man keiner dieser Welten ganz angehört.» Strauß, der Max-Schüler, hat die alte Welt verlassen und wird in der neuen niemals vollkommen heimisch werden.

Er muss sich in einem ganz anderen, neuen Milieu behaupten – ein Leben in zwei einander fremden Welten, deren Gegensätze man «in sich verbindet». Welche Beweglichkeit wird einem Kind abverlangt, wenn es in beiden Milieus zurechtkommen und keines gegen das andere ausspielen oder verraten darf? Treibt dies zu Höchstleistungen an? Bei Franz Josef Strauß, dem Politiker, hat man oft von seinem «Doppelcharakter» gesprochen: Schöngeist und Rabauke, Gelehrter und Bierzelt-Demagoge, Löwe und Papiertiger. Er konnte sich, wie Peter Glotz einmal feststellte, «mit den Herrschenden verbinden und zugleich mit den Beherrschten rebellieren». Vieles, nicht alles, lässt sich auf die «doppelte Bildungsschicht» zurückführen – wie übrigens auch bei einem anderen bedeutenden Politiker seiner Zeit, Willy Brandt. Brandt kam aus der geschlossenen Welt des Lübecker Proletariats, mit einer bereits tief verinnerlichten sozialistisch geprägten Kultur, als besonders begabter Junge mit einem Stipendium auf das hochbürgerliche Lübecker Johanneum, das dem Maximilians-Gymnasium als Eliteschule nicht unähnlich war. Die enorme spätere Breitenwirkung beider Politiker, ihre rhetorischen Mittel, ihre Begabung, alle geistigen und sozialen Schichten zu faszinieren, ist größtenteils auch auf diese biographische Erfahrung zurückzuführen, auf ihre doppelte Bildungsschicht.

Es gibt auch kleine Fluchten. Als er dreizehn wird, 1929, erfüllen ihm die Eltern mit Marias Hilfe einen Herzenswunsch: Sie schenken ihm ein Fahrrad. Es ist ein sportlicher Flitzer der Marke «Mercedes». Ein Fahrrad erschließt damals einem Jungen die Welt. Franz will auch hier der Beste werden, der Schnellste, und er bringt es bald auf ein Tagespensum von 200 Kilometern. Er wird Mitglied beim Münchner Radsport-Club «RC Amor», wo sich gut siebzig Jahre später der Alterspräsident Hans Christoph gut an ihn erinnert: «Der Franz war ein großer Spurter, ein Spurtsieger.» Der Franz kann ein Rennen noch auf den letzten Metern für sich entscheiden.

Im Jahr vor dem Abitur, 1934, gewinnt Strauß mit dem RC Amor die süddeutsche Straßenmeisterschaft, er fährt die 210 km lange Bergtour in fünf Stunden und 56 Minuten. Strauß, der Radrennfahrer: Die Fotos zeigen einen schmalen, gut durchtrainierten Jungen im Vereinstrikot, der ganz in der Mannschaft aufgeht.

Franz fährt aber auch endlos lange Touren, am Wochenende zum Beispiel einmal die neue Großglockner-Hochalpenstraße hinauf, als Wette, ohne abzusteigen. Damit kann er Leonore von Tucher beeindrucken. Der Primus als Sportskanone. Oder eine enorme Reise von München an den Bodensee und wieder zurück, an einem Tag. Einmal als 16-jähriger, in den Ferien, versucht er, nach Italien zu reisen, per Rad über den Brenner, ganz allein. Aber die italienischen Grenzer verweigern ihm die Einreise, der Junge hat zu wenig Geld bei sich. Das würde ihm später nie wieder passieren: abgewiesen zu werden, weil das Geld nicht reicht.

Inzwischen sind die Leute, die sich zwölf Jahre zuvor in Hoffmanns Atelier getroffen hatten, in Berlin an die Macht gekommen. Strauß erinnert sich an den Triumph der Nazis in München: «Ich kam von der Schule und radelte gerade durch die Leopoldstraße, es war am späten Nachmittag, und es begann bereits zu dämmern. Überall, soweit ich es beobachten konnte, herrschte Jubel. Die bayerische Fahne wurde eingeholt, die Hakenkreuzflagge und die schwarz-rot-weiße Fahne wurden gehisst. Ich selbst schwankte zwischen Furcht und Hass.»

Man sagt so leicht: ein historisches Ereignis, ein Epochenwechsel. Sebastian Haffner schreibt über diesen 30. Januar, an dem Hindenburg den Führer der Nationalsozialisten, Adolf Hitler, zum Reichskanzler ernennt: «Ein Erdbeben beginnt in 66 Millionen Menschenleben!» Frühere historische Ereignisse, auch Epochenwechsel, seien ganz anders verlaufen, «es beschäftigte uns und regte uns auf, und den einen oder anderen tötete es oder ließ ihn verarmen; aber keinen stellte es vor letzte Gewissensentscheidungen. Ein innerster Lebensbezirk blieb unberührt; man blieb, was man war.»

Dem 17-jährigen Franz Strauß aber, so sagt seine Schwester, ist es klar, was da beginnt. An diesem Tag, dem 30. Januar 1933, soll er voller Zorn und Trauer zu ihr gesagt haben: «Ich möchte zwanzig Jahre älter sein und eine Position haben, um das verhindern zu können, was jetzt auf uns zukommt.» War er Nazi-Gegner von Anfang an?

In all diesen Jahren bleibt Franz Strauß der Primus seiner Klasse. Die meisten seiner Lehrer lieben ihn: «Bei sehr gewissenhaftem häuslichem Fleiße und reger Mitarbeit im Unterricht hat der Schüler sehr erfreuliche Leistungen erzielt (15. 7. 1931).» Ein anderer schreibt in einer internen Bemerkung: «Körperlich gut entwickelt, aber wenig gewandt. Seine geistige Veranlagung ist ohne Zweifel sehr gut. Da er auch sehr fleißig war, hat er in allen Fächern, mit Ausnahme der Mathematik, Hervorragendes geleistet.» Doch derselbe Klassenlehrer äußert auch heftige Kritik, die auf Konflikte mit dem Schüler Franz Strauß schließen lässt: «Sein Charakter gefällt mir nicht. Er zeigte eine starke Selbstüberhebung. Da er in die gebührenden Schranken zurückgewiesen wurde, suchte er Rache zu nehmen, indem er Teile seiner Mitschüler gegen den Lehrer aufhetzte, dabei aber selbst im Hintergrund zu bleiben verstand.» Dann folgt ein Satz, der allerdings nachträglich wieder durchgestrichen wurde: «Außerdem halte ich ihn für einen Menschen, der einmal seine Ziele mit brutaler Rücksichtslosigkeit verfolgen wird.» Der nächste Klassenlehrer widerspricht dem im folgenden Jahr: «Sein Betragen verdiente volles Lob. Der im Vorjahr bemerkte charakterliche Mangel trat heuer nicht zutage.» Zu den Leistungen des 17-jährigen Franz schreibt er: «Seine Stärke liegt nach der philologischen Seite hin. Ausgezeichnet ist er in der Übersetzung und grammatischen Interpretation der Klassiker. Seine deutschen Aufsätze sind gehaltvoll, aber im Ausdruck oft unlebendig.»

Die Abiturprüfungen im Frühjahr 1935 besteht Franz in allen Fächern mit «hervorragend» (also «sehr gut»), nur im Turnen bringt er es nur zu einem «lobenswert», angeblich hat er eine Übung am Reck vermasselt – was ihn noch Jahrzehnte später wütend macht. Seine schriftlichen Leistungen sind so ungewöhnlich gut, dass ihm die mündlichen Prüfungen erlassen werden. Und auch seine «staatsbürgerliche Gesinnung», die seit 1933/34 bei allen Schülern überprüft wird, lässt nichts zu wünschen übrig. Außerdem bescheinigt man ihm, er sei «körperlich gut entwickelt, ein gewandter Turner, Läufer und Radfahrer». Es ist das beste Abitur nicht nur seiner Klasse, seiner Schule oder aller Schulen Münchens. Es ist das beste Abitur des Jahres 1935 in ganz Bayern.

Vor dem Studium muss er den obligatorischen sechsmonatigen Arbeitsdienst ableisten, ohne den eine Immatrikulation unmöglich ist. Er schuftet in einem Lager in Holzgünz bei Memmingen, dann in München-Freimann beim Aushub für den Neubau einer Kaserne für die NS-«Leibstandarte Adolf Hitler», schließlich beim Bau des neuen Münchner Rundfunkgebäudes. Abgesehen vom Sport, ist es sein erster Kontakt mit jungen Männern seiner eigenen Schicht und Herkunft. Er fühlt sich nicht wohl, die Leute sind vulgär, und die geforderte Unterordnung unter den Stumpfsinn der Befehle ist schrecklich. Trotz seines ordentlich abgeleisteten Arbeitsdienstes wird Strauß zunächst die Immatrikulation an der Universität ohne Angabe von Gründen verwehrt. Es gibt darüber nur – insgesamt haltlose – Spekulationen von Strauß selbst. Demnach steckten führende Nazis dahinter. Wahrscheinlich war es jedoch nur ein organisatorischer Fehler in der Universitätsverwaltung, denn nachdem Professor Zellinger, sein Entdecker, beim Dekan der Philosophischen Fakultät interveniert, steht dem Studium nichts mehr im Wege. Mit dem Ziel, Gymnasiallehrer zu werden (am liebsten für Geschichte), studiert Strauß Altphilologie, Germanistik und Geschichte.

«Die Verhältnisse an der Alma Mater waren wenig erfreulich», schreibt er später, «das ganze Klima war lähmend. Die Universität war fest in den Händen der Nazis und das nicht erst seit der Machtübernahme. Viele Universitäten waren Brutstätten des Nationalsozialismus.» Auch unter den Professoren gibt es viele stramme Nazis, Anhänger der «neuen Zeit». Gewiss gibt es auch Nazi-Gegner, etwa der wichtigste akademische Lehrer von Strauß, Althistoriker Walter Otto, bei dem er «Römische Geschichte I» belegt und der so etwas wie sein geistiger Vater wird. Otto hatte sich schon vor dem Ersten Weltkrieg mit seinem Hauptwerk «Priester und Tempel im hellenistischen Ägypten» einen Namen gemacht. «Zu ihm fand ich ein enges menschliches Verhältnis, das von großer Offenheit geprägt war. Die Gespräche, die wir führten, wenn ich ihn nach der Vorlesung von der Universität in die Widenmayerstraße quer durch den Englischen Garten begleitete – im Sommer trug er stets einen hellen Anzug, im Winter einen dunklen Paletot –, waren von düsteren Blicken in die Zukunft gezeichnet: ‹Es kommt zum Krieg, Strauß! Und dieser Krieg ist von vornherein verloren.›»

Mit Begeisterung hört er die Vorlesungen des Historikers Karl Alexander von Müller, dem er eine «brillante Darstellungsgabe» bescheinigt, obwohl er «alles andere als Schaum bot, es war Fleisch und Substanz». Bei von Müller vertieft sich Strauß noch einmal in die Geschichte der Napoleonischen Kriege, wobei seine Sympathien eher Metternich gelten als Napoleon, «schon deshalb weil die Bewunderung für den Korsen eher dem Zeitgeist des Dritten Reiches entsprach». Bei Karl Alexander von Müller legt Strauß sein Staatsexamen in neuer und neuester Geschichte ab, mit der Note 0,5. Bei Kurt Huber, «einem Anhänger des humanistischen Bildungsideals», hört Strauß Philosophie. Huber macht später tiefen Eindruck auf Strauß, als er 1943 wegen Hochverrats verurteilt und hingerichtet wird, weil er mit Studentengruppen wie der «Weißen Rose» der Geschwister Scholl zusammengearbeitet hatte.

Auch als Student wohnt Strauß weiterhin bei seinen Eltern in der Schellingstraße. Man ist inzwischen ins Nachbarhaus umgezogen, wo jetzt Tochter Maria und Sohn Franz jeweils eigene Zimmer haben. Denn auch Maria, 28 Jahre alt und berufstätig, lebt weiterhin zu Hause. Man hat nun ein bisschen mehr Geld als früher, und wenigstens Maria leistet sich ein paar Extravaganzen, indem sie manchmal ins Theater und «sehr oft» (Strauß) in die Oper geht. Der tüchtige und brillante Student beginnt jetzt, etwas Geld nebenher zu verdienen – vor allem als freier Lektor des Verlages C.H.Beck bei dem von Walter Otto herausgegebenen «Handbuch der Altertumswissenschaft» und weiteren Veröffentlichungen zur Alten Geschichte und zur Klassischen Philologie. Seit seinen Schülerzeiten als Nachhilfelehrer hatte es Strauß immer enormes Vergnügen bereitet, mit eigenem Geld zum Familien-Etat beitragen zu können. Sein später manchmal ungezügelter Erwerbssinn begann sich auszuprägen. Schwester Maria schreibt: «Er verdiente zeitweilig als Student mehr als ich in einer gut bezahlten kaufmännischen Stellung.»

Im Rückblick auf seine Studienjahre hat Franz Josef Strauß immer wieder seine Freiheit und Selbständigkeit im Denken, sein loses Mundwerk gegen die «Deppen» aus der Schellingstraße hervorgehoben: «Ohne dass es mir vielleicht bewusst war, ging es in diesen Jahren wohl darum, die eigene Identität zu wahren gegen jeden Angriff und Druck», schreibt er. «Es war die Auflehnung der Kreatur gegen eine Ordnung, die mir zutiefst zuwider war.»

Selbst der Erwerb des Führerscheins und der stolze Kauf seines ersten Motorrades, 1935, für das er lange Zeit einen Teil seiner Nachhilfe-Honorare gespart hatte, gerät ihm zum Beweis seiner Hellsichtigkeit gegenüber Hitler. Als seine Schwester ihn fragt, warum so ein teures Motorrad in so schwerer Zeit, da sagt er: «Meinst du, dass ich für den Deppen zu Fuß durch Europa marschiere!» So berichtet Maria Strauß es später. Der Franz weiß schon, dass es bald Krieg geben wird. Dabei fährt er vor allem gern mit einem schnellen Motorrad durch die bayerische Gegend – so wie er später, in den achtziger Jahren, häufig mit seinem frisierten BMW losbraust, aus Lust am Fahren und dem Rausch der hohen Geschwindigkeiten.

Praktisch bis in seine letzten Lebenstage, als er die «Erinnerungen» diktiert, strickt er an einer fabulösen Legende als Widerstandskämpfer. Wirkliche Nazigegner waren andere. Der junge Lübecker Herbert Frahm etwa flieht drei Wochen nach Hitlers Machtergreifung, am 1. April 1933, unter falschem Namen auf einem Fischkutter über die Ostsee nach Norwegen – und damit in ein jahrelanges ungewisses Exil. Er überlebt und wird später als Willy Brandt einer der bedeutendsten deutschen Politiker. Franz Josef Strauß nimmt sich heraus, Willy Brandt im Wahlkampf 1961 dreist zu fragen: «Was haben Sie eigentlich im Ausland gemacht in diesen zwölf Jahren? Was wir gemacht haben, wissen wir.»

Er verabscheut die Nazis. Lange Zeit schafft er es, sich allen NS-Organisationen fern zu halten. Einer seiner Lehrer, der Altphilologe Franz Dirlmeier, Gauführer des NS-Dozenten-Bundes, der sich «nie unanständig benommen hat», warnt Strauß. Er solle wenigstens pro forma Mitglied in einer nationalsozialistischen Organisation werden, anderenfalls wäre vielleicht sein Examen und damit sein weiterer sozialer Aufstieg gefährdet. So tritt der Student am 8. April 1937 «halb im Sog», wie er zugibt, zusammen mit seinem Kameraden Anton Fingerle (der bereits als Lehrer am «Max» arbeitete) dem Nationalsozialistischen Kraftfahrerkorps bei, dem NSKK (Jargon: «Nur Säufer, keine Kämpfer»). Alle zwei Wochen ist «Sturmabend». Strauß erinnert sich später: «Um nicht in die peinliche Lage zu kommen, uns ideologische Vorträge anhören zu müssen, haben meine Freunde und ich beschlossen, den Posten des ‹weltanschaulichen Referenten› mit einem aus unserer Mitte zu besetzen. Ich bin es dann geworden.»

Maria hat die Vorträge ihres Bruders, des weltanschaulichen Referenten, gelegentlich vom Konzept in die Maschine geschrieben. Bei zwei Vorträgen – einmal über die Juden, einmal über England – hat sie ihm zu bedenken gegeben: «‹Das kannst du nicht sagen, du riskierst ja das KZ.› Da sagte er: ‹Anton Fingerle und ich wollen langsam eine Gegenströmung gegen die Nazis aufbauen.›» Verklärt die Schwester im Rückblick die Haltung des Bruders? Seinen Hass auf die Nazis jedenfalls verschloss er in sich.

Strauß, der junge Liebhaber der lateinischen Gedichte, der alten Geschichte und der subtilen philologischen Spitzfindigkeiten – er wäre 1939 auf dem besten Weg gewesen, ein stiller Gelehrter zu werden, wenn die Dinge sich anders entwickelt hätten.

Er verbringt den August 1939 in Schwandorf in der Oberpfalz, wo er sich in den Semesterferien als Hauslehrer verdingt hat. Jede Nacht hört er die Nachrichten des englischen Rundfunks. Manchmal empfängt er Radio Moskau, das deutschsprachige Programm. Am 24. August kommt die verblüffende Meldung über den Deutsch-Sowjetischen Nichtangriffspakt. Moskau sendet absurderweise in deutscher Sprache eine Rundfunkfassung von Goethes «Faust», während Polen jetzt zur Beute zweier Diktatoren wird, die sich zur Jagd verabredet haben: «Meine Furcht, dass der Krieg nun unabwendbar sei, hatte sich zur Gewissheit verdichtet.»

Am nächsten Tag bekräftigt England seine Garantie für Polens

Unabhängigkeit, auch im Falle eines deutschen Angriffs. Strauß unterrichtet weiter die Kinder seiner Gastgeber. Eine Woche später, am 31. August, geht er gegen Mitternacht zu Bett. Als er zum Frühstück erscheint, sitzen der Hausherr und seine Frau am Tisch mit feuchten Augen. Im Morgengrauen hat mit dem deutschen Überfall auf Polen der Krieg begonnen. Strauß kauft so viel Sprit, wie er fassen kann, und fährt sofort mit dem Motorrad nach München zurück, wo er am Abend eintrifft. Dort bietet sich ihm «das gespenstische Bild der kriegsbedingten Verdunkelung. Die sonst so leuchtende Hauptstadt München war in tiefes Dunkel gehüllt.»

Ein letzter Abend mit der Familie. Am 2. September, dem zweiten Tag des Krieges, wird Strauß Soldat; er muss Abschied nehmen. Er verlässt die Eltern und die Schwester, wie er sagt, «mit Tränen in den Augen». Am 3. September, drei Tage vor seinem 24. Geburtstag, hat er sich als Soldat in Landsberg am Lech zu melden. Unterwegs, beim Halt auf einem Provinzbahnhof, hören sie bereits die Sondermeldungen: Wie seit langem angekündigt, hat zunächst England, dann Frankreich dem Deutschen Reich den Krieg erklärt. Am Abend trifft er in der Kaserne ein. Wie für all die anderen jungen Soldaten ist auch für ihn die Zukunft ungewiss. Der Überfall auf Polen hat den großen Krieg in Europa ausgelöst.

Kapitel 2

GRENZÜBERSCHREITUNGEN
Franz Strauß in Krieg
und Frieden

Als der Krieg beginnt, wird der Soldat Franz Strauß zunächst zum Mechaniker und Kraftfahrer geschult. Am Ende der Ausbildung, zwei Monate später, ist Polen bereits besiegt und besetzt. Strauß wird an die Westfront abkommandiert, wo noch gespannte Ruhe herrscht – Deutsche und Franzosen verharren im «Sitzkrieg». Beim Artillerieregiment 43, in einem abgelegenen Eifeldorf in der Gegend von Jünkerath, fährt Fahrer Strauß seinen Opel Blitz durch die erst verschlammten, dann verschneiten Wälder.

Einmal, in einer kalten Nacht im Januar 1940, steht er auf Munitionswache am Depot, mit einigen Kameraden. Einer ist der Gefreite Stengel, ein ehemaliger Mitschüler vom «Max». Franz hat plötzlich Vertrauen gefasst, wie er in seinen «Erinnerungen» beteuert, vielleicht wegen Stengel, und erklärt den anderen den Ernst der Lage: dass der Krieg bereits verloren sei, obwohl es gerade nicht so aussehe; und dass Hitler, Göring, Goebbels und Himmler Kriegsverbrecher seien. Der Spruch «dumm, saudumm, kriegsfreiwillig» sei nur allzu wahr.

Strauß wird denunziert und einem strengen Verhör seines Batteriechefs unterzogen, der entscheiden muss, ob er ihn wegen defätistischer Äußerungen vor ein Kriegsgericht stellt. Nur mit großer Mühe gelingt es dem jungen Altphilologen, seine Haut zu retten. Dabei spielt er jene rhetorischen Fähigkeiten aus, die ihm später oft nützen sollten: Es habe einfach Missverständnisse gegeben, kein Wunder, so tief in der Nacht. Einige Äußerungen seien fremde Zitate gewesen, die gar nicht seine eigene Meinung ausdrückten, manches sei einfach ironisch gemeint: «Hartnäckig weigerte ich mich, den aufgrund der Denunziation erstellten Tatbericht zu unterschreiben. Zeugen wurden vernommen. Der eine hatte geschlafen, der andere nichts gehört, der dritte genau das Gegenteil von dem verstanden, was mir vorgeworfen wurde. Meine Einlassungen konnten nicht widerlegt werden. Also wurde ein neuer Tatbericht verfasst, den ich dann unterschrieb.» Am nächsten Tag eröffnet ihm der Batteriechef, Oberleutnant Münzing: «Strauß, Sie haben Glück! Der Kommandeur hat den Tatbericht gegen Sie zerrissen.»

Strauß beantragt jetzt Studien- und Examensurlaub, der ihm nach einiger Zeit gewährt wird. Er studiert in München weiter. Noch einmal erlebt er den schmerzlichen Widerspruch zwischen der geistigen Welt der Antike, der Schönheit ihrer Sprachen – und dem Stumpfsinn des Soldatenlebens mit schnarrenden Befehlen und verlorenen Tagen. Kämpfen und töten musste er bisher nicht, glücklicherweise. Mit einem seiner Professoren hat er ein vertrauensvolles Gespräch über Krieg und Moral, nicht in der römischen Antike, sondern jetzt, 1940, in Deutschland. «Ich hatte mich mit Professor Leinfelder getroffen, einem Humanisten und leidenschaftlichen Anti-Nazi, der im Kultusministerium arbeitete. Der sagte zu mir: ‹Strauß, es ist Ihre moralische Pflicht, überzulaufen. Sobald es zu einer Feindberührung kommt, müssen Sie überlaufen. Das sind Sie Ihrem Gewissen schuldig.› Meine Antwort: ‹Herr Professor, das kann ich nicht.› Auch wenn ich in der Armee eines Verbrechers diente – und dafür habe ich Hitler immer gehalten –, war Überlaufen für mich kein Ausweg.»

Kleiner Frieden im großen Krieg: Im April legt er die «Lehramtsprüfung für den Unterricht in den klassischen Sprachen und der Geschichte» ab, das Erste Staatsexamen – und zwar mit der Gesamtnote 1,1. War er fünf Jahre zuvor der beste Abiturient seines ganzen Jahrgangs in Bayern, so erzielt er jetzt eine Traumnote, wie sie seit 1919 in Bayern niemand mehr erreicht hatte. Gleich anschließend wird er wieder zur Wehrmacht, der «Armee eines Verbrechers», abkommandiert, die ihn befördert und zum Funker ausbildet.

Dann, am 10. Mai 1940, kommt es zum ersten Kampfeinsatz: Der Gefreite Franz Strauß erlebt als Fahrer den Beginn des «Frankreichfeldzugs». Die neutralen Staaten Belgien, Luxemburg und Niederlande werden an diesem Tag überfallen. Sein Regiment überschreitet die luxemburgische Grenze bei Echternach. «Fahrzeuge über Fahrzeuge mit verdunkelten Lichtern, so weit man sehen kann – ein gespenstischer Anblick. Überall Kolonnen in Marsch.» An der Maas, die hier aber Meuse heißt, gibt es die erste «Feindberührung» mit anhaltendem Artilleriefeuer des Gegners. Vom Luftdruck einer Granate wird Strauß in den Graben geworfen, er bleibt minutenlang bewusstlos liegen. Zwei Meter weiter, und es hätte ihn töten können.

Der Krieg ist jetzt erschreckend nah. Hat er Todesangst? Später wird er nie darüber sprechen. Und schon als Soldat umhüllt er sein Lebensgefühl, wie Tausende anderer gebildeter junger Männer in Deutschland, mit hegelschem Weltgeist: «Was soll ich Ihnen erzählen von zerschossenen Tanks, ausgebrannten Ortschaften, Feuerüberfällen und dergleichen», schreibt er einem seiner Professoren, «ich glaube, es hat keinen Sinn. Wir stehen alle in der Hand der Vorsehung, und ohne den Willen Gottes fällt kein Haar von unserem Haupte. Ich weiß, dass ich Raum zu einem zweiten, zeitlos breiten Leben habe – im Reiche der *humanitas* und der *pietas christiana*.»

Die meisten Reiche, die von *dieser* Welt sind, liegen in der Hand Hitlers, der schon fast ganz Europa unterworfen hat, vom Nordkap bis zur spanischen Grenze. Der «Depp» aus der Schellingstraße ist jetzt der «größte Feldherr aller Zeiten». Und der Junge aus dem Metzgerladen gegenüber dient in seiner «unbesiegbaren» Armee, wird im November 1940 zum Unteroffizier befördert und tritt sogleich einen weiteren Studienurlaub an. Er legt das Zweite Staatsexamen ab und wird mit Wirkung vom 1. April 1941 zum Studienassessor ernannt. Nach einem kurzen Gastspiel als Lehrer an der «Oberschule für Jungen und Mädchen» in der Münchener Damenstiftstraße wird er Mitte April 1941 wiederum zur Wehrmacht zurückbefohlen – wenn auch nicht zur kämpfenden Truppe, sondern zu verschiedenen Ausbildungslehrgängen der Heeresflak. An die Front kommt Strauß erst wieder, als Hitler zwei Monate später befiehlt, «das russische Problem in Angriff zu nehmen» – den Angriffskrieg und die «Vernichtung der Lebenskraft Russlands».

Auch beim Überfall auf die Sowjetunion am 22. Juni 1941 ist Strauß dabei; er liegt mit seiner Truppe irgendwo in Polen, Richtung Lemberg, ganz weit vorne, direkt gegenüber der Roten Armee. Sie wissen, dass um 3 Uhr 15 der Angriff beginnen wird. «Immer wieder habe ich auf die Leuchtziffern meiner Wehrmachtsuhr geschaut – zwei Stunden, eine Stunde, eine halbe Stunde, zehn Minuten, fünf Minuten. Noch eine Minute. Mit einem Mal brennt die ganze Front, ein schauerliches Bild.»

Es sind mörderische Tage. Alarm, Angriff, Gegenangriff. Der kommandierende General verliert ein Bein. Tausende verlieren ihr Leben, Deutsche und Russen. Die Russen sind «fast restlos aufgerieben worden», schreibt Strauß in der Sprache des Militärs. «Auf der 50 Kilometer langen Strecke von Przemysl über Tarnopol bis Lemberg habe ich mindestens sechshundert vernichtete russische Panzer gesehen. In der Nacht zum 1. Juli wurde Lemberg eingenommen.» In Wahrheit war die Einnahme von Lemberg ein ungeheurer Kampf; aber Strauß stellt nur summarisch fest, schildert sie niemals detailliert. Das gilt auch für die Kesselschlacht von Charkow, wo seine Einheit eingesetzt wird, und für die «Einnahme» von Rostow am Don – an der übrigens auch der 18-jährige Rudolf Augstein teilnimmt. Minsk, Smolensk, Lemberg, Charkow, Woronesch und Stalingrad – alles dies sind Namen, die man sich nach dem Krieg unter Russlandkämpfern nur zuflüstern musste wie einen Geheimcode, um zu wissen, was der andere erlebt hatte – und worüber man nicht genauer sprechen würde, wenn man kein Angeber sein wollte, nie.

«Ich habe es als Tragik empfunden, an einem solchen Krieg teilnehmen, andere befehligen, sie in den Kampf und vielleicht in den Tod schicken zu müssen – und gleichzeitig zu wissen, dass Hitler den Krieg nicht gewinnen durfte», schreibt Strauß 46 Jahre später. «Da entsteht eine seelische Belastung, die ich niemandem wünsche.» Wie ist sie beschaffen, diese seelische Belastung? Darüber schweigen sie, die jungen Leutnants Franz Strauß und Helmut Schmidt und Fritz Zimmermann und Bruno Heck und all die anderen, ihr ganzes Leben hindurch. Zwanzig, dreißig Jahre später werden sie die Kommandostellen in der deutschen Politik übernommen haben, unsentimental, pragmatisch, autoritär, mit klirrend zur Schau getragener Selbstsicherheit. Und nur manchmal werden sie, wie Strauß, mal tief in der Nacht zusammenbrechen unter der Last ihrer eigenen Tapferkeit und weinen, aber *streng geheim*, wie Tochter Monika Hohlmeier erzählt. Oder sie werden, wie Helmut Schmidt, gelegentlich mal einen kleinen Herzinfarkt erleiden – ohne dass die Öffentlichkeit etwas erfährt –, «gar nicht so schlimm, geht schon wieder». Nein, man wird nie wissen, was Strauß tatsächlich empfand, *während* er gegen die Russen kämpfte.

Über andere schreibt Strauß umso ausführlicher, vor allem über seine beiden Hauptfeinde, die Russen und die SS. Ende Juni 1941, als die deutschen Truppen näher kamen, hatte sich die polnisch-ukrainische Bevölkerung von Lemberg gegen die Russen erhoben, woraufhin die russische Geheimpolizei GPU «ermordet hat, was sie ermorden konnte», schreibt Strauß. «Brandgeruch und Leichengestank liegen über der Stadt. Die Russen haben hunderte von Gefangenen auf bestialische Weise umgebracht. Tot oder halbtot haben sie sie mit Benzin übergossen und angezündet. Als wir dazustoßen, werden gerade die ersten Leichen herausgeholt – bis zur Unkenntlichkeit verbranntes menschliches Fleisch. Die Szenen sind unbeschreiblich. Immer wieder tritt eine Polin, eine Ukrainerin auf mich zu, packt mich, weint und schreit, zeigt Fotografien von Mann oder Sohn.» Der Begleiter von Strauß, Leutnant Wenck, fällt neben ihm in Ohnmacht. «Ich habe ihn aufgehoben und weggetragen.»

Wenige Tage später – «wir liegen noch in der gleichen Stellung, neben uns ein Waldstück» – krachen ununterbrochen Feuerstöße aus einer Maschinenpistole. «Wir machen uns auf, wollen sehen, was los ist im Wald. Hinter den Bäumen eine Szene des Schreckens: Zusammengetriebene Juden, kommunistische Funktionäre, unschuldige Menschen mussten mit dem Spaten eine Grube ausheben, vielleicht 50 Meter in der Länge und zwei in der Breite. Die Gefangenen standen da zu vielen hunderten, vielleicht auch tausenden – die Erschießungen erstreckten sich über mehrere Tage. Sie mussten sich hinknien vor der Grube, dann ging ein junger SS-Mann, vielleicht 18 Jahre alt und sternhagelvoll, mit der Maschinenpistole von Kopf zu

Kopf, drückte ab, die Toten fielen in die Grube. War eine Lage voll, wurde Erde drauf geworfen, das Morden ging weiter. Zum Batteriechef, Oberleutnant Jacob, sagte ich an diesem Abend: ‹Lieber als auf die russischen Flugzeuge tät' ich auf die SS-Bande schießen.› Seine Antwort: ‹Strauß, ich auch.› Von da an hielt ich alles, was zu hören war, auch für möglich.»

Es war vieles zu hören. Die «Vernichtung der Lebenskraft» der Russen, wie zuvor der Polen, die massenhafte Tötung von Menschen, die man zur Elite zählte, das alles hat Strauß selbst gesehen. Auch das Wüten der deutschen Einsatzkommandos gegen die russische Zivilbevölkerung. «Als ich im Sommer 1941 bei unserem schnellen Vormarsch in der Ukraine einmal aus irgendeinem Grund zurückgeschickt wurde, bin ich durch mehrere Dörfer gefahren und sah dort eine eingeschüchterte, völlig verstörte Bevölkerung. Frauen weinten. Ein Einsatzkommando der Einsatzgruppe D (Ohlendorf) hatte alle Männer in den Dörfern erschossen. Ich habe die Tätigkeit dieser Kommandos zwar nicht mit eigenen Augen gesehen, aber die Spuren, die es hinterließ, waren grausam genug.» Strauß wusste es: «Hitlers Krieg war ein Vernichtungskrieg.»

Aber dass im Schatten dieses Krieges, den die Wehrmacht führte, gewissermaßen in ihrem Rücken, zugleich der Völkermord begann, das systematische Töten von Millionen Juden – davon wusste er nichts. Auf die bohrenden Fragen der jungen Generation in den sechziger Jahren wird Strauß erwidern: «Es bleibt dennoch wahr, wenn ich sage, dass ich von Auschwitz und anderen Vernichtungslagern keine Ahnung hatte. Den Namen Auschwitz hörte ich 1945 zum ersten Mal. Ich wusste von Dachau (nahe bei München) und wusste, dass Dachau ein KZ war, in dem Verbrechen begangen wurden. Aber mehr wusste ich nicht.»

Der Soldat Franz Strauß hat im Krieg insgesamt viel Glück, denn aus Russland wird er rechtzeitig zu einem Offiziersanwärter-Lehrgang abkommandiert und verbringt den kommenden, strengen Winter nicht in der russischen Steppe, sondern in einer gut geheizten Luftschutzschule bei Stettin, die er erst am 15. Februar 1942 als Leutnant wieder verlässt. Strauß wird nun Zugführer in der 22. Panzerdivision.

Sie gehört zur 6. Armee, und die wird jetzt nach Russland in Marsch gesetzt.

Ein Foto zeigt den Ordonnanzoffizier Franz Strauß in seinem Gefechtsstand bei Orchowski am Donez. Es ist Sommer, ein heißer russischer Sommer; etwa zehn Männer sitzen vor großen Zelten um einen Tisch herum, sie haben die Kragen geöffnet, auf dem Tisch stehen Gläser, die Stimmung scheint entspannt. Strauß ist, wie immer, schmal, drahtig, durchtrainiert, mit modischem Haarschnitt. Als Einziger trägt er eine schicke Sonnenbrille; sie verleiht der ganzen Szene etwas Mondänes, eine Art Vorkriegsprivatheit, die zivil und weltläufig wirkt. Die meisten dieser Männer werden bald schon tot sein.

Am 19. November 1942 beginnt die Rote Armee im Großraum Stalingrad ihre große Gegenoffensive gegen die Truppen der 6. Armee, die rasch in einem riesigen Kessel eingeschlossen wird. Da Hitler jeden Ausbruchsversuch verbietet, andererseits die Versorgung der deutschen Truppen aus der Luft scheitert, geht die 6. Armee zugrunde. An Kälte, an Hunger, Munitionsmangel, Verzweiflung. Ungefähr 90 000 deutsche Soldaten, die überlebt haben, geraten am Ende der Schlacht in sowjetische Gefangenschaft. Strauß und seine Division befinden sich während der ganzen Zeit außerhalb des Kessels, wenn auch sehr nahe, und sie sind ihrerseits komplett eingeschlossen. Ihnen droht dasselbe Schicksal wie der gesamten 6. Armee. Aber entgegen dem Befehl Hitlers, der auch für sie gilt, wagen sie den Ausbruch. Er gelingt, Strauß überlebt.

Aus den Wirren dieses Ausbruchs stammt eine weitere Heldengeschichte von Strauß, die dieser Jahrzehnte später gern auf Münchner Partys erzählt, wenn tiefnachts die Gäste mit halb offenem Mund im Kreis um den Ministerpräsidenten stehen: der Krieg nicht als Entsetzen und Verzweiflung, sondern als eine endlose Kette funkelnder und in ständiger Wiederholung rund geschliffener Anekdoten. Im Kern geht es darum, dass die ganze Batterie gegen den erklärten Willen des Kommandeurs, der die Lage falsch einschätzte, von Strauß vor den heranrückenden Russen gerettet wurde. Leutnant Strauß befahl «auf eigene Faust», da der Kommandeur vollkommen uneinsichtig blieb, den «Stellungswechsel», also den Rückzug, die Flucht, gegen alle Befehle von oben und natürlich «in letzter Minute». Hier hat sie ihren Ursprung, die ganz eigene Strauß'sche Moral: Manchmal, unter gewissen Umständen, muss man sich den Richtlinien, Befehlen und Gesetzen widersetzen, «wenn vorrangige Ziele auf andere Weise nicht zu erreichen waren». Diesen Freibrief hat er sich auch später immer wieder selbst ausgestellt, um ein Gesetz übertreten zu können. Was die «vorrangigen Ziele» seien, würde er im Zweifelsfall selbst definieren.

Franz Strauß, Leutnant, 27 Jahre alt, ist dem Tod vor Stalingrad entkommen; ebenso der Kriegsgefangenschaft, die die meisten deutschen Soldaten nicht überleben. Aber nicht seine Courage rettet ihn, sondern einer jener bürokratischen Akte, wie es sie in der Maschinerie des Krieges selbst im Untergang noch gibt: ein Marschbefehl für Strauß, ausgestellt am 12. Januar 1943, während seine Einheit noch eine Entlastungsoffensive für die eingekesselte 6. Armee unternimmt. Strauß wird zu einem Lehrgang an der Artillerieschule in Stolpmünde kommandiert, wo er zum Batterie-Offizier ausgebildet werden soll.

Das ist das große Los. Das ist fast so gut wie Heimaturlaub. Doch während der Fahrt nach Westen wird der Zug von sowjetischen Flugzeugen angegriffen, die Lokomotive getroffen und zerstört; der Zug liegt tagelang auf offener Strecke, vergessen, bis endlich Ersatz kommt. In der eisigen Kälte erfrieren sich viele Männer, unter ihnen auch Strauß, die Füße, sodass er erst einmal einen Genesungsurlaub in München antreten darf. Maria Strauß schreibt später: «Er sagte wörtlich: ‹Bei uns erkennt jetzt der kleinste Leutnant, dass dieser Krieg verloren ist.›»

Als am 18. Februar 1943 Hans und Sophie Scholl in München verhaftet werden, nachdem sie Flugblätter in den Lichthof der Universität geworfen haben, ist Strauß in der Stadt. Vier Tage später werden sie zum Tode verurteilt und hingerichtet – was die Münchner Studentenschaft zum freudigen Anlass für eine große Kundgebung nimmt. Der Hörsaal ist überfüllt, die Lautsprecher dröhnen, die Studenten protestieren immer noch gegen die «Verräter» und «Drückeberger». Franz Strauß, in der Uniform eines Leutnants und an Krücken, also in der Aufmachung eines Kriegshelden, steht dabei. Er hört eine Weile zu und sagt – so erzählt es später ein Kommilitone –: «‹Die müssen alle weg.› Ich sah ihn an und sagte: ‹Aber Herr Strauß, dann geht der Krieg verloren!› Darauf Strauß: ‹Der Krieg ist schon längst verloren.› Er legte die Hand an die Mütze und verschwand mit einem ‹Grüß Gott›.»

Noch während des Genesungsurlaubs wird Strauß, der ja immer noch beurlaubter Lehrer an der Oberschule in der Damenstiftstraße ist, zum Studienrat und außerplanmäßigen Beamten ernannt und etwas später, am 20. April 1943, dem Geburtstag des «Führers», zum Beamten auf Lebenszeit – das Dokument mit der faksimilierten Unterschrift Adolf Hitlers wird ihm zugestellt.

Als Offizier und Akademiker ist Franz Strauß jetzt den Verhältnissen seiner Herkunft endgültig entwachsen. Für ihn ist das kein *abstractum*, es lässt sich ja an den nackten Zahlen ablesen, an seinen Einkünften. Monatseinkommen von 150 bis 200 Mark sind damals die Regel, 250 Mark sind schon sehr viel Geld, das weiß auch seine Familie. Und jetzt beträgt sein erstes Gehalt gleich 390 Mark. Was mag Franz Josef Strauß, der 67-jährige Vater, gedacht haben? Dass es richtig war, damals den Vorschlägen des Zellinger gefolgt zu sein, den Sohn aufs «Max» zu geben, die Entfremdung in Kauf zu nehmen und auch die Kränkungen? Franz, der Sohn, notiert stolz: «Mit einem solchen Einkommen war man schon ein ‹besserer Herr›.»

Strauß versucht in diesen Tagen auch zu seiner durch den Krieg unterbrochenen wissenschaftlichen Arbeit zurückzufinden, er liest ein wenig, blättert in seinen Unterlagen, guckt den Zettelkasten durch. Der Titel seiner bei Walter Otto angefangenen Doktorarbeit lautet: «Die Weltreichsidee bei Justins Historiae phillippicae des Trogus Pompejus». Doch für eine Arbeit über einen römischen Historiker, der zur Zeit Christi aus griechischen Quellen eine Weltgeschichte schrieb – für solche gelehrten Unternehmungen lassen ihm die Verfechter der aktuellen Weltreichsidee keinerlei Muße. Er verpackt die gesamten Unterlagen und legt sie beiseite für später – falls je wieder Zeiten kommen sollten, in denen man sich solchen Leidenschaften widmen konnte.

Auch das Leben als Lehrer und «besserer Herr» bleibt nur ein Wunschtraum. Zwei Monate lang, bis Mitte Mai, absolviert Strauß den vorgesehenen Lehrgang in Stolpmünde, büffelt Mathematik und Ballistik. So sind die Zeiten: Statt über Trogus Pompejus zu arbeiten, studiert er die Theorie und Praxis der Flak-Geschütze. Denn der alliierte Luftkrieg gegen Deutschland erfordert jetzt eine stärkere Luftabwehr, weshalb Strauß nicht mehr an die Ostfront zurückkehren muss. Er wird als Ausbildungsoffizier an die Flak-Artillerieschule IV im nahe gelegenen Altenstadt bei Schongau versetzt. Er bleibt also in Bayern, sogar in der Nähe von München.

Für Offiziere ist es eine Ehre, nach Schongau abkommandiert zu werden, denn die Schule gilt als die «Flak-Universität». Strauß weiß, dass er es gut getroffen hat. Von Schongau gibt es, bis in die letzten Kriegstage, ausgezeichnete Zugverbindungen nach München, und notfalls kann ein Mann wie Strauß die Strecke mit dem Fahrrad zurücklegen. Das Motorrad ist wegen Benzinmangels im Hof des Hauses an der Schellingstraße stillgelegt. Der Flakschulen-Dozent und im Sommer 1944 zum Oberleutnant beförderte Strauß radelt in seiner freien Zeit häufig durch diese Landschaft, die nach dem Krieg für ihn so wichtig werden wird, den «Pfaffenwinkel». Er lernt die Gasthäuser von Schongau, Peiting und Hohenpeißenberg kennen – und auch, wie man sich noch heute in Schongau erzählt, einige der schönsten Wirtstöchter dieses idyllischen Voralpenlandes. Ohne die Luftangriffe hätte es eine beinahe friedliche Zeit sein können.

Nach einem Wochenendurlaub bei seinen Eltern, als einige Bomben in die Nachbarschaft gefallen waren, schreibt Strauß: «Die Füße machen noch nicht ganz mit, so dass ich recht froh war, am Wochenende mich gehörig ausruhen zu können. Ich wünsche euch das Beste, besonders dass Ihr von weiteren nächtlichen Besuchen verschont bleibt. Euer dankbarer Franz». Doch in der Nacht auf den 10. Mai 1943, während eines großen Luftangriffs auf München, wird auch die Metzgerei Strauß in der Schellingstraße 49 von den amerikanischen Bomben getroffen.

39 Jahre lang hat die Familie dieses Geschäft betrieben, es war der ganze Stolz des Franz Josef Strauß, des hoffnungsvollen Jungen

aus Kemmathen an der Sulzach. Die Wohnung der Familie, Schellingstraße 44, wird nicht ganz zerstört, aber sie bleibt zunächst unbewohn-
bar. Wie durch ein Wunder haben die Eltern und die Schwester diese
dramatische Nacht überlebt. Monate später, nach dem Umzug in die
Reitmoorstraße 14, werden sie zum zweiten Mal ausgebombt. Dabei
verbrennen auch die Unterlagen der Doktorarbeit – das Projekt der
antiken Weltreichsidee ist endgültig unter Schutt begraben.

Strauß unterrichtet in Altenstadt nicht nur die militärischen Spezi-
alkenntnisse für die Luftabwehr, er ist auch «Offizier für wehrgeistige
Führung». Er sagt später, er habe sich nicht nach dieser Aufgabe ge-
drängt. Man habe ihn auch hier wieder «im Kameradenkreise», wie
schon seinerzeit bei seiner Tätigkeit als weltanschaulicher Referent
der NSKK, «zur Vermeidung echter Nazi-Ideologen» «bedrängt»,
diese Rolle zu übernehmen. Sein Kommandeur, Hauptmann Willy
Schnieber, habe gesagt: «Strauß, das machen Sie! Wir wollen nicht
jemanden kriegen, der nicht zu uns passt. Wir wollen keinen Weltan-
schauungsheini!» Und so habe sich Strauß bereit erklärt, die Aufgabe
zu übernehmen; er habe sich aber bei den Vorträgen, die er zu halten
hatte, immer auf unverfängliche historische Themen beschränkt.

Dass Strauß vor Soldaten «wehrgeistige» Vorträge hielt, beweist
keineswegs eine geistige Verbundenheit mit den Ideen der Nationalsozialisten. Das Amt des wehrgeistigen Offiziers hatte in der Wehrmacht schon eine längere Tradition und darf nicht mit den Aufgaben
der NS-Führungsoffiziere verwechselt werden. Diese Offiziere begannen erst nach dem gescheiterten Attentat auf Adolf Hitler vom
20. Juli 1944 ihre propagandistische Arbeit unter den Soldaten. Als
Parteimitglieder waren sie zur Zusammenarbeit mit dem Sicherheitsdienst und der Gestapo verpflichtet; genau genommen waren sie Denunzianten in der Wehrmacht.

Strauß hat sich – wie Hauptmann Willy Schnieber nach dem Krieg
zu Protokoll geben wird – ausdrücklich geweigert, auch noch diese
Aufgabe zu übernehmen. Die politischen Gegner des Franz Josef
Strauß haben aber viele Jahre später entweder den Sachverhalt ver-
wechselt oder absichtsvoll verdreht, denn der Vorwurf, Strauß habe
Nazi-Propaganda betrieben und sei deshalb selbst ein Nazi gewesen,

hielt sich bis in den turbulenten Wahlkampf von 1980, bei dem die jungen Anti-Strauß-Demonstranten, in bestem Glauben, diese falschen Behauptungen wiederholten: «Strau-SS», «Strauß der Nazi», «Stoppt Strauß!» und «Verhindert ein neues 1933!» Diese Transparente und Sprechchöre waren, nebenbei gesagt, für Strauß die bitterste Erfahrung in diesem Wahlkampf.

Strauß hasste die Nazis. Und er zeigte den ganzen Krieg hindurch Charaktereigenschaften, die in jener Zeit nur wenig verbreitet waren: Anstand, Hilfsbereitschaft und Mut. Dies beweist eine gut dokumentierte Episode aus den letzten Tagen des Krieges.

Einer seiner Soldaten, Martin Westermair, war der Sohn einer Gastwirtsfamilie in Hohenfurch, bei der Strauß gern einkehrte. Aus einem regulären Urlaub war Westermair nicht mehr in die Kaserne der Flakschule zurückgekehrt, sondern hatte sich im Haus seiner Eltern versteckt. Der Vater wollte seinen Sohn nicht kurz vor Kriegsende noch verlieren, ein älterer Sohn war bereits in Russland gefallen. In der Überzeugung, dass der Krieg bald vorbei sein würde, schrieb Oberleutnant Strauß dem jungen Mann eine Urlaubsverlängerung. Als auch diese Zeit verstrichen war, Mitte April 1945, wurde Martin von einem jener fliegenden Standgerichte der Waffen-SS gestellt, die auch im Raum Schongau «Deserteure und Wehrkraftzersetzer» aufgriffen und hinrichteten – einem aus drei Männern bestehenden Kommando.

Man macht mit Martin Westermair kurzen Prozess und trifft Vorkehrungen, ihn an einem Baum bei seinem Elternhaus aufzuhängen, als Strauß im nahen Altenstadt alarmiert wird. Er springt mit ein paar Kameraden, schwer bewaffnet, in einige Autos, schafft es zur rechten Zeit nach Hohenfurch und riskiert den offenen Konflikt mit den drei Männern der Waffen-SS. Strauß spricht ihnen jede Zuständigkeit ab und lässt Westermair als «Deserteur» von seinen eigenen Leuten gefangen nehmen. Die Waffen-SS-Männer entsichern ihre Gewehre und richten sie auf die Wehrmachtssoldaten, die ihnen allerdings zahlenmäßig überlegen sind und ihrerseits ihre Waffen schussbereit halten. Strauß droht den drei Henkern, sie auf der Stelle erschießen zu lassen. Schließlich ziehen sie ab. Die Popularität von Strauß nach dem Krieg und die Bewunderung der Menschen im Schongauer Land – hier nehmen sie ihren Anfang.

Strauß ist in Altenstadt von Offizieren umgeben, die solche Husarenstücke eher billigen als verurteilen. Die beiden Kommandeure und ihre Adjutanten – einer von ihnen Oberleutnant Franz Strauß – sind sich längst einig geworden, «dass es sinnlos, ja verbrecherisch wäre, gegen die anrückenden Amerikaner Widerstand zu leisten» – schon gar nicht «bis zum letzten Blutstropfen», wie es Hitlers «Alarmplan Gneisenau» vorsieht. Die ungefähr zweieinhalbtausend jungen Teilnehmer von Artillerie-Lehrgängen in der Kaserne sind selbst nur mit Karabinern bewaffnet. Hätte man den Amerikanern, wie befohlen, Widerstand geleistet, wäre ein Blutbad in Altenstadt die Folge gewesen, die Zerstörung der alten Stadt Schongau eingeschlossen.

Also stellen Strauß und andere Offiziere den Lehrgangsteilnehmern der Luftwaffe und der Heeresflak Entlassungspapiere aus und schicken die verdutzten jungen Männer einfach nach Hause – mit echten, ordnungsgemäßen Dokumenten, denen nur ein Detail fehlt: ein entsprechender Befehl der Heeresführung. Sie werden ausgestellt am 20. April, dem Tag, an dem andere Offiziere in Altenstadt noch schwungvolle Reden auf den Geburtstag des Führers halten, «das Genie des Jahrtausends», wie etwa Hans Hellmut Kirst, der später als Schriftsteller nazikritische Romane schreiben wird. Dass auch die Bergwerke in der Nähe Schongaus – gegen die Befehle Hitlers – nicht gesprengt werden, ist ein weiterer Akt mutigen Ungehorsams, der erheblich zur Brennstoffversorgung der Bevölkerung in den Nachkriegswintern beitragen wird, wenn Strauß hier in Schongau Landrat ist.

Jahre später relativiert Strauß allerdings die Taten dieser kleinen Gruppe von Offizieren: «Wären es nicht die Amerikaner, sondern die Russen gewesen, dann hätte ich bis zur letzten Patrone gekämpft, auch unter Inkaufnahme der unvermeidlichen Folgen» – also der Zerstörung der Stadt Schongau. Wenn sein Hass auf die Russen sich rührte, trübte dies sein sonst so scharfes Urteilsvermögen: «Ende 1944 kamen die ersten Berichte über das Verhalten der Roten Armee in Ostpreußen und in Schlesien – Vergewaltigungen, Raub, Mord an der Zivilbevölkerung.» Wollte er vergessen, was er selbst in Russland erlebt hatte, die Massenhinrichtungen hinter der Front, den Terror der Einsatzkommandos, die Politik der «verbrannten Erde»? Jeder russische Soldat, der 1944 nach Westen vorrückte, hatte die vernichteten russischen Dörfer, die Trümmer und Ruinen gesehen. Doch für Strauß existierte keinerlei Zusammenhang zwischen den Exzessen der Roten Armee und dem Wüten der Wehrmacht zuvor. Als wären die sowjetischen Verbrechen beim Vormarsch Teil des russischen Alltags, stellt er lapidar fest: «Ein Leben nach russischem Muster wäre für uns die Hölle auf Erden gewesen.»

Verbarg sich im Hass auf «die Russen», der nach dem Krieg die Grundierung des deutschen Antikommunismus wurde, auch eine gehörige Portion Selbsthass? Schließlich waren die deutschen Russlandkämpfer – das war das Schlimmste – von den verhassten Russen zurückgedrängt, geschlagen und militärisch vernichtet worden. Die Amerikaner hingegen wurden als Befreier empfunden, die sofort auch zu Beschützern werden – vor den Russen. Kein einziger Gedanke daran, dass auch die Russen sie von den Nazis befreit hatten.

Strauß schreibt in seinen «Erinnerungen», er habe «nie verstanden – und dies hat in mein politisches Bewusstsein hinübergewirkt und bis heute angehalten –, warum die Amerikaner eine Woche lang an der Elbe stehen geblieben sind, bis sie am 25. April 1945 bei Torgau den Schulterschluss mit den Sowjets vollzogen. Ich fragte mich verzweifelt, warum marschierten die Amerikaner nicht auf Berlin, sie könnten längst vor den Russen dort sein.» Er hatte damals das Gefühl, «dass die Amerikaner als kleinkarierte Eisenwarenhändler, die Russen aber als politische Strategen dachten.»

Als sich nach Kriegsende, in den ersten Julitagen 1945, die amerikanischen und britischen Truppen aus den von ihnen besetzten Gebieten Mecklenburg, Sachsen und Thüringen zurückzogen, war dies für Strauß «eine unangenehme Überraschung, hatten wir bis dahin doch intensiv in der Vorstellung gelebt, die Amerikaner würden Front gegen die Russen machen. Von da an bestimmte uns die Furcht, die Amerikaner könnten ganz Europa den Russen preisgeben, diese Furcht war weit verbreitet.»

Der Krieg geht für Strauß zu Ende, als am 27. April 1945 die ersten amerikanischen Panzerspitzen Schongau und Altenstadt erreichen. Während die Panzer langsam und bedrohlich auf das Haupttor der Kaserne zurollen, verschwindet der Oberleutnant Franz Strauß mit anderen Soldaten an der Rückseite durch ein kleines Tor. Als alter Radrennsportler hat er allerdings ein Fahrrad dabei. Zuerst will Strauß nach Schongau und weiter nach Peiting, aber angesichts der endlosen Kolonnen amerikanischer Panzer wendet er und flüchtet nach Schwabniederhofen. Der dortige Pfarrer nimmt ihn auf und versorgt ihn mit Zivilkleidung. Mittags lassen die Amerikaner die gesamte männliche Bevölkerung des Dorfes antreten. Trotz seiner Offiziersstiefel, für die der Pfarrer keinen Ersatz gefunden hatte, kommt Strauß unbehelligt durch die Kontrolle.

Dann aber bringt er sich, wie später so oft in seinem Leben, selbst in Schwierigkeiten – weil er Recht behalten will. Diesmal gegenüber ein paar GIs, die gerade dabei sind, diesen *damned war* in Europa endlich zu beenden und die sich jetzt von einem Deutschen, einem 29-jährigen Schlaumeier mit passablen Englischkenntnissen, erklären lassen müssen, dass sie mit ihren Verbündeten, den Russen, noch «erheblichen Ärger» bekommen würden. Plötzlich stoppt ein Jeep und zwei Offiziere steigen aus. Sie nehmen diesen Deutschen einfach fest. «So marschierte ich in die amerikanische Gefangenschaft.»

Dies ist nicht die ganze Wahrheit. Tatsächlich wird Strauß festgesetzt wie ein Delinquent, in einer winzigen Zelle des lokalen Gefängnisses im historischen Ballenhaus von Schongau. In Berlin wird derweil noch gekämpft.

Rätselhaft ist ein kleiner maschinengeschriebener Zettel, den der Verfasser im Strauß-Nachlass fand. Am 11. Mai 1945, drei Tage nach dem definitiven Kriegsende in Europa, schreiben die «Head Quarters 939th Field Art. Battalion» einen Passierschein für «Francis Strauss», mit dem dieser sich offenbar beim bewaffneten Sicherheitsdienst melden soll («… for the purpose of assisting in security police of this area»). War Strauß eine Zeit lang Mitarbeiter der amerikanischen Militärpolizei? Vielleicht war dies im Chaos der ersten Nachkriegstage für Strauß nur eine unter mehreren Optionen.

Er ist fast 30 Jahre alt, seine Jugend liegt hinter ihm. Er ist schmal, beinahe dünn, so wie zehn Jahre zuvor als Radrennfahrer, sein Gesicht tritt hart und konturiert hervor wie später im Leben nie mehr.

Er hat überlebt. Man müsste jetzt anfangen, richtig zu leben. Alles nachholen, was versäumt wurde. Das Leben gewinnen, wenn man schon den Krieg verloren hat. Aber wahrscheinlicher ist es, dass die Amerikaner ihn irgendeinem Camp überstellen, vielleicht sogar noch in die USA schaffen. Falls sie ihn hier rauslassen sollten, will er nach München, notfalls mit dem Fahrrad.

Für Strauß gibt es im Mai 1945 keine Stunde null, keinen Riss durch die Zeit; es ist kein Innehalten notwendig. Augstein wird von sich dasselbe sagen, ebenso Helmut Schmidt. Fühlen sie sich als Geschlagene? Ein Roman von Hans Werner Richter mit dem Titel «Die Geschlagenen» beschreibt das Lebensgefühl dieser Männer, «die Gegner des Krieges waren und doch Soldaten, die ein System hassten und doch dafür kämpfen mussten, und die weder sich selbst noch ihren Glauben noch ihr Land verrieten». Oberleutnant Strauß und Oberleutnant Schmidt und Leutnant Augstein gehören zweifellos dazu, aber auch viele andere aus dieser Generation von deutschen Politikern und Publizisten. Einige von ihnen hatte man erst kurz zuvor von der Schulbank weggeholt; jetzt sind sie irgendwo verloren in Deutschland unterwegs, in die Gefangenschaft oder nach Hause: der 18-jährige Panzerjäger Erhard Eppler, dünn und ausgehungert, der ebenfalls 18-jährige Flakhelfer Horst Ehmke, 43 Kilo schwer und auf Strümpfen marschierend in die Gefangenschaft, der 18-jährige Pionier Hans-Dietrich Genscher, den man kurz zuvor aus einem «Wehrertüchtigungslager» abkommandiert hatte zur Armee Wenck, jener «Geisterarmee», die Berlin und den Führer retten sollte. In jenen Tagen, am 20. April 1945, dem Geburtstag des «Führers», wird der 15-jährige Helmut Kohl in einem Wehrertüchtigungslager bei Berchtesgaden noch auf Hitler vereidigt; ein anderer Junge, der sich dem entziehen wollte, hängt während der Zeremonie tot an einem Baum, mit einem Schild um den Hals: «Ich bin ein Vaterlandsverräter».

Sie alle werden sich bald politisch engagieren, auch der 1944 schwer verwundete Otto Graf Lambsdorff oder der Oberleutnant und Nachrichtenoffizier Bruno Heck (der allerdings erst einmal in Ruhe

Altphilologie studieren wird), der Leutnant Hermann Höcherl oder der Oberleutnant Friedrich Zimmermann. Keiner von ihnen hat eine genaue Vorstellung, was das sein soll: Demokratie. Bisher war das nur ein Goebbels'scher Propagandabegriff, ein antibritisches Schimpfwort, weiter nichts. Oft werden sie ihre Mandate einrichten und verteidigen wie Kommandoposten in der Etappe, autoritär, arbeitswütig und emotional erstarrt. Geschlagene. Sie werden die Ärmel aufkrempeln und tun, was sie die ganze Zeit taten, nämlich ihre «verdammte Pflicht und Schuldigkeit». Nur bedeutet «Pflicht und Schuldigkeit» jetzt etwas anderes. Aber jeder von ihnen wird den Krieg hassen. Das bleibt ihre «Lebensmelodie» (Peter Glotz). Und manche von ihnen legen sich eine kleine Privatmoral zu: sich künftig schadlos zu halten nach so viel Schrecken, Leid und verlorener Zeit.

Einerseits erkennt Strauß die Tatsachen an: Ein von Deutschland begonnener verbrecherischer Krieg hat 55 Millionen Menschen das Leben gekostet, davon zwanzig Millionen Sowjetbürger, sieben Millionen Deutsche, sechs Millionen Polen, dreihunderttausend US-Bürger. «Kein Zweifel», wird Strauß später schreiben, «dass die Ursachen dieser katastrophalen Entwicklung im zynischen Abfall der deutschen Politik von Gott und vom christlichen Sittengesetz, also dem Bruch mit der humanistischen Tradition des Abendlandes lagen.»

Andererseits ist er der festen Überzeugung, er persönlich habe diesen Bruch nicht vollzogen, er sei weder für die Nazi-Herrschaft noch für den Völkermord in irgendeiner Weise mitverantwortlich; denn er habe sich nichts zuschulden kommen lassen.

Es gibt andere, die ihr Leben lang das Gefühl nicht loswerden, «auf schmutzige Weise in diesen Dreck» (Martin Walser) verwickelt gewesen, benutzt worden zu sein – wenn auch individuell genauso unschuldig. Auch der große Antipode von Strauß, Ex-Leutnant Rudolf Augstein, fühlte sich bis zuletzt «beschämt», einfach nur als Zeitgenosse: «als Zeitgenosse von Taten, von denen ich nichts wissen konnte». Natürlich waren die normalen Soldaten der kämpfenden Truppe für den Völkermord nicht verantwortlich; ein intelligenter Beobachter wie Strauß musste aber wissen, dass diese Verbrechen nur unter den Bedingungen eines Eroberungskrieges möglich waren.

Die Umstände lassen offenbar kein Durchatmen zu: «In dieser Zeit von 1945 und danach», schreibt Strauß, «in der es um das Überleben ging, ums Essen, Heizen, die Behausung, das Wiederfinden der nächsten Angehörigen, kurz gesagt um die nackte Existenz, da haben wir uns die Frage gestellt: Wie soll das eigentlich weitergehen? Wie sollen wir mit dem größten Trümmerhaufen der Weltgeschichte fertig werden?» Dieser materielle Trümmerhaufen kam ihnen allen in gewisser Weise recht; er machte das Innehalten und Nachdenken unnötig, sogar unmöglich; man musste die Ärmel aufkrempeln und in die Hände spucken. Den Trümmerhaufen – man räumte ihn weg, als habe man damit die Schuld abgesühnt. Danach war man, bitte schön, quitt.

An einem Tag im Mai 1945 unterhält sich Strauß im Gefängnis von Schongau mit dem vernehmenden Offizier, Major Rosencranz, über sein früheres militärisches Betätigungsfeld. Der US-Offizier ist ein deutscher Jude, dessen Familie rechtzeitig die Flucht gelungen war. Man spricht deutsch. Rosencranz fordert Strauß auf, einen Erfahrungsbericht über seinen Einsatz in der Flak-Artillerie-Einheit in Russland zu schreiben: «Ich konnte daraus schließen, dass die Amerikaner einen militärischen Konflikt mit der Sowjetunion zu einem späteren Zeitpunkt nicht mehr völlig ausschlossen», stellt Strauß befriedigt fest. «Was ich als Voraussetzung für einen solchen Bericht verlangte, wurde anstandslos gewährt – erstens ein Zimmer, zweitens Papier und Schreibmaschine, drittens amerikanische Truppenverpflegung und Bewegungsfreiheit in der Kaserne. Mit dem Ergebnis meiner Arbeit, 20 bis 25 Schreibmaschinenseiten, war man zufrieden.»

Noch im Gefängnis oder bereits in der US-Kaserne lernt Strauß einen jungen Deutschamerikaner kennen, der für den amerikanischen Geheimdienst arbeitet, Ernest F. Hauser. Es ist der Beginn einer Freundschaft. Sie unternehmen bald so manchen legendären Zug über die Dörfer und durch die Kneipen des Pfaffenwinkels um Schongau. Auf beide trifft zu, was Fritz Schäffer, der spätere Mentor von Strauß, einmal sagte: «Nichts bindet fester als gemeinsame Sünden.» Strauß wird später Trauzeuge und alsbald auch der Pate von Hausers Sohn. Viele Jahre später zerbricht die Freundschaft im

Strudel der Lockheed-Affäre. Doch im Mai 1945 nimmt sich Agent Hauser des Ex-Oberleutnants an und formuliert als Erstes ein Empfehlungsschreiben für Strauß, das sein Vorgesetzter, Major E. F. Rivinus jr., unterschreibt: «Durch seine Dienstdauer in dieser Region ist er bekannt, und offenbar denkt man gut über ihn in Schongau und den umliegenden Dörfern. Er spricht leidlich gut Englisch. Er hat sich so sehr bereit zur Zusammenarbeit gezeigt, dass wir nicht zögern, ihn der Alliierten Militärregierung für jeden Dienst zu empfehlen, für den er nützlich erscheinen mag.» Dieses Empfehlungsschreiben wird zum Grundstein seiner Karriere.

Die zuständigen amerikanischen Besatzungsoffiziere versuchen in Schongau, wie überall, intakte deutsche Behörden zu etablieren, die mit der Militärregierung kooperieren. In Schongau haben sie schon Mitte Mai den politisch unbelasteten Oberinspektor Xaver Bauer zum Landrat ernannt, der sich den Regierungsinspektor Hans Tröger als Stellvertreter auswählt. Die beiden Männer haben allerdings aus Sicht der Amerikaner einen gravierenden Nachteil: Sie sprechen kein Englisch. Und da bringt irgendjemand, vielleicht Hauser, diesen besonders kooperativen Deutschen ins Spiel, den Studienrat und Ex-Offizier mit seinen «leidlich guten» Englischkenntnissen. Franz Strauß wird mit Wirkung vom 2. Juni 1945 zum *Assistant Landrat* ernannt.

Es ist ein Anfang, immerhin, vielleicht ein Übergang. Und außerdem sichert Xaver Bauer ihm zu, die eigentlich ehrenamtliche Position mit 445 Reichsmark zu entlohnen – mit dem Geld aus dem verwaisten Posten des Kreisjuristen im Range eines Regierungsrates. Das entspricht ungefähr den letzten regulären Einkünften des Studienrates Strauß.

Der Krieg ist kaum drei Wochen vorbei, da bleibt Strauß nicht nur das Elend der Kriegsgefangenschaft erspart, er hat sogar einen gut bezahlten Posten. Trotzdem haben sich für ihn nicht gerade seine Träume erfüllt – was man auch am Wortlaut eines Briefes spürt, den er vier Tage später seiner Familie schreibt: «Meine Gedanken sind oft bei Euch. Kriegsgefangener bin ich bis jetzt nicht gewesen, obwohl ich einige Tage festgesetzt war. Wahrscheinlich wird man uns noch durch ein Lager oder eine Kommission schleusen. Z. Zt. arbeite ich am Landratsamt hier und befinde mich im allgemeinen ganz wohl. In der Hoffnung Euch bald zu sehen grüßt Euch Euer Franz.»

Er wird weder durch ein Lager geschleust noch vor eine Kommission geladen; ohne es zu wissen, ist er bereits endgültig frei. Er wird den Job des stellvertretenden Landrats für lange Zeit nur als Zwischenlösung auf dem Weg zum Gymnasiallehrer betrachten, aber er stellt sich der neuen Aufgabe. Denn es wird ihm klar, dass er eine große Aufgabe zu lösen hat «am Landratsamt». Er muss nicht nur zwischen dem Landrat und den Besatzern dolmetschen; seine Hauptaufgabe ist vielmehr, «die primitivsten Daseinsgrundlagen zu schaffen». Schongau hat zwar kaum größere Kriegsverluste oder Zerstörungen zu beklagen (nicht zuletzt dank des Einsatzes von Strauß und seinen Offizierskollegen), es ergießt sich jetzt aber Tag für Tag ein Strom von Flüchtlingen aus Schlesien und Ostpreußen, aus Böhmen und Mähren in den Landkreis. Hinzu kommen die vom Nazi-Regime zuvor verschleppten Ausländer, *Displaced Persons,* viele entlassene Kriegsgefangene, befreite Häftlinge und einige überlebende KZ-Insassen. Alle diese Menschen gilt es zu versorgen. Und dabei fehlt es beinahe an allem: an Nahrung, Wohnraum, Baumaterial, Brennstoff, Treibstoff, Transportmitteln. «Wie sollte man die Leute unterbringen? Wie sollte man sie ernähren?»

Es zeigt sich, dass Strauß der richtige, vielleicht sogar der beste Mann an dieser Stelle ist. Für diese außergewöhnliche Zeit, in der es keinerlei routinierte Lösungen geben kann, sind seine Erfahrungen und seine charakterlichen Eigenschaften wie geschaffen. Neben einem gewissen Abenteurertum, der Bereitschaft zum Risiko, der Neigung zu feuchtfröhlicher Geselligkeit zeigt sich seine stets wache intellektuelle Neugier und die Fähigkeit, sich rasch auf neue Problemlagen einzustellen.

Außerdem lehrt das Leben im Frieden wie im Krieg, dass man sich mit anderen verbinden, gemeinsam kämpfen und gegenseitig füreinander einstehen muss. Diese Eigenschaften sind unter jungen Wehrmachtsoffizieren recht verbreitet, bei vielen, die es aus dieser Generation jetzt in die Politik verschlägt. Bei Strauß kommt etwas hinzu: Er ist rebellisch, hat Schwierigkeiten, sich unterzuordnen, immer bewahrt er – der ja nie in der Hitlerjugend oder anderen Jugendorganisationen war – einen Rest von Eigensinn. Er ist der klassische Besserwisser, das könnte gegen ihn sprechen. Bei allen Problemen der Vergangenheit ist er sich sicher, sie besser analysiert zu haben und zu vernünftigeren Entscheidungen gekommen zu sein als alle anderen, auch jene, welche die faktische Macht hatten, die Entscheidungen tatsächlich zu treffen – ein rechthaberischer Typ also, der allerdings tatsächlich häufig Recht hat.

Im Grunde ist diese schwierige Nachkriegszeit, selbst wenn es frivol klingen mag, auch ein großes Abenteuer, ein Zwischenreich, eine große anarchische Freiheit: «Ich habe damals, zum Wohl der Bürger meines Landkreises, so viel gestohlen und geschoben, dass ich aus dem Gefängnis nicht mehr herausgekommen wäre, wenn es nach Recht und Gesetz gegangen wäre. Die Kunst des ‹Organisierens›, die man bei der Wehrmacht gelernt hatte, bewährte sich, manches war nur Mundraub, anderes ging weit darüber hinaus.» Es wird ihm später, unter den strengen Bedingungen einer hoch entwickelten politischen Kultur in der Bundesrepublik, nicht leicht fallen, auf die früh gelernten Muster zu verzichten. Denn was er hier absolviert, ist seine Lehrzeit als Politiker – in diesen Jahren erwirbt er sein Handwerkszeug.

Strauß erzählt in seinen «Erinnerungen»: «Da wir Mangel an Kartoffeln und Getreide litten, dafür aber Überfluss an Käse hatten, haben wir Verbindung aufgenommen mit getreide- und kartoffelreichen Gebieten, hauptsächlich mit Niederbayern, und haben im Gegenzug Käse angeboten. Da sind unsere LKWs mit Holzvergaser dann gerollt. Weil unser Fuhrpark aber sehr dürftig war, beschlossen wir eine Aufbesserung. An den Grenzen des Landkreises Schongau, in Hambach, standen von den Amerikanern erbeutete Fahrzeuge, PKWs, LKWs, Omnibusse, Reste von Trossen aller möglichen Verbände, sorgfältig sortiert und aufgereiht. Unsere Spähtrupps haben herausgefunden, dass an den Wochenenden nur farbige Soldaten Wache hielten. Die waren verärgert, weil die weißen Kameraden sich dem Vergnügen, einschließlich der ‹Fräuleins› widmen konnten, während sie Wache schieben mussten. Diesen sozialen Konflikt haben wir ausgenutzt.

Das Instrument war Schnaps, seltsamerweise Mangelware bei den Amerikanern. Da wir wiederum viele Schnapsbrennereien in unserer Gegend hatten, haben wir mit den Bewachern ‹angebandelt›. Mit Hilfe meiner ehemaligen Wachtmeister von der Flakschule haben wir in zwei Aktionen, jeweils von Samstag auf Sonntag, den Handel Schnaps gegen Fahrzeuge durchgeführt. Als stellvertretender Landrat war ich dabei, als wir etwa 25 Lastwagen, einige Busse und rund ein Dutzend PKWs abtransportierten. Hierbei wie auch bei den anderen ‹unbürokratischen Aktionen› konnten wir auf geschultes Personal aus der Flakschule zurückgreifen – Werkmeister, Mechaniker, Kraftfahrer und Handwerker aller Art.»

Strauß bedient sich seiner alten Truppe, vieler Männer aus der Artillerieschule von Altenstadt. In einem viele Jahre später entdeckten Bericht des amerikanischen Geheimdienstes heißt es, dass der stellvertretende Landrat damals mitsamt einer aus ehemaligen Offizierskollegen bestehenden Gruppe den gesamten Landkreis kontrolliere – man nannte sie die «Luftwaffengang», wenngleich Strauß selbst nicht zur Luftwaffe gehört hatte. Strauß selbst gibt später diese Tatsachen zu: «Manche Schongauer hat es geärgert, dass mit uns eine Art ‹Besatzung› die zivile Macht übernommen hatte, auch wenn dies im Interesse des Landkreises lag.» Strauß und seine alten Kumpel und jetzigen Spezln (der Begriff der «Amigos» in Anspielung an die Mafia wurde erst Jahrzehnte später aus dem Italienischen entlehnt) kontrollierten alsbald den Landkreis, erweitert um neue Freunde wie Ernest F. Hauser.

Es ging hier nicht um ein staatliches Amt, das einem Mann große Autorität verliehen hätte – hier nutzte ein starker und eigensinniger Kerl ein bedeutungsloses Amt, um unter den Bedingungen des Schwarzmarktes und des staatlichen Machtvakuums seine Ziele durchzusetzen. Ob es, im Kampf gegen die alltägliche Not, ein Segen war, dass Strauß die engen Grenzen seines Amtes ständig überwand, oder ob man sagen will, Strauß habe dauernd illegal und unzulässig seine Kompetenzen überschritten – das bleibt, wie auch beim späteren Strauß, eine offene Frage.

Strauß lernt schnell. Er hat ein gutes Gespür für die Stimmung der Leute in seinem Kreis, ihre Sorgen und Ängste, ihre Ressentiments – die vor allem. In der Nähe von Schongau haben die Vereinten Nationen ein Lager für heimatlose Menschen eingerichtet, in diesem Fall etwa 5000 Polen, die bis vor wenigen Wochen als Zwangsarbeiter für die Deutschen schuften mussten – und die jetzt, befreit, nicht unbedingt gut auf diese Deutschen zu sprechen sind. Dass sie alle «von Rachegelüsten getrieben» werden, wie die Bevölkerung fürchtet, ist wohl eher übertrieben und vielleicht ein Ausdruck schlechten Gewissens.

Vize-Landrat Strauß verlangt aber von der oberbayerischen Regierung, die Bevölkerung in der Schongauer Gegend zu bewaffnen und eine «Einwohnerwehr» zu bilden – so wie während der Revolution 1918, als Vater Strauß ein überzeugter Kämpfer der Schwabinger Einwohnerwehr war. In jeder Gemeinde und auf jedem Einödhof soll eine bestimmte Anzahl von Schusswaffen vorhanden sein. Der stellvertretende Landrat hält es für notwendig, «dass jeden Abend und die ganze Nacht hindurch sämtliche Straßen und Wege, sämtliche Brücken und Stege von schwerbewaffneten Polizeieinheiten kontrolliert werden, die stark genug sind, um jede auftretende Bande sofort im Feuerkampf niederzuschießen».

Wie man ein Bedrohungsszenario erschafft und dazu gleich die passende Lösung anbietet, das beherrscht er schon perfekt. Dieser Mann spricht den Leuten aus der Seele. Aber weder die Amerikaner noch die Regierung von Oberbayern spielen da mit – was Strauß geahnt haben wird. Am Ende kommt nur eine eher zivile siebenköpfige Schongauer Stadtpolizei zustande, die von Strauß persönlich in den Dienst eingeführt wird.

Dauernd hält er Reden, im Kreistag, bei der Eröffnung einer neuen Brücke über den Lech oder am Fronleichnamstag. Die Fotos und ersten Filmaufnahmen zeigen einen jungen Mann, meist in dunklem Vorkriegsanzug, immer noch schlank, mit einer schicken amerikanischen Sonnenbrille; beim Sprechen wippt er einen bestimmten Rhythmus mit den Knien, Synkopen zu seinen Gedanken. Er spricht, als sei er der Abgesandte der Menge, die sich mit Forderungen an die Obrigkeit wendet; dabei verkörpert er selbst die Obrigkeit. Der

Redner Strauß erprobt seine Mittel. Er kritisiert offen die Kollaborateure, die «Schleimer», ein «ganz erbärmliches Volk», das erst die Welt mit seinen Stiefeln zertrampelt, um nachher «den Staub von den Schuhen der Sieger zu schlecken». Das bringt tollen Applaus. Aber dann hat er immer noch eine Pointe vorrätig: «Vor den Türen der Militärregierung musste man schon den Teppich auswechseln, weil die Denunzianten ihn durchgetreten haben.»

Für sein Entnazifizierungsverfahren trommelt er hinreichend viele alte Freunde als Zeugen zusammen, zum Beispiel seinen Altenstadter Vorgesetzten, den Hauptmann Willy Schnieber. Der versichert in einer eidesstattlichen Erklärung, er habe festgestellt, «dass Strauß ein kompromissloser und radikaler Gegner des Nazisystems war und dieses in jeder Hinsicht hasste und verabscheute». Strauß habe in München «mit Widerstandskreisen in Verbindung gestanden». Und: «Alles in allem verkörperte Strauß den Typ des klaren, kompromisslosen und aktiven Antinazisten.» Die Spruchkammer Schongau – in der auch Sozialdemokraten und Kommunisten mitwirken – kommt zum Ergebnis: «Bei Strauß handelt es sich um einen der schärfsten, überlegendsten und erfolgreichsten Gegner des Nationalsozialismus. Strauß hat … seine anti-nationalsozialistischen Überzeugungen unter Gefahr weiterverbreitet und aktiv Widerstand geleistet. Strauß hat seine aktive Teilnahme an der Widerstandsbewegung nachgewiesen und war führend in der Bildung anti-nationalsozialistischer Gruppen tätig. In den letzten Jahren schwebte er ständig in Lebensgefahr, seit dem 20. Juli 1944 sogar in höchster Lebensgefahr.»

Es ist einer der eindrucksvollsten «Persilscheine», die je ausgestellt wurden, ein reines Phantasie-Produkt. Strauß selbst hat später von diesem Papier wenig Gebrauch gemacht, es war ihm vielleicht peinlich geworden. Der «Spiegel»-Autor und Strauß-Biograph Wolfram Bickerich urteilt milde: «Jeder versuchte auf seine Weise zu überleben.»

Und jeder versuchte auch, auf seine Weise weiterzuleben, die verlorene Zeit nachzuholen. Die Vergangenheit ist abgehakt, die Zukunft völlig ungewiss, und Strauß entdeckt die Gegenwart: die Lust am Leben, die Leichtigkeit des Augenblicks, Feiern, Frauen, Alkohol.

Die Katastrophe des Krieges hat eine Lebensgier zur Folge, nicht nur bei den Ex-Soldaten, den Verlierern und Geschlagenen, auch bei den jungen Frauen. Da sind ein paar eingefrorene Momente, Schnappschüsse, Fotos im Archiv der Schongauer CSU: Landrat Strauß im Karneval, kleine private Feier, Flaschen und Gläser auf dem Tisch, Luftschlangen an der Lampe, Strauß muss einen Scherz gemacht haben – bestimmt nicht über die Weltreichsidee des Trogus Pompejus –, er lächelt, wie er oft nach einer Pointe lächelt, und eine hinreißend schöne Frau sieht ihn an, voll offener Leidenschaft.

Er steht an seiner ersten schwarzen Limousine Mercedes 170-V – und zeigt dieses Lächeln: Schaut her, dieses Auto. Für einen aus der Schellingstraße! Und dann gibt es da eine andere Feier, einen Geburtstag vielleicht, eine schön gedeckte Kaffeetafel, acht oder neun Menschen darum herum, und man sieht, dass *er* das Zentrum dieser Gruppe ist, alles bezieht sich auf ihn, die Blicke, die Schwingungen. Politiker zu sein, das ist vielleicht gar nicht so schlecht. Manche dieser Fotos entstehen auch bei Strauß zu Hause. Denn, tatsächlich, er hat in Schongau jetzt ein «Zuhause». Zuerst hat er sich bei der Steuersekretärswitwe Anna Haggenmüller in der Reichelstraße nur zwei möblierte Zimmer gemietet, aber dann zieht er um in ein stattliches Anwesen: das Wohnhaus seines Chefs, des Landrats Xaver Bauer. Ermelinde Bauer, die Tochter, wird später, für fast zwanzig Jahre, seine Sekretärin.

Schon im Herbst 1946 gestattet die Militärregierung die Gründung politischer Parteien, wenn auch zunächst nur auf regionaler Ebene – was zur Folge hat, dass jede Partei dutzendfach gegründet wird, ehe sich die einzelnen Gruppierungen später zusammenschließen. Strauß hat seine Haltung zur Frage der politischen Parteien schon gefunden: Er findet es nach diesem Krieg – der viele überkommene soziale und konfessionelle Unterschiede weggewischt hatte – selbstverständlich, dass sich in einer Partei alle gesellschaftlichen Gruppen, Arbeiter, Bauern, Mittelstand, ohne Rücksicht auf Konfessionszugehörigkeit zusammenschließen sollen. Parteien wie die alte Zentrums-Partei oder die – katholisch-monarchistische – «Bayerische Volkspartei» seines Vaters kommen für ihn nicht mehr in Frage. Außerdem haben sich viele Parteien durch ihre aktive Zusammenarbeit mit den Nazis moralisch verbraucht. Vielleicht aus diesem Grund hat Strauß angeblich eine Zeit lang mit der Kommunistischen Partei geliebäugelt (die auch in Schongau gerade neu entsteht); Markus Wolf, der Ex-Spionagechef der DDR, behauptet genau dies in seinen Erinnerungen. Denn die KPD hatte als einzige der großen Weimarer Parteien systematisch, unter enormen Opfern ihrer Mitglieder, Widerstand gegen Hitler geleistet.

Man stelle sich das einen Moment vor – im historischen Irrealis, den er so liebte: Strauß, der Kommunist. Ja, er kommt in den ersten Bundestag, er engagiert sich in den großen Debatten gegen die Adenauer'sche West-Integration, gegen die Wiederbewaffnung, gegen irgendeinen reaktionären Verteidigungsminister, der von Atomwaffen schwadroniert; Strauß, der gefürchtete Redner, bis schließlich, 1958, seine Partei in der Bundesrepublik verboten wird und er in die DDR geht …

Ein absurder Gedanke: Strauß mochte den Kommunismus nicht, schon weil er die Russen hasste. Aber der Unterschied zwischen sozialistischer und christlicher Ethik, sagt er einmal, sei nicht größer als der zwischen drei Mark und drei Mark fünfzig. Was den jungen Vize-Landrat vor allem abschreckt, ist das erklärtermaßen atheistische Weltbild der Kommunisten. Als einzig verbindlichen ideellen Bezug lässt er «das christliche Sittengesetz» gelten, wobei es ihm egal ist, ob jemand gläubig ist oder nicht, einer Konfession angehört oder nicht.

Im Hinterzimmer des Schongauer Gasthofs «Zur Glocke» gehört Strauß zu den Gründern einer neuen Partei, die gerade in Bayern entsteht, der CSU. Er erhält die Mitgliedsnummer 2 und wird sogleich zum stellvertretenden Vorsitzenden des Ortsverbandes Schongau gewählt. Freilich orientiert sich Strauß sofort auch nach München, zur Machtzentrale.

Da hat sich um den Rechtsanwalt Dr. Josef Müller ein Kreis junger Intellektueller gebildet, der sich regelmäßig in Müllers Wohnung in der Gedonstraße 4 trifft: der «Gedonkreis» oder die G4 genannt. Müller, der seit seinen Kindertagen den Spitznamen «Ochsen-Sepp» trägt, ist wohl der erste Mann nach dem Krieg, der Strauß richtig beeindruckt – durch seine weitgespannte Bildung, seine Lebensgeschichte, seine Erlebnisse im Dritten Reich zuerst bei der Abwehr, dann im Gefängnis und im KZ. In der Gedonstraße bei Müller, erster Stock links, knüpft Strauß zahlreiche Verbindungen, die ein Leben lang intakt bleiben, unter anderem mit Richard Jaeger, dem Schulkameraden aus dem «Max»-Gymnasium; mit Fritz Zimmermann, der eine eigene Karriere machen und dabei immer ein treuer Gefolgsmann bleiben wird; mit Otto Lenz, der ein enger Mitarbeiter Adenauers und in einige Strauß-Affären verwickelt sein wird («Schützenpanzer HS 30»); oder Achim Oster, der während der «Spiegel»-Affäre als Militärattaché in Madrid den nächtlichen Anruf von Strauß mit der Anweisung zur Verhaftung Conrad Ahlers' empfangen wird.

Über Müller, zu dessen Lieblingsschülern Strauß rasch zählt, weitet sich sein Blick: Überall in den Besatzungszonen gehen Männer daran, politische Grundentscheidungen vorzubereiten: Konrad Adenauer, Kurt Schumacher, Jakob Kaiser. Müller steht mit den meisten von ihnen in enger Verbindung. Schon im Dezember 1945 wird er zum Landesvorsitzenden der neuen CSU gewählt. Und Franz Strauß – «er platzt vor Ehrgeiz und vibriert vor Streitlust», sagt einer aus dem Kreis – steigt mit Müller auf. Die G4 ist das eigentliche Sprungbrett für seine Karriere als Politiker.

Beim ersten Parteitag der CSU, im März 1946 in Bamberg, setzt Müller durch, dass Strauß eine Rede halten darf. Und der junge stellvertretende Schongauer Landrat nutzt seine Chance. Auf höchstem rhetorischem Niveau und mit globalpolitischem Blick diagnostiziert er einen massiven Gegensatz zwischen Ost und West und einen künftigen, aber nicht mehr fernen Konflikt zwischen den bisherigen Kriegs-Alliierten, den USA und der Sowjetunion. Die Rede zeigt ihn, je nach Perspektive, als hellsichtigen Analytiker – oder als einen der ersten «Kalten Krieger». Er hat eines seiner politischen Lebensthemen gefunden.

Außerdem hilft Strauß in Bamberg seinem Mentor Müller, den Kurs der CSU als den einer liberalen und überkonfessionellen Partei gegen andere Parteigrößen wie Alois Hundhammer und Fritz Schäffer durchzusetzen, die damals die CSU «mehr bayerisch und mehr katholisch» (Strauß) ausrichten wollen.

Seine kommunalpolitische Laufbahn in Schongau hingegen verläuft eher im Zickzack. Zwar ist er bei der Bevölkerung beliebt, vor allem wegen seiner virtuosen Schwarzmarkt-Operationen und als Sicherheitsfanatiker. Auch bekommen seine Wahlkampfauftritte immer mehr den Charakter von bayerischen Volksfesten. Doch dann kandidiert Strauß, der ja bisher nur der von den Amerikanern eingesetzte «Assistant Landrat» ist, für das reguläre Amt des Landrats – und verliert. Der Kreistag wählt ihn nicht. Die Niederlage tut weh, zwei Monate lang. Dann kommt ihm das Glück zu Hilfe: Der siegreiche Kandidat, der sich auch noch in Augsburg beworben hatte, gewinnt auch dort die Wahl – und geht als Landrat nach Augsburg. Jetzt, bei einer Nachwahl in Schongau, wird Strauß mit absoluter Mehrheit gewählt. Sein neu ausgehandelter Dienstvertrag sieht ein Jahreseinkommen von 4800 Mark plus einer Spesenzulage von 1200 Mark pro Jahr vor. Das sind stattliche Bezüge, 500 Mark im Monat.

Und neben den Schongauer Amts- und den CSU-Parteigeschäften erschließt er sich noch ein drittes Betätigungsfeld: Am 1. Juni 1946 wird er, im Rang eines Regierungsrats im bayerischen Kultusministerium (das ein halbes Jahrhundert später einmal seine Tochter leiten wird), Referent für das Jugendwesen, mit vollen Bezügen. Kultusminister ist just jener Alois Hundhammer, gegen den Strauß in der Parteispitze zugunsten des «Ochsen-Sepp» Müller so heftig Stellung bezogen hat. Hundhammers Plan, den jungen Strauß auf diese Weise gefügig zu machen, muss natürlich scheitern. Wenn umgekehrt Müller hofft, mit seinem Jünger Franz Strauß eine Art Spitzel im Hause seines ärgsten Partei-Feindes zu wissen, dann täuscht auch er sich.

Strauß arbeitet vollständig auf eigene Rechnung. Als sich die Chance bietet, in München weiter aufzusteigen, greift Strauß zu. Er wird Leiter des Landesjugendamtes und untersteht als solcher jetzt dem Innenminister, er kommt also von Hundhammer los.

Wie sich das alles rein dienstlich verträgt, Chef der Kreisverwaltung in Schongau zu sein und zugleich verantwortlicher Amtsleiter im 75 Kilometer entfernten Münchner Ministerium, das beschreibt Strauß in schönstem Selbstbewusstsein folgendermaßen: Er widmet drei Tage in der Woche dem Amt des Landrates in Schongau (Montag, Mittwoch und Donnerstag), zwei weitere Tage dem bayerischen Jugendwesen in München (dienstags und freitags), und die beiden letzten Tage, also das Wochenende, der Parteipolitik. Überall hat er effiziente und pflichtbewusste Stellvertreter, in Schongau sind es Xaver Bauer und dessen Tochter, Ermelinde Bauer, Straußens Sekretärin. Dass Strauß dabei doppelte Einkünfte erzielt, schmeichelt seinem Erwerbssinn, der sich in dieser Zeit immer heftiger entfaltet. Als Oberregierungsrat verdient er 492,85 Mark monatlich. Bei Gesamteinkünften von knapp tausend Mark im Monat ist er jetzt bereits sehr viel mehr als der «bessere Herr».

Er arbeitet hart, zwölf, ja vierzehn Stunden am Tag. Soll man sagen: bis zur Besinnungslosigkeit? Die deutschen Sekundärtugenden werden hoch geschätzt, und Strauß verkörpert sie aufs beste, vor allem Fleiß und Ordnung. Nein, Pünktlichkeit nicht; er ist extrem unpünktlich. Aber das sieht man ihm nach. Manche Tage vergehen wie im Rausch. Über seinen Wahlkampf in Schongau-Weilheim wird er später sagen: «Morgens habe ich die Broschüren geschrieben und mittags den Rednerdienst bearbeitet, nachmittags die Plakate entworfen, abends in Wahlversammlungen gesprochen und nachts mit den Leuten beim Bier zusammengesessen. Am nächsten Morgen begann der gleiche Turnus wieder von vorn.» Und zwischendurch hat er natürlich noch sein Amt als Landrat ausgefüllt, Besprechungen geleitet, Akten unterschrieben, Briefe diktiert, Entscheidungen getroffen. Sein politischer Freund Friedrich Zimmermann sagt im Rückblick: «Wir kamen von der Politik nicht mehr los. Es war wie eine Infektion, die nicht mehr heilbar war.» Und Monika Hohlmeier erzählt, wie sehr ihren Vater später manchmal das Unverständnis über diese «Infektion» überkam: Selbst an jenem Tag, an dem sein eigener Vater, der 74-jährige Franz Josef Strauß, in München starb, am 7. Juni 1949, war der Sohn Franz Strauß abends schon wieder auf einer Parteiveranstaltung. «Er konnte das später selbst nicht mehr begreifen», sagt Monika Hohlmeier.

Im Grunde sitzen sie damals alle in den Startlöchern: Ludwig Erhard, der Wirtschaftsprofessor und Verfechter der freien Marktwirtschaft, gehört als Direktor für Wirtschaft dem Frankfurter Rat an.

Von ihm lernt Strauß für seinen kommenden Wahlkampf: «Die Wirtschaft ist unser Schicksal.» In Köln politisiert und intrigiert Konrad Adenauer, in Hannover entwickelt Kurt Schumacher seine Positionen, in Berlin Jakob Kaiser, in München ist es Josef Müller. Strauß ist der jüngste von ihnen allen, er hat Zeit, viel Zeit. Er weiß, dass er erst noch eine Menge lernen muss. Sehr bald wird er das Gelernte anwenden, skrupellos. Er wird sogar das, was der Machtmensch Müller ihn lehrte, gegen Müller selbst anwenden: Als dieser dank einer innerparteilichen Intrige seines Feindes Hundhammer in eine undurchsichtige Affäre wegen einer Geldspende stolpert und ins politische Abseits gerät, lässt der Zögling den Meister gnadenlos fallen.

Strauß ist fasziniert von den Machtmenschen, die er kennen gelernt hat, Müller, Hundhammer, Schäffer. Vielleicht, weil sie ihm sein inneres Wesen spiegeln? Müller, der «Ochsen-Sepp», hat dafür gesorgt, dass Strauß, den er fälschlich für einen loyalen Jünger hält, als einer der Vertreter Bayerns in den Wirtschaftsrat der (amerikanisch-britischen) Bizone nach Frankfurt entsandt wird. Strauß ist hier, mit seinen 32 Jahren, der jüngste Abgeordnete. Außerdem ist er seit Dezember 1948 auch Landesgeschäftsführer der CSU.

Der Frankfurter Wirtschaftsrat tagt in einem Seitenflügel der Börse, in einem provisorischen Sitzungssaal, der abends den Städtischen Bühnen als Aufführungsraum dient. «Wenn es Aufführungen gab oder wenn der Oberbürgermeister einen Empfang gab, mussten wir unsere Sitzungen abbrechen.» Viele Sitzungen finden ihre nächtliche Fortsetzung an der Bar des Hotels «Monopol-Metropol», in dem die meisten Abgeordneten wohnen.

Hier lernt er den CSU-Abgeordneten aus Rott am Inn kennen, den Volkswirtschaftler Dr. Max Zwicknagl. Der 15 Jahre ältere und Strauß an Lebenserfahrung weit überlegene Brauereibesitzer ist sehr vermögend und, anders als Strauß, mit vielfältigen musischen Interessen ausgestattet; ein lokaler Fürst in Rott und ein frecher Nazi-Gegner, den die Nazis aber mehr schikaniert als wirklich verfolgt haben. Er lädt ihn ein, doch mal gelegentlich in Rott vorbeizuschauen, es ist das Haus direkt neben der Kirche.

Und als Strauß einmal einen kleinen Umweg macht und tatsächlich anreist, den Mercedes bei der schönen alten Barockkirche parkt und nach dem Doktor Zwicknagl fragt – da verschlägt es ihm die Sprache: Seinem politischen Freund gehört das ganze Kloster, ein riesiger Komplex, samt Gutshof, Brauerei, Gastwirtschaft. An Macht ist Strauß schon halbwegs gewohnt, und Reichtum allein hat ihn noch nie beeindruckt. Aber Schönheit, Stil, Geschmack – das ist ihm fremd, das ist neu. Und die Zwicknagls haben das alles. Die beiden Töchter, Marianne und Brigitte, 17 und 16 Jahre alt, machen sich aus dem Landrat Strauß wenig; der Vater bringt ja dauernd Gäste mit, Journalisten, Dichter, Maler, Musiker. Und eben auch Politiker. Sie sagen «Grüß Gott» und gehen wieder. Die Mädchen sind schön, vor allem das ältere, das *Mariandl*. Sie hört sich manchmal die Debatten im bayerischen Landtag an, der provisorisch in der Uni tagt. Und einmal, etwas später, kommt Marianne nach Frankfurt, um «auch mal zu schauen, was der Vater da so treibt im Wirtschaftsrat» mit all diesen wichtigen Menschen, und da trifft Strauß sie wieder. Sie hat sich in den Kopf gesetzt, ausgerechnet auf dem «Max» in München Abitur zu machen, wo Mädchen überhaupt nur mit einer kultusministeriellen Ausnahmegenehmigung zugelassen sind. Sie ist davon überzeugt, dass sie es schafft. Und dann will sie weg, ins Ausland, nach London, nach Paris …

Falls Strauß sich schon 1948 in Frankfurt in das schöne Mädchen verliebt haben sollte, dann höchstens, wie man sich in die junge Tochter eines Freundes verliebt: indem man es sofort mit einem Tabu belegt.

Und Marianne wird später sagen: «Nee, nee, außer Grüß Gott und Adieu ist da nix gewesen.» Neun Jahre später wird sie ihn heiraten.

Kapitel 3

KAIROS
Marianne und die große
Karriere

Nähert man sich dem kleinen Ort Rott am Inn, so taucht, aus welcher
Richtung man auch kommen mag, als Erstes die ehemalige Klosterkirche St. Marinus und Anianus auf, die hoch auf einem Hügel thront.
Gleich daneben steht der mächtige Südflügel des früheren Benedik-
tinerklosters. Man nennt ihn den «Prälatenstock». Dieses eindrucksvolle Gebäude ist bis heute das Wohnhaus der Familie Zwicknagl.
Von droben wiederum hat man einen faszinierenden Blick über die
weite Ebene, den Fluss und das sanfte Vorgebirge bis hinüber zu den
fernen Alpen. Der Dichter Eugen Roth, ein Freund Max Zwicknagls,
schwärmte von diesem Blick: «Manches gewaltige Naturschauspiel
habe ich dort gesehen, wenn ungeheure Gewitter ihre Donnerwöl-
bung aufbauten über dem weiten Chiemgau drüben.»
Das Kloster stammt aus dem 11. Jahrhundert; Mitte des 18. Jahrhunderts war die ehemalige romanische Basilika aus dieser frühen
Zeit vom Einsturz bedroht. So wurde Pfingsten 1759 der Grundstein
für das neue, vom Baumeister Johann Michael Fischer konzipierte
Bauwerk gelegt. Man holte die besten Maler und Holzschnitzer ganz
Bayerns heran: Matthäus Günther, Josef Hartmann, Ignaz Günther.
Vier Jahre später war das Werk vollendet. Seit damals hatte die geist-
liche Führung des Klosters von ihren persönlichen Gemächern im
«Prälatenstock» durch eine kleine Tür direkten Zugang zur Kirche;
sie gelangte auf die Empore, wo sie diskret auf ihrem reich verzierten
Chorgestühl Platz nehmen konnte. In Mariannes Kindheit waren die-
se Plätze, gleich neben der Orgel und mit freiem Blick auf den Haupt-

altar unten, für die Familie Zwicknagl reserviert. Man kam aus dem Wohnzimmer über die alte Verbindungstür direkt dorthin.

Eine Kindheit in unmittelbarer Nähe zur Kirche: das Geläut der Glocken, die Stimmen der Predigten und der Gesang aus den Messen, die schöne Orgelmusik, die noch hinüberwehte oder -brauste, wenn die Kinder abends schon im Bett lagen. Marianne hat in ihrer Kindheit, als sie eine Zeit lang wegen einer Herzschwäche zurückgezogen leben musste, die Tür oft benutzt, die ihr jederzeit Zutritt zur Kirche gewährte. Eine faszinierende Welt muss es für das Kind gewesen sein, voll von unbekannten Bedeutungen und Beziehungen, wenn es allein in der Kirche war, im Dämmerlicht und der Stille eines Nachmittags. Diese Heiligenfiguren alle, Notburga und Isidor, die Kirchenväter Ambrosius und Augustinus, das heilige Kaiserpaar Heinrich und Kunigunde, Förderer der Benediktiner – und im Schatten die große Figur des von Pfeilen und Lanzen grässlich durchbohrten Sebastian, der an einen Baum gefesselt ist.

Wenigstens gibt es auch eine Gruppe von Schutzengeln, am rechten Seitenaltar, die mit ausgebreiteten Flügeln über ein kleines Mädchen wachen. Marianne konnte sich auch, mit gerecktem Hals, im riesigen Kuppelfresko verlieren, wo man, von Putten und Stuckengeln umrandet, die Verbrennung des Märtyrers Marinus sieht. In der Mitte der Kuppel die äußerst rätselhaften Bilder aus der geheimen Offenbarung, eine Frau mit der Sonne bekleidet, der Mond unter ihren Füßen, faszinierend und unbegreiflich. Die Kuppel wird getragen von den vier Erdteilen, Europa, Asien, Afrika, Amerika, das konnte man verstehen. Marianne und ihre Schwester Brigitte wuchsen auf inmitten von Kunst, Musik, Gottesdienst. Fromm war das *Mariandl* aber nicht. Die Eltern waren es auch nicht.

Man hat den Kindern die Geschichte des Klosters beinahe wie einen Teil der Familiengeschichte erzählt – nicht ganz zu Unrecht. Da ist zunächst die schaurig-schöne Geschichte von der Säkularisation, dieser vom Grafen Montgelas, dem bayerischen Aufklärer, ausgeheckte finstere Schachzug, die Schulden des bayerischen Staates mit einem Schlag zu tilgen: durch die Enteignung der Klöster. Am 18. März 1803 geht eine erste große Kiste mit kostbaren Preziosen, mit Silber und

Ornaten, wertvollen Ringen und Bestecken aus Rott nach München. Fünf Tage später folgen weitere 21 Kisten mit vielen Kostbarkeiten. Im Juni noch einmal zwei große Pferdewagen, voll mit Gemälden und Kupferstichen. Und im Oktober 1803 wird die jahrhundertealte Bibliothek vernichtet.

Nur die allerwertvollsten Handschriften und die ältesten Druckwerke gelangen nach München, der große Rest wird verbrannt oder einfach weggeworfen. In manchem Rotter Bürgerhaushalt finden sich bis ins 20. Jahrhundert hinein Werke aus der Klosterbibliothek. Das Kloster mitsamt den Wirtschaftsgebäuden wird versteigert, die riesigen Wälder gehen in Staatsbesitz über, und in einem halben Jahr ist die Arbeit von Jahrhunderten zerstört – so die Sicht der Kirchengläubigen.

Und die Familie Zwicknagl? Bald nach der Säkularisation kommt ein junger Mann, der Ururgroßvater Mariannes, Georg Kaiser, nach Rott. Er hat es anderweitig schon zu viel Geld gebracht und kauft 1850 die alte Klosterbrauerei und zahlreiche ehemalige Klostergebäude, zum Beispiel den Prälatenstock, ein dreistöckiges Wohnhaus aus dem Barock. Der Festsaal des ehemaligen Klosters mit seinen in Stuck eingefassten Deckengemälden und den marmorisierten Pilastern und Stukkaturen gefällt ihm besonders. Seit ihren Anfängen im 11. Jahrhundert hatten die Mönche im Benediktinerkloster Rott nicht nur ein gottesfürchtiges Leben geführt, sondern auch ein vorzügliches Bier gebraut. Georg Kaiser kauft auch die alte Klosterbrauerei; das Bier heißt jetzt «Kaiserbräu». Und Kaiser wird auch der größte Arbeitgeber am Ort.

Denn zum Besitz des Georg Kaiser gehört auch der Gutshof des Klosters, ein riesiger landwirtschaftlicher Betrieb mit ausgedehnten Ländereien. Außerdem kauft er in anderen Orten der Umgebung diverse schöne Immobilien, beispielsweise im Nachbarort Schechen das dortige Schloss; und eine Reihe von Gasthäusern gehört dazu, in denen das «Kaiserbräu»-Bier ausgeschenkt wird.

Eine kluge Heiratspolitik trägt dazu bei, dass der Besitz immer größer wird. Einer der Söhne Georg Kaisers, der 1843 erstgeborene gleichnamige Georg Kaiser, heiratet 1875 – in dem Jahr also, in dem der spätere Metzgermeister Franz Josef Strauß auf die Welt kommt – die Anna Deuschl, 21 Jahre alt und Tochter vom «Granauerbräu» in Grafing. Im Jahr nach der Hochzeit kommt die Tochter, sie heißt auch Anna, zur Welt. Sie ist dreiundzwanzig, als sie im Jahre 1899 den Arzt Dr. Max Zwicknagl heiratet. Der junge Mediziner, der damals schon als Bezirksarzt und Gerichtsmediziner in Deggendorf seine große Karriere begonnen hat, kommt ebenfalls aus der Welt der Bierbrauer: Er ist der Sohn eines guten Bekannten der Kaisers, des Münchner Braumeisters Sebastian Zwicknagl.

Die Hochzeit von Anna und Max ist, für die Verhältnisse hier auf dem Dorf, eine «Märchenhochzeit» des späten 19. Jahrhunderts – die erst übertroffen wird von den Hochzeitsfeierlichkeiten des Franz Josef Strauß mit Marianne, mehr als ein halbes Jahrhundert später. Ein Foto zeigt die ganze Hochzeitsgesellschaft, wie sie sich vor der Gaststätte Kaiser auf der Straße für die bürgerliche Nachwelt und die Ewigkeit inszeniert hat, die Herren trotz des heißen Sommertags allesamt im Smoking, den Zylinder in der Hand, die Damen in Seide und Brokat, mit handgestickten Bändern und ausladenden Hüten. Mehrere Pfarrer gehören ebenfalls zur Gesellschaft, unter anderem der Traupriester Prof. Gerold aus München.

Das gut choreographierte Gruppenbild zeigt Anna, die Braut, auf einem Stuhl ganz in der Mitte, zwischen ihrem Vater und dem frisch gebackenen Ehemann, Dr. Max Zwicknagl, der sich der Bedeutung des Tages bewusst ist und entsprechend in die Kamera sieht, den Zylinder in der Linken. Alle schauen mit dem selbstgewissen Blick des gehobenen Bürgertums der Kaiserzeit. Niemand lacht, niemand lächelt, die Zeiten sind ernst. Die Arbeiter der Brauerei, die Landarbeiter, die normalen Dorfbewohner sind nicht dabei.

Von jetzt an fusioniert der enorme Reichtum der Kaisers mit dem Vorrat an Bildung und Wissenschaft, welchen die Zwicknagls einbringen. Nach dem Tod des Vaters wird Anna Zwicknagl geb. Kaiser sehr umsichtig und erfolgreich die Betriebe leiten – ebenso wie später ihre Enkelin Marianne. Max verfolgt weiter seine Laufbahn als Gerichtsmediziner, jetzt in Traunstein. Als solcher wird er Jahre später berühmt, als er den Grafen Arco auf seinen Geisteszustand untersucht – jenen Attentäter, der am 21. Februar 1919 den tödlichen Anschlag auf den bayerischen Ministerpräsidenten Kurt Eisner verübte. Der junge Student, ein deutsch-nationaler Demagoge, der später zu einem der «Helden» der Nazi-Bewegung aufstieg, war zunächst zum Tode verurteilt worden, dann aber zu einigen Jahren «ehrenvoller» Festungshaft begnadigt, da die Richter, auch unter dem Einfluss des Zwicknagl-Gutachtens, strafmildernd berücksichtigten, dass Arco den Mord «aus edlen Motiven», nämlich «aus reiner Vaterlandsliebe» beging.

Der 1900 geborene Sohn Max – der Vater Mariannes – besucht die Klosterschule Ettal, studiert in den Wirren der Nachkriegszeit in München und erwirbt schließlich, 1924, den Grad eines Doktors der Volkswirtschaft. Nach Abschluss des Studiums hat er keine Lust, sich im Heimatdorf seiner Mutter niederzulassen, stattdessen geht er von München direkt nach Wien, wo er die Geschäftsführung der Deutsch-Österreichischen Handelskammer übernimmt. Wien, das wird seine Welt. 1928 muss Max dann doch den Gutshof und die Brauerei der Familie Kaiser, also seiner Großeltern mütterlicherseits, übernehmen. Dieser Besitz ist beinahe unbeschadet durch die schwierigen Zeiten der Inflation gekommen. Jetzt beginnt die Weltwirtschaftskrise, aber die Brauerei übersteht auch das.

In München hat Max die junge Ilse Klöckner kennen gelernt, eine gebildete, elegante und – wie die Rotter bis heute sagen – «kühle Hanseatin» aus Hamburg. Sie heiraten 1929. In einer handschriftlichen autobiographischen Notiz Mariannes im «Nachlaß Strauß» erzählt sie amüsiert, dass einer der politischen Gegner ihres Vaters, ein gewisser Dr. Fischbacher von der Bayernpartei, aus dieser Eheschließung politisches Kapital zu schlagen versuchte, indem er sich «in seinen Versammlungen über die ‹bluatige Schand› erregt hat, dass ein Bayer (= mein Vater) eine protestantische Hamburgerin (= meine Mutter) geheiratet hatte.» Die «bluatige Schand» allerdings als «Blutschande» zu übersetzen, war ein sträflicher Fehler von «preußischen Journalisten», die sich hämisch über Fischbachers Äußerungen und das ganze rückständige Bayernland ausließen.

Im April 1930 wird ihr erstes Kind geboren, Marianne, im Jahr darauf Brigitte, die jüngere Schwester. Eine dritte Tochter, Renate, kommt sehr viel später zur Welt, 1944. Max und Ilse Zwicknagl sind in Rott am Inn bis heute ein unvergessenes Paar, reich und mächtig, leutselig-distanziert, aber auch mit Vorlieben, die den Dörflern seltsam erscheinen – und mit einem großen Freundeskreis aus der Münchner Kulturwelt, bunten Gestalten wie Georg Britting und Eugen Roth, die manchmal mit hupenden Autos zu großen Festen in Rott einfallen und von einer anderen Welt künden, einer Welt, der sich Zwicknagl zugehörig fühlt.

Mindestens siebzig Menschen sind damals bei den Zwicknagls beschäftigt, wie der Chemiker und Lokalhistoriker Richard Kirchlechner, dessen Mutter bei Zwicknagls in der Küche arbeitete, herausfand: 15 Personen in der Brauerei, 18 in der Landwirtschaft, 27 in den Gastwirtschaften und neun Personen allein im Haushalt im Prälatenstock: Köchinnen, Kinderfrauen, Dienstpersonal, sogar Privatlehrer.

Das Leben einer Prinzessin: die Hochachtung der Menschen, die ihren Hut ziehen, wenn das kleine Mädchen mit dem Vater vorbeigeht; die Festzüge mit den prächtig geschmückten Pferden und den Schildern: «Kaiser-Bräu: Hoch lebe das edle Brauhandwerk». Alles im Dorf scheint sich um den Vater zu drehen, um die eigene Familie. Die Arbeiter versammeln sich zwar um ihren Braumeister, der als Einziger einen steifen Kragen mit Krawatte trägt; ein Ehrfurcht gebietender Mann. Und doch ist er nur ein Untertan des Vaters. Manchmal, im Frühsommer, tritt der Inn über seine Ufer und überschwemmt das weite Tal, das sind aufregende Zeiten. Die großen Ochsengespanne im Sommer, die in langen Reihen in den Klosterhof einfahren, wenn die Bauern aus der Umgebung den Hopfen bringen; die Pferdewagen, in denen sie später die Rückstände der Bierherstellung, die «Trebern», abholen – ein begehrtes Viehfutter (man muss freilich aufpassen, dass die Kühe keinen Rausch bekommen, erzählen grinsend die Jungen aus der Nachbarschaft).

Die Winter sind endlos, mit Schlittschuhfahrten auf dem Reischl-Weiher oder Schlittenfahrten auf den Hängen rund ums Dorf, oder manchmal, sonntags, die großen Schlittenfahrten mit Pferdegespannen, wie Kutschen, in denen man wohlig und in Pelze gehüllt sitzt, mit Atemfahnen vor dem Mund. Die Arbeiter des Vaters sägen riesige Eisschollen aus dem Weiher, um sie in die Sommerkeller zu bringen, damit das Bier kühl bleibt.

Noch eindrucksvoller ist das Eismachen, das «Eisen»; das Eisgerüst steht mitten im Dorf vor der Kirche, und man kann zusehen, wie die Männer das Eis «ernten»: Man lässt bei tiefen Temperaturen Wasser über riesige Holzgerüste laufen, und wo das Wasser langsam über die Ränder der Konstruktion rinnt, entstehen lange, in der Sonne glitzernde Eiszapfen, die man «erntet». Man heuert dazu eigens einen ganzen Haufen von Bauernknechten an, die diese Arbeit lieben, weil es außer dem Lohn auch noch Freibier gibt, gutes Bier – und nicht den billigen, schlechten «Schöps», den sie sich sonst in den Kneipen bestellen. Ist nicht das ganze Dorf, mit allen Menschen und Dingen, eigens geschaffen für die Eltern?

Einer ihrer späteren Klassenkameraden am Gymnasium in Wasserburg, Jakob Rothmeier, erinnert sich, dass Marianne nicht ganz in der wirklichen Welt der gewöhnlichen Menschen von Rott lebte. Sie habe ihn immer an die Geschichte jener französischen Königin erinnert, die, als man ihr sagte, die armen Bauern hätten kein Brot zu essen, ausrief: Ja, aber dann sollen sie doch Kuchen essen! Rothmeier glaubt, erst sehr viel später, als bayerische «Landesmutter», habe Marianne doch noch ein sehr feines Gespür für die sozialen Verhältnisse entwickelt.

Dann, 1937, der Schock: Ihr Vater, der Fürst von Rott, wird verhaftet. Die Gestapo München, Briennerstraße 50, befiehlt am 17. August 1937 dem Bezirksamt in Wasserburg am Inn die Festnahme des «Staatsfeindes»: *«Dr. Zwicknagl zeigt sich wissentlich als Saboteur des Vierjahres-Planes der Reichsregierung, er zeigt (…) eine absolut unbelehrbare, staatsfeindliche Gesinnung.»* Die lokalen Nazi-Behörden haben sich «oben» über Zwicknagl beschwert. Der Brauereibesitzer, der sich von ihnen nicht einschüchtern lässt, ist für die lokalen Parteibonzen ein gefährlicher Mann, weil er öffentlich seinen Einfluss gegen die Nazis geltend macht – und das mit Erfolg: *«Nach einer Stellungnahme der Kreisleitung Wasserburg/Inn der N.S.D.A.P. sind in Rott/Inn die politischen Verhältnisse durch das Verhalten des Dr.*

Zwicknagl derart ungünstig gestaltet, dass eine Inschutzhaftnahme des
Dr. Z. nur im Interesse der Bewegung sein kann. Dr. Z. wird als ewig
nörgelnder und kritisierender Mensch, kurz als Staatsfeind, bezeichnet.
Dr. Max Zwicknagl ist daher auf Grund seines staatsfeindlichen Ver-
haltens, Sabotage des Vierjahresplanes usw. in Schutzhaft zu nehmen.
I. A. gez. Weiß.»

Die Nazis ziehen ihn aus dem Verkehr – und zwar mehrere Male,
jedes Mal für ein paar Wochen. Einmal während einer solchen Haft
wird Ilse Zwicknagl zu einem strengen Verhör nach Berlin gebracht,
ins Gestapo-Hauptquartier an der Prinz-Albrecht-Straße. Zwicknagl
soll offensichtlich eingeschüchtert werden. Marianne Zwicknagl hat
sich später nie darüber geäußert, welche Folgen die plötzliche erste
Verhaftung des Vaters im Gemüt des siebenjährigen Mädchens hinterließ oder wie dieses Ereignis in der Familie oder im Dorf diskutiert
wurde. Vielleicht ging alles auch zu schnell. Denn nur zehn Tage nach
der Verhaftung des Vaters ereignete sich eine fast noch größere Katastrophe.

Die Nacht des 29. August 1937 ist windig und warm. Ein nach
Mitternacht heimkehrender Zecher, Jakob Gruber, entdeckt einen
Feuerschein im Wirtschaftsgebäude der Brauerei Kaiser. Er schlägt
Alarm. Die Belegschaft der Brauerei, die teilweise im Gebäude
schläft, und das Gesinde des Gutshofes werden geweckt. Die Tiere
werden vor dem Feuer in Sicherheit gebracht. Die schlaftrunkenen
Mädchen, Marianne und Brigitte, trägt man ins Freie; mit Schrecken
betrachten sie das riesige Feuer, hören die Befehle der Feuerwehr-
leute, die Schreie der Erwachsenen.

Die vom stärker werdenden Wind vorangetriebenen Flammen
sind im ganzen Inntal zu sehen, eine riesige Fackel in der Nacht. Die
Rotter Feuerwehr steht dem Brand machtlos gegenüber. Die Brauerei ist bereits nicht mehr zu retten. Die Männer kämpfen nur noch
darum, eine Ausweitung des Feuers zu verhindern. Aber das Feuer
breitet sich aus, angefacht vom Wind, über das Dachgebälk der Mälzerei, es greift auf die Stallungen über, dann auf das Sudhaus, das Ma-
schinenhaus. Jetzt wandert es auf die Klosterkirche zu.

Beherzte Männer decken einen Teil des Daches ab, schlagen Kirchenfenster ein, bringen den Wasserschlauch einer Motorspritze nach oben. Die Männer kämpfen verzweifelt. In dem Augenblick, in dem sie aufgeben und das Dach verlassen müssen, dreht plötzlich der Wind und treibt jetzt die Flammen von der Kirche weg. Für manche Menschen in der Menge hat Gott selbst in diesem Moment eingegriffen, um sein Haus zu retten. Auch an anderen Stellen des Klosters lodert das Feuer. Aus dem 200 Meter entfernten «Poststadl» schlagen jetzt ebenfalls die Flammen. Das Heu und Stroh der Sommerernte brennt wie Zunder. Wenn man hier das Feuer nicht unter Kontrolle bringen kann, wird bald ganz Rott ein Raub der Flammen. 134 Feuerwehrmänner sind jetzt im Einsatz. Erst gegen Mittag des nächsten Tages ist die Gefahr gebannt.

Vom 180 Meter langen Klosterkomplex können nur die Kirche und der südliche Flügel, der Prälatenstock, gerettet werden. Die Mälzerei, die Schäfflerei und die Wohnungen der Angestellten wie auch die Stallungen und der gesamte Fuhrpark sind völlig niedergebrannt. Beim nördlichen Flügel bleiben die mächtigen Außenmauern erhalten, aber die Innenräume, die Dach- und Deckenkonstruktionen werden zerstört. Ein Millionenschaden. Mit den Innenräumen fällt auch der barocke Festsaal des ehemaligen Klosters, mit seinen ungeheuren kunsthistorischen Schätzen, in sich zusammen.

Die Brandursache wird von den Behörden niemals aufgeklärt. Wurde sie systematisch verschwiegen? Es sprechen nicht nur alle Indizien für Brandstiftung, viele der älteren Menschen in Rott sind sich sicher, dass «die Nazis» das Feuer gelegt haben. Marianne Zwicknagl glaubte das auch. «Man verhaftete einen armen Torfarbeiter, den auch heute noch keiner im Dorf für den Täter hält, und tötete ihn im KZ», so schreibt sie in der erwähnten biographischen Notiz. In der Erinnerung des Kindes bildet dieses riesige Feuer den unmittelbaren Übergang zum Krieg.

Mariannes Vater wird aus dem Gefängnis entlassen, gelegentlich aber wieder verhaftet. Man weiß nicht, ob es weiterhin nur Einschüchterung ist – oder ob sein Leben auf dem Spiel steht. Bei Kriegsbeginn ändert sich das; man zieht ihn ein, aber im Mai 1940 wird er, damit er seinen Betrieb weiterleiten kann, für unabkömmlich erklärt. Zwicknagl setzt alles daran, sich vom Krieg und den persönlichen Schikanen durch die Nazis nicht gänzlich die gute Laune verderben zu lassen. Ein Brief, den er im Januar 1942 an seinen im Urlaub weilenden Verwalter schreibt, lässt etwas von der zivilen Gelassenheit des Max Zwicknagl durchschimmern: «Lieber Schiessl, über Rott lagert eine ungeheure Schneewolke, 25 Grad Kälte, alles gefriert zu. Ich rate Dir auch nächste Woche noch zu bleiben. Leg Dich auf ein weiches Sofa, steck Dir eine große Zigarre in den Mund und denke, dass der Krieg doch nicht so schnell aus ist wie Du immer geglaubt hast. Denk vielleicht auch an nackte Mädchen, die auf dem Eis Schlittschuh laufen. Ich bin endlich Strohwitwer, ich fühle mich kannibalisch wohl, es herrscht eine königlich-bayerische Ruhe.»

Erst gegen Ende 1944 muss Max Zwicknagl doch noch Soldat werden; der inzwischen 44-Jährige wird dem Volkssturm zugeteilt. Auch jetzt, wie immer schon, ohne jeden militärischen Ehrgeiz, hält er sich als Unteroffizier bei einer Kraftfahrer-Ersatzabteilung geduckt, bis er im April 1945 bei Markt Grafing die ersten GIs begrüßen kann. Das Kriegsende blieb für Marianne Zwicknagl unvergesslich. Das 15-jährige Mädchen saß oben im Gerüst des Kirchturms «unter der großen Glocke» und sah durch eine Luke hinaus ins Land. «Die Panzerspitzen der US-Army näherten sich über die B51 langsam dem Ort, vom anderen Ufer des Inn wurde noch geschossen», erinnert sie sich. Die Panzer richteten ihre Geschütze dorthin und feuerten. Mit diesen Detonationen ging der Krieg um Rott zu Ende.

Nach dem Krieg schließt sich Zwicknagl, der früher der Bayerischen Volkspartei angehörte, der CSU an, die er in Wasserburg mitbegründet. 1946 übernimmt er den Vorsitz der CSU-Kreistagsfraktion. Im Juni wird er Mitglied der Verfassunggebenden Versammlung in Bayern und gehört dem ersten Bayerischen Landtag an, der ihn 1948 auswählt, als bayerisches Mitglied des Wirtschaftsrates der (englisch-amerikanischen) Bizone nach Frankfurt zu gehen. Hier lernt er den jungen Schongauer Landrat Franz Josef Strauß kennen, der ihn bald im alten Kloster zu Rott am Inn besuchen wird.

Die Zwicknagls sind reich. Was Strauß aber mehr imponiert als der Reichtum, das ist ihr Stil: das Leben inmitten der barocken Schönheit des Klostergebäudes, das eigene, jahrhundertealte Chorgestühl auf der Empore der Kirche; die ererbte Hochachtung der Leute im Dorf, die unanfechtbare Selbstsicherheit einer Familie, die seit Generationen wie selbstverständlich über Bildung, Geld und Macht verfügt. Strauß ist vom Zwicknagl-Besitz in Rott beeindruckt, aber nicht eingeschüchtert. Seine bisherigen Erfolge haben ihn selbstsicher gemacht. Und falls die Herkunft aus dem Schwabinger Hinterhof an ihm nagen sollte, so weiß er doch, dass er aufsteigen wird, immer weiter, bis ganz nach oben. Das ist sein Ziel.

Marianne ist sehr an Politik interessiert. Oft begleitet sie ihren Vater, den Landtagsabgeordneten, nach München, wo das bayerische Landesparlament damals noch im Brunnenhof oder in der Aula der Universität tagt. Fährt der Vater abends nicht zurück nach Rott, lässt er die Tochter von seinem Fahrer nach Hause bringen. Als Kind hatte Marianne wegen ihrer Herzschwäche ein paar Jahre lang privaten Unterricht gehabt, ehe sie erst auf die Oberschule in Wasserburg und dann auf das Gymnasium in Rosenheim wechselte.

Spricht man heute mit Schulfreunden von damals, so zögern sie alle ein wenig, wenn sie erzählen sollen, wie sie Marianne Zwicknagl damals gesehen haben. Erst wenn man nach der Schwester fragt, nach Brigitte, spürt man Erleichterung: Ja, die Brigitte, die war wie wir alle im Dorf. Ein Mädchen, das mitspielte, sogar Fußball, mit aufgeschürften Knien.

Die Marianne war anders als die anderen. Marianne hatte Höheres im Sinn, sie träumte von einem unabhängigen Leben in der großen Stadt, von einem eigenen Zimmer in München, einer guten Ausbildung und einer eigenen Karriere. Und sie wollte die Welt sehen.

Dass sie es schaffte, von ihren Eltern die Einwilligung für das Zimmer in München und vom Ministerium die Genehmigung zur Abiturprüfung am «Max» zu erhalten, zeigt, welche Willensstärke die 18-Jährige besaß. Sie bestand ihr Abitur und begann, an der Ludwig-Maximilians-Universität München Volkswirtschaft zu studieren. Das fand die Zustimmung der Eltern, der Vater hatte in Volkswirtschaft promoviert. Außerdem war es ausgemacht, dass Marianne einmal den elterlichen Betrieb übernehmen würde.

Als Strauß zum ersten Mal nach Rott kommt, ist Marianne gerade siebzehn. Die Fotos zeigen ein äußerst attraktives junges Mädchen, blond, mit großen ausdrucksstarken Augen. Marianne ist hoch gewachsen, über eins achtzig. Für ein erotisches Abenteuer kommt die Tochter seines Parteifreundes nicht in Frage, und nach ernster Bindung oder gar Heiraten steht dem Landrat Strauß nicht der Sinn. Er ist erst 33, und die besten Jahre haben ihm die Nazis geraubt. Das Versäumte muss erst einmal nachgeholt werden.

Irgendwann in dieser Zeit, während einer der Sitzungen im Gebäude der Frankfurter Börse oder in einem Nachtzug zwischen Frankfurt und München, wird ihm klar, dass er längst Politiker geworden ist. Er verabschiedet sich von seinem bisherigen Lebensziel: Nicht mehr der stille Gelehrte will er sein, sondern ganz nach oben gelangen. Mächtig werden, unangreifbar – und reich. Nie wieder gekränkt werden können, nie wieder ausgeliefert sein und nie wieder arm.

Der Rest ist nur konsequent: Schon vor den Wahlen zum ersten Deutschen Bundestag fährt Strauß nach Bonn, völlig siegesgewiss: «Wir erkundigten uns, wo das künftige Parlament tagen werde, was Wohnungen kosteten und wo man eine bekäme, wie die Verkehrsverhältnisse seien. Ich mietete mich bei einer Witwe ein, deren Sohn Theologie studierte. Es war eine richtige Studentenbude.» Seine Wohnung in Schongau behält er noch lange bei – sie ist viel mehr als nur der sprichwörtliche Koffer, den man irgendwo zurücklässt. Schongau, die Stadt im «Pfaffenwinkel» im idyllischen Alpenvorland, ist für ihn schicksalhaft geworden. Hier hat er sich als Politiker entdeckt, als Redner, als Gestalter, hier hat er zum ersten Mal erlebt, dass die Leute ihn lieben und verehren. Jahrelang wird er zwischen Bonn, München und Schongau hin und her pendeln.

Franz Josef Strauß – er benutzt seit dem Tod seines Vaters im Sommer 1949 nun seinen vollen Namen – gewinnt bei der ersten Wahl zum Deutschen Bundestag, am 14. August 1949, in seinem Wahlkreis Schongau/Weilheim das Direktmandat und zieht als einer der jüngsten Abgeordneten ins Parlament ein.

An einem Tag im Spätsommer sitzt er mittags in dem kleinen Restaurant der Pädagogischen Hochschule in Bonn, dem vorläufigen Tagungsort des Bundestags. Von hier aus geht der Blick über den Rhein, fern sieht man das Siebengebirge. «Da habe ich mir überlegt, was in meinem Leben alles schon passiert ist.» Zum ersten Mal spürt er «den Hauch der großen Politik», und einen Augenblick lang ist er von sich und seiner eigenen Geschichte ganz ergriffen. Es ist der 1. September 1949; er denkt an jenen 1. September vor genau zehn Jahren, den Tag des Kriegsbeginns – und was seitdem alles passiert ist. Noch nicht einmal 35 Jahre alt bist du, sagt er sich, und du sitzt da als gewählter Abgeordneter im Deutschen Bundestag. «Ich hatte das Gefühl», schreibt er, «dass eine erste weiße Seite im Buch der Geschichte aufgeschlagen war.»

Seine klassische Bildung lässt ihn an den «Kairos» denken, die alte griechische Idee vom richtigen Augenblick, von der Fügung, zur rechten Zeit am richtigen Platz zu sein, und er sieht sein Leben vom «Kairos» günstig gelenkt. Er vergleicht sich – darunter tut er's nicht – mit den großen Männern seiner Zeit: Was wäre aus Churchill geworden – ohne Hitler? Ein vergessener Erster Lord der britischen Admiralität. Und was aus de Gaulle – ohne Hitler? Ein pensionierter Brigadegeneral und Autor einiger Fachbücher über den Panzerkrieg. Und Adenauer? Ein halb vergessener Oberbürgermeister von Köln. «Und was wäre ich geworden – wenn Hitler nicht gekommen wäre? Vermutlich Oberstudiendirektor, vielleicht Professor der Geschichte. Erst die Katastrophe stellte die Weichen in eine ganz andere Richtung.» Man spürt es noch fast vierzig Jahre später, als er diese Erinnerung aufschreibt: das große Staunen über sich selbst, den Jungen von der Schellingstraße, den es in ein ganz wunderbares Leben verschlug, weil er die Sprache der lateinischen Messe so liebte.

Es ist ein aufregendes Leben. Die neuen Schlachten des Friedens um Machtgewinn und Machterhalt, die Feldzüge des Alltags, in Bonner Büros und Sitzungssälen, in Schlafwagen, Speisewagen, Hotels, Gasthäusern. Sitzungen, Besprechungen, Telefonate, Aktenstudium. Ausschusssitzungen, Plenum. Abends die konspirative Seite, Pläne, Intrigen und Komplotte in der Kneipe. «Politik als Kampfsport» (Jürgen Leinemann). Am Freitagnachmittag nimmt er den D-Zug nach

München, arbeitet weiter, studiert Akten, genehmigt sich ein paar Bier, eine gute Brotzeit zwischendurch. Langsam wird der drahtige junge Ex-Leutnant fülliger. Zu viel Kneipenessen. Und er isst auch, wenn er sich ärgert, schluckt dabei seinen Ärger weg, schlingt ihn mit der Nahrung hinunter.

Langsam entsteht der Eindruck, den man später von Strauß immer haben wird: der eines runden und schweren Menschen, der sich dennoch auf seinen flinken Füßen schnell und trippelnd bewegt. Im Speisewagen zählt er manchmal stolz den mitreisenden CSU-Kollegen seine Diäten vor, die er sich, anders als die anderen, bar auszahlen lässt. Das sind 2000 Mark, unglaublich viel Geld, viel mehr, als irgendein Studiendirektor oder Geschichtsprofessor verdient. Dazu die Spesen, die Sitzungsgelder. Der Junge aus dem Metzgerladen hat es weit gebracht. Schade, dass der Vater das nicht mehr erleben kann. «Jetzt kommt mir der Bub in die Politik hinein», hatte er zuletzt gestöhnt.

Irgendwann am Freitagabend kommt er in Schongau an, wo er meistens sofort Treffen und Versammlungen besuchen muss. Der Samstag ist sein Landratsamtstag, da muss er alles aufarbeiten, was in der Woche liegen blieb; abends hält er irgendwo im Wahlkreis eine Rede. Der späte Abend, in der «Glocke» oder beim «Hirschen», ist dann quasi privat. Freitags und samstags übernachtet er in seiner Schongauer Wohnung, im Hause von Xaver Bauer. Meistens läuft er am Sonntagnachmittag dann «zu Hause» in München ein, in der neuen Wohnung der Familie, Isabellastraße 5, zum Kaffee bei Mutter und Schwester. Bis zu seiner Verheiratung 1957 wird er hier wohnen. Hier hat er sein Zimmer, und hier «zeichnet ihm die Mutter mit Weihwasser jedes Mal ein Kreuz auf die Stirn, wenn er sich verabschiedete», schreibt Maria. Am Montag pflegt er sich in der Parteizentrale als Generalsekretär um die Belange der CSU zu kümmern. Dann geht es am Abend wieder nach Bonn, diesmal mit dem Nachtzug.

1950 erscheint der «Bayern-Kurier» (damals mit Bindestrich), das Parteiorgan der CSU. Strauß wird Herausgeber und Chefredakteur. Das Blatt ermöglicht ihm, die internen Parteidiskussionen zu beeinflussen. Es ist auch die Bühne für seine Selbstdarstellung. Viel Arbeit, viel Verantwortung, viel Macht. Der «Neuen Zeitung» klagt er einmal kokett: «Ein Privatleben gibt es für mich kaum mehr. Gott sei Dank bin ich nicht verheiratet, sodass ich keinen Beschwerden ausgesetzt bin. Ich bin, seit ich in der Politik bin, zum Heiraten einfach nicht gekommen.»

Die ersten lukrativen Nebenverdienste ergeben sich: Felix Buttersack, der Herausgeber des «Münchner Merkurs», wird auf den Aufsteiger aus Bayern aufmerksam, der schon beinahe zum inneren Zirkel der Mächtigen in Bonn gehört. Als «Berater und Kontaktmann» zur Bonner Szene zahlt er ihm jeden Monat 250 Mark, keine imposante Summe, aber ein regelmäßiges Zubrot über viele Jahre. Ist diese Zahlung noch halbwegs mit einer erkennbaren Gegenleistung verbunden, so weiß man nicht, was Strauß tut, um die folgenden Summen zu verdienen: 800 Mark von der Optischen Industrie Bayerns, 600 Mark von Edeka, regelmäßig, monatlich. Beratung? Lobbyarbeit? Investiert man einfach in ihn, für die Zukunft?

Richtig viel Geld bezieht er ab 1952 von der «Volkswirtschaftlichen Gesellschaft» in Bayern, einem Spendensammelverein der Industrie: 5000 Mark monatlich «zur persönlichen politischen Disposition». Die Hintergründe erläutert Friedrich Zimmermann: «Die wollten mit Strauß eine bestimmte politische Linie unterstützen. Und was der Strauß mit dem Geld machte, ob er sich das privat in die Tasche steckte oder nicht, das war denen wurscht.» Diese 5000 Mark flossen noch lange weiter auf ein Konto, das die Rechercheure später als «Sonderkonto I» bezeichneten. Bis 1964 hatten sich Spenden in Höhe von rund 700 000 Mark angesammelt.

Zweimal in dieser ersten Zeit als Berufspolitiker kommt Strauß in Versuchung, doch noch seinen erlernten Beruf zu ergreifen. Einmal bietet ihm der Münchner Oberbürgermeister Karl Scharnagl das Amt des Stadtschuldirektors an. Die zweite Verlockung ist noch größer: Es geht um den Posten eines Oberstudiendirektors am Gymnasium Marquartstein, mit der Aussicht, «eines Tages Oberstudiendirektor an meinem alten Max-Gymnasium zu werden». Aber es ist längst entschieden: «Seit ich im Frühjahr 1946 in den Umkreis von Josef Müller gekommen und regelmäßiger Besucher der Gedonstraße geworden war, waren die Weichen anders gestellt.» Die Droge hat längst zu wirken begonnen.

Vom ersten Tag seiner Abgeordnetenlaufbahn an sitzt Strauß im Parlament vorn in der ersten Reihe, er ist ja Fraktionsvize der CDU/CSU-Fraktion. Trotz der Jahre mit Müller, Hundhammer und Schäffer fühlt er sich noch längst nicht als Meister des politischen Geschäfts, sondern als Geselle. Also studiert er die Großen, die Führungsgestalten des ersten Bundestages, vor allem Konrad Adenauer und Kurt Schumacher. Er beobachtet genau, bis in die letzten Details, den 73-jährigen Bundeskanzler, der sich anschickt, noch vierzehn Jahre lang zu regieren und der ganzen Ära seinen Namen zu geben: «Adenauer war stets korrekt gekleidet; in der Regel trug er einen dunkelgrauen Anzug, eine dezente, meist ebenfalls dunkelgraue Krawatte, ein weißes Hemd, tadellose Schuhe. Gepflegter Haarschnitt und peinlich saubere Rasur rundeten das Bild eines Herrn durch und durch.»

Adenauer wird von Strauß auch als ein Meister in der Kunst des Teilens und Herrschens wahrgenommen, das beeindruckt ihn: «Er besaß die staunenswerte Fähigkeit, jedem Besucher überzeugend klar zu machen, dass er, Adenauer, gerade auf den Rat seines Gastes größten Wert legte, um schon in dem Augenblick, in dem der Besucher die Tür hinter sich schloss, nicht mehr zu wissen, worum es sich gehandelt hatte.» Zum Regierungsstil Adenauers, wie der Geselle Strauß ihn beobachtet, gehört es, «den Kreis der Mitwirkenden oder auch nur der Eingeweihten möglichst klein zu halten. Das Kabinett hat er so gut wie überhaupt nicht informiert, und die Fraktionen nahmen das hin.»

Den SPD-Vorsitzenden Kurt Schumacher schätzen beide nicht, Strauß wie Adenauer. «Schumachers politischer Stil war noch der Stil der Weimarer Republik, auch seine Art zu reden glich der Kampf-Rhetorik von Weimar.» Schumacher, der stramme Nationalist und entschlossene Antikommunist, pflegt die Kommunisten als «trojanische Kavallerie» zu verhöhnen; viele andere Abgeordnete hat Schumacher mit ätzenden Formulierungen bedacht – auch Strauß wird sein Opfer. Er hat zwar manchmal «Schumachers Beredsamkeit bewundert», dabei aber gelernt, dass sein Ton nicht mehr geeignet war, «den Nerv der Zeit nach dem Zweiten Weltkrieg zu treffen». Es entspricht seinem «persönlichen parlamentarischen Ehrenkodex», im August 1952 an den Trauerfeierlichkeiten zur Beerdigung des SPD-Chefs in Hannover teilzunehmen – als einziger CSU-Politiker überhaupt. Das hat Stil.

Für einige Abgeordnete «gegnerischer Parteien» teilt Strauß mit Adenauer «eine gewisse Schwäche», kurioserweise auch für den Kommunistenchef Max Reimann, einen der «Lieblinge Adenauers», den dieser noch aus der Weimarer Zeit kennt: «Kein schlechter Redner und durchaus witzig. Er und Adenauer haben sich gegenseitig die rhetorischen Bälle zugespielt, etwa derart, dass der Alte sagte, er wisse ja, dass Reimann ihn hätte aufhängen lassen, wenn die Kommunisten an die Macht gekommen wären.» Reimann pflegt dann zustimmend zu nicken. Auch den SPD-Abgeordneten Herbert Wehner schätzt Adenauer sehr, was, wie Strauß anmerkt, daran gelegen haben könnte, «dass beide ungeheure Realisten waren und einen kalten Blick auf die Wirklichkeit» hatten.

Die ersten Wortmeldungen von Strauß im Bundestag sind eher unauffällig. Aber bald wird man auf das rhetorische Talent des jungen und ehrgeizigen Abgeordneten aufmerksam – schon durch sein Redetempo. Die Stenographen fürchten ihn: An guten Tagen schafft er bis zu 444 Silben pro Minute. Der Redner Strauß entwickelt, seiner Herkunft und Ausbildung gemäß, zwei grundverschiedene rhetorische Modelle. «Auf der einen Seite die geschliffenen, schlagfertigen, meist sehr bildhaften, nach klassischen Vorbildern aufgebauten Reden vor dem Parlament oder vor Fachgremien», schreibt sein erster Biograph, Thomas Dalberg in den sechziger Jahren, «auf der anderen Seite die nicht weniger brillanten Volksreden, bei denen es an drastischen Vergleichen, polemischen Ausfällen, an Kraftausdrücken und humorvollen Abschweifungen nicht fehlt.» In seinen Zwischenrufen kann er, wie Herbert Wehner, kalkuliert hemmungslos sein: «Schweinebande!», dröhnt er etwa in Richtung der kleinen KPD-Fraktion. Als der KPD-Abgeordnete Friedrich Rische in einer Verteidigungs-Debatte rief: «Man sollte an Nürnberg denken!», da brüllt Strauß mit zornesrotem Gesicht zurück: «Da ham's vergessen, Euch aufzuhängen!»

Das kommunistische Russland, die «Soffjetunion», ist der neue Erbfeind Deutschlands, jedenfalls denkt Adenauer so, und der Antikommunismus wird beinahe in den Rang einer Staatsreligion erhoben. Nur eine «Politik der Stärke» könne demnach die Sowjetunion davor zurückhalten, die schutzlose Bundesrepublik zu überfallen und sie sich einzuverleiben. Strauß folgt Adenauer in dieser Vorstellung, die sich mit seinen eigenen Ideen und Ressentiments deckt.

Adenauer wiederum pflegt einen beinahe wilhelminischen Regierungsstil; er hat seine ganz eigenen Vorstellungen von der Autorität eines Kanzlers in der Demokratie: Das Demokratische ist ihm eigentlich fremd. Da er überzeugt ist, man müsse «die Deutschen vor sich selber schützen», ist es nur folgerichtig, dem Volk nicht allzu viel Einfluss zuzugestehen. Adenauer hat drei Hauptziele: die Bundesrepublik politisch und wirtschaftlich in den Westen Europas zu integrieren, sie gegen die sowjetische Expansion («rote Gefahr») zu schützen – und drittens ihre volle Gleichberechtigung und Souveränität zu erlangen. Durch die Wiederbewaffnung Westdeutschlands, die er allerdings öffentlich einstweilen noch scharf ablehnt, sieht er eine Chance, ebendiese Souveränität zu erreichen – so denkt der Zivilist und Antimilitarist Adenauer, der stolz von sich sagt, er habe «nie einen Tag gedient».

Die Wiedervereinigung interessiert ihn unter diesen Bedingungen kaum. Im Gegenteil, er nimmt bewusst in Kauf, dass alle politischen Schritte Westdeutschlands – von der Währungsreform über die Staatsgründung bis zur späteren Wiederbewaffnung – sofort die entsprechende Maßnahme in der sowjetisch besetzten Zone auslösen. Die Tatsache, dass dies die Trennung tatsächlich beschleunigte, ließ die «Wiedervereinigung» zu einer bloßen rhetorischen Figur für das deutsche Gemüt verkommen.

Im Frühsommer 1950 beginnt in einem anderen zweigeteilten Land der Erde, in Korea, der Krieg – ein Krieg zwischen Ost und West, denn Nordkorea steht unter kommunistischer Herrschaft, der Süden hat bis vor wenigen Wochen unter amerikanischer Besatzung gestanden. Der «Kalte Krieg» scheint heiß zu werden, und die Analogien zwischen Korea und Deutschland sind alarmierend.

Drei Wochen später lädt der amerikanische Hohe Kommissar, der Chef der US-Militärregierung, John McCloy, eine kleine Gruppe handverlesener Politiker zu sich ein. Dass der 34-jährige Franz Josef Strauß dazugehört, ist erstaunlich. Er erinnert sich, dass der Abend «zunächst in angenehmer, gelockerter, unmilitärischer Stimmung verlief. Es gab ein ausgezeichnetes Essen und hervorragende Weine.» Dann wird Whiskey gereicht, Zigarren werden entzündet – und McCloy kommt zur Sache: «Meine Herren, sind Sie bereit, wieder aufzurüsten?» Die Überraschung ist vollkommen. Strauß: «Im Zuge der folgenden Aussprache, die bis in die späte Nacht dauerte und von uns sogar noch in einem Bonner Lokal fortgesetzt wurde, äußerten wir uns positiv.»

Der Krieg ist kaum fünf Jahre vorbei. Die Deutschen wollen vom Militär nichts mehr wissen. Selbst Strauß hat sich dieser Stimmung dutzendfach in Reden angeschlossen, wenn er etwa droht, demjenigen Deutschen, «der noch einmal eine Waffe in die Hand nimmt, soll der Arm abfallen». Später sagt er, er habe nur diejenigen gemeint, die ihre Waffe für einen Angriffskrieg erheben.

Die Stimmung im Parlament ist kaum anders als in der Bevölkerung. Deshalb entschließt sich Adenauer zu einem seiner Alleingänge: Weder vom Parlament ermächtigt noch vom Kabinett beauftragt, bietet er der Alliierten Hohen Kommission an, im Falle der Bildung einer internationalen westeuropäischen Streitmacht einen westdeutschen Beitrag zu liefern, etwa mit einem deutschen Truppenkontingent.

Die Empörung ist groß, Kurt Schumacher ruft ihm zu: «Sie sind der Kanzler der Alliierten!» Innenminister Gustav Heinemann, der spätere Bundespräsident, ein Protestant und Pazifist, fürchtet, eine Remilitarisierung werde die Spaltung Deutschlands vertiefen. Er tritt zurück und stürzt die Regierung Adenauer in eine Krise.

Es scheint paradox: Ausgerechnet die Deutschen, die immer als geborene Militaristen und Kriegstreiber galten, müssen zu ihrer Wiederbewaffnung regelrecht gezwungen werden. Viele Menschen protestieren auf der Straße; es entsteht eine pazifistische Bewegung, eine erste deutsche Friedensbewegung, die von Regierungskreisen abfällig die «Ohne-mich-Bewegung» genannt wird – die Ohne-Michels eben, die üblichen Beiseitesteher aus Kirchen, Gewerkschaften und SPD. Auf den Spruchbändern der Demonstranten ist zu lesen: «Mach's wie Adenauer, werde nie Soldat!»

Schon im Oktober 1950 wird die «Dienststelle Blank» eingerichtet. Theodor Blank, ein CDU-Mann und Gewerkschafter aus Westfalen, wird zum «Beauftragten des Bundeskanzlers für die mit der Vermehrung der alliierten Truppen zusammenhängenden Fragen» ernannt – eine Tarnbezeichnung, denn es geht nicht um die «Vermehrung der alliierten Truppen», sondern um die ganz neue Aufstellung deutscher Truppen. Im Vorfeld dieser Entscheidung lässt Strauß Adenauer gegenüber keinen Zweifel, dass er sich selbst für den besten Mann in diesem Amt hält. Doch Adenauer scheint es zu riskant, dem jungen Heißsporn «die Vorbereitung der westdeutschen Verteidigung» zu übertragen.

Und dann kommt wieder sein Kairos, die günstige Stunde: Am 7. Februar 1952 wird im Deutschen Bundestag über das Problem der Wiederaufrüstung beraten. Die Wehrdebatte ist ein großes politisches Ereignis, Millionen Deutsche sitzen an den Radios, hören zu. Sie erleben einen Bundeskanzler, der vollständig versagt, und einen noch unbekannten jungen Mann, dessen glänzende Rede alles entscheidet. Denn Adenauer ist schlecht drauf an diesem Tag. «Er ist überarbeitet und am Rande seiner Kräfte», beobachtet sein Staatssekretär, Otto Lenz. Dabei kommt es gerade jetzt darauf an, das Parlament und die kriegsmüde Bevölkerung für einen deutschen Verteidigungsbeitrag zu gewinnen – gegen alle bisherigen Schwüre, auf jede Art von Rüstung für immer zu verzichten.

Der Kanzler am Rednerpult verliert dauernd den Faden, kramt vergebens in seinen Zetteln und sagt, was er immer sagt, wenn er Zeit zum Nachdenken schinden will: «Meine Damen und Herren.» Er sagt es diesmal exakt 164-mal. Die Abgeordneten der Opposition brechen in Gelächter aus, die Unionsvertreter packt lähmendes Entsetzen. Niemand tut etwas. Dann müssen sie auch noch erleiden, wie Erich Ollenhauer den Kanzler verspottet, seine dürftigen Argumente zerpflückt – und ihnen das kategorische Nein der SPD entgegenstellt.

Doch dann kommt Strauß. Er kommt «aus dem Nichts», wie eine Zeitung tags darauf schreibt. Und er schafft mit seiner Rede den Durchbruch in die erste Reihe. Dabei war er als Redner gar nicht vorgesehen, Rüstungsfragen sind in der Fraktion nicht sein Arbeitsgebiet, man hat ihn mit den Problemen der Jugendfürsorge betraut. Aber er hat sich anderthalb Jahre lang, im Grunde heimlich, in die Materie eingearbeitet. Und sich zwei Tage und Nächte auf seine Rede vorbereitet, hat sie Ermelinde Bauer vorgetragen, Wirkungen überprüft, er hat gestrichen und korrigiert, er hat trainiert.

Natürlich beginnt er, wie jeder gute Redner, vollkommen sachlich. Aber dann treibt er seine Zuhörer siebzig Minuten lang in den Abgrund ihrer eigenen Emotionen: «Das Gewitter von Korea hat den Vorhang vor dem wirklichen Zustand der Welt zerrissen und die freien Völker vor die Entscheidung gestellt, ob sie einzeln nach und nach von dem bolschewistischen Sog verschluckt werden oder ihre Kräfte vereinigen wollen, um dieser Entwicklung Einhalt zu gebieten.» Und dann redet er über die Sowjetunion und ihre «konsequente Zielsetzung, dass der militärische Sieg über Deutschland erst die Basis, den Ausgangspunkt und das Sprungbrett für eine Ausdehnung des sowjetischen Machtbereichs darstelle ... Deshalb müssen wir heute über die Verteidigung Deutschlands reden.»

Mit zunehmender Erleichterung hören die Abgeordneten der Regierungsfraktionen ihm zu, lassen sich mitreißen. SPD-Chef Schumacher ahnt Schlimmes und ruft mit scharfer Stimme dazwischen: «Strauß! Das dröhnende Nichts!» Und Strauß sagt lächelnd: «So gern ich die beiden, Herrn Dr. Adenauer und Herrn Dr. Schumacher, mitsammen sprechen sehe, so möchte ich sie doch nicht hinter Stacheldraht im Ural sich darüber unterhalten sehen, was sie im Frühjahr 1952 hätten tun sollen.» Ein Volltreffer.

Es folgt eine politische Vision, die vollkommen neu in diesem Hause ist, eine Utopie: «Aus dem in siebzehn Staaten aufgespaltenen Resteuropa zwischen dem bolschewistischen Koloss und der Weltmacht Amerika muss ein in Freiheit und Gleichheit geeintes Europa entstehen, oder Europa wird in absehbarer Zeit nicht mehr sein als ein geographischer Begriff auf der Landkarte. Dieses Europa hat ein gemeinsames Schicksal und eine gemeinsame Zukunft.» Dann ruft er pathetisch: «Es lebe Europa!» Das Protokoll verzeichnet: «Stürmischer Beifall bei den Regierungsparteien.» Danach geschieht etwas, das im Hohen Hause nur sehr selten passiert: Die Abgeordneten der Koalition erheben sich und spenden minutenlang Beifall.

Strauß wird diesen Moment sein Leben lang nicht vergessen. Die Presse ist sich tags darauf einig, die Geburtsstunde eines großen Redners miterlebt zu haben: Strauß sei das «Schwert der Union», er sei «witzig, schlagfertig und hat einen sechsten Sinn für die Schwächen des Gegners». Nur Walter Henkels in der «Frankfurter Allgemeinen» vergleicht ihn, ahnungsvoll, mit einem «Panzer, der aus dem Unterholz hervorbricht und alles, was sich ihm in den Weg stellt, überrollt».

Adenauer lässt Strauß ausrichten: «Dat ham Se jut jemacht!» Und Bruno Heck von der CDU sagt: «Franz, jetzt wirst du Minister.» Aber das dauert noch. Zuerst einmal darf Strauß den Vorsitz des neu gebildeten Bundestagsausschusses für die Europäische Verteidigungs-Gemeinschaft (EVG) übernehmen. Das ist immerhin ein Forum. Aber auf das einzige Amt, das für ihn wirklich zählt, das Amt des Verteidigungsministers, wird Adenauer ihn noch viereinhalb Jahre lang warten lassen.

In München führt seine Schwester Maria mehrere Kladden. In die eine klebt sie Zeitungsartikel, die über ihren berühmten Bruder erscheinen. In einer anderen betreibt sie eine Art Buchführung seiner Nebeneinnahmen, Honorare für Artikel, die er schreibt, für Reden, die er hält, für alle möglichen Beratungen, die er erteilt. Diese Kladden sind Dokumente des Aufstiegs. Der Franz ist ihnen aber schon längst entwachsen, in eine ganz andere Welt, in der er lernen muss zurechtzukommen.

Bonn ist mit einem Raumschiff verglichen worden, aber auch mit einem «Treibhaus». Der Roman von Wolfgang Koeppen beschreibt, wie hier unter anderen, hybriden Bedingungen ein anderer Menschenschlag gedeiht als in natürlichen Umgebungen; Kunstpflanzen gewissermaßen. Eine geschlossene, schwüle Welt mit bedrückender Enge: die öden Ghettos der Regierung samt der Beamten, Abgeordneten, Sekretärinnen, die öden möblierten Zimmer und die hastig errichteten Apartmenthäuser, die Partys und Empfänge, die Hinterzimmer in immer denselben Kneipen. Von dem jungen Berliner Abgeordneten Willy Brandt – der inzwischen aus dem norwegischen Exil zurückgekehrt ist – stammt das Wortspiel von der «Verbannung» nach Bonn, der «Verbonnung».

Die Anfechtungen der Verbonnung sind groß, vor allem abends, wenn es nichts gibt, wohin man aus dem Politikbetrieb flüchten kann, nur diese Kneipen und Bars, in denen immer genau die Gesichter auftauchen, denen man entkommen wollte, im Weinhaus Streng, in den «Klopfstuben», im «Adler» in Godesberg. Marianne Strauß wird später spotten: «Bonn, der Männerladen». Aber zugleich sind da in Bonn sehr viele junge, attraktive Sekretärinnen, Assistentinnen, Referentinnen, die im Männerladen für die Männer arbeiten. Auch Journalistinnen; dazu die ganze Welt der diplomatischen Vertretungen. Und so entwickeln viele Abgeordnete ein Doppelleben zwischen Ehefrau und Freundin, zwischen Wahlkreis und Bundeshauptstadt, zwischen Arbeitswoche und Wochenende.

Weder Brandt noch Strauß können den diversen Versuchungen der Verbonnung entgehen; Strauß ist, anders als Brandt, noch Junggeselle. Die beiden, die ihr Leben lang als unversöhnliche Gegner wahrgenommen werden, treffen sich oft in diesen Jahren auch ganz privat, zum Beispiel in der Karnevalszeit in der Wohnung einer fröhlichen Kölnerin, Susanne Sievers, in der Reutersiedlung; Strauß liebt den Fasching immer noch, auch wenn er jetzt Karneval heißt; man tanzt, mit Pappnase und Fez ausstaffiert, mit kostümierten und manchmal maskierten Damen. Auch sonst ist Bonn eine teilweise kostümierte Welt, mit Masken und gefälschten Identitäten. Da gibt es Journalisten, die von der CIA bezahlt werden, und Sekretärinnen, die einen Offiziersrang bekleiden bei der Staatssicherheit in Ostberlin. Susanne Sievers zum Beispiel ist, was ihr Liebhaber Willy Brandt freilich nicht weiß, eine Top-Spionin im Auftrag des Markus Wolf.

Beim «Hirmer», dem feinen Herrenschneider in München, hat Strauß sich gleich zu Beginn der ersten Legislaturperiode, 1949, einen Smoking schneidern lassen. Denn neben allem anderen ist

Bonn eine hochritualisierte Welt, auch im Gesellschaftlichen. Allein schon die Kleiderordnung: Wann muss man Frack, wann darf man Smoking tragen? Welche Hemden und Krawatten zu welchem Anlass? Das war in Schongau nicht übermäßig wichtig, in der Schwabinger Schellingstraße war es als Frage völlig unbekannt. Vor einem der ersten großen Diplomatenbälle, einer Einladung der jugoslawischen Botschaft (die ehemaligen Partisanen legten allergrößten Wert auf diplomatische Formen), beauftragt er Ermelinde Bauer, ihm zum Smoking eine Fliege zu besorgen; sie kauft aber eine weiße statt einer schwarzen Fliege – was korrekt gewesen wäre, sodass Strauß auf dem Empfang der einzige Herr mit weißer Fliege ist, außer dem Oberkellner natürlich.

Einer, der bis zu vierzehn Stunden täglich arbeitet, braucht seinen Körper als Werkzeug; er muss unauffällig und reibungslos funktionieren. Man pflegt den Körper, wie man ein Werkzeug pflegt, man isst und trinkt und schläft; das ist alles. Er wird dick. Bewegungsmangel, Schlafmangel, dafür aber zu viel Essen und Trinken. Und das Essen nicht unbedingt vom Feinsten. Der Metzgermeister Strauß in der Schellingstraße gab seiner Familie nie das wirklich gute Fleisch, das wurde verkauft; nur den «Nackenstich» und ähnliches Fleisch, das aber immer reichlich, kamen auf den Tisch. So ernährt sich Franz Josef Strauß sein Leben lang; er frühstückt zur Zeitungslektüre, er isst mittags zu einem politischen Gespräch, er trinkt immerzu, und abends in der Kneipe sowieso.

Strauß hat, anders als viele Aufsteiger, keinerlei Respekt vor denen, die schon oben sind – sei es durch Herkunft oder Wahl. Er respektiert individuelle Leistungen, das ja, aber niemals bloß einen überkommenen Rang oder Titel oder ein großes ererbtes Vermögen. Industrielle behandelt er leicht von oben herab, Generäle werden vor ihm – wenn er erst Verteidigungsminister ist – zittern wie einfache Soldaten. Kunst als solche nimmt er nicht wahr, sie erreicht ihn höchstens als gesellschaftliches Ereignis: Er wird regelmäßig zu den Premieren nach Bayreuth gehen oder zum Opernball nach Wien. Was Musik angeht, so liebt er eigentlich nur die bayerischen Märsche und die Volksmusik.

Da er als Student auch Germanistik gehört hat, hat er ein gewisses Verständnis für literarische Formen; er liest Hunderte von Büchern, aber die zeitgenössische Belletristik interessiert ihn nicht. Grass und Böll werden nur politische Widersacher sein, keine Autoren, die er gelesen hätte. Dabei sind sie ja Generations- und Kriegskameraden, Strauß und Böll. Die Kriegsgeschichten Heinrich Bölls, die er nicht liest, beschreiben sehr genau die Erfahrungswelten auch des Leutnants Strauß, das tiefkatholische Anti-Nazi-Milieu, die Sinnlosigkeit des Krieges. Denn im inneren Bezirk seiner Gefühle geht es Strauß eigentlich, wie Böll, immer um die Nazi-Herrschaft und den Krieg, die Erfahrung des Krieges, die Spannungen, den Nachhall des Schreckens; spätnachts zum Beispiel, unter Fremden oder unter neuen Freunden, irgendwo in einer Bar.

– Russland, nehme ich an?
– Lemberg. Und dann am Don. Und Sie?
– Woronesch. Trinken wir noch was?

Man weiß dann gleich Bescheid. Die Heldengeschichten, die er in den späteren Jahren auf Münchner Festen vorträgt, leistet er sich jetzt noch nicht.

Am 6. September 1953, seinem 38. Geburtstag, erlebt er einen riesigen Wahlsieg, für die Union, für die CSU, aber auch für sich ganz persönlich. Die zweite Legislaturperiode beginnt, er will sie nutzen, um an Adenauers Kabinettstisch Platz zu nehmen. «Die Zeit» bringt ein Porträt des aufsteigenden jungen Mannes aus dem Süden: «Zu den einflussreichsten Akteuren des neuen Bundestags darf man den 38jährigen Abgeordneten Franz Josef Strauß zählen. Er gehörte schon im vorigen Parlament zu der ‹ersten Garnitur›. Im zweiten Bundestag wird er voraussichtlich eine noch wichtigere Rolle spielen: einmal, weil seine Partei, die CSU, eine viel stärkere Position besitzt, und zum anderen, weil er eine starke natürliche Begabung für das politische Metier hat. Er hat, was den Erfolg in diesem Beruf ausmacht: politische Leidenschaft, eine volkstümliche Beredsamkeit, Verhandlungsgeschick, Mut, Anpassungsfähigkeit und Instinkt, der vor grobem Danebengreifen schützt.» Und abschließend empfiehlt der Autor ihm, «auch in Kampfsituationen Disziplin zu wahren, das wird ihm den Weg zum Staatsmann ebnen, der er werden kann.»

Gleich zu Beginn der zweiten Legislaturperiode verlangt Strauß von Adenauer, das «süddeutsche Element stärker zu berücksichtigen». Was das bedeutet, ist klar: Der Kanzler soll ihm ein Ministeramt geben, zwar nicht direkt das Amt des Verteidigungsministers – das ist Theodor Blank versprochen –, aber doch die Stelle eines «Ministers für die Heimatverteidigung», einen Posten, der eigens für Strauß eingerichtet werden müsste. Mindestens aber Generalsekretär eines – ebenfalls erst noch zu schaffenden – «Nationalen Verteidigungsrates», also praktisch so etwas wie der Oberaufseher des künftigen Ministers Blank. So unverfroren lässt Adenauer sich nicht behandeln. Er werde, so teilt er Strauß mit, «zu gegebener Zeit» darauf zurückkommen.

Dann zeigt der alte Fuchs ihm, wie man auf höchstem Niveau trickst, er bietet Strauß ein Ministeramt an, das dieser mit Sicherheit ablehnen muss. Strauß erzählt: «Adenauer ließ mich kommen, um mir zu eröffnen, dass ich Familienminister werden sollte. Ich war irritiert und erheitert zugleich.» Er macht dem Kanzler klar, was dieser ohnehin weiß: «Ich bin jetzt 38 Jahre, unverheiratet, ohne Familie – werde ich Familienminister, so fordert das alle Karikaturisten geradezu heraus. Damit würde ich die Witzfigur der Nation.» Staatsschauspieler Adenauer erwidert: «So ein gutes Angebot, und Sie nehmen es nicht an. Herr Strauß, ich bin enttäuscht von Ihnen.»

Um den Ehrgeiz des jungen Wilden wenigstens für einen Augenblick zu befriedigen und auch, um ihn unter Kontrolle zu halten, erfindet der Kanzler ein neues Ministeramt – das eigentlich niemand braucht: Strauß wird als «Minister für besondere Aufgaben» Kabinettsmitglied. Besoldung B ɪɪ plus Zulage (3017 Mark netto im Monat), dazu die Pensionsansprüche, der Titel, der Stander am Fahrzeug, einen persönlichen Referenten, eine zweite Sekretärin und einen eigenen Fahrer. Strauß ist unsicher: Hat er es fürs Erste geschafft? Oder treibt der Alte ein bösartiges Spiel mit ihm? Was werden die besonderen Aufgaben sein? Aber schnell dämmert es ihm: «Minister für besondere Aufgaben hieß eher Minister ohne besondere Aufgaben. Mein Ressort hat in einem Aktenkoffer Platz.» Adenauer macht alles noch viel schlimmer, indem er noch zwei weitere Sonderminister ernennt, sodass sich der Posten selbst *ad absurdum* führt. Was sollen gleich drei Sonderminister so Besonderes anstellen?

Die hochsymbolische Geste, mit der Strauß im Bundestag zum ersten Mal die Regierungsbank betritt, ist ein Racheakt und eine Frechheit; sie macht seine Ansprüche klar: Der neue Sonderminister setzt sich nicht, wie es sich gehört hätte, in eine der hinteren Reihen, sondern er nimmt ganz vorn Platz, als vierter Minister neben dem Kanzler, zwischen Ludwig Erhard, dem Wirtschaftsminister, und Fritz Schäffer, dem Finanzminister. Das wird sein Stammplatz.

Sein neues «Ministerium» liegt in der ersten Etage des Zoologischen Museums Alexander Koenig in der Koblenzer Straße, genau gegenüber dem Palais Schaumburg, der Machtzentrale des Kanzlers. Unten im Eingangsbereich muss Strauß, wie auch alle seine Besucher, an einer Sammlung präparierter Tiere vorbei, Giraffen, Affen, Löwen, Bären – lauter «ausgestopfte Viecher» –, die auch viele Jahre nach ihrem Dahinscheiden noch einen strengen Geruch verströmen. Er hatte nichts Besonderes zu tun; eigentlich war er kaltgestellt, aus der Fraktion und damit dem Parlament und den Ausschüssen entfernt und im Kabinett ohne konkrete Aufgabe.

Es schmerzt ihn, dass die Leute von der feindlichen Bayernpartei in seiner Heimat durch die Wirtshäuser ziehen und über ihn spotten: «Deutschlands höchstbezahlter Arbeitsloser!» Es ist schwer zu ertragen: Rundum ereignet sich Weltpolitik, überall verlangt die Zeit schicksalhafte Entscheidungen – und er sitzt beinahe untätig in seinem angemieteten Büro gegenüber dem Kanzleramt, wo diese Politik gemacht wird, ohne ihn.

Strauß und die meisten Männer seiner Generation brennen vor Tatendrang; sie haben den Krieg verloren, aber jetzt wollen sie wenigstens den Frieden gewinnen, die Schlachten des Alltags schlagen. In dieser Zeit, Anfang der fünfziger Jahre, schreibt Erich Kuby über das Bonner Ellenbogen-Gewerbe: «Die Bonner Mühlen zermahlen diese Männer, und sie mahlen rascher als die Mühlen Gottes.» Strauß sieht diese Gefahr manchmal sehr wohl. Aber gerade im Versuch, sie abzuwehren, verfällt er ihr, wie beinahe alle anderen auch. Die Politik hält ihn in ihrem narkotischen Bann. Und sie verändert ihn und die anderen. Dann ist Politik manchmal nicht nur «Kampfsport», dann wird sie beinahe zum Vernichtungskrieg.

Karl Sigmund Mayr, der CSU-Bezirksvorsitzende von Mittelfranken, bekommt das als einer der Ersten zu spüren: Er hat die Frechheit begangen, laut darüber nachzudenken, in Franken die CDU zu gründen, weil er eine «Ablehnung der altbayerischen Münchener Politiker» in der fränkischen Bevölkerung zu spüren glaubt. Mayrs Überlegungen lösen bei den «altbayerischen Politikern» lodernden Hass aus. Als Adenauer im Oktober 1953 Karl Sigmund Mayr zum Postminister machen will, muss Mayr absagen: Strauß, Schäffer und Ehard haben ihm mit sofortigem Parteiausschluss gedroht, falls er Adenauers Ruf annähme. Damit aber nicht genug: Wie in einem stalinistischen Schauprozess muss sich Mayr öffentlich selbst beschuldigen, er muss schriftlich seine Fehler eingestehen und Besserung geloben: «Ich gebe zu, nicht richtig gehandelt zu haben, und bitte um Entschuldigung, wenn ich durch mein Verhalten die Herren Dr. Ehard, Schäffer und Franz Strauß verletzt habe.» Diese «nachgerade widerliche Unterwerfungserklärung» (Wolfram Bickerich) endet mit den demütigen Sätzen: «Ich werde mich bemühen, im Geiste der Union mein Amt fortzuführen.»

Es ist nur eine kleine Anekdote aus der Geschichte der CSU, aber eine, die Franz Josef Strauß in grellem Licht zeigt. Ex-Leutnant Strauß hält «seine Truppe» zusammen wie ein Kompaniechef, gütig, aber streng, er bringt einzelne Jungs, wo nötig, «auf Vordermann», bestraft aber Wehrkraftzersetzung und Fahnenflucht unnachgiebig und drastisch. Wie unsicher muss sich jemand fühlen, der gegenüber «Abweichlern» mit einem derartigen Vernichtungswillen zuschlägt?

Auf dem Feld der Außenpolitik werden derweil die Weichen neu gestellt. Die USA und Großbritannien haben insgeheim über ein Sicherheitssystem nachgedacht, das zum ersten Mal Westdeutschland einschließt. Die Bundesrepublik soll die direkte NATO-Mitgliedschaft erhalten und zu einer vorgeschobenen Stellung gegen den Ostblock ausgebaut werden. Kaum ein Jahrzehnt nach dem Krieg würde

(West-)Deutschland damit in den Kreis der etablierten Nationen zu-
rückfinden.

Vertreter von neun Staaten treffen sich Ende September 1954 in
London, um über die Integration der Bundesrepublik Deutschland in
das Militärbündnis zu beraten. Vor allem Frankreich äußert jedoch
Bedenken gegen eine zu starke deutsche Wiederaufrüstung. Die Konferenz droht festzufahren, da schlägt Adenauer im Alleingang vor,
Deutschland werde auf die Herstellung atomarer, chemischer und
bakteriologischer Waffen sowie auf die Produktion schwerer Bomben
und Raketen verzichten. Das ist Strauß' Thema – aber er darf nicht
dabei sein. Da entschließt er sich am 8. Oktober 1954, Adenauer einen
Brief zu schreiben und seinen Zorn zu artikulieren. Wenn man heute
diesen Brief liest, mit den Unterstreichungen Adenauers und seinen
Randbemerkungen, wird deutlich, dass Adenauer ihn als Affront betrachten musste.

Strauß wirft Adenauer vor, sich allzu sehr um die Außenpolitik zu
kümmern – und die Innenpolitik zu vernachlässigen. Zugleich aber
höre der Kanzler in den außenpolitischen Angelegenheiten viel zu
wenig auf ihn, Strauß, der ja doch, wie der Briefschreiber dann einzeln
aufzählt, in allen strittigen Fällen Recht behalten habe. Adenauer
telegraphiert: «Ihr Brief wird Grundlage einer sehr ernsten Aussprache sein müssen.» Und er droht Strauß, er solle es nicht wagen,
seine Thesen öffentlich zu machen: Ein «etwaiges Lautwerden der in
diesem Brief zutage getretenen Tendenzen» würde zu einer öffentlichen Auseinandersetzung führen, «die mir höchst inopportun für Sie
erscheint».

Fünf Tage später findet die angekündigte Aussprache statt. Adenauer stutzt den Aufsässigen zurecht und setzt sich auf der ganzen Linie
durch, Strauß muss sich beugen. Im kleinen Kreis seufzt Adenauer anschließend: «Man kann Strauß immer höchstens für ein paar Wochen
in Ordnung bringen, dann gibt es wieder neue Schwierigkeiten.»

Sogar in seiner Heimat, in München, und in seiner Partei, der
CSU, muss Strauß schwere Niederlagen hinnehmen. Im November
1954 hatte die CSU bei den Landtagswahlen zwar ihren Stimmen-
anteil von 27 auf 38 Prozent steigern können, eigentlich ein großer

Erfolg; aber mehrere andere Parteien schlossen sich unter Führung der SPD zu einer Koalition zusammen und übernahmen die Macht im Maximilianeum. SPD-Landeschef Wilhelm Hoegner wird Ministerpräsident, die CSU muss in die Opposition. Strauß tobt. Er kritisiert vor allem seine alten innerparteilichen Widersacher, die frommen Erzklerikalen um Alois Hundhammer, mit ihrer «unsäglich altmodischen Kultur- und Schulpolitik» (viele CSU-Männer sträuben sich zum Beispiel gegen den Plan der SPD, in den Schulen die Prügelstrafe zu verbieten). Der Puritaner Hundhammer ist auch derjenige, der von München aus ständig gegen das fröhlich-ausschweifende Leben von Strauß in Bonn stänkert. Zugleich polemisiert er auch gegen einen anderen CSU-Mann in Bonn, den Abgeordneten Dr. Friedrich Zimmermann. Der 29-jährige Zimmermann führt zwar kein ausschweifendes Leben, er ist aber dennoch gerade dabei, eine doppelte Sünde wider die bayerische Moral zu begehen: Er will eine evangelische Frau heiraten, die aber – als wäre das noch nicht schlimm genug – obendrein bereits geschieden ist. Strauß kann nur mit Mühe durchsetzen, dass Zimmermann trotzdem das Amt des CSU-Landesgeschäftsführers erhält.

In Bonn ist ihm jede Zukunft abhanden gekommen, glaubt Strauß. Er sieht deshalb die Stunde gekommen, den Parteivorsitz der CSU zu übernehmen – als gute Ausgangsstellung für das Amt des Ministerpräsidenten in vier Jahren. Dabei tritt er jetzt gegen den Franken Hanns Seidel an, den er normalerweise leicht besiegt hätte, dem er aber jetzt durch seine hemmungslosen Maulereien die gesamte vergrätzte «Hundhammer-Riege» zugetrieben hat. Seidel gewinnt die Wahl mit 380 zu 239 Stimmen. Für Strauß ist es die zweite Niederlage, mehr noch: Es ist eine Bruchlandung.

Sonderminister. Und keine Aussicht auf ein bedeutendes Amt, weder in München noch in Bonn. Der Ehrgeiz nagt und frisst an ihm, der ewige Primus zweifelt an sich. Aber er nimmt den Kampf auf, noch einmal. Jetzt zielt er nicht auf Adenauer direkt, sondern spielt über die Bande. Er schickt seinen Vertrauten, Richard Stücklen, zu Heinrich Krone, dem Adenauer-Intimus und CDU/CSU-Fraktionsvorsitzenden im Bundestag. Krone hält in seinem Tagebuch fest, auf welche Weise

Strauß Druck machen lässt: «Wenn nicht in absehbarer Zeit Strauß im Kabinett so verankert werde, dass er eine volle politische Aufgabe habe, werde er aus der Regierung ausscheiden und wieder die Führung der CSU im Bundestag übernehmen.» Dann aber sei es gut möglich, dass Strauß den Fraktionsvorsitz haben wolle, also Krones Posten. Und wenn ihm das verweigert werde, stehe die Trennung der Fraktionsgemeinschaft von CDU und CSU bevor. Erpressung als Politik.

Auch diese Strategie führt nicht zum Erfolg, wenigstens nicht gleich. Doch allmählich merkt Adenauer, dass er vor dem bayerischen Aufrührer und Querulanten nur Ruhe haben wird, wenn er Strauß richtig beschäftigt, mit einer ernsten Herausforderung. Dennoch hält er ihn noch einmal ein halbes Jahr hin.

Am 5. Mai 1955 tritt die Bundesrepublik Deutschland der NATO bei und wird, wenn auch mit gewissen Einschränkungen, souverän. Sie darf nun das lange geplante Amt eines Verteidigungsministers einrichten, das Adenauer, wie versprochen, Theodor Blank überlässt. Strauß und die CSU halten jetzt merkwürdig still. Denn Franz Josef Strauß hat längst eine Strategie entwickelt, wie er Blank aus dem Amt, das dieser gerade erst antritt, vertreiben kann – ohne sich mit Adenauer anlegen zu müssen. Dieser Kampf wird ihn mehr als ein Jahr lang beschäftigen, und er wird ihn gewinnen.

In seinem Mini-Ministerium an der Koblenzer Straße macht sich Sonderminister Strauß ununterbrochen Gedanken über ein Thema, das ihn von Amts wegen eigentlich nichts angeht: die Wiederbewaffnung Deutschlands, das Rüstungskonzept für die Bundesrepublik. Im Hinblick auf die künftige Verteidigungsstrategie der Bundesrepublik will er der intellektuelle Vordenker sein, gegen Blank. Da er keine speziellen Aufgaben hat, kümmert er sich um das Grundlegende – und kommt dabei zu eindrucksvollen Erkenntnissen: dass nämlich eine Streitmacht im Atomzeitalter einen Krieg nicht mehr zu führen, sondern zu verhindern habe. «Die Technik hat begonnen, der Kontrolle des Menschen zu entgleiten. Mit der Produktion dieser Massenvernichtungswaffen, wie sie jetzt möglich geworden ist, ist ohne Zweifel das apokalyptische Gespenst der Selbstvernichtung der Menschheit am Angsthorizont aufgetaucht ... Es gibt keine schimmernde Wehr mehr, die begeisterungsfähige Herzen höher schlagen ließ. Es gibt nur noch das todernste Problem der Sicherheit unseres Volkes an der Nahtstelle zweier Weltmächte, die beide über Massenvernichtungswaffen verfügen.» Ergo: «Das oberste Ziel, auf das wir heute, in diesem Jahrhundert der Risiken, unsere Politik abstellen müssen, ist, alles, aber auch alles zu tun für die Verhinderung eines Krieges.»

Um aus den Schwächen des Gegners Kraft zu saugen, analysiert er die Vorstellungen von Theodor Blank. Blank will innerhalb von drei Jahren eine 500000 Mann starke Armee aufstellen. Strauß erkennt, dass dieses Ziel «absolut unerreichbar» ist; nach Blanks Planung müssten jede Woche drei Bataillone à tausend Mann aufgestellt werden, organisatorisch «ein Ding der Unmöglichkeit». Im Juli 1955 zieht er sogar im Bundestag in einer Rede offen gegen Blank zu Felde, den Schützling Adenauers, dessen Nerven bereits angeschlagen sind. Strauß plädiert für «Qualität statt Quantität», also Atomwaffen statt vieler Divisionen, und bringt zum ersten Mal den Faktor der «Abschreckung» in die Diskussion.

Der aufrechte westfälische Gewerkschafter Blank kann dem Bayern in die eiskalte Höhenluft der geopolitischen Globalanalyse nicht folgen. Strauß hat jetzt das angestrebte Ressort nicht mehr bloß «irgendwo am Horizont» im Blick, sondern ganz nah. Zum Greifen nah. Doch Kanzler Adenauer stoppt den jungen Mann auf seinem Weg nach oben ein allerletztes Mal und überträgt ihm, zur Ablenkung von den Angriffen gegen Blank, ein neues Amt, aber diesmal eines, das nicht uninteressant scheint. An den Rand jenes bösen Strauß-Briefes vom Oktober vergangenen Jahres hat Adenauer handschriftlich das Wort «Atom!» gesetzt. Und jetzt zieht er diesen Joker aus dem Ärmel: Am 21. Oktober 1955 betraut er Strauß mit dem neu geschaffenen Atom-Ministerium. Nun würde sich zeigen, ob Strauß nur ein Meister der Taktik und der Intrigen ist oder ob er Verantwortung übernehmen kann und von Führung und Administration etwas versteht. Er löst seine Aufgabe glänzend.

Die politischen Zusammenhänge seines neuen Amtes sind Strauß schnell klar. Aber der ehemalige Primus vom «Max» will jetzt, durch ein paar Nachhilfestunden, eine Art Musterschüler auch in Physik werden, sogar in Kernphysik: «Ich halte mich für intelligent genug, um dieses für mich neue Gebiet nach relativ kurzer Einarbeitung soweit zu beherrschen, dass ich mit den Herren aus der Wissenschaft, wie Carl-Friedrich von Weizsäcker, Werner Heisenberg und anderen, auch auf gleicher Ebene diskutieren kann.» Ganze acht Wochen taucht er ab, verschwindet aus dem Blickfeld. Er sitzt hinter einem Berg von Fachbüchern, macht sich «fast über Nacht sachkundig». Der Physiker Heinz Maier-Leibnitz wird in dieser Zeit sein Mentor und Tutor. Schon nach wenigen Wochen des Schnellstudiums versteht Strauß sein neues Metier – jedenfalls gelingt es ihm, seine Zuhörer mit seinen Kenntnissen zu beeindrucken. Bei einem Vortrag in München hört ihm auch der ansonsten eher ruhige CSU-Chef Hanns Seidel zu, kein Strauß-Anhänger, der aber jetzt, während des Strauß-Vortrags, völlig aufgeregt den Arm des neben ihm sitzenden Fritz Zimmermann packt und ruft: «Fritz, der ist ein Genie!»

Nicht nur Strauß glaubt, am Beginn einer neuen Zeitrechnung zu stehen. Die sensationelle Entdeckung, dass Uran eine Million Mal mehr Energie liefert als die gleiche Menge Kohle, macht die Atomenergie zu einem Symbol für eine bessere, freiere, auch gerechtere Welt, auch für viele Linke. Ein Bestseller der Zeit trägt den Titel «Heller als tausend Sonnen». Diese neue Energie würde beispielsweise von schwerer Arbeit befreien. Sie würde den Menschen in den unterentwickelten Ländern helfen voranzukommen. Die Nuklearmedizin würde den Menschen von bisher unheilbaren Krankheiten heilen. Eine Utopie. Strauß findet es «tragisch, dass der Begriff ‹Atom› nicht als heilende und helfende Kraft, sondern zuerst als Faktor von unvorstellbarer Zerstörungskraft zum Bewusstsein gekommen ist. Die Namen Hiroshima, Nagasaki … haben in der Menschheit eine moderne Dämonenfurcht wachgerufen.»

Strauß forciert keine hastigen Entscheidungen, etwa den sofortigen Bau von Kernkraftwerken; er entwickelt ein langfristiges durchdachtes Programm. Er gibt der Forschung und der Ausbildung, dem Aufbau eigener Kräfte und eigenen Know-hows den Vorrang. Gemeinsam mit der bayerischen SPD-Regierung lässt er das «Atom-

Ei» entwickeln, den Forschungsreaktor in Garching, einen zweiten in Karlsruhe.

Der Dauersturm auf Theodor Blank und sein Amt geht derweil ununterbrochen weiter. In Vorträgen, Interviews und eigenen Artikeln legt Strauß offen, dass er die ganze Planung für völlig falsch hält. Es habe keinen Sinn, so wiederholt er ständig sein Credo, im Atomzeitalter riesige Heere aus dem Boden zu stampfen, die im Falle eines Atomkrieges selbst mit modernster Waffentechnik hoffnungslos unterlegen wären.

Und außerdem wirkt sich jetzt allmählich eine Strategie zu seinen Gunsten aus, die Strauß seit Jahren von langer Hand verfolgt hat: Freunde in zentralen Stellungen unterzubringen, ein weit geknüpftes Netzwerk zu kontrollieren, stets über Insiderwissen aus der Zentrale des Gegners zu verfügen. In diesem Fall ist es unter anderem sein alter Freund Achim Oster, der wie Strauß aus dem Freundeskreis «Gedonstraße» hervorgegangen ist. Oster ist inzwischen Abwehrchef der neuen Bundeswehr. Sieben Jahre später wird er, als deutscher Militär-Attaché in Madrid, im Auftrag von Strauß für die Verhaftung des «Spiegel»-Redakteurs Conrad Ahlers sorgen. Ein anderer alter Freund, Josef Kammhuber aus Altötting, ist inzwischen zum Chef der Luftwaffe aufgestiegen. Strauß verfügt stets über die frischesten Informationen aus dem Blank-Ministerium. So weiß er auch längst, dass es Blank niemals schaffen wird, sein Planziel von einer halben Million Soldaten in drei Jahren umzusetzen.

Überhaupt wachsen dem biederen CDU-Linken Theodor Blank die Anforderungen seines hochkomplizierten Amtes, das er später als sein «Martyrium» beschreibt, offensichtlich über den Kopf, auch wenn er ausgezeichnete Leute an seiner Seite hat. Unter anderem ebenjenen Conrad Ahlers, der ihm als Pressesprecher dient und der sich im Amt Blank ein exzellentes militärstrategisches Wissen zulegt und erstklassige Militär-Kontakte aufbaut, ehe er zum «Spiegel» wechselt.

Im Juli 1956 verlangt der CSU-Politiker Franz Josef Strauß von seinem Kanzler, Konrad Adenauer, ein dringliches und direktes Gespräch. Um ein «Desaster» abzuwenden, so erläutert er wortreich dem Alten, müsse eine «sofortige Korrektur» der Bundeswehr-Konzeption vorgenommen werden. Es fehle an Planung, Ausbildung, Kasernen, an Waffen und Uniformen, eigentlich an allem. Adenauer konnte sehr kalt sein, aber in diesem Moment war er eiskalt:

– «Herr Strauß, Sie sind von enttäuschtem Ehrgeiz geplagt und wollen hier Herrn Blank heruntersetzen.» Und dann droht er mit dem endgültigen Aus für alle Strauß'schen Höhenflüge:

– «Nehmen Sie bitte eines zur Kenntnis: Solange ich Kanzler bin, werden Sie nie Verteidigungsminister.»

Außer sich vor Zorn, taucht Strauß ab, fährt in Urlaub nach Spanien – und lässt wochenlang nichts von sich hören. In der Sache hat er ja Recht: Der Aufbau der Bundeswehr vollzieht sich in einem ungeheuren Chaos. Schon als man die ersten 101 Freiwilligen ernennen wollte, zeigte sich, dass nur zwölf Uniformen fertig geworden waren. Seitdem geht es immer so weiter. Häufig muss die Einstellung von Freiwilligen für das Heer unterbrochen werden, weil man sie nicht unterbringen kann. Beschaffungsaufträge werden gestoppt, weil die Finanzierung nicht stimmt. Strauß und seine Leute starten gleichzeitig eine heuchlerische Kampagne gegen Blank als Person: Die «konzeptionelle Fehlplanung» wird jetzt damit erklärt, der Minister sei «gesundheitlich schwer angeschlagen». Blank ist aber vollkommen gesund. In München erklärt CSU-Chef Hanns Seidel der Presse: «Da Theodor Blank sich im Dienst für das Vaterland verzehrt hat, wird eine neue Kandidatur Blanks nach der nächsten Bundestagswahl von der CSU abgelehnt.»

Dem Tagebuch Heinrich Krones kann man entnehmen, dass Adenauer sich bis zuletzt gegen Strauß als Verteidigungsminister wehrte: «Wir müssen den Kampf mit Strauß aufnehmen; wenn es dabei zum Bruch zwischen der CDU und der CSU käme, muss das in Kauf genommen werden.» Doch die Kritik an Blank ufert aus: NATO-Botschafter Herbert Blankenhorn berichtet seinem Kanzler von «großer Unruhe» in der NATO, weil viele deutsche Zusagen nicht eingehalten wurden; man halte Blank für unfähig und verlasse sich nicht mehr auf die deutsche Planung; und deshalb nehme die «deutsche Glaubwürdigkeit in Europa großen Schaden».

Das Amt ist «zum Sturmangriff reif geschossen» und wird jetzt von Strauß und seiner Truppe «im Handstreich genommen». Am 17. Oktober 1956 bietet Adenauer seinem Atomminister endlich den heiß ersehnten Posten des Verteidigungsministers an. Strauß ist gerade in England, bei der Einweihung des Kernkraftwerkes Calder Hall, gemeinsam mit Niels Bohr und der wissenschaftlichen Elite der Atomenergie: «Ich war stolz, an der Eröffnung des ersten großen Atomkraftwerkes der Welt teilnehmen zu können. Ich halte diesen Tag für ein historisches Ereignis, weil die Menschheit damit eine neue Energiequelle im wirtschaftlichen Großmaßstab erschlossen hat.» Da wird ihm die Entscheidung des Kanzlers übermittelt. Am nächsten Tag in Bonn kommt es zu folgendem Dialog:

– «Herr Bundeskanzler, Sie wissen, dass ich es werden wollte, das habe ich nie geleugnet. Aber jetzt fällt mir die Antwort schwer.»

– «Herr Strauß, wollen Sie es einem alten Mann übel nehmen, dass er noch in der Lage ist, seine Meinung zu ändern?»

Adenauer verkündet jetzt, er glaube wie Strauß, dass die Europäer sich nicht auf die US-amerikanischen Nuklearwaffen verlassen dürften, sondern eigene Atombomben produzieren müssten – notfalls sogar Deutschland allein. Der 80-jährige Kanzler folgt in dieser Frage dem gerade halb so alten Franz Josef Strauß, der jetzt unumstritten die Szene beherrscht – als einziger militärisch-strategischer Kopf im Kabinett.

Selbst dem Charakter des Bayern kann der alte Kanzler jetzt plötzlich etwas abgewinnen. Theodor Heuss, dem Bundespräsidenten, erklärt er, nur Strauß verfüge über «die nötige Rücksichtslosigkeit und Vitalität, sich nach allen Seiten durchzusetzen» und vor allem «diese Mauer des Widerstands, die wir im Parlament und der Öffentlichkeit haben», zu durchbrechen. Einem amerikanischen Diplomaten gegenüber ergänzt er: «Aber ich wünschte, er würde besonnener.» Er rät Strauß zu heiraten, «dann würde er schon etwas ruhiger werden, denn die Junggesellen sind alle etwas unruhige Geister.»

Aber der 41-jährige Strauß denkt nicht ans Heiraten. Er lebt in Bonn sein Junggesellenleben. Er will nicht «besonnener werden». Im Gegenteil: Er dreht jetzt erst richtig auf. Er macht sich warm für das nächste Rennen. Jetzt will er Kanzler werden. Aber dann trifft er Marianne wieder.

Es ist Rosenmontag, der 4. März 1957, Maskenball im Foyer des Deutschen Theaters in München: Der venezianische Troubadour lächelt glücklich, inmitten der tanzenden Paare hält er seine Colombine fest, als wolle er sie nie wieder loslassen. Obwohl er bereits zur Fülle neigt, bewegt er sich flink und geschmeidig; zwischen den Tänzen tupft er sich den Schweiß von der Stirn. Die junge Frau in seinen Armen ist groß, ein bisschen größer als er, mit schlanker Taille und ausdrucksstarken Augen. Sie ist schön, und ihr Lächeln drückt Selbstbewusstsein und Siegessicherheit aus.

Ein paar Tage zuvor hat Strauß den Anruf seines alten Freundes Max Zwicknagl erhalten, den er seit den gemeinsamen Zeiten beim Frankfurter Wirtschaftsrat kennt. Beide lieben die großen Feste, vor allem den Fasching. Sie haben sich zum Faschingsball in München verabredet. Und Max Zwicknagl ist in Begleitung seiner Tochter Marianne gekommen.

Der Maskenball steht unter dem Motto «Traumkulisse». Die Kapelle Hugo Strasser spielt Swing, sehr flott, sehr amerikanisch, aber auch Foxtrott. Der Minister ist ein ziemlich begabter Foxtrott-Tänzer. Der Anblick der schönen, längst erwachsen gewordenen 26-jährigen Marianne entflammt das Herz des Junggesellen. Marianne hat seit damals, als sie sich flüchtig begegneten, viel unternommen, hat Abitur gemacht und studiert, war im Ausland, in Paris, Grenoble, London, und gerade eben hat sie ihr Studium der Volkswirtschaft abgeschlossen. Na ja, und von ihm hat man ja doch auch ziemlich viel gehört, vor allem in der letzten Zeit.

Irgendwo in den Kulissen tut unauffällig ein Wachtmeister Dienst, Abteilung Personenschutz, natürlich in Zivil. Er soll ein wachsames Auge auf den Troubadour haben. Auch andere Blicke, neugierige, fallen immer wieder auf den Tänzer. Man kennt ihn, man sieht ihn jetzt dauernd in den Zeitungen. Vor kurzem sah man sein Gesicht sogar auf dem Titel eines Hamburger Nachrichtenmagazins, und auch da lächelte er, sympathisch und siegesgewiss: der Verteidigungsminister der Bundesrepublik Deutschland. Im Radio hört man immer häufiger seine unverwechselbare Stimme, die eigenartige Diktion, wenn er im Bundestag redet, brillant, analytisch und obendrein witzig. Er ist aber auch umstritten, vielleicht der umstrittenste Bonner Politiker. Dieser Mann, so heißt es, will die Atombombe für Deutschland. Aus Angst vor den Russen.

Strauß ist von Marianne hingerissen. Ihre Schönheit und ihr Selbstbewusstsein – sie fordern ihn heraus. Marianne ist keine Frau, die so wirkt, als müsse sie erst einen Mann fragen, wenn sie eine Meinung äußern will. Sie verschwendet keinen Gedanken daran, Ehefrau und Mutter zu werden. Sie ist für ihren Vater, den Fürsten von Rott am Inn, noch immer das *Mariandl*, seine Prinzessin. Allerdings eine von der modernen Art: Sie will Karriere machen, eine eigene Karriere als Frau, vielleicht in Brüssel oder Straßburg, in einer der europäischen Institutionen, die jetzt entstehen. Im Moment leitet sie notgedrungen die elterliche Brauerei, weil der Vater es vorzieht, als Konsul in Salzburg zu leben.

Von diesen Träumen wird sich keiner erfüllen, denn Strauß spielt das Spiel, jedes Spiel, immer nur zu seinen Bedingungen. Bisher war der Junge aus dem Schwabinger Metzgerladen immer und überall der Erste, der Beste, bisher ist ihm alles gelungen. Er hat eine glänzende politische Karriere gemacht. Zwischen ihm und seinem höchsten Ziel, dem Bundeskanzleramt, steht nur noch der derzeitige Kanzler selbst, Konrad Adenauer. Aber der ist fast 80, doppelt so alt wie Strauß. Und Strauß hat Zeit.

Gleich am nächsten Abend treffen sie sich wieder, diesmal nur zu zweit, im Münchner «Bratwurstglöckl». Sie sitzen sich gegenüber und schauen sich an. Man muss annehmen, dass dies der Abend ist, an dem Franz Josef Strauß sich in Marianne Zwicknagl verliebt. Denn es stimmt ja, er verliebt sich tatsächlich Hals über Kopf. Marianne Zwicknagl zu heiraten, das würde für den Jungen aus der Schellingstraße, auch wenn er bereits Verteidigungsminister ist, einen gesellschaftlichen Aufstieg bedeuten. Und eine definitive Absicherung: Aus dem Hause Zwicknagl wird ihn kein Kanzler je abberufen und kein Volk je abwählen können. Er betreibt diese Eheanbahnung rasch und präzise wie einen Überraschungsangriff. Schon nach wenigen Tagen hat er Mariannes Einverständnis zur Ehe gewonnen. Ostern werden sie sich verloben, in Rom, in Anwesenheit der Brauteltern. Der Papst, Pius XII., hat zugesagt, die Brautleute in einer Privataudienz zu empfangen.

In den frühlingshaften Tagen des Mai 1957 geht in Rott am Inn der «Hochzeitslader» durchs Dorf, der Georg Mühlbauer, und lädt ein zur Hochzeit der Marianne Zwicknagl und des Franz Josef Strauß am kommenden 4. Juni. Es wird Pfingstsonntag sein, und obendrein exakt der 198. Jahrestag der feierlichen Grundsteinlegung der Kirche. Im Festsaal der Gaststätte «Zur Post», die wie vieles hier der Familie Zwicknagl gehört, oben im ersten Stock, soll die Dorfbevölkerung mit dem *Mariandl* feiern – den Polterabend. Natürlich wird es «Kaiserbräu»-Freibier geben.

Man ist neugierig auf den Bräutigam der Marianne, er ist ja seit einigen Monaten dauernd in den Zeitungen. Und jetzt kann man ihn mal aus der Nähe betrachten. Rosa Schaber, die Inhaberin des Rotter Warenhauses, erinnert sich, wie enttäuscht sie damals war: Man bekam den Franz Josef überhaupt nicht zu Gesicht. Und es wird auch nicht erklärt, warum er an der Feier nicht teilnimmt, es ist doch schließlich sein eigener Polterabend. Marianne sitzt zwar still an der Stirnseite des Tisches, doch ihr Vater ist ebenfalls verschwunden. Es will so recht keine Stimmung aufkommen. «Es lag ein Schatten auf der ganzen Zeremonie», erinnert sich Fritz Zimmermann.

Strauß war am späten Nachmittag, hochgestimmt und guter Dinge, in seinem Wagen unterwegs nach Rott, als plötzlich vom Bayerischen Rundfunk eine Sondermeldung verbreitet wurde, die er im Autoradio hörte: Es habe ein Unglück bei der Bundeswehr gegeben, mit zehn oder mehr Toten. Strauß, der zuständige Minister, zog sich in Rott nur kurz um, führte ein paar Telefonate, lud seinen Kollegen und Fast-Schwiegervater Zwicknagl ein und fuhr zum Ort des Geschehens, in die Nähe von Kempten im Allgäu.

Ein Truppenführer, offensichtlich ein «Schleifer» aus der alten Nazi-Wehrmacht, hatte seinen Leuten befohlen, die Iller zu durchqueren, einen in diesen Tagen reißenden Fluss, denn es herrschte

Hochwasser. Es sollte eine «Mutprobe» sein für «richtige Kerle». Die jungen Soldaten wurden von der Strömung fortgerissen, fünfzehn von ihnen ertranken. Ein Schock, auch für Strauß. Die Wochenschau zeigt ihn in jener Nacht im Scheinwerferlicht auf einer Iller-Brücke mit seinen Kommandeuren, wie er sich informieren lässt, Anweisungen erteilt, zwischendurch ratlos oder entsetzt über das Brückengeländer in den tosenden Fluss hinunterschaut. Fünfzehn Tote.

Das so genannte Iller-Unglück wächst sich rasch aus zum Skandal, aber es ist offensichtlich, dass wenigstens diesmal Strauß nicht der Schuldige ist. Natürlich weiß er schon, dass er in der Öffentlichkeit trotzdem für dieses Unglück verantwortlich gemacht werden wird: «Die Aufregung ist unbeschreiblich», notiert Gerd Schmückle, sein Presse-Offizier. «Dem Minister wird vorgeworfen, er treibe die Aufrüstung zu rasch voran. Dabei ist er es gewesen, der die Ziele reduzierte.»

Am Morgen kehren Strauß und Zwicknagl zurück nach Rott, erschöpft und bedrückt, während gerade die Hochzeitsglocken einsetzen und die Ehrengäste eintreffen. Es wird erzählt, Marianne habe die Nacht ebenfalls durchwacht, weinend auf ihrem Zimmer, mit einer Freundin. Die Politik, das zeigte sich, konnte jederzeit ihr Recht einfordern, dem sie sich als Ehefrau unterzuordnen hatte. Auf dem alten Schwarzweißfilm, der von der Feier gedreht wird, sehen die Brautleute stolz und glücklich, aber auch sehr mitgenommen aus.

Die ältere Generation in Rott am Inn erinnert sich bis heute an diese «Traumhochzeit», zu der damals Scharen von Reportern und Kamerateams in ihr stilles Dorf gekommen sind. Die Menschen stehen Spalier, als die lange Wagenkolonne der Gäste ins Dorf einfährt und in einem Bogen den festlich geschmückten Platz vor der Klosterkirche ansteuert. Sogar der «Alte» feiert mit, Bundeskanzler Konrad Adenauer, und mit ihm das halbe Bonner Kabinett – der Finanzminister, der Außenminister, der Atomminister, der Vizepräsident des Bundestages, der Präsident des bayerischen Landtags. Dazu Künstler und Dichter aus dem Zwicknagl-Kreis. Walburga Strauß, die inzwischen 8o-jährige Witwe des Metzgermeisters Strauß aus der Schellingstraße, steht schweigend, an der Seite ihrer Tochter Maria, inmitten all dieser hohen Herren und ist beeindruckt von ihrem Sohn, dem Franzl. Vielleicht denkt sie einen Moment lang an ihre ferne Kindheit in Unterwendling, als sie die Schafe und Ziegen ihres Vaters hüten musste.

Max Zwicknagl führt seine Tochter zum Altar, Strauß wird von seinem älteren Freund und Mentor, Bundesfinanzminister Fritz Schäffer, geleitet. Ilse Zwicknagl hängt stolz und glücklich am Arm von Adenauer, der sie als ein Kavalier alter Schule in die festlich geschmückte Kirche führt. Die Trauung vollzieht Josef Kardinal Wendel, der Münchner Kardinal. Draußen fängt es plötzlich an zu regnen, die ganze Dorfbevölkerung ist unter einem Meer von Schirmen angetreten.

Richard Kirchlechner, damals ein neugieriger Bub, steht ganz nah, als Adenauer lachend einen Schirm aufspannte und in seiner berühmten Weisheit eines Kanzlers und Oberhäuptlings den Spruch von sich gibt: «Sehen Sie, meine Herren, auch ich muss einen Schirm aufspannen.» Da fangen alle erleichtert an zu lachen: Wenigstens beim Wetter sind also alle gleich. Angesichts des Unglücks in der vergangenen Nacht verzichtet die Bundeswehr darauf, ihrem Minister einige militärische Übungen feierlich darzubieten; es spielt nur ein Fanfarencorps der Truppe. Beim großen Bankett rezitiert der Dichter Eugen Roth eigens für die Brautleute verfasste Zeilen:

«Nun, wie die ganze Sache kam,
Und sie zu ihrem Bräutigam,
Vernehmt Ihr kaum in dem Gedicht –
Ich weiß es nämlich selber nicht,
Und muss es ja auch gar nicht wissen –
Man späht nicht hinter – Traumkulissen.
Ich nehme an, er kam, sah, siegte!
Fest steht nur, dass er rasch sie kriegte,
Doch ahn' ich nichts vom Wann und Wie,
Ob's Glück nur war, ob Strategie;
Und schließlich: wegen Spionieren
Möcht ich nicht meinen Kopf verlieren.»

Einem Freund wird Strauß in diesen Tagen schreiben: «Ich habe gut geheiratet, nicht sehr gut, aber gut.» Das Ehepaar bezieht eine kleine Wohnung im Anwesen der Familie Zwicknagl. Zugleich richtet Marianne auf dem Venusberg in Bonn die Dienstvilla ihres Mannes, des Verteidigungsministers, her, eigentlich nur ein hübsches Reihenhaus, in dem sie mehr als fünf Jahre leben werden, bis nach seinem Sturz Ende 1962.

Manchmal holt ihn noch seine Vorgeschichte als fröhlicher Junggeselle ein. Kurz nach der Hochzeit veröffentlicht die (Ost-)«Berliner Zeitung» einen detaillierten Bericht über den «Kriegsminister als Heiratsschwindler» und zerrt viele erfundene und einige tatsächliche Ex-Freundinnen ans Licht, darunter seine Sekretärin Ermelinde Bauer und Christel Lammers, eine Rechtsanwältin. Allein in München habe er «seit Jahren zu fünf Frauen gleichzeitig intime Beziehungen» unterhalten. Der Artikel erregt erst dadurch Aufsehen, dass ihn der Westberliner «Kurier» nachdruckt.

Alois Hundhammer liest während einer Sitzung der CSU-Landtagsfraktion laut und genüsslich daraus vor, um sich dann zu empören: «Einen solchen Mann, dazu noch mit seiner Braut, hat der Heilige Vater empfangen. Und der Kardinal ist nach Rott gefahren, um ihn zu trauen!» Doch dann beschließt die CSU-Fraktion, der Artikel sei «Teil einer von der KP gesteuerten Kampagne». Strauß, der sonst hinter allem Ungemach tatsächlich die Kommunisten wittert, ist ausnahmsweise anderer Meinung: Er glaubt, der Kanzler persönlich habe die pikanten und intimen Details in Bonn unter die Leute gebracht.

Marianne findet die meisten Geschichten eher amüsant.

Kapitel 4

EINE LANGE HAMBURGER NACHT
Strauß und Augstein im Duell

Es ist eine geradezu schicksalhafte Woche im Leben des Franz Josef Strauß. Am Rosenmontag 1957 tanzt er im Münchner Fasching mit Marianne, am Samstag darauf trifft er den Mann, der sein ganzes Politikerleben verändern wird, seine Karriere, seinen Ruf. Er trifft Rudolf Augstein. Der junge «Spiegel»-Chef, erst 33, will den Aufsteiger aus Bayern näher kennen lernen.

Augstein und sein «Spiegel» haben die schnelle Karriere von Strauß kritisch, aber nicht ohne Wohlwollen begleitet. Zwei Monate zuvor, im Januar 1957, ist über Strauß sogar eine erste Titelgeschichte erschienen. Das Foto auf dem Cover zeigt einen entspannt wirkenden Mann, über dessen Haupt sich ein bayerischer Seppl-Hut phasenweise in einen Stahlhelm verwandelt. Strauß lächelt gewinnend. Nie wieder wird er im «Spiegel» so sympathisch erscheinen.

Nach einer Veranstaltung am Nachmittag des 9. März erscheint Strauß am frühen Abend in Augsteins Haus am Maienweg 2, der ehemaligen Villa von Max Schmeling, die Augstein erst kürzlich erworben hat. Außer Strauß und seinem Referenten, Ministerialrat Gosch, sind im Hause Augstein vier «Spiegel»-Redakteure anwesend: Hans Schmelz, Horst Mahnke, Leo Brawand und Hans Detlev Becker (bis auf Brawand werden sie im Oktober 1962 alle verhaftet). Es soll nur eine nette Plauderei werden, kein Interview. Der Gast ist immerhin – nach Konrad Adenauer – derjenige in der Regierung, der am meisten Macht und Herrschaftswissen vereint. Seine Chancen, Nachfolger Adenauers zu werden, stehen gut.

Man reicht Sekt und Bier und dazu kleine Häppchen. Strauß ist sehr aufgeräumt und guter Dinge, kein Wunder, er hat sich in diesen Tagen gerade verliebt. Er plaudert unentwegt, mit dem Trinken hält er sich zurück. Die «Spiegel»-Leute haben, abgesehen von der Hauptsache, dem Journalismus, einige besondere Talente entwickelt, mit denen sie, wie in jeder Bubengruppe, gegenseitig zu glänzen versuchen. Hans Detlev Becker trägt mit feiner Ironie ein paar selbst gefertigte Gedichte vor. Er kann auch blendend den sächsisch sprechenden SED-Chef Walter Ulbricht imitieren, den kollektiven Buhmann der Westdeutschen. Augstein wiederum hat eine schöne Stimme und singt gern auch im halb öffentlichen Kreis. Fühlt Strauß sich richtig wohl bei den «Nordlichtern» mit ihrem so anderen Humor? Da der letzte Zug in Richtung Bonn um 22.10 Uhr abfährt, geht die Runde sehr abrupt zu Ende.

Augstein holt rasch noch ein Brathähnchen aus dem Kühlschrank, um es dem Minister als Wegzehrung für die nächtliche Zugfahrt mitzugeben: eine nette Aufmerksamkeit, denn dieses «Hähnchen in Salsaverde», einer provenzalischen grünen Kräutersoße, ist Strauß' Lieblingsspeise. Der Minister schickt seinen Referenten voraus, um den Zug an der Abfahrt zu hindern (so selbstherrlich dachte und handelte damals noch ein Minister, jedenfalls Strauß), und jetzt fahren ihn die «Spiegel»-Leute, mit Augstein am Steuer, über die regennassen Straßen der Hamburger Nacht zum Bahnhof, angefeuert von Strauß, doch bitte schneller zu fahren und die roten Ampeln nicht so genau zu beachten – eine ministerielle Anweisung, der Augstein mit großem Vergnügen nachkommt. Man könnte eine Weile darüber nachdenken, was wohl im Leben der beiden Männer anders verlaufen wäre, wenn Strauß den Zug tatsächlich erwischt hätte. Aber der Referent hat es nicht geschafft, dem Fahrdienstleiter mehr als ein paar Extra-Minuten für seinen Minister abzuringen. Der Zug ist abgefahren. «Vom Bahnsteig aus sahen wir die Lichter des Zugs verschwinden», sagt Augstein später.

Also fährt man zurück in den Maienweg, legt das Hähnchen wieder in den Eisschrank und setzt die Herrenrunde fort, jetzt auch mit stärkeren alkoholischen Genüssen. Augstein legt eine Platte auf – die mit dem «Großen Zapfenstreich», denn Strauß liebt Marschmusik.

Dann führt der Minister in leicht dramatisierter Form vor, wie er wenige Tage zuvor fast mit einem Flugzeug der Luftwaffe (Typ «Heron») abgestürzt wäre, weil eines der Triebwerke in Brand geraten war. Er ist immer noch guter Dinge, aber er missachtet den Rat, den ihm Adenauer kürzlich gegeben hat: nach Mitternacht nichts mehr zu trinken. Seine Rhetorik wird immer dröhnender. Dummerweise kommt Ex-Leutnant Augstein gerade jetzt auf die Idee, den Ex-Oberleutnant Strauß nach seinen Kriegserlebnissen zu fragen. Woronesch, Stalingrad, das Übliche, beinahe wie bei Leutnant Augstein. Überhaupt, die Russen. Und ausgerechnet jetzt, mit viel Alkohol sozusagen mitten in der russischen Steppe angekommen, kommt Augstein auf den Punkt und fragt, wie ernst es der Minister mit seiner Forderung nach Atomwaffen meine.

Augsteins Haltung ist bekannt: Man dürfe «das Pulverfass Deutschland jetzt nicht auch noch radioaktiv aufladen», nur eine Weltmacht und nur «eine Macht mit vergleichsweise reinen Händen» solle über Atomwaffen verfügen dürfen. Irgendwie landet Strauß jetzt beim «christlichen Sittengesetz» als Grundlage seiner Politik; da die Kommunisten in Moskau aber bekanntermaßen ein atheistisches Weltbild pflegen, lässt er sich zu einem Wortspiel hinreißen und bezeichnet die Führer der Sowjetunion als «Sittlichkeitsverbrecher». Man könne Sittlichkeitsverbrecher nicht frei herumlaufen lassen. «Dann schlagen Sie sie doch zusammen», empfiehlt Hans Schmelz. Es wird laut im Hause Augstein. Strauß schreit: «Wenn S' so reden wollt, müsst S' euch aan Zuhälter oder Ganoven einladen, aber nicht einen Minister der Bundesregierung!»

Als Augstein den Minister gegen 3.30 Uhr in der Frühe schließlich im Hamburger Hotel «Prem» abliefert, wo man Zimmer besorgt hat, ist der betrunkene Strauß völlig ahnungslos, welche schicksalhafte Nacht er gerade erlebt hat. Augstein und seine Leute verständigen sich rasch, dass Strauß nicht nur grenzenlos machthungrig, sondern auch charakterlich unzuverlässig und völlig unberechenbar sei.

Augstein will alles tun, um zu verhindern, dass dieser Machtbesessene jemals Bundeskanzler wird. Die halbe Republik folgt ihm schon bald, Woche für Woche, auf diesem Weg – Franz Josef Strauß wird zur Inkarnation des Bösen in der Politik erklärt, und vor allem die jungen Intellektuellen und jener Teil der Öffentlichkeit, der sich für besonders kritisch hält, folgen dem «Spiegel» darin. Augstein wiederum wird das Idol vieler rebellischer Jugendlicher: «Kritisch, frech, rebellisch gegen die Obrigkeit, ja antiautoritär und erzdemokratisch», schreibt später Joschka Fischer, der den «Spiegel» las, wenn er sich als Halbstarker beim Dorffriseur den HJ-Schnitt verpassen ließ, «das genau war es, wonach die junge Seele lechzte». Martin Walser erzählt seinem Freund Augstein viele Jahre später: «Mich hast du beeinflusst, indem dein ‹Spiegel› Angst machte vor Franz Josef Strauß als das schlechthin Bedrohende. Der Strauß will die Atombewaffnung der Bundesrepublik, habt ihr geschrieben. Nachträglich tut es mir leid, dass ich den Strauß – wie ich jetzt glaube – falsch erlebt habe. Für mich ist das ein Beispiel meiner Verführbarkeit.»

In diesem Sinn wird «Strauß» eine Schöpfung Augsteins: die Verfertigung eines kollektiven Feindbildes mit den Mitteln der Publizistik. Das Erstaunliche daran ist, dass der Mann, der so viel Hass auf Strauß erzeugen konnte, ihn selbst keineswegs hasste. Im Gegenteil – sie sind sich in manchem sogar sehr ähnlich.

Rudolf Augstein ist acht Jahre jünger als Strauß. Als er am 5. November 1923 in Hannover als sechstes von sieben Kindern auf die Welt kommt, besucht Franz in der Schwabinger Maxvorstadt schon die Volksschule Amalienstraße. Die Augsteins sind katholisch in einer vollkommen evangelischen Welt. Als Kind geht Rudolf gern zur Kirche, «auch dann, wenn ich nicht musste. Der Weihrauch, alles, was die katholische Kirche an sinnlichen Eindrücken zu bieten hat, das gefiel mir»: Augstein hat hier auch mit großer Andacht, wie Strauß in der Maxvorstadt, als Messdiener gewirkt.

Vater Friedrich Augstein hatte von seinem Vater ein beträchtliches Vermögen geerbt, das erst in der Weltwirtschaftskrise schmolz; er betrieb aber auch danach noch eine Fabrik für fotografische Geräte. Friedrichs Vater war der reichste Mann in Bingen am Rhein gewesen, Besitzer eines florierenden riesigen Weinguts, ein klassischer Aufsteiger, der sich in seiner Zeit etliche neureiche Marotten leistete, etwa eine Hausorgel (die man sich damals in Amerika bauen ließ) oder einen privaten Tennisplatz. «Ich stamme aus keiner vornehmen Familie», sagte Augstein, «aber reich war sie, ich habe auch eine Kinderfrau gehabt, was ja wohl nicht alle hatten.»

Als Rudolf, der begabte Schüler, aufs Gymnasium wechselt, Ostern 1933, sind die Nazis gerade an die Macht gekommen. «Mein Vater brachte mich zur Einschulung, da kamen auch schon SA-Männer in Uniform, die ihre Kinder hinbrachten. Und da hat mein Vater zu mir gesagt: ‹Guck dir die Büste da vorne an.›» Es war die Büste Eberts, des ersten (sozialdemokratischen) Reichspräsidenten der Weimarer Republik. «Er sagte: ‹Du wirst sie nie wieder sehen.›»

Strauß und Augstein teilen viele Gemeinsamkeiten: den kindlichen Glauben und die Erfahrung als Ministrant; die Rolle des ewigen Primus und Klassenbesten; die frühe Vorstellung, auserwählt zu sein, verbunden mit einer festen Siegeszuversicht dem Leben gegenüber; und nicht zuletzt die Abneigung gegenüber den Nazis, ihrer Herrschaft und ihren Ideen.

Zwischen dem Fabrikanten Friedrich Augstein in Hannover und dem Metzgermeister Strauß in München gab es 1933 an einem Punkt eine zentrale Übereinstimmung: «Finis Germaniae», erzählt Augstein, «das war für alle Anti-Preußen – und das war mein Vater ja – ein geflügeltes Wort. Ab 1933 schon. Man wusste, dass Krieg kommen würde. Man wusste, dass man ihn verlieren würde. Und insofern hat man einfach seine Rolle in der Gegnerschaft gesehen. Gleichzeitig musste man am Leben bleiben und nicht vom Regime zermalmt werden.»

Sechzig Jahre später – die Verklärungsprozesse verlaufen bei Augstein ähnlich wie bei Strauß – erzählt der 75-jährige Augstein seinem Freund, dem Schriftsteller Martin Walser, wie Augsteins Vater versucht habe, jüdische Nachbarn und Freunde vor den Nazis zu retten – und der 12-jährige Rudolf bereits mit ihm: «Mein Vater und ich haben die Juden in unserer Bekanntschaft bedrängt, sie sollten das Land verlassen. Der einen Familie haben wir geraten: Ihr habt doch Bilder von Lovis Corinth. Verkauft sie und haut ab hier. Das muss 1936 gewesen sein. Also schlugen sie uns vor, dass wir ihre Corinths nähmen, vielleicht zehn, und wenn sie den Krieg überlebt haben würden, sollten wir ihnen die Hälfte zurückgeben.» Das habe aber sein

Vater abgelehnt, erzählt Augstein. Walser fängt an zu lachen und sagt: «Rudolf, das ist doch nicht wahr!»

Und was der Schriftsteller dann dem Publizisten zu erläutern versucht, das gilt für Strauß (etwa den Strauß, der 1988 seine «Erinnerungen» diktiert) genauso wie für Augstein und die meisten ihrer Generationsgenossen, die aus ihrem Leben eine große schlüssige Geschichte machen, einen Roman: «Die Auswahl von Bildern und Erlebnissen, die du so unglaublich farbig und hinreißend produzierst, ist eine ganz bestimmte Auswahl aus einer Gesamtgeschichte, die du jetzt mit der höchsten Legitimation ausstattest. Rudolf, du bist wirklich der beste, schönste und zu Herzen gehendste Roman, den ich je gelesen habe. Bloß, mit der Wirklichkeit kann es nichts zu tun haben.» Und man staunt über die Naivität, mit der Augstein darauf besteht: «Aber so war es eben.»

Im Juni 1940, als Frankreich geschlagen und besetzt ist – woran der Unteroffizier Franz Strauß, wenn auch ohne Enthusiasmus, beteiligt ist –, schreibt der 16-jährige Gymnasiast Rudolf Augstein inmitten des Siegestaumels einen Aufsatz zu dem Thema: «Die politische, wirtschaftliche und militärische Lage Englands nach dem Ausscheiden Frankreichs»: «Nichts wäre verderblicher, als zu glauben, die zähen und tüchtigen Angelsachsen würden genau so rasch um Frieden bitten wie Frankreich. Eine Hoffnung mögen wir getrost zu Grabe tragen, dass das britische Empire in einem längeren Krieg aus sich heraus zusammenfallen würde.» Der junge Skeptiker wird für derlei Frechheiten nicht bestraft, allerdings verbieten seine Lehrer ihm vorsichtshalber, bei der Abiturfeier die Abschlussrede zu halten.

Den jungen Rudolf drängt es, seine Ideen zu artikulieren. Maximilian Harden, der große Publizist der Kaiserzeit, ist sein Vorbild. Aber fleißig studiert Augstein auch die von Joseph Goebbels herausgegebene Zeitung «Das Reich» – gewissermaßen das Intelligenzblatt der Nazis, mit Beiträgen wie «Hegel heute» oder «Die Gottähnlichkeit der Engländer». Augstein missfällt ein Artikel über Nietzsche, und er schreibt einen ersten Leserbrief, der tatsächlich am 13. Oktober 1940 mit dem Absender «Augstein, Hannover, Podbielskistraße 310» veröffentlicht wird.

Diese erste Publikation Rudolf Augsteins mündet nach 50 Druckzeilen in die Erkenntnis, «dass es einen endgültigen Wahrheitsmaßstab kraft der Verschiedenheit der Standpunkte nicht geben kann». Das ist ein starker Satz in einer Zeit, in der ein einziger Standpunkt sich durchgesetzt hat. Und es ist ein gutes Credo für ein ganzes Journalistenleben. Goebbels und seine «Reich»-Schriftleiter finden das durchaus zulässig und veröffentlichen sogar etwas später, am 13. November 1941, eine von Augstein eingesandte kleine Erzählung.

Im Herbst 1941, nach dem Kriegsabitur und einem dreimonatigen Reichsarbeitsdienst, beginnt Augstein ein journalistisches Volontariat beim «Hannoverschen Anzeiger». «Ich hatte mich für gar keine Berufslaufbahn entschlossen, sondern ich hatte mich nur entschlossen, die Zeit möglichst vergnüglich und fruchtbar totzuschlagen. Ich hatte nicht vor, an diesem Kriege mitzuwirken.» Doch schon ein halbes Jahr später findet er sich, wie er sagt, dann doch «im Schlamassel des Krieges» wieder, in der Ukraine. Und während Leutnant Franz Strauß aus dem Kessel von Stalingrad ganz knapp, gewissermaßen in letzter Minute, herauskommt, wäre der Soldat Rudolf Augstein um Haaresbreite beinahe noch *hineingeraten*.

Aber eine glückliche Fügung verhindert das: «Als ich aus einem Urlaub in Hannover wiederkam, waren alle anderen weg. Und der Spieß sagte ganz säuerlich zu mir: ‹Alle Ihre Kameraden sind unterwegs nach Stalingrad.› Stalingrad sagte mir gar nichts.» Stattdessen geht es für Rudolf Augstein nach Woronesch am Don – übrigens als Fahrer einer motorisierten Einheit.

Kurz zuvor, im Oktober 1942, schreibt der 19-jährige Augstein von der Ostfront einen patriotisch-altklugen Brief an seine Heimatzeitung in Hannover, den er «in Todverbundenheit» an die «vom großen Krieg in alle Winde verschlagenen Kameraden» adressiert: «Die Trümmerfelder einstiger Größe habt Ihr besucht, die Akropolis, das Pantheon, das Land Iphigeniens, die geschichtlichen Stätten der Krim habt Ihr kämpfend durcheilt, Land und Leute gesehen, fremde Völker und Sitten kennen gelernt.» Hält er den Krieg für ein Projekt der Völkerkunde?

Augstein redet später immer mit subtilem Understatement über seine Rolle im Krieg: «Wo immer wir zurück gegangen sind, war ich dabei. Praktisch kamen wir immer voll in den Rückzug hinein. Bis man sich entschlossen hatte, uns irgendwohin zu verlegen, wo es brannte, war der Brand schon wieder weiter weggerutscht.» Im berühmten FAZ-Fragebogen sagt er in der Rubrik der «am meisten bewunderten militärischen Leistung»: «Mein Rückzug aus der Ukraine». Man darf sich durch den Tonfall nicht täuschen lassen: Auch der Rückzug war lebensgefährlich. Ein Schrapnellsplitter erwischte ihn, und Augstein wäre verblutet, hätten nicht zwei polnische «Fremdarbeiter» den Schwerverletzten zu einem Arzt geschleppt, der ihn retten konnte. «Das Silberne Verwundetenabzeichen bekam ich, weil dreimal verwundet, automatisch, obwohl nur einmal ordentlich Blut geflossen war.» Das Kriegsende im Mai 1945 erlebt der 22-jährige Leutnant Rudolf Augstein in Bayern.

Wie wird er mit dem Krieg fertig? Genauso schnell wie Strauß. Augstein meint, er habe «einen problemlosen Übergang gehabt» in die neue Welt und die neue Zeit. Nur eines war klar: «Wir taten uns als Zeugen der Vernichtung unter einem unausgesprochenen Fahnenschwur zusammen: Dies nie wieder!» Doch in Augstein, wie in Strauß, hören die Erfahrungen und Erlebnisse des Krieges niemals auf zu rumoren, bis ans Lebensende. Während Strauß für sich in Anspruch nimmt, dass keine persönliche Schuld auf ihm laste, empfindet Augstein tiefe Scham: «Zu einer Zeit gelebt zu haben als Erwachsener, wo das passieren konnte, das beschämt einen auf immer.»

In der ersten Zeit nach dem Krieg, als der 30-jährige stellvertretende Landrat Franz Strauß in Schongau «zu Gunsten meiner Leute» den lokalen Schwarzmarkt aufzumischen beginnt, arbeitet der 22-jährige Rudolf Augstein als Journalist beim «Hannoverschen Nachrichtenblatt». Bei seiner großen Begabung muss man annehmen, dass aus ihm unter allen Umständen ein wichtiger und erfolgreicher Publizist geworden wäre. Aber diese Karriere, die ihn später zum «Journalisten des Jahrhunderts» machen wird, wäre ganz unvorstellbar ohne den «Spiegel».

Sind es bei Strauß in Bayern die Amerikaner, die seine Karriere in

Gang bringen, so übernehmen bei Augstein in «Lower Saxony» diese Rolle die Briten: Eines Tages im Sommer 1946 trifft der junge Redakteur einen englischen Presseoffizier, John Chaloner, der ihm von der Planung einer neuen Zeitschrift mit dem Titel «Diese Woche» erzählt. «Augstein saß da, blass, klein, in einem grauen Militärmantel», erinnert sich Chaloner, «er war nicht im geringsten unterwürfig wie die meisten Deutschen, die ich bis dahin kannte und die immer sehr schnell ‹Jawoll, Herr Major!› sagten.»

Augstein legt mit «Diese Woche» schnell sein Gesellenstück ab. Unter der Schlagzeile «Hunger an der Ruhr – Chaos über Deutschland» greift er scharf den englischen Minister für Ernährungsfragen an: «Die Schamlosigkeit der Regierung wird immer größer, Puter und Geflügel, Extrafleisch, Süßigkeiten und Zucker kündigt Mr. Strachey für Weihnachten an! Haben denn diese christlichen Staatsmänner» – so fährt er in ebenjenem Duktus fort, mit dem sich Franz Strauß in Schongau so populär macht – «nicht die geringste Vorstellung von dem, was augenblicklich in Deutschland vorgeht?» Denn Deutschland hungert. Und während Kartoffeln Mangelware sind und die Bäcker an der Ruhr mit dem zugeteilten Mehl gerade einmal in der Woche Brot backen können, stellt der englische Minister luxuriöse Gaumenfreuden in Aussicht. Augsteins frecher Text erscheint immerhin unter der Kontrolle britischer Besatzer. «Also, das Ding war nicht zu halten. Als British Paper nicht.» Ab jetzt muss jede Zeile nach Berlin übermittelt werden, zu Nick Huysman, dem obersten Presseaufseher der britischen Zone. Was soll man mit diesem Kläffer Augstein aus Hannover machen?

Huysman löst das Problem Ende Dezember 1946 auf seine Weise: Er überführt das Blatt in deutsche Hände. Es soll binnen 24 Stunden den Besitzer wechseln. Augstein kriegt als Erster die Chance, und sein Vater bringt das nötige Geld, 10000 Reichsmark, zur Finanzierung auf. Schon am 4. Januar 1947 erscheint die erste Ausgabe des «Spiegels», in einer Auflage von 15500 Exemplaren. Das Papier stammt vom Schwarzmarkt. «Einer der großen Zeitungsmacher der westlichen Welt» (Ralf Dahrendorf) startet durch.

Der 23-jährige Rudolf Augstein glaubt die Schwächen der Deutschen, welche die gerade vergangene Katastrophe ermöglichten, genau zu kennen. Der «Spiegel»-Chef, der aus dem Krieg als «ein Mann ohne Angst» heimgekehrt ist, wird niemals irgendeine weltliche oder klerikale Autorität fürchten oder sie mit seinem moralischen Rigorismus verschonen. Er fühlt sich vor allem berufen «zum Kampf für die moralische Sauberkeit in der Politik».

1950 bekommt der neue (west)deutsche Staat zum ersten Mal die investigative Macht des «Spiegels» zu spüren: Bei der Entscheidung für die Bundeshauptstadt Bonn, gegen Frankfurt, so die Hamburger, sei vermutlich Bestechung im Spiel gewesen. Zum ersten Mal muss das Parlament wegen einer «Spiegel»-Geschichte einen Untersuchungsausschuss bilden. Neun Monate lang bleibt das Magazin bundesweit im Gespräch.

1951 mahnt Augstein die Parteien zur Offenlegung ihrer Finanzierungs-Methoden – und entdeckt damit das erste von mindestens vier großen Themen, die ihn ein Leben lang beschäftigen werden: die Parteienfinanzierung. Im Januar 1952 findet Augstein sein zweites Thema: die Wiedervereinigung. In einer Abrechnung mit Adenauer drückt er die Sorge aus, dass die Westintegration alle Chancen für eine Wiedervereinigung zunichte machen könnte: «Tatsächlich hat man nichts getan, um die Sowjets mit ihrem Angebot freier Wahlen beim Wort zu nehmen, dafür aber alles, ihnen durch überstürzte Integration nach Westen ein weiteres Einlenken unmöglich zu machen.»

Spätestens seit der Berlin-Blockade und dem Korea-Krieg 1950 gibt es ein drittes großes Thema, den «Kalten Krieg»: Seitdem die USA im August 1945 Atomwaffen gegen Japan eingesetzt haben und auch die Sowjetunion über diese Waffe verfügt, beherrscht die Angst vor einem Atomkrieg das Grundgefühl der ganzen Epoche. Junge Intellektuelle wie Rudolf Augstein und Heinrich Böll halten die Wiederbewaffnung der beiden deutschen Staaten für insgeheim bereits beschlossen, auch wenn Adenauer dies noch leugnet.

Und immer deutlicher nimmt die kritische Öffentlichkeit jetzt einen ehrgeizigen jungen CSU-Abgeordneten aus Bayern in den Blick, der in seiner eigentümlichen Diktion eine westdeutsche «Mitverfügung» über die Bombe», gemeinsam mit anderen Europäern, verlangt.

In jener Hamburger Nacht im März 1957, als Rudolf Augstein vor dem Hotel «Prem», fast schon gegen vier Uhr früh, seinen Gast und Zechkumpanen Franz Josef Strauß abliefert, hat er sein größtes Thema gefunden, sein Lebensthema. «Zwei Züge brausten aufeinander los», schreibt Wolfram Bickerich.

Man hat diesen Konflikt lange als Kampf zwischen Macht und Geist missdeutet; in diesem Falle wäre der Geist mit viel Macht ausgestattet gewesen und die Macht recht geistvoll. Eher ist es ein Duell, ein von Augstein offen erklärtes, aber keineswegs ritterlich geführtes Duell. Augstein hat für diesen Kampf den ganzen Apparat eines Nachrichten-Magazins zur Verfügung, samt einer Spezialeinheit: Unter der Leitung von Hermann Renner wird eine eigene Truppe von Rechercheuren gebildet, die Strauß auf Schritt und Tritt folgt. Nie ist ein Politiker so anhaltend und gründlich durchleuchtet worden wie Strauß seit 1957 von Augstein und den «Spiegel»-Leuten. Es ist nichts weniger als der Versuch eines Publizisten, einen ihm missliebigen Politiker politisch zu vernichten.

Eine der ersten «Spiegel»-Geschichten in dieser Zeit, gewissermaßen der Pilotfilm zur künftigen Endlosserie, ist die so genannte «Hahlbohm-Affäre». Hier ist der Schurke zwar noch nicht vollends korrupt oder kriegslüstern oder sexbesessen, aber doch schon ein mieser Typ. Der Autor dieser kleinen Charakterstudie ist Conrad Ahlers, zuvor Pressesprecher des unglückseligen Theodor Blank und jetzt, als Militärexperte, «Spiegel»-Redakteur.

Das dramatische Konzept ist bewährt, es stammt von Plutarch, der wusste, dass ein gut gewähltes Detail mehr über eine Person verrät als ein großes Porträt: «Tugend und Laster eines Menschen leuchten nicht immer aus seinen berühmtesten Taten hervor, vielmehr verraten unbedeutende Handlungen eines Menschen oft mehr als blutige Schlachten.» Die Geschichte einer äußerst «unbedeutenden Handlung» des Franz Josef Strauß wird die deutsche Öffentlichkeit monatelang aufregen, sogar die amerikanischen Zeitungen widmen sich dem Fall.

An einem Tag Ende April 1958 hat es der Minister besonders eilig. Er ist im Auto unterwegs zum Kanzler ins Palais Schaumburg. An der

Kreuzung vor der Einfahrt zum Kanzleramt steht der junge Verkehrspolizist Siegfried Hahlbohm, der gerade einen Teil des Verkehrs gestoppt hat, um eine Straßenbahn durchzulassen. Strauß fordert seinen Fahrer auf, das Haltezeichen des Polizisten zu missachten, um schnell auf das Gelände des Kanzleramtes zu fahren. Beinahe hätte es einen Zusammenstoß mit der Straßenbahn gegeben. Hahlbohm notiert das Kennzeichen: BD 18-1. Nach der Besprechung beim Kanzler lässt Strauß mitten auf der Kreuzung halten, kurbelt das Fenster runter und droht dem Polizisten, immer noch wutschnaubend: «Geben Sie mir Ihren Namen. Ich werde dafür sorgen, dass Sie von dieser Kreuzung verschwinden.» Der erst 20 Jahre alte Hahlbohm lässt sich nicht einschüchtern und erstattet Anzeige gegen den Fahrer, Leonhard Kaiser.

Daraufhin wendet sich der Minister an den Bonner Polizeipräsidenten mit der dringenden Bitte, Hahlbohm zu entlassen: «Ich verlange, dass ich als Bundesminister nicht behandelt werde wie irgendein beliebiges Marktweib!» Als der Polizeipräsident erwidert, die Straßenverkehrsordnung gelte nun mal für alle, wendet sich Strauß mit einer Dienstaufsichtsbeschwerde an dessen Vorgesetzten, den nordrhein-westfälischen Innenminister, den CDU-Politiker Josef Hermann Dufhues: «Ich muss verlangen, dass der Beamte nicht nur gemaßregelt, sondern in Zukunft auch nicht mehr in Bonn verwendet wird. Ich kann mir das Verhalten des Beamten eigentlich nur aus einer gehässigen Einstellung heraus erklären» – nämlich dass dieser aus einer tiefen Sympathie für die SPD so gehandelt habe. «Ich bitte um scharfe Untersuchung und strenges Eingreifen.»

Als auch Dufhues die Beschwerde abweist, gibt Strauß nicht etwa Ruhe, sondern zerrt den jungen Polizisten vor Gericht – mit einer Strafanzeige wegen Verletzung der Amtsverschwiegenheit. Hahlbohm hatte, auch um sich zu wehren, einigen Bonner Presseleuten Rede und Antwort gestanden. Das Bonner Landgericht spricht am Ende, nach monatelangem Hickhack, den Polizisten frei. Über Wochen ist Hahlbohm jetzt der gefeierte Held des Gleichheitsprinzips.

Mehr als 45 Jahre später sitzt Hauptkommissar a.D. Siegfried Hahlbohm auf der Terrasse seines Bonner Hauses, auf dem Tisch gan ze Bündel von Zeitungsausschnitten, Briefen, Fotos aus jener Zeit, mit Gummiringen verschnürt. Der «Spiegel», so sagt Hahlbohm, habe bei dieser Geschichte nichts erfunden. Und er könne über diesen Vorfall immer noch nicht lachen, zu tief sitze noch immer der Schock, auch nach fast einem halben Jahrhundert.

Er ist diese Geschichte nie wieder ganz losgeworden: als strenger Hüter des Gesetzes plötzlich vor Gericht stehen zu müssen wie ein Gesetzesbrecher. Und beschwörend packt Siegfried Hahlbohm die Briefe und Fotos aus. Zustimmung aus der ganzen Bundesrepublik, sogar von Menschen aus anderen Kontinenten: «Machen Sie weiter so!» Und Fotos: Junge Frauen bringen dem Polizisten wochenlang Blumen zu seiner berühmt gewordenen Kreuzung, wo er weiterhin Dienst tut. Für die Zeitung der US-Armee «Stars and Stripes» ist er der erste wahre Held der jungen deutschen Demokratie.

Demokratie? Strauß, der Tag und Nacht schuftet für Adenauers Regierung, für die CSU, für Europa und den freien Westen – soll er sich wirklich behandeln lassen wie irgendein Marktweib? Oder vielleicht wie ein Metzgerjunge? Soll das die Demokratie sein? Zeigt nicht sein ganzes bisheriges Leben, dass er etwas ganz Besonderes ist, der beste Abiturient Bayerns, der beste Lehramtskandidat und, gerade jetzt, auch der beste Verteidigungsminister? Sollte sein lebenslanger Kampf um Anerkennung, den er seit dem Max-Gymnasium kämpfte, niemals aufhören?

Umso drastischer lässt er andere spüren, mit wem sie es zu tun haben. Und wenn sie keine Einsicht zeigen, kann er auch brutal werden. Zum Beispiel gegenüber seinen Generälen, diesen «siegreichen Heerführern des letzten Weltkriegs», wie er spottet, die sich der Teilnahme an Hitlers Verbrechen größtenteils nicht entzogen haben.

Einer von ihnen ist Brigadegeneral Burkhart Müller-Hildebrand, der Personalchef im Ministerium, der seinerseits Zivilisten verachtet, erst recht, wenn sie Verteidigungsminister und damit Oberbefehlshaber sind. Er weigert sich manchmal sogar, Beförderungen, die Strauß ausgesprochen hat, gegenzuzeichnen. Strauß bestellt ihn zum Rapport, der General erscheint, muss aber im Vorzimmer bei Ermelinde Bauer warten – geschlagene 15 Minuten lang. Dann springt er auf, weil er glaubt, er als General müsse so nicht mit sich umspringen lassen, und geht. Hat Strauß darauf nur gewartet? Er schickt die Feldjäger los, um den General einzufangen und vorführen zu lassen. Es wird laut im Ministerbüro. Ex-Oberleutnant Strauß staucht den arroganten General zusammen – und versetzt ihn anschließend als stellvertretenden Divisionskommandeur zur Truppe.

So was spricht sich herum unter den alten Reichswehr- und Wehrmachts-Offizieren, die jetzt die Bundeswehr führen. Aber die kriegs- und soldatenmüde Öffentlichkeit weiß ein solches Verhalten, wie es der «Spiegel» schildert, zu schätzen. Heeresinspekteur General Hans Röttiger erinnert sich: «Wenn wir zu Blank gingen, hatten wir Generale immer ein leichtes Gefühl von Überlegenheit. Wenn wir zu Strauß gerufen wurden, kontrollierten wir vor seiner Tür rasch noch die Knöpfe an unseren Uniformen.»

Das Ministerbüro ist ausgestattet wie das Studierzimmer eines Intellektuellen, ringsum an den Wänden Bücher bis zur Decke. Der Verteidigungsminister arbeitet praktisch in einer Bibliothek. Nur ein Nebentisch ist bedeckt mit Modellen von Panzern, Schiffen, Flugzeugen, Fähnchen und Flaggen. Strauß betont den Zivilisten. Bei ihm gelte, anders als in früheren Zeiten, der «Primat der Politik», pflegt er zu sagen. Und das müssen die Generäle erst noch lernen.

Diese Haltung erscheint vorbildlich demokratisch, aber im Grunde meint Strauß damit nur sich selbst: die Tatsache, dass der Politiker Strauß den Generälen vorgesetzt ist, nicht aber, dass sich seine Politik demokratisch legitimieren muss.

Sein Pressereferent und Berater, Oberst Gerd Schmückle, beschreibt Strauß in jener Zeit als einen Kämpfer, der – auch in der Bundeswehr – immer neue Feinde braucht und sie sich notfalls selber schafft: «Die Gestalt kolossal, ohne eigentlich mächtig zu sein, die Augen klein, der Blick stechend, die Stimme gewaltig, die Sprache phantastisch und mitreißend; eine scharfe praktische Sicht, ein Kämpfer, der Feinde brauchte, ein Politiker, der sich seine Gegner schuf. Ein Mann, wie geschaffen für Umbruchzeiten, Neubeginn, Aufbau.»

Seit Strauß das Verteidigungsministerium übernommen hat, geht alles zügig voran. Die Streitkräfte haben nach einem Jahr bereits eine Mannschaftsstärke von 180 000 Mann. Weitere 50 000 Menschen, hauptsächlich Zivilisten, arbeiten in der Bundeswehrverwaltung. Die Marine verfügt bereits über mehr als hundert Kriegsschiffe. Die Luftwaffe hat mit der Aufstellung fliegender Verbände begonnen, außerdem werden Flugabwehrraketen-Batterien aufgebaut.

Und man braucht Panzer. Schon Theodor Blank und sein Heeresinspekteur, General Hellmut Laegeler, hatten mit der schweizerischen Firma Hispano-Suiza einen Vertrag über die Herstellung und Lieferung von genau 10 680 Schützenpanzern des Typs HS-30 ausgearbeitet. Bei seinem Amtsantritt fand Strauß diesen Vertrag unterschriftsreif vor. Und er unterschrieb ihn. Seine Generäle waren zu jener Zeit noch wie besessen vom Nachhall jener Panzerschlachten in den Steppen Russlands, mit denen vierzehn, fünfzehn Jahre zuvor eine Schlacht schon fast entschieden werden konnte.

Wenn Strauß ein Kämpfer ist, der Feinde braucht, dann helfen ihm Augstein und der «Spiegel» sehr. Denn die Hamburger Rechercheure finden schnell heraus, dass «Hispano-Suiza» noch nie einen Panzer gebaut hat. Keinen einzigen. Es gibt weder produktionsreife Konstruktionspläne noch einen in der Praxis erprobten Prototypen. Nur ein Holzmodell.

Vor diesem potemkinschen Panzer lassen sich Strauß und Adenauer noch im September 1958 voller Stolz fotografieren. Als schließlich die ersten Exemplare geliefert werden, wird klar, was man eigentlich von Anbeginn an hätte wissen müssen: Niemand kann einfach so, aus dem Stand heraus, Panzer bauen. Die HS-30 sind komplett fehlkonstruiert und nicht einsatzfähig. Strauß will den Auftrag annullieren, aber er erkennt, dass die von Blank ausgehandelten und von ihm unterschriebenen Verträge so gestaltet sind, dass ihre Kündigung eine Prozesslawine in Gang gesetzt hätte. Also lässt er einen Vergleich aushandeln: Der Auftrag wird von 10 680 auf etwas über 2000 Schützenpanzer herabgesetzt.

Der «Spiegel» veröffentlicht diese Beschaffungsgeschichte als das, was sie ist: als ungeheuren Skandal. Augstein zielt damit auf einen Mann, der nicht – oder nur eingeschränkt – dafür verantwortlich ist. Aber er legt damit ein ganzes System bloß. Der Bundesrechnungshof wird zehn Jahre später feststellen, «dass der Beschaffung keine militärisch-technische Planung zugrunde lag, die auch nur den Anschein der Durchführbarkeit für sich in Anspruch nehmen konnte».

Und in den siebziger Jahren kommt obendrein heraus, dass der CDU-Politiker Otto Lenz entscheidend an der Einfädelung des Panzergeschäfts zugunsten der Hispano-Suiza beteiligt war. Lenz war ein alter Freund von Strauß aus dem Kreis um den «Ochsensepp» und hatte es bald bis zum Staatssekretär im Bundeskanzleramt und Vertrauten Adenauers gebracht. Nach 1953 hatte Lenz, im Privatberuf Rechtsanwalt, als Anwalt und Berater des Generalbevollmächtigten der Hispano-Suiza, Conrado José Kraémer, das Panzergeschäft mit der Bundesrepublik Deutschland vermittelt. Behauptungen, die schweizerische Firma habe etwa 18 Millionen Mark Bestechungsgelder bezahlt, davon über drei Millionen an Otto Lenz, ließen sich nie beweisen. Und allein die Tatsache, dass jemand mit Strauß befreundet war, ist auch noch kein ausreichendes Verdachtsmoment – es sei denn, manchmal, für den «Spiegel».

Denn das Magazin zeigt, wie hilfreich es ist, mit Strauß oder zumindest mit einem Strauß-Freund befreundet zu sein. Es erleichtert jedenfalls den Zugang zum Ministerium und damit zum sagenhaften Wehretat. Niemand unter den deutschen Politikern hat je so viel Haushaltsgeld aus der Bundeskasse zur Verfügung gehabt wie Strauß, der eine ganze Armee mit allem, was dazugehört, beinahe «aus dem Nichts» aufbauen muss. Er schwimmt im Geld. Und er muss es möglichst rasch ausgeben. «Es waren die Jahre des Raubrittertums für Rüstungsverkäufer», schreibt der «Spiegel»-Autor Wolfram Bickerich, «sie standen Schlange vor den Türen des Verteidigungsministeriums. Wer den Minister kannte, durfte einen Platz vorrücken in jenem seltsamen Spiel, in dem es um Millionen und manchmal, wie im Falle des Starfighters, um Milliarden ging.»

Zur ersten Garde der Freunde zählen für Strauß jene, die er aus den wilden Schongauer Zeiten kennt, dann folgen die «hellen Köpfe» aus der Gedonstraße, alle, die beim Ochsensepp die Zukunft Deutschlands diskutierten.

Der italienische Granatenfabrikant Simmel gehört zu keinem dieser Freundeskreise. Er hatte sich bereits das ganze Jahr 1956 hindurch in Bonn ohne Erfolg um Rüstungsaufträge bemüht. Dann begreift er das System. Als Simmel den Anwalt Peter Deeg als Vermittler einschaltet, kommt das Geschäft ziemlich schnell in Gang. Deeg ist ein Strauß-Freund aus der Gedonstraße, der aber damals nach dem Krieg eher unangenehm aufgefallen war, weil er in die neuen Visionen der «Ochsensepp»-Jünger manchmal recht alte Ideen einbrachte – kein Wunder bei dem Verfasser eines 1938 im Stürmer-Verlag erschienenen antisemitischen Machwerkes mit dem Titel «Hofjuden». Mit Deegs Hilfe erhält Simmel endlich die ersehnten Aufträge, die Bundeswehr erhält italienische Haubitzen mit 203-Millimeter-Munition im Wert von 22 Millionen Mark – und Anwalt Deeg eine Provision von 80 000 Mark. Raue Sitten, die aber zu jener Zeit allgemein akzeptiert sind. Erst die jahrelange Stänkerei des «Spiegel» und anderer Zeitschriften hat den Blick dafür geschärft, dass derlei kleine Gefälligkeiten durchaus an der Grenze zur Korruption angesiedelt sein können: diesseits und jenseits.

Beinahe Monat um Monat legen die Rechercheure um Hermann Renner einen neuen Skandal offen. Ein anderer Freund-eines-Freundes ist der Nürnberger Geschäftsmann Kurt Erich Poschardt, der mit Rüstungsgeschäften zunächst gar nichts zu tun hat. Aber im Jahre 1956 geht es ihm wirtschaftlich nicht gut, er steht beim Nürnberger Bankhaus Eichborn mit 2,8 Millionen Mark in der Kreide. Und das Bankhaus wird langsam ungeduldig. Da ergibt es sich eines Tages, dass einer seiner Freunde, der CSU-Politiker Willi Ankermüller, von einem *seiner* Freunde, dem CSU-Politiker Franz Josef Strauß, erzählt – und von den schönen Zeiten damals nach dem Krieg in Schongau. So kommen Poschardt und Strauß in Kontakt.

Zwei Monate nach Dienstantritt in der Ermekeilkaserne unterzeichnet Strauß eine Kreditzusage in Höhe von zwei Millionen Mark für Poschardt «für die Entwicklung eines Raketentreibstoffs». Die Bedingung des Ministers: Sein alter Freund Ankermüller muss bei Poschardt Chef des Verwaltungsrates werden. So sind alle zufrieden: Poschardt mit seiner neuen wirtschaftlichen Zukunft, Ankermüller mit dem Posten und Strauß, weil er über Ankermüller in der Firma alles unter Kontrolle hat. Renner und seine Truppe von Rechercheuren leisten gute Arbeit. Meistens jedenfalls.

Strauß selbst findet das System, das er aufbaut, völlig in Ordnung. Haben es nicht alle so gemacht? Der Ochsensepp, der Schäffers Fritz und sogar der Bundeskanzler? Die Bundeswehr braucht doch tatsächlich diesen neuen Raketentreibstoff, und irgendjemand muss daran wohl auch etwas verdienen, also warum nicht ein guter Freund? Ungefähr so müssen die Überlegungen von Franz Josef Strauß gewesen sein. Aber es steckt noch etwas anderes hinter dem Aufbau dieses frühen *Amigo*-Systems: «Gute Freunde», das sind für ihn immer häufiger Leute, die er sich selbst gegenüber zu Dank verpflichtet oder abhängig gemacht hat. Eines Tages, in einer kritischen Stunde, würde er dafür irgendeinen Tribut verlangen können.

Auf jede einzelne der «Spiegel»-Geschichten reagiert Strauß mit Gegendarstellungen, Rechtsstreitereien, Prozessen, die sich manchmal jahrelang hinziehen und schließlich versanden oder mit Vergleichen enden. Keineswegs erhält am Ende immer der «Spiegel» Recht. Meistens lässt sich Strauß gegen das Hamburger Magazin, aber auch gegen andere aufmüpfige Presseleute, vom Nürnberger Anwalt Hartwig Cramer vertreten, der natürlich ein guter persönlicher Freund und ein alter Gefährte aus den Tagen des «Ochsensepp» Josef Müller war.

Alle diese Storys haben auch eine ungewollte Nebenwirkung: Sie machen Strauß populär. Die Bayern sagen: «Des is a Hund», und das ist eines der größten Komplimente, das die bayerische Sprache bereithält. Denn wie soll jemand, der nicht einmal für sich und seine engsten Freunde sorgen kann, für das ganze Land sorgen können?

Im Winter 1957/58 erinnert sich in Bad Aibling in gewisser Dr. Aloys Brandenstein, ein verarmter Ex-Unternehmer, an die Zeiten, als er mit Dr. Zwicknagl befreundet war und als er für die jungen Zwicknagl-Töchter Marianne und Brigitte der «Onkel Aloys» war. Vor gerade einem halben Jahr hat das *Mariandl* den Strauß geheiratet, es war die «Traumhochzeit von Rott». Und so nimmt jetzt Aloys Brandenstein auf dezente Weise erneut Kontakt zur Familie Zwicknagl auf. Marianne soll sich, so sagt Brandenstein später, für ihn eingesetzt haben. Vielleicht bei ihrem Ehemann? Oder bei Becker?

Denn Oberst Herbert Becker ist im Ministerium (Abteilung «Verteidigungswirtschaft») für «Beschaffung» zuständig, sozusagen An- und Verkauf von Rüstungsgütern aller Art. Brandenstein und Becker kommen ins Gespräch. Und daraufhin geschieht mit «Onkel Aloys» so etwas wie ein Wunder: Er wird Rüstungslobbyist. Auf Beckers Betreiben wird er Bevollmächtigter der Remscheider Firma Backaus KG, die vor allem Panzerketten herstellt und sich deshalb mit Oberst Becker gutstehen muss. Er wird aber auch der Bonner Vertreter der belgischen Rüstungsfirma Umal, hinzu kommt die Vertretung der portugiesischen Firma Norte Importadora. Mal vermittelt Brandenstein für 26,4 Millionen Mark 7,62-Millimeter-Patronen, mal für 51,6 Millionen Mark Granaten des Kalibers 105-Millimeter. Die Zünder und andere Zulieferungen für die portugiesische Munition – so haben die «Spiegel»-Leute recherchiert – kommen von einem Unternehmen der Nürnberger Diehl-Gruppe. Denn, siehe da, der Konzernchef Karl Diehl ist ebenfalls ein Spezi vom Strauß.

Am Ende vermittelt Aloys Brandenstein den Verkauf der Remscheider Backaus KG für sieben Millionen Mark an Karl Diehl, und so schließt sich ein lukrativer Kreis. Es wirkt wie ein erster Vorgeschmack auf jene Unternehmenspolitik, die Strauß zwanzig Jahre später in Bayern, im Münchner «Speckgürtel», betreibt: alle die Kooperationen und Fusionen vieler Einzelfirmen zum Zwecke der Luftfahrt und der Kriegs- und Weltraumtechnik.

Strauß klagt später: «Das Verteidigungsministerium ist für den verantwortlichen Minister ein Minenfeld.» Aber er sieht nicht, dass er die meisten seiner Probleme selbst verursacht – jedenfalls wird er es nie öffentlich zugeben. Kritiker hält er entweder für verkappte Kommunisten oder für Drahtzieher von Komplotten, die seinen Sturz zum Ziel haben. In einem einzigen Falle, dem von Rudolf Augstein, hat er damit nicht einmal Unrecht: Die «Spiegel»-Kampagne ist, wenn man es so nennen will, ein Komplott, das von langer Hand gegen Strauß eingefädelt wurde – zum Zwecke seiner Vertreibung aus der Bonner Politik.

Dass sich dieses «Komplott» später als außerordentlich günstig für die Entwicklung der Demokratie in Deutschland erweist, ist eine freilich äußerst positive Nebenwirkung. Franz Josef Strauß und der «Spiegel» haben ungewollt über viele Jahre ein öffentliches Stück aufgeführt, bei dem die Zuschauer ständig herausgefordert wurden, sich zu fragen, wie sie es denn halten wollen mit der Moral in der Politik.

Und man hat mit Strauß und Augstein zwei hinreißende Charakterdarsteller. Gerd Schmückle hat sich an einer kleinen Charakterologie des Konflikts zwischen Augstein und seinem Chef Strauß versucht, indem er den komplexen Strauß'schen «Barock-Charakter» und den «zynischen Puritanismus» Augsteins einander gegenüberstellt: «Zum Zuschlagen» – als Zielscheibe – «eignete sich der intelligente wie offenherzige, fromme wie sinnliche, zielstrebige wie lebenslustige Strauß vorzüglich: Seine Barocknatur verkörperte den Gegensatz zu Augsteins zynischem Puritanismus. Als Journalist blieb Augstein – bis auf die Intelligenz – alles fremd, was zur Natur von Strauß gehörte: der Widerspruch zwischen Mittel und Zweck, zwischen Form und Inhalt, zwischen Rede und Tat. Strauß benutzte diese Gegensätze, wie in der barocken Musik, um Wirkung zu erzielen.»

Für Schmückle ist Augstein eine Art publizistischer Robespierre: der «Unbestechliche», puritanisch, sittenstreng, orthodox, der das Gute mit den Mitteln des Terrors durchsetzt. Eine Schreckensherrschaft. Und Strauß ist Danton, der Mann der inneren Widersprüche, des Schwankens und Zögerns. Was immer Danton auch tut, Robespierre liegt auf der Lauer, mit der Guillotine im Hintergrund.

Kapitel 5

CHICKEN GAME
Strauß im Kalten Krieg

Später wird er sagen: «Ich trat mein Amt an in einer Welt voller Kriegsgeschrei und Kriegsgefahr.» Tatsächlich war der Frieden, den Minister Strauß zu sichern und zu verteidigen hatte, ein prekärer Frieden mitten im Kalten Krieg, jener Epoche zwischen der Blockade Berlins 1948 und der Kubakrise 1962. Robert McNamara, der Verteidigungsminister John F. Kennedys, erinnert sich vierzig Jahre danach an das damalige Lebensgefühl: «Der Kalte Krieg konnte jederzeit zum heißen Krieg werden, denn ein einziger Schuss irgendwo hätte wahrscheinlich sofort in den Atomkrieg geführt. Wir dachten unentwegt daran, wir lebten den Kalten Krieg, 24 Stunden am Tag, 365 Tage im Jahr. Vielleicht haben wir damals übertrieben, aber so haben wir empfunden.» Es ist zu jener Zeit auch das Lebensgefühl des Franz Josef Strauß.

Kriegsgeschrei und Kriegsgefahr. Zwei dramatische Ereignisse, nur wenige Tage nach seiner Amtseinführung, bestärken ihn in seinem Konzept der Abschreckung: Am Freitag, dem 26. Oktober 1956, beginnen sowjetische Panzer, den Volksaufstand in Ungarn niederzuschlagen. Drei Tage später werden israelische Truppen mit Rückendeckung Frankreichs und Großbritanniens den Suez-Kanal besetzen und Krieg gegen Ägypten führen. Am Samstag, dem 27. Oktober, verzichtet Franz Josef Strauß ahnungsvoll auf den Besuch des geliebten Bonner Presseballs; am Sonntag geht er sehr früh ins Amt: «Da läutet das Telefon. Die Vermittlung ist am Apparat: ‹Herr Minister, da meldet sich ein General aus Budapest, der Sie sprechen möchte.› Ich bin wie elektrisiert. Ich höre das Geräusch von Panzerschüssen, von Artilleriefeuer, von Einschlägen. Dann, in gebrochenem Deutsch: ‹Ich rufe an im Auftrag von (Verteidigungsminister) General Maleter, der General ist gestern abend von den Russen verhaftet worden. Können die Deutschen uns noch helfen? Wir sind in höchster Not!› Ich bin mir meiner absoluten Ohnmacht bewusst, zerrissen im Inneren. Das Geräusch von Schüssen und Einschlägen verstärkt sich, das Gespräch bricht ab. Ein paar Stunden später ist der ungarische Volksaufstand am Ende, blutig niedergeschlagen mit brutaler sowjetischer Waffengewalt. Zu den Opfern, die bald ihr Leben verlieren, gehört auch Verteidigungsminister General Pal Maleter.» Dieser Tag wird als «Budapester Blutsonntag» in die Geschichte eingehen.

In Berlin versammeln sich Zehntausende zu einer «Freiheitskundgebung», sie protestieren gegen die Sowjetunion, die den Aufstand in Budapest niedergeworfen hat, aber auch gegen England und Frankreich wegen des Angriffs auf den Suez-Kanal. Die Frivolität, mit der die beiden westeuropäischen Staaten in Ägypten einen Krieg beginnen, lässt jede einseitige Kritik an der Sowjetunion als heuchlerisch erscheinen.

Als die aufgebrachte Menge sich in Richtung der Sowjetbotschaft Unter den Linden in Bewegung setzt, weiß der junge Regierende Bürgermeister Willy Brandt «im Bruchteil einer Sekunde» (Brandt), dass jeder Zwischenfall an der Sektorengrenze Krieg bedeuten kann. Er springt in einen Lautsprecherwagen der Polizei und setzt sich an die Spitze des Zuges. Über den Lautsprecher singt er mit seiner schnarrenden Stimme das Lied vom «guten Kameraden» – und lenkt den wilden Marsch zum Mahnmal für die Opfer des Stalinismus am Charlottenburger Steinplatz, wo er sich allmählich auflöst.

Dass Strauß noch am selben Tag, dem Budapester «Blutsonntag», in das fränkische Städtchen Hollfeld eilt, um dort, direkt an der Zonengrenze, eine große Rede zu halten, ist vermutlich seiner aufgewühlten Stimmung zuzuschreiben. Die dortige Bevölkerung, die sich im Zonenrandgebiet besonders bedroht fühlt, betrachtet ihn als Beschützer. Und er singt nicht, sondern argumentiert: Bei seinem Konzept der Wiederbewaffnung gehe es ja gerade darum, den Feind mit allen Mitteln so massiv abzuschrecken, dass er auf die Realisierung seiner

Expansionsgelüste verzichtet und seine Aggressionen unter Kontrolle behält. Falls er sich aber doch nicht abschrecken lasse, so Strauß in Hollfeld, dann verfüge notfalls das westliche Bündnis, die NATO, über ein militärisches Potenzial, das ausreiche, «das Reich der Sowjetunion von der Landkarte verschwinden zu lassen». Diese Argumente sind kaum geeignet, die verängstigten Menschen am «Eisernen Vorhang» zu beruhigen, denn ein Zerschlagen der Sowjetunion würde ihnen, wenn sie erst mal tot sind, auch nichts mehr nützen. Strauß wird jetzt als «Kalter Krieger», sogar als «Kriegstreiber» bezeichnet.

Die berüchtigte «Hollfelder Rede» von Franz Josef Strauß ist ein gutes Beispiel für die Verkürzungen und Verdrehungen, die viele Strauß-Äußerungen im Laufe der Jahre erfahren. Noch vierzig Jahre später schreibt zum Beispiel der «Stern» – schlampig abgekupfert oder absichtsvoll falsch – über den Verteidigungsminister in Hollfeld: «Strauß hatte schon kurz nach seiner Amtsübernahme von den technischen Möglichkeiten geschwärmt, ‹das Reich der Sowjetunion von der Landkarte streichen zu können›. Dass dabei auch von Deutschland nur eine verstrahlte Wüste geblieben wäre, schien weder ihn noch seinen Kanzler zu erschrecken.» Da erhebt jemand im Bewusstsein, ein kritischer Journalist zu sein, lauter falsche Behauptungen. Und genau dies ermöglicht es den Strauß-Anhängern immer wieder, jede Kritik an ihrem Helden als pure Erfindung zurückzuweisen. Dabei ist seine tatsächliche Haltung angreifbar genug. Die «Westdeutsche Allgemeine Zeitung» ermahnt ihn damals, 1956, er solle «nicht mit einem Säbel rasseln, der ihm nicht gehört». Aber genau darum ging es Strauß: um den eigenen Säbel, mit dem es sich rasseln ließe: um strategische Atomwaffen. Niemals jedoch hat er davon «geschwärmt», die Sowjetunion vernichten zu können.

Noch vor den blutigen Tagen von Budapest, als der Aufstand begann und der ungarische Ministerpräsident Imre Nagy vor der UNO in New York für sein Land Neutralität zu fordern wagte, hatte Strauß verlangt, die USA sollten der Sowjetunion drohen: Ein Einmarsch der Roten Armee in Ungarn könne «nicht ohne militärische Folgen bleiben». Strauß glaubt, eine solche Drohung hätte vielleicht den Einmarsch verhindert.

Doch die USA drohen nicht, greifen überhaupt nicht ein; wenn man mit Krieg droht, muss man zum Krieg bereit sein – notfalls auch zum Atomkrieg. Das erschien den Amerikanern, anders als Strauß, nicht gerechtfertigt, jedenfalls nicht wegen der Freiheit der Ungarn. Die Supermächte stecken auf diese Weise ihre Territorien ab, und Ungarn bleibt sowjetisches Einflussgebiet.

In Ägypten machen die USA und die Sowjetunion, zum ersten Mal seit dem Zweiten Weltkrieg, sogar wieder gemeinsame Sache: Sie zwingen Großbritannien und Frankreich zum Rückzug ihrer Truppen vom Suez-Kanal. Immerhin verhindern sie auch hier einen großen Krieg. Doch statt zu akzeptieren, dass die beiden Supermächte hinfort in einem prekären «Gleichgewicht des Schreckens» für Frieden sorgen, fühlen sich einige europäische Länder, auch Deutschland, «schutzlos». Adenauer und Strauß meinen nun erst recht, die Europäer und speziell die Deutschen müssten eigene militärische Stärke gewinnen. Im Kabinett sagt Adenauer: «Es ist dringend erforderlich, dass die Bundesregierung selbst taktische Atomwaffen besitzt.»

Zugleich entwickeln die NATO-Strategen eine neue Doktrin: weg von der massenhaften Verteidigung eines Territoriums durch riesige Heere, hin zur atomaren Abschreckung, um die «Schwelle für einen Angreifer zu erhöhen»: weniger konventionelle Truppen und Waffen, mehr Raketen und Atombomben. Das liegt ganz auf der Linie von Strauß: Er will die Bundeswehrplanung von 500000 auf zunächst 360000 Mann reduzieren, dafür aber – mit den Europäern zusammen oder notfalls allein – zur Abschreckung eine Atombewaffnung aufbauen.

Die sowjetische Führung reagiert ihrerseits mit einer Doppelstrategie: mit Aufrüstung und Friedensangeboten zugleich. Man weiß heute, dass sich Nikita Chruschtschow schon damals nicht mehr der Illusion hingibt, den Westen wissenschaftlich-technisch und militärisch einholen oder gar überholen zu können. Die Angstpsychose des Westens gegenüber den Kommunisten hat damals eine genaue Entsprechung: Moskau fühlt sich vom Westen tödlich bedroht. Chruschtschow versucht die offensichtliche Unterlegenheit mit rhetorischen Kraftmeiereien zu kaschieren: «Wir produzieren Raketen wie

Würstchen», erklärt er westlichen Journalisten. Zugleich gesteht er gegenüber seinem Sohn Sergej, einem Raketenspezialisten: «Sie dürfen niemals erfahren, wie schwach wir in Wirklichkeit sind. Wenn sie das wissen, greifen sie uns sofort an.»

Der sowjetische Vorschlag lautet: Einrichtung einer atomwaffenfreien Zone in Mitteleuropa, auf beiden Seiten des «Eisernen Vorhangs». An die Aufrichtigkeit solcher Offerten glaubt Strauß nicht eine Sekunde lang, im Gegenteil, sie sind für ihn nur ein weiterer Beweis für die Aggressivität der Sowjetunion. Seine alte Angst vor der bolschewistischen Revolution – die 1918 in München seinen Vater so in Schrecken versetzt hat –, seine Kriegserlebnisse in Russland, sein alter Hass auf die Russen, alles speist den kämpferischen Antikommunismus, der die Grundlage des Strauß'schen Weltbildes darstellt und nur an der Oberfläche als Ergebnis einer nüchternen und gründlichen Analyse erscheint. Dieses Weltbild wird erst ins Wanken geraten, wenn er am Ende seines Lebens ein langes Gespräch mit Michail Gorbatschow führt, das ihn nachdenklich macht.

Jetzt, im Jahre 1956, fühlt Adenauer sich zwar noch an seine gegebenen Versprechen gebunden, die Bundesrepublik werde keine ABC-Waffen produzieren. Doch sein Minister Strauß findet einen Ausweg aus dieser Selbstbeschränkung: Sie nicht produzieren zu dürfen, bedeute noch lange nicht, sie nicht besitzen zu dürfen. Er verlangt, die Bundeswehr solle von den Amerikanern mit taktischen Atomwaffen ausgerüstet werden, die auf die deutschen Trägerraketen passen – für deren Zündung aber dann, nach einem «Zweischlüsselsystem», die Amerikaner zuständig sind. Mitte Dezember 1956 formuliert er diese Forderung auf der Ratssitzung der NATO: Alle Verbände in Europa, bis zur Division, müssten Atomwaffen zur Verfügung haben.

Einigen der deutschen Atomwissenschaftler und Physiker, die schon den Atom-Minister Strauß aus der Nähe kennen gelernt hatten («abends beim Wein verlangte er unverhohlen die Bombe», schreibt Carl Friedrich von Weizsäcker), wird allmählich angst und bange. Sie sind wie Rudolf Augstein der Meinung, der Besitz von Atomwaffen müsse auf die Großmächte beschränkt bleiben. Weizsäcker und einige seiner bedeutendsten Kollegen, darunter Otto Hahn und Werner Heisenberg, teilen Strauß im November 1956 «nach reiflicher Überlegung» mit, dass sie die Ausrüstung der Bundeswehr mit Atomwaffen für «unverantwortlich» halten, denn «deutsche Atomwaffen würden die Gefahr totaler Zerstörung Deutschlands im Ernstfall heraufbeschwören». Sie fordern «den endgültigen Verzicht der Bundesrepublik auf Atomwaffen», und sie kündigen an: «Sie werden verstehen, dass wir in der Öffentlichkeit nicht würden schweigen können, wenn die jetzige oder eine spätere Bundesregierung die Anschaffung oder Herstellung von Atomwaffen beabsichtigte».

Schaut man den im Nachlass von Strauß aufbewahrten Schriftwechsel mit den Atomwissenschaftlern genauer an, so stößt man auf die Paraphe des Sachbearbeiters Martin («OL Martin 8/2579»). Ganz offensichtlich ist es derselbe Offizier Alfred Martin, der fünf Jahre später dem «Spiegel»-Redakteur Conrad Ahlers von seinen Gewissensqualen angesichts der deutschen Atompolitik berichten wird – einer der Hintergründe des angeblichen «Landesverrats» bei der «Spiegel»-Affäre.

Minister Strauß lädt die besorgten Physiker im Januar 1957 zu einem Gespräch in sein Büro und versichert ihnen – entgegen seinen wahren Absichten –, er lehne «eine deutsche Atombewaffnung» ab. C. F. von Weizsäcker schreibt: «Wir waren erst einmal zum Schweigen gebracht, aber nicht überzeugt.»

Kurz darauf, eine Woche vor Ostern, erklärt Adenauer selbst in einer Pressekonferenz, taktische Atomwaffen seien im Grunde nichts anderes als eine Weiterentwicklung der Artillerie: «Wir können nicht darauf verzichten, dass unsere Truppen die neueste Entwicklung mitmachen.» Jetzt entwirft Weizsäcker einen Text, der, unterzeichnet von sechzehn Kollegen, als «Göttinger Erklärung» Geschichte machen wird. In diesem Manifest meldet sich die Elite der deutschen Forschung zu Wort, darunter die Nobelpreisträger Otto Hahn, Max Born, Werner Heisenberg und Max von der Laue. Sie stellen zunächst – in Richtung Adenauer – einige Missverständnisse klar: «Taktische Atomwaffen haben die zerstörerische Wirkung normaler Atombomben.» Und deshalb sei keiner der Unterzeichner bereit, sich jemals an der Herstellung, der Erprobung oder dem Einsatz von Atomwaffen in irgendeiner Weise zu beteiligen. Stattdessen «glauben wir, dass man den Weltfrieden noch am ehesten fördert», wenn man «ausdrücklich und freiwillig auf den Besitz von Atomwaffen jeder Art verzichtet». Und um die übliche Strauß'sche Behauptung zu unterlaufen, alle Kritik sei von Moskau ferngesteuert, ergänzen sie: «Wir bekennen uns zur Freiheit, wie sie heute die westliche Welt gegen den Kommunismus vertritt.»

Otto Hahn, damals 78 Jahre alt, empfiehlt, den Text erst am Karfreitag, dem 12. April, der Deutschen Presseagentur zu übergeben; auf diese Weise könne das Manifest ein paar Tage auf die Leser wirken, ehe die Regierung darauf reagiert. Strauß, mit Marianne auf Verlobungsreise in Rom, kocht vor Wut. Marianne begreift zum ersten Mal, dass es einen wirklichen Urlaub von der Politik niemals geben wird. Eine Äußerung von Strauß über Otto Hahn in einem Hintergrundgespräch mit Journalisten gelangte an die Öffentlichkeit. Danach soll er gesagt haben: «Ein alter Trottel, der die Tränen nicht halten kann, wenn er an Hiroshima denkt»: eine seiner vielen Entgleisungen, die ein schonungsloses Licht auf ihn werfen – er wird dieses Zitat später gerichtlich verbieten lassen. Nach seiner Rückkehr aus Rom lässt er die Öffentlichkeit wissen, die Wissenschaftler verfügten «nicht über eine ausreichende Kenntnis der politischen und militärischen Zusammenhänge». Und überhaupt seien eben nicht sie «verantwortlich für die Sicherheit der Bundesrepublik» und «für den Schutz Europas vor einem sowjetischen Überfall», sondern er.

Adenauer erkennt sofort, was Strauß angerichtet hat – und zeigt, wie man solche Fälle eleganter handhabt. Er lädt fünf der Unterzeichner, zusammen mit Strauß und einigen Generälen, ins Bundeskanzleramt. Die Wochenschau filmt fleißig den alten Kanzler, der auf charmanteste Weise die «Herren aus der Wissenschaft» empfängt und hofiert. Dies für die Öffentlichkeit. Hinter verschlossenen Türen gibt es eine scharfe, sieben Stunden dauernde Diskussion. Am Ende wird ein Kommuniqué veröffentlicht, in dem es heißt, dass die Bundesrepublik «nach wie vor keine eigenen Kernwaffen produzieren wird» und dass die Bundesregierung demzufolge «keine Veranlassung sieht, an die deutschen Atomwissenschaftler wegen einer Beteiligung an der Entwicklung nuklearer Waffen heranzutreten».

Im Mai sichern Strauß und Adenauer US-Außenminister Dulles zu, in der Bundeswehr Atomwaffenträger für die amerikanischen Sprengköpfe bereitzustellen, also Trägerraketen. Man wolle dies aber noch nicht jetzt, sondern erst nach den Wahlen öffentlich machen. Denn Adenauer spürt, dass die deutsche Öffentlichkeit den Aufbau eines Atomwaffenarsenals kaum akzeptieren würde.

Der Kampf um die Wählergunst wird fortan mit unerbittlicher Härte geführt – der «Kampf gegen die Angst», wie Adenauer sagt. Um den Leuten die Angst vor der Bombe zu nehmen, wird die Furcht vor Moskau geschürt, vor den Männern im Kreml mit ihren – so Strauß – «Aggressions- und Eroberungsgelüsten». Die Furcht vor Moskau soll die Bombe als notwendig erscheinen lassen. Und zugleich muss man den innenpolitischen Gegner, vor allem die SPD, öffentlich diskreditieren – als «Partei Moskaus». Die Parolen im Wahlkampf sind entsprechend deftig: «Alle Wege des Marxismus führen nach Moskau» oder «Wo Ollenhauer sät, erntet Moskau» oder einfach «Sicherheit – keine Experimente».

Die Sozialdemokraten ihrerseits beginnen eine öffentliche Kampagne gegen die nukleare Rüstung und gründen, gemeinsam mit der Kirche und den Gewerkschaften, das Komitee «Kampf dem Atomtod». Doch eine große Mehrheit der Wähler vertraut den Regierungsparteien, vor allem dem greisen Kanzler. Die CDU/CSU erringt 1957 einen der spektakulärsten Wahlerfolge ihrer Geschichte und die absolute Mehrheit.

Im Frühjahr 1958 diskutiert der Deutsche Bundestag insgesamt 37 Stunden lang die Frage der Bewaffnung der Bundeswehr mit amerikanischen Atomwaffen. Am Ende stimmt eine Mehrheit der Abgeordneten für den Regierungsantrag. Ein junger SPD-Abgeordneter aus Hamburg fällt in der Debatte besonders auf, ein Ex-Oberleutnant des Weltkriegs und scharfer Rhetoriker, der dem Minister und Ex-Oberleutnant Strauß vorhält: «Sie sind ein gefährlicher Mann, Herr Strauß!» Es ist Helmut Schmidt. Die beiden werden sich, trotz aller politischen Meinungsverschiedenheiten, persönlich immer gut verstehen.

Doch Schmidt ahnt nicht, dass Franz Josef Strauß ein verstecktes Spiel treibt: Gedeckt durch Adenauer, verfolgt er bereits seit vier Monaten die eigene Herstellung der Atombombe als Geheimsache. Auch die NATO-Partner Großbritannien und USA wissen nicht von seinen Plänen. Die französische Regierung unter Mendès-France hatte die Deutschen zu Geheimverhandlungen eingeladen. Seit langem war klar, dass Frankreich nicht nur über die Bombe verfügen, sondern auch das Know-how entwickeln wollte, um sie selbst herstellen zu können. Auch Italien sollte mitspielen.

Die drei Rüstungsminister Strauß, Chaban-Delmas und Paolo Emilio Taviani treffen sich im Januar 1958 in Bonn und verabreden, alles müsse «völlig geräuschlos, völlig geheim» ablaufen. In den jeweiligen nationalen Etats – man braucht sehr viel Geld – will man das Projekt hinter der Tarnadresse «Europäisches Forschungsinstitut für Flugkörper» verbergen. Ostermontag 1958 wird der Vertrag in Rom paraphiert.

Selbst in diesem Geheimdokument tilgt man noch die ursprüngliche Formulierung von der «Entwicklung von Atomsprengkörpern» und ersetzt sie, auf Wunsch von Strauß, durch «Erforschung der Kernenergie für militärische Zwecke». Man verabredet ein nächstes Treffen in Pierrelatte, der französischen Atomanlage. Aber im Mai folgt der Rückschlag: Frankreich wählt. Es wählt General Charles de Gaulle, und die Vierte Republik geht zu Ende. De Gaulle stoppt das Geheimprojekt – allerdings nur, um es als rein französisches Projekt weiter zu betreiben.

Strauß hatte in der legendären Atomdebatte des Bundestags noch feierlich beteuert: «Wir wollen keine Atomwaffen in deutschen Händen, wir wollen keine Atomwaffen in deutscher Verfügungsgewalt, wir wollen sie auch nicht für die Bundeswehr, sondern für die der NATO unterstellten Einheiten!» Es ist allein de Gaulle zu verdanken, dass aus diesen Lügen doch noch, ungewollt, eine Wahrheit wurde. Dem Beschluss des Bundestages gemäß kommt nun die andere Variante der Strauß-Pläne zum Tragen: 1960 wird die Bundeswehr mit Atomsprengköpfen ausgestattet, über deren Einsatz aber die USA entscheiden, genauer: der amerikanische Präsident.

Doch scheint es unvereinbar mit dem Selbstbewusstsein von Franz Josef Strauß und seinem «Begriff von nationaler Würde», dass die USA im Kriegsfall nicht nur allein über den Einsatz entscheiden sollen, sondern notfalls sogar gegen den deutschen Willen. Er verlangt zunächst für diesen Fall ein Vetorecht, das die Amerikaner aber nicht zu geben bereit sind. Daraufhin entwickelt Strauß – wie Egon Bahr viele Jahre später offenbart – den Plan, den entsprechenden Einheiten der Bundeswehr den geheimen Befehl zu geben, die Bewacher der amerikanischen Depots in Deutschland notfalls zu überwältigen und somit den Einsatz der Atomwaffen zu verhindern.

«Völlig geräuschlos, völlig geheim», das ist seine Lieblingsmethode: Politik als Geheimsache, der Nervenkitzel eines kalkulierten Gesetzesverstoßes, die Umgehung des Parlaments, alles natürlich zu einem höheren Zweck, das ist das wahre Gefühl der Macht, der eigentliche Rausch.

Eines Abends fährt ein junger Mann mit zwei Begleitern in einem deutschen Leihwagen durch die Gegend nördlich von Rosenheim und sucht den Weg zum kleinen Ort Rott am Inn. Die Bauern am Wegesrand sind des Englischen nicht mächtig, aber man gestikuliert eindeutig genug, und der Fahrer gelangt schließlich zur Rokokokirche. In seiner Wohnung im Prälatenstock empfängt Franz Josef Strauß den nächtlichen Gast. Der junge Mann heißt Shimon Peres und ist der Generalsekretär des israelischen Verteidigungsministeriums. Israels Generalstabschef Moshe Dajan, der Held der «Sinai-Operation», hat Peres nach Rott geschickt, zu Strauß, weil er in Strauß den richtigen Mann erblickt, um seine Pläne umzusetzen: Israel braucht Waffen, große, moderne, teure Waffen.

Marianne macht Kaffee und ordert bei der Haushälterin, Frau Schmidt, noch einen späten Abend-Imbiss für die Israelis; Peres händigt Strauß derweil am Kamin, wo die herrlichen Rokoko-Statuen der Heiligen stehen, einen Wunschzettel aus: Er umfasst Munition, Panzerabwehrraketen, Hubschrauber, sogar Transportflugzeuge. Natürlich sei die israelische Regierung nicht auf Deutschland angewiesen, erläutert Peres, sie könnte alle diese Waffen auch in den Vereinigten Staaten oder in Frankreich kaufen. Das weiß auch Strauß.

Aber im Hinblick auf die Schrecken der jüngsten Geschichte … Nun ja, Moshe Dajan und Shimon Peres hoffen, in Deutschland deutlich billiger kaufen zu können als in anderen Ländern, vielleicht sogar die Waffen geschenkt zu bekommen? Ihre Hoffnung erfüllt sich.

Strauß reicht die Liste weiter an seinen Vertrauten im Ministerium, Oberst Herbert Becker. Strauß erzählt diese Geschichte später mit großer Begeisterung und fügt stets schmunzelnd hinzu, dass diese Operation «dem Haushaltsrecht völlig zuwiderlief».

Sie war ein veritabler Gesetzesbruch. Aber Adenauer hatte, wie so oft, auf seine Weise zugestimmt – «aber offiziell weiß ich davon nix!» –, und dann wurde geliefert. Obwohl die Bundeswehr selbst noch im Aufbau steckt, werden Rüstungsgüter, Waffen, Flugzeuge im Wert von insgesamt 300 Millionen Mark geliefert. Um die Sache zu verschleiern, lässt Oberst Becker sogar bei der Polizei Anzeige erstatten – wegen Diebstahls. Da müssen sich deutsche Polizisten um angeblich gestohlene Panzer kümmern, die nie wieder auftauchen. Die Flugzeuge werden zerlegt, mit neutralem Anstrich versehen und nach Südfrankreich geschafft, wo sie auf Schiffe verladen werden, normale Frachter.

Von jetzt an ist Strauß für die Israelis, wenn auch einstweilen nur heimlich, ein großer Held. Und auf jeden Fall ein zuverlässiger deutscher Freund. Shimon Peres schreibt später: «Seine Bereitschaft, Israel beizustehen, war in dieser Zeit ungewöhnlich und hat sich fest in unserem Gedächtnis eingeprägt.» Und so tragen Strauß und Peres auch entscheidend dazu bei, dass sich bald darauf, am 14. April 1960, anlässlich der UNO-Vollversammlung in New York der deutsche Kanzler Konrad Adenauer und der israelische Regierungschef Ben Gurion im Waldorf-Astoria-Hotel treffen. Dabei wird verabredet, offizielle diplomatische Beziehungen aufzunehmen. Und außerdem werden weitere «Rüstungsartikel» geordert, diesmal auch U-Boote. Als die Sache im Oktober 1964 auffliegt, sind weder Adenauer noch Strauß in ihren Ämtern; ihre Nachfolger müssen die Geheimaktion ausbaden. Die deutsche Nahostpolitik wird schwer erschüttert. Die meisten arabischen Staaten brechen ihre Beziehungen zur Bundesrepublik ab. SED-Chef Walter Ulbricht wird in Kairo wie ein Freund empfangen.

Strauß wird in jenen Jahren immer weiter, wenn auch vergebens, um deutsche Atomwaffen kämpfen. Doch vielen Politikern, auch Parteifreunden, ist die «Sache mit der Bombe» nicht geheuer. Ministerkollege Franz Etzel etwa, der als Finanzminister die Rüstungspolitik mittragen muss, gesteht ihm einmal seine Angst: «Franz, ich möchte nicht im nächsten Kriegsverbrecherprozess schuldig gesprochen werden.» Strauß sind solche Befürchtungen fremd; ihm geht es bei der Atombewaffnung um ein «nationales Anliegen», um eine «Frage des Selbstbewusstseins».

Strauß will auch im intellektuellen Bereich aufrüsten. Zusätzlich zu den militärischen Anstrengungen müsse man unbedingt den «Selbstbehauptungswillen des Geistes» fördern. Die Bevölkerung der Bundesrepublik soll moralisch gestärkt werden, gegen die kommunistische Gefahr. Ende 1958 wird das Komitee «Rettet die Freiheit» gegründet, ein offiziell überparteilicher Verein, der in Wahrheit gegen die SPD-Kampagne «Kampf dem Atomtod» gerichtet ist – und gegen alle anderen «Verharmloser kommunistischer Umtriebe». Strauß gründet das Komitee gemeinsam mit dem damaligen Jungstar der CDU, Rainer Barzel. 36 Prominente aus dem konservativen Lager unterzeichnen einen Aufruf zur «Auseinandersetzung mit den Mächten der Unfreiheit», darunter auch eine Riege stramm konservativer Professoren wie Emil Dovifat, Pascual Jordan, Theodor Litt und Friedrich August von der Heydte (der vier Jahre später mit einer Anzeige wegen Geheimnisverrats gegen Augstein die «Spiegel»-Affäre auslösen wird).

Minister Strauß ist niemand, der beim Volk große Sympathie zu erwecken versucht – «Ich bin kein Gefälligkeitshanswurst und kein Publikumsbajazzo» –, dazu ist sein Charakter zu schillernd, zu komplex und unfassbar, dazu sind seine Methoden zu undurchsichtig und manchmal zu brutal. Aber es gibt eine Überzeugung, vielleicht eine einzige, die er verinnerlicht hat und zu der er sich stets aufrichtig bekennt: Das ist sein Albtraum von der «bolschewistischen Bedrohung», der russischen Gefahr.

Und wie keiner sonst fühlt er sich berufen, ja verpflichtet, diese Gefahr abzuwenden. Das ist der hohe Wert, den er verfolgt. Nur das

Ziel zählt, die Methoden sind zweitrangig. Dies gilt vor allem jetzt, im Kalten Krieg.

Schon am 4. Oktober 1957 hat der Albtraum einer «roten Gefahr» neue Nahrung erhalten. An diesem Tag schießt die Sowjetunion einen Satelliten in den Weltraum, den «Sputnik». Das versetzt vielen westlichen Politikern und Strategen einen Schock: Sind die Russen tatsächlich in der Lage, den Westen technologisch und strategisch zu überholen? Die USA rüsten mit aller Kraft auf, Präsident Eisenhower lässt rings um die Sowjetunion, wo es nur geht, Raketen mit großer Reichweite aufstellen, in Alaska, in England, Italien, im Irak, in Afghanistan. Und jetzt sogar in der Türkei, direkt an der sowjetischen Grenze. «Das ist so», freut sich General Eisenhower, «als ob Chruschtschow Raketen in Mexiko aufstellen würde – oder in Kuba.» Er ahnt nicht, dass es genau so kommen wird.

Im November 1958 stellt KPdSU-Chef Nikita Chruschtschow den früheren Alliierten ein Ultimatum: Alle Besatzungstruppen sollen Berlin, das damit eine «freie Stadt» würde, verlassen – und zwar innerhalb von sechs Monaten. Wieder einmal sind es die Kommunisten in Moskau selbst, die die westliche Angst vor dem Kommunismus schüren.

US-Präsident Eisenhower lässt die zivilen und militärischen Alternativen eines neuen Kampfes um Berlin durchspielen, ebenso Strauß. Die Möglichkeiten sind gering. Bei einer Abschnürung der Stadt durch die Sowjets, also einer Blockade, komme eine erneute Luftbrücke für Westberlin nicht in Frage; die Versorgungsansprüche der dortigen Bevölkerung, so Strauß, seien in den vergangenen zehn Jahren enorm gestiegen und aus der Luft nicht mehr zu befriedigen.

Strauß reist in die USA, besichtigt demonstrativ das strategische Bomberkommando in Nebraska und droht von dort aus den Russen: «Die strategische Luftflotte der USA hat eine Feuerkraft, die jetzt schon ausreicht, um einen strategischen Raum wie den der Sowjetunion mehrmals zu vernichten.»

Chruschtschow lässt das Ultimatum einfach verstreichen. Derweil wird Adenauer von den Geheimdiensten informiert, «dass die östliche Seite alle Vorkehrungen getroffen hätte, um innerhalb kürzester

Zeit den gesamten Verkehr von Berlin und nach Berlin stillegen zu können». Auch Strauß weiß, dass die Sowjets «alle Vorbereitungen zur technischen Abschnürung Berlins abgeschlossen» haben. Doch plötzlich rät er zur Vorsicht. So ist er, der große Einschüchterungsrhetoriker: Er würde nie mit seinem Säbel rasseln, wenn ein Krieg tatsächlich unmittelbar bevorstünde.

Tatsächlich droht zwischen 1959 und 1962 mehr denn je seit Korea ein Krieg. Er liegt in der Luft wie eine permanente Bedrohung. Man geht ins Bett mit der Angst, er könnte jede Nacht ausbrechen, vielleicht in der Türkei, wo die NATO gerade ihre gegen die Sowjetunion gerichteten neuen Jupiter-Raketen in Stellung bringt, oder in Berlin. Oder auch in Kuba, wo Anfang 1959 die Rebellen gegen den Diktator Batista von der Bevölkerung in Havanna bejubelt werden, angeführt von Fidel Castro und Ernesto Guevara. Was würde werden, aus Kuba, aus Südamerika, wenn sich die siegreichen Rebellen – die bis jetzt nur ihren eigenen Diktator vertrieben hatten – der sozialistischen Welt anschlössen?

Diese Frage müssen sich auch der neue US-Präsident John F. Kennedy und sein Verteidigungsminister, Robert McNamara, stellen. Mit der Regierung haben sie Anfang 1961 von Eisenhower auch einen Geheimplan übernommen, die Castro-Rebellen aus Kuba zu vertreiben: 1200 von der CIA trainierte und finanzierte Exilkubaner greifen im April die Insel an – in der Playa Girón, der Schweinebucht –, unterstützt von US-Flugzeugen mit übermalten Hoheitszeichen. «Eine der größten Dummheiten, die wir begehen konnten», erinnert sich Robert McNamara im Sommer 2002 im Gespräch mit dem Verfasser. «Es war ein absolutes Debakel.»

McNamara und Strauß waren Generationsgenossen, fast gleichaltrig. Auch ihr durch den Kalten Krieg geprägtes strategisches Denken hatte dieselben Grundlagen, wie McNamara erklärt. Das Credo lautete: Abschreckung. Ein Atomkrieg sollte von den Gegnern als beidseitiger Selbstmord erkannt werden. «Wir unterschieden uns nur in Einzelheiten», sagt McNamara. Um eine solche Einzelheit geht es, als Strauß kurz nach dem Desaster der «Schweinebucht», im Sommer 1961, abermals Washington besucht: Der US-Amerikaner glaubt, anders als sein deutscher Amtskollege, dass man mit einer Verstärkung der konventionellen Truppen die «atomare Schwelle» erhöhen, also den Zeitpunkt des Einsatzes solcher Waffen herauszögern könne. McNamara fordert von seinem deutschen Kollegen, alle deutschen Divisionen auf Kriegsstärke zu bringen und zusätzlich drei neue Divisionen aufzustellen. Strauß willigt ein, wenn auch murrend.

Adenauer, der Taktiker, sieht sofort ein weiteres Problem, als Strauß ihn mit diesen Neuigkeiten aus Washington in seinem Urlaubsort Gadenabbia besucht: Im September findet die Bundestagswahl statt. Unmöglich, die Wähler mit derlei Maßnahmen in Angst zu versetzen. Strauß müsse den USA und den NATO-Stäben klar machen, dass die Deutschen im Vorfeld der Wahlen keinerlei sichtbare Vorbereitungen treffen werden. Es ist der 3. August.

Zehn Tage später, in der Nacht zum 13. August 1961, beginnt, was Strauß lange befürchtete: die Einschnürung Westberlins – die aber faktisch eine Selbst-Einmauerung der DDR ist. Einheiten der Volkspolizei beginnen in der Nacht mit der Errichtung einer 45 Kilometer langen Mauer in Berlin, zwischen dem sowjetischen und den drei westlichen Sektoren. Außerdem wird eine mehr als 120 Kilometer lange Befestigung errichtet, um Westberlin auf der anderen Seite vom Staatsgebiet der DDR abzutrennen.

Aus Moskauer Sicht heißt das: Wenn der Westen nicht bereit ist, den Status Berlins zu verändern, dann, bitte schön, wird er jetzt zementiert – und zwar für lange Zeit. Es ist ein letzter, verzweifelter Versuch, die DDR am Leben zu erhalten. Seit 1950 sind mehr als drei Millionen Menschen in die Bundesrepublik abgewandert – in der Hoffnung auf mehr Wohlstand und mehr Freiheit.

Die Welt ist abermals von Kriegsangst ergriffen, vor allem die Deutschen in Ost und West. Die Bundesrepublik befindet sich im Wahlkampf. Lyndon B. Johnson, der amerikanische Vizepräsident, fliegt demonstrativ von Westdeutschland nach Berlin, Adenauer möchte gern prestigeträchtig in der Maschine Johnsons mitfliegen, doch der verweigert ihm das. Keine Parteinahme im Wahlkampf. Anstatt mit eigener Maschine zu fliegen, bleibt der alte Kanzler im Westen, macht Wahlkampf, *business as usual* – was ihm viele Menschen übel nehmen.

Es ist in mancher Hinsicht die Stunde der Wahrheit: Offensichtlich ist die «Politik der Stärke» von Adenauer und Strauß gescheitert. Sie hat die andere Seite nicht zum Nachgeben bewegt, sondern die Teilung des Landes sogar beschleunigt. Zweitens zeigt sich, dass die Amerikaner keinesfalls wegen der Mauer einen Krieg riskieren, der rasch ein Atomkrieg werden kann. Der Regierende Bürgermeister Westberlins, Willy Brandt, drückt es aus, indem er, auf die Schutzmacht USA bezogen, von einer «leeren Bühne» spricht, die zum Vorschein komme, nachdem «der Vorhang der Illusionen» gelüftet sei.

Bei Verteidigungsminister Strauß zeigt sich deutlich, was auch später immer wieder offenkundig wird: Er ist «verbal immer entschlossener als im Handeln» (Marion Gräfin Dönhoff). Einen Krieg um Berlin hält er, genau wie die Amerikaner, für unsinnig. «Ich rede emotional», sagt er, «aber ich denke rational.» Am Tag des Mauerbaus ist er auf Wahlkampf in Bad Oldesloe, und von dort ruft er den Ostberlinern und DDR-Bürgern zu: «Nachdem euch der letzte Weg in die Freiheit durch Stacheldraht und Maschinengewehre versperrt ist, bleibt, wo ihr seid, und bewahrt unbedingt Ruhe!»

In seinen «Erinnerungen» offenbart Franz Josef Strauß, dass ihn in jenen Tagen in seinem Bonner Haus heimlich der Regierende Bürgermeister (und Kanzlerkandidat der SPD) besuchte, um über Parteigrenzen hinweg auszuloten, ob Strauß sich auf eine neue Ostpolitik, wie sie Brandt in diesen Tagen entwickelte, einlassen würde. Strauß schildert 26 Jahre später seine große persönliche Wertschätzung Brandts. Strauß habe Brandt beim Abschied gebeten, «man müsse sich einmal eingehender unterhalten», und ob Brandt «nicht einmal eine Einladung zum Essen» bei Strauß privat annehmen würde. Dazu ist es nie gekommen.

Die private Wertschätzung gegenüber Willy Brandt hindert Strauß nicht daran, ihn öffentlich zu verunglimpfen. Wie bereits erwähnt, hatte er schon Anfang des Jahres beim Aschermittwoch der CSU in Vilshofen ausgerufen: «Eines wird man aber doch Herrn Brandt fragen müssen: Was haben Sie zwölf Jahre lang draußen gemacht?

Wir wissen, was wir drinnen gemacht haben.» Und jetzt, im Wahlkampf, trotz des geheimnisvollen Privattreffens, äußert sich Strauß öffentlich in beleidigender Weise über die Herkunft Willy Brandts, der als unehelicher Sohn einer Verkäuferin zur Welt kam und dessen eigentlicher Name, bis zum Beginn des Exils, Herbert Frahm war. Wenn es Stimmen bringt, Ressentiments zu bedienen, fühlt Strauß sich dazu verpflichtet – ganz unabhängig von seiner persönlichen Haltung.

Auch der alte Kanzler spielt sein Wahlkampfspiel mit der deutschen Doppelmoral, wenn er mit erhobenem Zeigefinger von «Herrn Brandt alias Herbert Frahm» redet. An diesem Punkt sind sie beide skrupellos, Strauß und Adenauer. Dass der Grundton im Wahlkampf 1961 auch für Strauß-Gegner nicht auf ein freundliches Allegretto gestimmt ist, zeigen viele Beispiele. So schreibt die junge Journalistin Ulrike Meinhof in der Zeitschrift «Konkret»: «Wie wir unsere Eltern nach Hitler fragen, werden wir eines Tages nach Herrn Strauß gefragt werden.» Auch die DDR-Medien sind wenig zimperlich: «Adolf Strauß, der Testamentsvollstrecker Hitlers».

Es ist ein gefährliches Jahr. Strauß hält einen Krieg für möglich, sogar für wahrscheinlich. Was soll man tun, wenn die Sowjets Berlin wirklich vollständig abriegeln? Würde es in diesem Fall helfen, die zivile sowjetische Luftflotte zu boykottieren? Oder sämtliche sowjetischen Schiffe auf allen Meeren aufzubringen? Im Oktober 1962 droht der große Krieg tatsächlich auszubrechen, der Atomkrieg. Die Welt steht am Abgrund – wenn auch nicht wegen Berlin, sondern wegen Kuba. Eine Woche, nachdem U2-Aufklärungsflugzeuge sowjetische Raketenstellungen auf Kuba entdecken, fordert Präsident Kennedy am 22. Oktober 1962 den Abzug der Raketen und verhängt eine Seeblockade um Kuba, um jedes sowjetische Schiff zu stoppen.

Kennedy hat die größte Mobilisierung seit dem Zweiten Weltkrieg anlaufen lassen. Die Polaris-U-Boote haben ihre Basen in Schottland verlassen und die Gefechtspositionen erreicht. Sie können jede sowjetische Stadt vernichten. 172 Interkontinentalraketen mit Atomsprengköpfen sind gefechtsbereit, sie sind auf Ziele in der Sowjetunion programmiert. Für den Angriff auf Kuba stehen 579 Kampfjets bereit, für über tausend Angriffe täglich. Mehr als hunderttausend Marine-Infanteristen sind mit schwerem Angriffsgerät unterwegs nach Florida, um gegen Kuba losschlagen zu können. In Alaska, England, Spanien, Italien, Irak, Afghanistan, Türkei, Marokko, am Nordpol – überall werden amerikanische Atomwaffen einsatzbereit gemacht.

Wie Außenminister Dean Rusk feststellt, besteht Kennedys Krisenstab aus den «besten und intelligentesten Männern des Landes»: strategische Köpfe, analytische Denker, humanistisch gebildete, friedliebende Patrioten, die Tag und Nacht im *situations room* des Weißen Hauses diskutieren. Dieser Krisenstab, der alle denkbaren Alternativen durchspielt, kommt aber immer nur zum selben Ergebnis: Man muss bereit sein, notfalls um die Raketen einen Krieg zu führen, auch einen Atomkrieg. Wann wird es losgehen? Auf den wandgroßen Karten in seiner Kommandozentrale tief unter dem Pentagon beobachtet Verteidigungsminister McNamara, wie die sowjetischen Schiffe langsam auf die amerikanischen Zerstörer zulaufen. Es ist vielleicht das größte *chicken game* aller Zeiten.

«Ein typisch amerikanisches Spiel», sagt der Ex-Minister vierzig Jahre später, «jedes Kind spielt es»: Zwei kleine Jungen fahren auf dem Gehweg mit ihren Rollern aufeinander zu, immer weiter, bis am Ende, im letzten Moment, einer von beiden ausweicht. Wer ausweicht, wer aufgibt, gilt als Verlierer, als Feigling.

McNamara erinnert sich genau. Am Samstag, dem 27. Oktober 1962, dem zwölften Tag der Krise, spitzt sich die Lage zu. Er hat seit Tagen im Pentagon geschlafen, jetzt will er einmal kurz nach Hause, seine Familie sehen. Gerade eben beginnt der Tag, über dem Potomac sieht er die Sonne aufgehen. Plötzlich wird ihm klar, dass dies wohl der letzte Samstag ist, den die Menschheit erleben wird. Moskau schweigt bisher beharrlich. Für die US-Armee gilt die höchste Alarmstufe, eine Stufe weiter bedeutet Krieg. Die amerikanische strategische Bomberflotte ist ununterbrochen in der Luft. Die Bomben sind scharf gemacht. Wenn die Russen nicht nachgeben, wird am Montag der Angriff auf Kuba losgehen, spätestens am Dienstag. Zuerst der Angriff, dann die Invasion.

Es ist die härteste Probe aufs Exempel der Abschreckungstheorie, wie sie auch Franz Josef Strauß leidenschaftlich vertritt: Kennedy und Chruschtschow wissen, dass ein Atomkrieg nicht führbar ist. Sie wollen ihn auch nicht. Und trotzdem ist es gerade das Schreckensspiel der Drohungsszenarien, das beinahe in den Abgrund führt. Robert McNamara und andere werden diesen Tag, den 27. Oktober 1962, später als *black saturday* bezeichnen, und so wird er in die Geschichte eingehen. An diesem Tag geht beinahe alles, was überhaupt schief gehen kann, schief. Die besten und klügsten Männer des Landes sind nicht in der Lage, hochkomplexe Situationen wirklich zu überblicken und die adäquaten Schlüsse zu ziehen – geschweige denn, sie zu kontrollieren. Was sich hier abspielt, ist der – jahrzehntelang verheimlichte – Bankrott eines Denkens, das auch Franz Josef Strauß verinnerlicht hat.

Die sowjetische Luftabwehr auf Kuba unterstellt sich ohne Absprache mit Moskau dem Kommando Fidel Castros, und der befiehlt jetzt den Russen, die US-Spionageflugzeuge abzuschießen, die Kuba überfliegen. Eines wird tatsächlich getroffen und stürzt ab. Im Pentagon muss man annehmen, die Sowjets würden, befohlen vom Kreml, mit aggressiven Handlungen beginnen – Chruschtschow wolle den Krieg. Nur mit Mühe hält Kennedy seine Militärs zurück. Sie sollen abwarten, ein letztes Mal.

Gegen Mittag steigt in Alaska eine U-2, ein amerikanisches Spionageflugzeug, auf und verirrt sich alsbald – tief in den sowjetischen Luftraum hinein, wo es auf den Radarschirmen erscheint. Die Männer der sowjetischen Luftaufklärung sind aufs höchste alarmiert: Ist das der Angriff? Zwei sowjetische Abfangjäger steigen auf, fliegen links und rechts der U-2, die Geschütze jederzeit feuerbereit. Aber der Kommandeur am Boden zögert, nur eine oder zwei Minuten, den Befehl zu erteilen. Der amerikanische Pilot begreift, was los ist – und fliegt zurück. Sie lassen ihn entkommen.

In der Karibik, nahe dem Blockadering der US-Schiffe, hat der sowjetische U-Boot-Kommandeur Michail Schumakow sein Boot auftauchen lassen. Es ist mit zwanzig Torpedos bestückt, neunzehn davon sind «konventionelle» Raketen, eines hat einen atomaren Sprengkopf. Schumakow hat den Befehl, im Falle einer amerikanischen Aggression selbständig zurückzuschlagen, konventionell oder atomar, bleibt ihm überlassen.

In diesem Moment nimmt ein US-Zerstörer volle Kraft auf und läuft auf das U-Boot zu. Offensichtlich will der amerikanische Kapitän es rammen und dadurch versenken. Schumakow hat genau eine Minute, zu entscheiden. Er kann schießen, kann den Zerstörer versenken, aber dann hat der Krieg begonnen, die Seeschlacht in der Karibik, die sich binnen Minuten zum Atomkrieg entwickeln würde. Schumakow gibt den Befehl, abzutauchen. Der Zerstörer rast über das Boot hinweg.

Jeder im Krisenstab und im Pentagon muss davon ausgehen, dass es ein Befehl Chruschtschows ist, wenn die russische Luftabwehr auf Kuba ein amerikanisches Flugzeug abschießt. Umgekehrt kann niemand in seine Planungen einbeziehen, ob und wann ein Flugzeug sich verirrt – und «versehentlich» den Krieg auslöst. Man rechnet auch nicht damit, dass es immer irgendwo einen verrückten *«son of a bitch»* (Kennedy) gibt, sogar in der US-Marine. Jahrzehnte später stellt sich obendrein heraus: Entgegen den Informationen der US-Geheimdienste gab es schon mehrere Dutzend taktischer Atombomben auf Kuba, und sie waren sogar einsatzbereit. Im Falle des für Montag, den 29. Oktober, geplanten Luftangriffs auf die Insel, spätestens aber bei der anschließenden Invasion durch die US-Armee, wären diese Bomben zweifellos eingesetzt worden.

Am Tag nach dem *black saturday*, am Sonntag, dem 28. Oktober 1962, nachmittags Washingtoner Zeit, aber morgens früh in Moskau, lässt Chruschtschow über Radio Moskau verkünden, die Sowjetunion werde ihre Truppen und Raketen aus Kuba wieder abziehen. Die Welt atmet auf. Kennedy wird stürmisch als Sieger gefeiert. Die Lehre aus der Kubakrise lautet: Man muss den *commies* gegenüber einfach nur hart bleiben, bis zuletzt, dann weichen sie zurück. Mehr als dreißig Jahre lang wird man im Westen an diese Lehre glauben. Dann stellt sich heraus, dass alles ganz anders war: Kennedy hat nicht etwa mit der Hilfe seines Krisenstabes den Frieden bewahren können, sondern im Gegenteil: Er hat den Frieden gerettet, indem er seine Mitarbeiter, seine engsten Vertrauten, hinterging.

Denn nur hinter ihrem Rücken und in strengster Geheimhaltung konnte er eine Alternative finden zu dem Krieg, den seine Berater ihm seit Tagen als unabwendbar darstellten. Er hat die Kubakrise gelöst, indem er am Freitagabend, dem Tag vor dem Schwarzen Samstag, seinen Bruder Robert Kennedy zu Alexej Dobrynin, dem sowjetischen Botschafter, schickte, mit einem speziellen Geheimangebot an Chruschtschow.

Kennedy verspricht ihm den Abzug der Saturn-Raketen aus der Türkei, wenn auch erst für das kommende Jahr. Und Chruschtschow garantiert, dass dies niemals von ihm vor der Weltöffentlichkeit in einen Zusammenhang mit der Kubakrise gebracht werden wird. Immerhin kann er seinem ZK gegenüber in geheimer Sitzung mit diesem Triumph prahlen. Und Kennedy steht als unbeugsamer Kämpfer da. Eisenhower gratuliert am Telefon: «Sie sehen, man muss eben hart bleiben gegen die Kommunisten, dann geben sie immer nach.» Nur Jack und Bob Kennedy wissen es besser. Kennedy und Chruschtschow haben sich gegenseitig einen Sieg geschenkt.

Robert McNamara erklärt vierzig Jahre später dem Verfasser: «Es ist ganz falsch zu behaupten, wir hätten in der Kubakrise durch geschicktes Krisenmanagement einen Atomkrieg verhindert. Nein, es war pures Glück.»

Als McNamara an jenem Samstagmorgen, dem 27. Oktober 1962, bei Sonnenaufgang das Pentagon in dem Bewusstsein verlässt, dass dies vielleicht der letzte Samstag in der Geschichte der Menschheit sein könnte, hat der Journalist Rudolf Augstein in Hamburg ganz andere Sorgen. Obwohl es auch für ihn ein *Schwarzer Samstag* ist. An diesem Tag, um die Mittagszeit, geht er in Begleitung seiner Anwälte zum Polizeipräsidium, um sich den Behörden zu stellen.

Kapitel 6

ENDKAMPF
Die «Spiegel»-Affäre

Am Abend zuvor, gegen 19 Uhr, hat Rudolf Augstein einen Kommentar zur Kubakrise in Satz gegeben («Weltmachtpolitik aus dem Sattel») und das Redaktionsgebäude gemeinsam mit seinem Freund, dem Verlagsleiter Hans Detlev Becker, verlassen, um sich noch einen guten Tropfen zu genehmigen.

Der Freitagabend wird trotzdem nicht gemütlich. Kurz nach 21 Uhr an diesem 26. Oktober 1962 wird in einer präzise vorbereiteten Aktion das Hamburger Pressehaus von Polizisten umstellt. Etwa fünfzig Fahnder der «Sicherungsgruppe Bonn» des Bundeskriminalamtes unter der Leitung von Staatsanwalt Siegfried Buback, dem späteren Bundesanwalt, stürmen die Redaktionsräume. Dazu Polizisten vom «Überfallkommando» und die Mitarbeiter mindestens dreier deutscher Geheimdienste.

Zeitgleich werden auch die «Spiegel»-Redaktionen in anderen Städten durchsucht. In Düsseldorf wird der Leiter des dortigen Verlagsbüros, Erich Fischer, festgenommen, weil man ihn für Augstein hält: «Geben Sie doch zu, dass Sie nicht Fischer sind!» In Hamburg werden zahlreiche leitende «Spiegel»-Mitarbeiter verhaftet, darunter Hans Schmelz und Horst Mahnke. Gegen den Verlagsdirektor Becker, die Chefredakteure Engel und Jacobi, den «Deutschland»-Redakteur Hans Dieter Jaene und andere laufen Ermittlungsverfahren an, auch gegen den Hamburger Innensenator Helmut Schmidt, wegen «Beihilfe».

Einer der beiden Hauptverdächtigen, Rudolf Augstein, kann zunächst nicht verhaftet werden, da er sich gar nicht in seinem Haus aufhält. Er verbringt die Nacht, in der die «Spiegel»-Affäre beginnt, in einer anderen privaten Wohnung. Niemand weiß, wo er ist.

Der Anlass zu dieser groß angelegten Polizei- und Staatsaktion gegen das «Schmutzblatt» (Adenauer) ist ein knapp drei Wochen zuvor im Magazin erschienener Artikel unter dem Titel «Bedingt abwehrbereit», der sich am Beispiel des Herbstmanövers «Fallex 62» mit der Strauß'schen Verteidigungspolitik auseinander setzt: ein überfrachteter und bemühter Text, nur für Experten interessant. Das politische Fazit lautet, die Bundeswehr sei nur «bedingt abwehrbereit», und die Strauß'sche Strategie der Abschreckung bleibe «weiterhin fraglich». Der Artikel ist kenntnisreich geschrieben – Autor Conrad Ahlers war ja der Referent von Theodor Blank – und enthält viele militärische Details. Sind darunter militärische Geheimnisse? Haben sich Ahlers und Augstein, der Herausgeber, deshalb des Geheimnisverrates und des Landesverrates schuldig gemacht?

In dieser Freitagnacht schwirren die Gerüchte durch das Hamburger Presse-Viertel, wo die Redaktionen von «Stern», «Zeit» und «Bild» ansässig sind. Das eindrucksvollste lautet: Augstein ist geflohen, er sitzt in einem U-Boot Richtung Kuba, gemeinsam mit einigen Bundeswehr-Offizieren, die einen Putsch geplant hatten. Vielleicht ist er auch schon in Kuba. In Bonn habe man schon ein Dutzend Generäle verhaftet, sie hätten einen Staatsstreich vorbereitet.

Es sind Tage vollkommener Hysterie, seitdem vier Tage zuvor Präsident Kennedy in einer Fernsehansprache seine *fellow citizens* und damit die ganze Welt von der Stationierung sowjetischer Raketen auf Kuba in Kenntnis gesetzt hat. Die NATO, also auch die Bundeswehr, ist in höchste Alarmbereitschaft versetzt worden. In dieser dramatischen Lage steht der «Spiegel» in Verdacht, militärische Geheimnisse preisgegeben zu haben.

Die Beamten beginnen, die Hamburger Redaktionsräume des Nachrichtenmagazins zu durchsuchen, Akten und Dokumente zu beschlagnahmen und kistenweise zum Abtransport vorzubereiten. Die Fahnder und ihre Helfershelfer wissen dabei nicht genau, wonach sie eigentlich suchen sollen. Eine absurde Situation: Eigentlich fahnden sie erst noch nach den Beweisen, aufgrund deren sie hier handeln können. Eines der beschlagnahmten Manuskripte beginnt mit dem verdächtigen Satz: «Ein Schuss fiel in der Nacht.» Es ist eine Erzählung von Hemingway. Im Keller werden sogar die kompletten «Spiegel»-Jahrgänge 1947 und 1948 beschlagnahmt, aus einer Zeit also, als weder der Staat, der hier zuschlägt, noch gar die Bundeswehr, deren Geheimnisse angeblich verraten worden sind, überhaupt existierten. Über tausend Einzelstücke werden abtransportiert.

Die weitere Arbeit an der aktuellen Ausgabe wird zunächst untersagt. Die Setzer und Drucker drohen gegen die Beamten handgreiflich zu werden und müssen von einigen Redakteuren beschwichtigt werden. Man hat sofort den Bruder des Herausgebers alarmiert, Rechtsanwalt Josef Augstein in Hannover, der nach einer rasanten Autofahrt im Pressehaus auftaucht und nach zähen Verhandlungen mit Buback durchsetzt, dass der Betrieb weiterläuft. Die aktuelle Ausgabe wird Stunden später, am Samstagmorgen um fünf Uhr, fertig gestellt.

Am nächsten Morgen erwacht die Republik – und ist verstört. Landesverrat? Die Zeitungen berichten zunächst nur bruchstückhaft, aber dann gibt es die ersten Extrablätter, und die Rundfunksender nutzen ihre Chance zu aktueller Berichterstattung. So stellt sich etwa heraus, dass der zuständige Bundesjustizminister Wolfgang Stammberger (FDP) von den ihm unterstellten Behörden nicht informiert worden ist – was bei einer derartigen Aktion hätte geschehen müssen. Handelt es sich, neben allem anderen, auch um ein parteipolitisches Komplott innerhalb der Regierung?

Überall sind jetzt Presseleute, Reporter und Fotografen; die staatlichen Organe operieren ja mitten im Hamburger Pressebezirk. Mittags stellt sich Rudolf Augstein «frisch rasiert» dem Leitenden Staatsanwalt Buback. Augstein wird festgenommen und in Untersuchungshaft genommen. Das Foto der gut inszenierten Festnahme geht um die Welt. Es schmückt auch die folgende Ausgabe des Magazins: Augstein, der junge Märtyrer der Meinungsfreiheit, von einem Kriminalbeamten abgeführt – natürlich mit dem «Spiegel» in der Hand. Dieses Heft erreicht die bis dahin höchste Auflage der «Spiegel»-Geschichte: 665 000 Exemplare.

Schon am Samstag kommt es im Land zu spontanen Demonstrationen: Die Menschen reagieren zunächst ungläubig, dann empört. Augstein, der als Zyniker gilt, ist nicht etwa besonders beliebt; man hat nur das Gefühl, dass hier der Bogen überspannt wurde. Sebastian Haffner drückt die Stimmung aus: «Adieu Pressefreiheit, adieu Rechtsstaat, adieu Demokratie.» An diesem Samstagabend finden sich bereits mehrere hundert Menschen vor dem Untersuchungsgefängnis ein und rufen: «Spiegel tot – Freiheit tot.» Oder auch: «Augstein raus – rein mit Strauß!» Man vermutet, dass der Bayer – immerhin der Lieblingsfeind Augsteins – der Drahtzieher der ganzen Aktion ist. Auch der junge Innensenator Helmut Schmidt ist unter den Demonstranten. Die Menschen mögen ihn seit seinem beherzten Auftreten während der Hamburger Flutkatastrophe, acht Monate zuvor. Augstein hört die Sprechchöre durch das kleine Fenster seiner Zelle.

Er hat keine besondere Angst: «Ich wusste, sie haben es auf die Vernichtung des ‹Spiegel› abgesehen, nicht auf mich persönlich.» Jeden Morgen wird er ins Verlagshaus gebracht und verhört. Als Augstein das Zahlenschloss seines Tresors öffnen soll, versucht er sich dumm zu stellen. Im Tresor liegen die Aufzeichnungen Conrad Ahlers' über seine Gespräche mit Offizieren der Bundeswehr, die schließlich der Staatsmacht in die Hände fallen.

Gegen Ahlers ergeht ein Haftbefehl. Er ist aber nicht zu greifen. Es stellt sich schnell heraus, dass «Konfuzius», so sein hausinterner Spitzname, seit drei Tagen in Südspanien Urlaub macht. Die Ermittler – und Franz Josef Strauß – halten Ahlers für die Schlüsselfigur beim Landesverrat; nur durch ihn glauben sie die «undichten Stellen» in der Bundeswehr entdecken zu können. Die Fahnder vom Bundeskriminalamt stehen unter großem Druck. Adenauer hat sich zwei Tage zuvor im Zusammenhang mit der Kubakrise für den massiven Luftangriff und die Invasion Kubas stark gemacht. Wo aber würden die Sowjets dann ihren ersten Gegenschlag setzen, wenn nicht in Berlin. Krieg liegt also in der Luft. Und den würde man dann, nach Meinung des Verteidigungsministers, mit nicht enttarnten Verrätern in den Reihen der Bundeswehr-Offiziere führen müssen. Ahlers befindet sich in Andalusien und damit außerhalb der direkten Zugriffsmöglichkeiten deutscher Behörden. Dennoch wird er noch in der ersten Nacht in Torremolinos verhaftet und am Samstag den deutschen Behörden überstellt.

Die Staatsanwälte und Fahnder behindern die Presseleute bei ihrer Arbeit, wo immer es geht. Muss man Schreibmaschinen beschlagnahmen, um Beweise für Landesverrat sicherzustellen? Muss man die Telefonzentrale besetzt halten? Die Hamburger Presse-Kollegen, auch die von Springer, retten den «Spiegel» vor dem wirtschaftlichen Ruin – der wohl spätestens nach drei verhinderten Nummern nicht mehr abzuwenden gewesen wäre. Sie stellen den «Spiegel»-Leuten ihre Räume und Maschinen zur Verfügung. Vielleicht auch deshalb betrachtet Augstein «anfangs alles noch mit einem gewissen Frohsinn». Diese Stimmung vergeht allerdings endgültig, als immer mehr «Spiegel»-Leute verhaftet werden, darunter auch Verlagsdirektor Becker und sogar Augsteins Bruder und Rechtsanwalt, Josef Augstein: «Da dachte ich damals im Gefängnis, die wollen uns vernichten.»

Das wollen «die» wohl wirklich. Aber Augstein hat sie dazu herausgefordert, jedenfalls heftig gereizt mit einer Titelgeschichte, die er anderthalb Jahre zuvor, am 5. April 1961, in seinem Magazin veröffentlichte – eine Geschichte, die «völlig außerhalb der Norm, der Tradition und des üblichen Stils journalistischer Berichterstattung lag; es handelte sich – da eigentliche Nachrichten als Inhalt fehlten – um einen reinen Kommentar gegen Strauß», so urteilt der «Spiegel»-Autor Wolfram Bickerich. Mit seinem herausfordernden Titel «Der Endkampf» bezog sich Augstein vordergründig auf einen Redepassus von Strauß, der glaubte, die Sowjetunion bereite sich darauf vor, einen «Endkampf» mit den USA zu wagen. Der Text machte allerdings sofort klar, dass hier ein Journalist einem Politiker öffentlich den Fehdehandschuh hinwarf und ihn seinerseits zu einem «Endkampf» herausforderte.

In Deutschland, so schreibt Augstein, sei «ein Mann groß geworden, der das Misstrauen zwischen den Großstaaten unablässig genährt und der für die Bundesrepublik Waffen gefordert hat, die den ‹Selbstmord› eines sowjetischen Angreifers und damit den Selbstmord der

Menschheit auslösen können. Als einziger Prätendent auf den Sessel des Bundeskanzlers kann dieser Mann sich auf eine Hausmacht stützen, ja gleich auf eine doppelte Hausmacht: auf die Bundeswehr, die er zu einem Instrument seiner Karriere gestempelt, und auf die bayerische CSU, die ihn vor drei Wochen einmütig zu ihrem Vorsitzenden, will sagen zu ihrem ‹Chef› gewählt hat. Das Gesicht des Mannes, der mit Vokabeln wie ‹totale Vernichtung›, ‹selbstmörderisches Risiko›, ‹absolute Abschreckung›, ‹verbrecherische Dummheit› wie mit Jongleurkugeln um sich wirft, kennt jeder Bewohner der Bundesrepublik; das Gesicht des Mannes, dem Zeitgenossen bescheinigen, er sei ‹von Ehrgeiz getrieben wie von Furien› (W. S. Schlamm), des Mannes, der davon ‹träumt, die deutsche Armee zur stärksten Europas zu machen› (Londons Daily Mail), das Gesicht eines der ‹gefährlichsten Männer in Europa› (Tribune), eines Mannes, von dem der Altliberale Reinhold Maier im Bundestag mit zitternder Stimme ausgerufen hat: ‹Wer so spricht wie der Herr Verteidigungsminister, der schießt auch.›

Vor drei Wochen hat dieser Franz Josef Strauß, 45 Jahre alt, den vorletzten Schritt in Richtung auf den Kanzler-Sessel getan. Müßig ist jetzt das jahrelange Mosern und Raunen geworden, ob er denn wohl auch wirklich der deutschen Demokratie nicht zu Leibe gehen werde, warum er sich selbst immer im Wege stehe, warum er sein eigener schlimmster Feind sei und wann er wohl mit sich selbst fertig werden wolle. Die Bundesrepublik, den Rücken zur Wand, muss jetzt mit ihm fertig werden, indem sie ihn entweder annimmt oder abschüttelt.»

Augstein malt das Menetekel einer Strauß'schen Diktatur an die Wand: «Ob künftig die CDU oder die SPD die Wahlen gewinnen wird, ist nicht mehr so sehr von Belang. Wichtig erscheint allein, ob Franz Josef Strauß ein Stück weiter auf jenes Amt zumarschieren kann, das er ohne Krieg und Umsturz schwerlich wieder verlassen müsste.» Und er listet die Umstände der Entstehung einer solchen Kanzlerherrschaft sogar detailliert auf: «Es könnte anfangen mit einer Wahlrechts-Manipulation (...) Die Todesstrafe würde, auch für politische Straftaten, eingeführt (...) Hat eine Bundestagsmehrheit den Franz Josef Strauß erst einmal zum Kanzler gewählt, wird sie sich am nächsten Tag in Abhängigkeit von dem Gewählten wiederfinden (…) Es bedürfte nur einer einzigen Krise, um die Unabsetzbarkeit dieses geübten Panikmachers zu begründen.»

Eine «Kriegserklärung», wie Augstein später selbst einräumt. Ein einzelner Journalist, berstend vor Selbstbewusstsein, glühend vor moralischer Überlegenheit, erklärt sich zur höchsten politisch-moralischen Instanz und fordert ein ganzes Land auf, einen ihm persönlich missliebigen Politiker «abzuschütteln». Dieser Artikel ist alles zugleich: dreiste Anmaßung, mutige Tat, mörderische Attacke. Und damit beginnt eine Auseinandersetzung, die, wie schon der Eröffnungszug, teilweise mit exemplarischer Intelligenz, aber streckenweise auch tief unter der Gürtellinie geführt wird.

Rechtsanwalt Cramer erstattet im Namen von Strauß Strafanzeige wegen mehr als hundert Beleidigungen. Schon im Februar 1962 stellt die Staatsanwaltschaft Hamburg das Verfahren ein. Zugleich hatte Strauß aber in Nürnberg eine einstweilige Verfügung beantragt, da der Beitrag nach seiner Auffassung «eine einzige außergewöhnlich schwere Beleidigung» darstelle. 62 Behauptungen sollten nicht mehr wiederholt werden dürfen. Das Nürnberger Landgericht verbietet willfährig gleich den ganzen Artikel. Das Oberlandesgericht wiederum untersagt in der Berufungsverhandlung nur die Wiederholung von zehn Behauptungen, darunter aber seltsamerweise auch Zitate aus englischen Zeitungen. Eine Verfassungsbeschwerde des «Spiegels» gegen das Urteil des Oberlandesgerichts wird in Karlsruhe verworfen.

Und der Kampf geht weiter. Auch das Publikum formiert sich jetzt, pro und contra. Die einen entdecken bei Augstein «pathologische Hassgefühle» gegen Strauß. Die anderen sehen in ihm den wackeren Robin Hood im Gestrüpp des Bonner Sherwood Forest. Augstein selbst erklärt: «Es kann keinen Waffenstillstand und keinen ‹modus vivendi› geben, solange er (Strauß) seine politischen Gegner mit Kommunisten gleichsetzt.» Strauß wird jetzt regelrecht gejagt.

Im Mai 1961, einen Monat nach Augsteins polemischer Kriegserklärung, beginnt neben der politischen Auseinandersetzung auch eine neue Enthüllungskampagne gegen den Minister. Sie ist als

FIBAG-Affäre in den Bestand unvergesslicher deutscher Politskandale eingegangen, weil sie entscheidend dazu beitrug, die eigentliche «Spiegel»-Affäre auszulösen – und damit den Sturz von Franz Josef Strauß.

Seit Strauß das Amt des Verteidigungsministers übernommen hat, gehen in der Bonner Ermekeilkaserne, seinem Amtssitz, merkwürdige Gestalten ein und aus. Die meisten, wie «Onkel Aloys» Brandenstein, nehmen Platz vor den Schreibtischen von Oberst Herbert Becker oder Hauptmann Alfred Sagner, der das Ministerbüro leitet. Manche dieser dubiosen Gestalten werden aber auch direkt zu Strauß vorgelassen.

Lothar Schloß ist ein umtriebiger, mäßig erfolgreicher Architekt in München, der eines Tages im Frühling 1960 davon hört, dass die US-Army in Deutschland ein Wohnungsbau-Programm für die Angehörigen ihrer Truppen plant. Es geht um immerhin 5500 Wohnungen mit einem Kostenvolumen von 300 Millionen Mark. Da würde Schloß, wie viele andere auch, gern mitspielen, aber wie soll man als einfacher Münchner Architekt das Pentagon überzeugen? Auch fehlen ihm die nötigen Verbindungen in die Bonner Machtzentralen. Aber er ist bekannt mit dem Passauer Zeitungsverleger Johann Evangelist Kapfinger, dem «bayerischen McCarthy». Kapfinger unterhält gute Beziehungen zur CSU-Landesleitung und zu CSU-Generalsekretär Fritz Zimmermann. Am 6. Mai 1960 gründen Schloß und ein paar Freunde eine Firma, die «Finanzbau Aktiengesellschaft» (FIBAG). Für Kapfinger halten sie 25 Prozent des Grundkapitals (500000 Mark) in Gratis-Aktien bereit, falls es ihm gelingt, seinen Beitrag zur Lösung des Problems zu leisten.

Am 20. Juni 1960 wird unter dem offiziellen Briefkopf des Ministers der folgende Brief geschrieben – direkt an den amerikanischen Amtskollegen, den Chef des Pentagons, Verteidigungsminister Thomas S. Gates: «Sehr geehrter Herr Kollege! Nach den meinem Ministerium zugegangenen Informationen ist die amerikanische Armee daran interessiert, eine beträchtliche Anzahl von Wohnungen in Deutschland zu bauen. Das Bundesministerium der Verteidigung hat damit unmittelbar nichts zu tun, hat aber die Pläne des Architekturbüros

Lothar Schloß, München, die bei ihm eingereicht sind, geprüft und Herrn Schloß die in Abschrift beigefügte Bestätigung ausgestellt. Es handelt sich um dieselbe Firma, die bereits im Jahre 1956 das amerikanische Unterkunftsprojekt in Frankreich bearbeitet hat. Dieses Projekt wurde dann aus verständlichen Gründen einer französischen Firma übertragen. Ich weise darauf hin, dass die vom Architekturbüro Schloß vorgelegte Planung hier geprüft und als brauchbar bezeichnet worden ist. Wenn Sie daran interessiert sind, das Unterkunfts-Projekt der US-Armee in Deutschland weiterzuverfolgen, bitte ich, diese Ihren Experten bekannte Planung prüfen zu lassen und zu verfolgen. Mit freundlichen Grüßen, Strauß.»

An diesen Behauptungen stimmt gar nichts; richtig ist nur die Feststellung, dass das Verteidigungsministerium mit dieser ganzen Angelegenheit «unmittelbar nichts zu tun hat». Die Amerikaner sind denn auch peinlich berührt und reagieren nicht sofort, Hans Kapfinger scheint aber weiterhin Druck gemacht zu haben, sodass Strauß dem «lieben Hans» persönlich unter dem 4. August 1960 schreiben muss: «Ich glaube, wir sollten bei den Amerikanern nicht allzu stark drängen, weil das erfahrungsgemäß zu negativen Rückschlüssen und negativen Reaktionen führt.»

Die Briefe und Begleitumstände der FIBAG-Affäre werden zwischen Mai 1961 und Januar 1962 im «Spiegel» veröffentlicht. Selbst die meist noch recht fügsame deutsche Öffentlichkeit findet, dass derlei Liebesdienste zu weit gehen. Die «Frankfurter Allgemeine Zeitung» schreibt: «Ein Minister, der einen solchen Brief aus seinem Hause hinausgehen lässt, scheint einen wesentlichen Unterschied zwischen Deutschland und dem Balkan aus dem Auge verloren zu haben.» Ende Januar 1962 schiebt der «Spiegel» weitere Details nach und behauptet jetzt, Strauß habe sich insgeheim an Kapfingers Gewinn beteiligen wollen, denn Kapfinger habe gesagt, das Ganze werde ein Bombengeschäft, es sei «nur schade, dass er die Hälfte des Gewinns mit Strauß teilen» müsse.

Die Opposition setzt einen Parlamentarischen Untersuchungsausschuss ein. Strauß tobt. Er schwört, jede Stunde, welche die Augstein-Leute ihn zwingen, sich mit FIBAG zu befassen, wolle er ihnen heimzahlen. Vor dem Untersuchungsausschuss versucht er am 13. April 1962 zunächst, eine rhetorische Lawine loszutreten. Das Protokoll seiner ersten Aussage umfasst 120 Seiten, ein Wortschwall, ausschweifend und nichts sagend. Für ihn ist «der Fall Schloß nicht ein Einzelfall, bei dem ich einen Vermerk draufgeschrieben habe, sondern er ist ein Fall von Tausenden, ohne dass ich mich, wie in den meisten Fällen, vom Ausgang dann persönlich überzeugt habe». Der Ausschuss stellt am Ende zahlreiche «Ungenauigkeiten» fest und erteilt dem Minister eine, allerdings butterweiche, Rüge: Er habe sich «der Gefahr ausgesetzt, den Eindruck hervorzurufen, die Sache mit leichter Hand behandelt zu haben».

Strauß behauptet, das Ganze sei eine «Kampagne, deren Hintergrund-Rechercheure in Pankow sitzen». Strauß glaubt wahrscheinlich selbst daran. Es ist der Sommer 1962, die hysterische Zeit zwischen Mauerbau und Kubakrise, er hält den Krieg jetzt für fast schon unausweichlich. Seine Angst vor den Russen, den Kommunisten, den Bolschewisten hat längst paranoide Züge angenommen. Für ihn sind sie auf die Vernichtung des Westens aus, und ihre Helfershelfer sind überall, auch im Parlament, auch in den Medien, besonders in Hamburg. Strauß überzieht die «Spiegel»-Autoren und ihren Herausgeber Augstein mit einer Flut von Prozessen.

Augstein und Strauß treffen sich hinfort immer häufiger auf den langen Fluren und kargen Sitzbänken deutscher Gerichtsgebäude. Im September 1961, bei der Nürnberger Verhandlung über den «Endkampf»-Artikel, sagt Augstein dem Minister ins Gesicht: «Ganz bestimmt beabsichtigen Sie keinen Krieg, dazu sind Sie viel zu vernünftig, niemand bestreitet das – unsere Behauptung ist, dass, ohne dass Sie es wollen, diese Politik in Krieg enden muss.» In Sachen FIBAG wird ein Vergleich geschlossen: Der «Spiegel» erklärt, er habe nicht behaupten wollen, Strauß «habe sich für die Förderung des ‹housing program› materielle Vorteile zusichern lassen» – was er freilich auch nie behauptet hat; er hat immer nur Kapfinger zitiert, der diese Behauptung aufgestellt hatte. So wird die einstweilige Verfügung, die Strauß gegen den «Spiegel» erwirkt, hinfällig.

Doch die Verfahren laufen weiter, bis 1965. Berühmt geworden ist das Urteil des Münchner Landgerichts (Az. 180680/64): «Es kann keinem Zweifel unterliegen, dass an ihm (Strauß) der Geruch der Korruption anhaftet.» Diese Formulierung ist, sehr verkürzt, tausendfach benutzt worden, beinahe als ultimativer Beleg für die Korruptheit des Franz Josef Strauß. In der Hauptsache stellt das Urteil aber, zwei Sätze vorher, beinahe das Gegenteil fest: Es verbietet Augstein zu behaupten, «Strauß sei ein der Korruption schuldiger Minister, der während seiner Ministerzeit Geld angenommen habe, das ihm nicht gehörte». Augstein und seine Anwälte können eine begangene Korruption bei Strauß niemals beweisen, auch später nicht. Der «Geruch der Korruption» ist aber – abgesehen von der Frage, wer diesen Geruch überhaupt erzeugt – etwas anderes als eine nachgewiesene Korruption.

Auch im Bundestag versandet die FIBAG-Affäre. Das Parlament billigt am Donnerstag, dem 25. Oktober 1962 (also am Tag vor der Aktion gegen den «Spiegel»), nach fünfstündiger Debatte den Abschlussbericht des Untersuchungsausschusses und urteilt mit knapper Regierungsmehrheit über den Verteidigungsminister, er habe seine Dienstpflichten nicht verletzt. Carlo Schmid, der weise Mann der SPD, mahnt die Abgeordneten: «Vielleicht veranlasst das den einen oder anderen von uns, genauer hinzusehen, wenn ihm ein guter Freund einen Mann empfiehlt, der mit unserer Empfehlung Geschäfte machen möchte. Da stehen wir alle miteinander in einer Gefahrenzone.» Der Staatsrechtler Theodor Eschenburg schreibt in der «Zeit», Strauß sehe sich offenbar über allgemeine Regeln erhaben, fühle sich als «Minister legibus absolutus». Wie richtig diese Einschätzung ist, wird sich schon binnen 24 Stunden zeigen.

Denn während der hitzigen Debatte, die Strauß weitgehend stumm und mit erstarrtem Gesicht auf der Regierungsbank über sich ergehen lässt, kostet er bereits die Genugtuung aus, dass in wenigen Stunden die Staatsmacht gegen seine Feinde und ihr «Zentralorgan» losschlagen wird. Die Stunde der Rache ist gekommen. Augstein will seinen «Endkampf»? Er soll ihn bekommen. Jetzt ist Strauß am Zug.

In den vergangenen vier Jahrzehnten ist die «Spiegel»-Affäre in der öffentlichen Wahrnehmung verzerrt, vergröbert und zum Gemeinplatz gemacht worden. Man ist sich häufig des Falschen ganz sicher, jeder meint irgendwie zu wissen, es sei «Straußens versuchter kleiner Staatsstreich» (Joschka Fischer) gewesen oder die «von Strauß angeordnete illegale Durchsuchung der Spiegel-Räume» (Philip Gorski). Selbst «Spiegel»-Chefredakteur Stefan Aust schreibt Jahrzehnte später über «Franz Josef Strauß, der Augstein ins Gefängnis brachte …». Tatsächlich hat Strauß keine Durchsuchung angeordnet und auch Augstein nicht ins Gefängnis gebracht, geschweige denn einen Staatsstreich versucht. Aber dem Mann war schließlich alles zuzutrauen, vom Atomkrieg bis zum Staatsstreich.

Es sind viele Bücher und Artikel über die «Spiegel»-Affäre, diese erste schwere Staatskrise der jungen Bundesrepublik, erschienen. Nur wenige haben dazu beigetragen, Licht in das Dunkel der Halbwahrheiten und Fälschungen zu bringen; die meisten haben sie, je nachdem, ob sie pro oder contra Strauß geschrieben wurden, nur benutzt, um ihn zu belasten oder ihn, genauso blindlings, zu entschuldigen. Alle seriösen Untersuchungen sind stets zu dem Ergebnis gekommen, dass Strauß jedenfalls nicht der Drahtzieher der Affäre war, dass er sie nicht ausgelöst und auch nicht vorangetrieben habe. Er habe nur die Gunst der Stunde genutzt und sich auf einen bereits fahrenden Zug geschwungen, voller Genugtuung, dass es nun seinem Feind Augstein, der ihm von der Hahlbohm- bis zur FIBAG-Affäre so viel Schmach angetan hatte, an den Kragen gehe.

Erst der «Spiegel»-Autor Wolfram Bickerich hat mit einem im Rhöndorfer Adenauer-Archiv gefundenen, streng geheimen Strauß-Brief von November 1962 beweisen können, dass die damalige Staatsaffäre noch sehr viel spannender, doppelbödiger und verwickelter war, als man bis dahin glaubte. Und dass Franz Josef Strauß sehr wohl ein Täter war, der den gesamten Fortgang der Ereignisse, nicht nur die Verhaftung von Conrad Ahlers, aktiv beeinflusste – aber zugleich Opfer eines noch viel gerisseneren Mitspielers, des greisen Kanzlers, der seinen Minister schließlich fallen ließ, um selber an der Macht zu bleiben: Strauß war Raubtier und Beute zugleich.

Als der Artikel «Bedingt abwehrbereit» erscheint, am 8. Oktober 1962, ist Strauß mit Marianne und den drei kleinen Kindern in seinem Ferienhaus in Les Issambres an der Côte d'Azur. Diese Tatsache gilt ihm später immer als Beweis, dass er zunächst in das Verfahren gar nicht verwickelt gewesen sein konnte; er habe den Artikel nicht einmal gekannt. Fest steht aber, dass sein Pressereferent, Oberst Gerd Schmückle, ihm bei einem Besuch in Südfrankreich die aktuelle «Spiegel»-Ausgabe mitbrachte. Es ist auch verbürgt, dass Strauß ein paar Tage nach der Veröffentlichung, ebenfalls noch aus Südfrankreich, an Adenauer schrieb: «Inzwischen haben neue Angriffe gegen mich begonnen, die eine raffinierte Vermengung richtiger Details mit falschen Behauptungen darstellen. Der publizistische Terror ist genau so eine kriminelle Angelegenheit wie der gewaltsame.»

Wann wird ihm klar, dass der Ahlers-Artikel über das Fallex-Manöver der lang ersehnte Anlass sein könnte, gegen Augstein zurückzuschlagen? Mit wem hat er, zum Beispiel auch am Telefon, darüber gesprochen? Ist es ein Zufall, dass der Würzburger Professor Friedrich August von der Heydte, ein Oberst der Reserve und der Kampfgefährte von Strauß beim Komitee «Rettet die Freiheit», derjenige ist, der gegen den «Spiegel» Anzeige bei der Bundesanwaltschaft erstattet? Ein Zufall auch, dass von der Heydte wenig später zum Brigadegeneral der Reserve befördert wird? Er erklärt fröhlich dem «Stern»: «Ihre Leser dürfen es nicht damit in Verbindung bringen, dass das sozusagen eine Belohnung war.»

Der zuständige Bundesanwalt Walter Wagner von der Karlsruher Behörde setzt also pflichtgemäß eine Vorermittlung in Gang. Als Erstes muss er herausfinden, ob es sich bei etlichen Details der Ahlers-Reportage tatsächlich, wie von der Heydte behauptet, um militärische Geheimnisse gehandelt hat – und bei ihrer Veröffentlichung also um Geheimnisverrat. Deshalb wendet er sich mit der Bitte um ein Gutachten an das Bundesministerium der Verteidigung, also an die Behörde, die Strauß leitet. Dies ist der Stand der Dinge, als Strauß am 16. Oktober seinen Dienst nach dem Urlaub wieder antritt. Und an diesem Morgen ergreift Strauß die Chance, die sich ihm bietet.

Er bittet eine kleine Gruppe von Mitarbeitern zur Lagebesprechung in sein Ministerzimmer: seinen Staatssekretär Volkmar Hopf, den mit dem Gutachten befassten Oberregierungsrat Heinrich Wunder und dessen Chef, den Referatsleiter Hans-Günther Schwenk. Wunder referiert, er habe in dem «Spiegel»-Artikel bereits «zum Teil äußerst wichtige Verratsmomente» entdeckt.

Zwei Tage später, am 18. Oktober, erstattet Strauß seinem Kanzler Bericht. Adenauer fordert ihn auf, er solle sich um rückhaltlose Aufklärung bemühen. Strauß behauptet, Adenauer habe ihm sogar «Vollmacht erteilt, so vorzugehen, wie ich es für nötig erachtete».

Aus dem streng geheimen Brief, den Strauß Wochen später (am 19. November 1962) an Adenauer schreibt und der erst dreißig Jahre später bekannt wird, ergibt sich, dass es Strauß an diesem Donnerstag, dem 18. Oktober, im Gespräch mit Adenauer auch gelingt, den eigentlich zuständigen Kabinettskollegen, Justizminister Wolfgang Stammberger, auszuschalten – mit Genehmigung des Kanzlers. Es gebe nämlich, so erklärt Strauß dem Kanzler, ein Stammberger-Dossier mit «äußerst peinlichen und delikaten Details», und dieses Dossier sei bedauerlicherweise dem «Spiegel» in die Hände gefallen. Dies habe ihm Reinhard Gehlen, der Geheimdienstchef, anvertraut. «Und ich weiß aus eigener Erfahrung», so Strauß, «dass der Spiegel aus nichts vieles und aus einer Kleinigkeit alles machen kann.» (Später wird sich herausstellen, dass es in dem «Dossier» lediglich um eine Bagatelle ging: um eine Unterschriftenfälschung als Soldat im Zweiten Weltkrieg.) Dass Adenauer diese Anschuldigungen ungeprüft übernimmt und seinen Justizminister aus dem anlaufenden Verfahren heraushält, verrät genauso viel über ihn wie über Strauß. Jedenfalls macht Strauß sich auf diese Weise immer mehr zum Herrn des Verfahrens.

Tags drauf, am Freitag, dem 19. Oktober – eine Woche vor dem Zugriff aufs Hamburger Pressehaus –, bringt Heinrich Wunder sein Gutachten persönlich nach Karlsruhe. Obendrein reist am nächsten Tag, obwohl es ein Samstag ist, auch noch Staatssekretär Hopf eigens nach Karlsruhe, um – über den Text des Gutachtens hinaus – die Bundesanwaltschaft mit ein paar politischen Einschätzungen «zu orientieren», das heißt, die Sache so dramatisch wie möglich darzustellen. Der Ahlers-Artikel habe «die Bundesregierung in eine äußerst schwierige Lage gebracht», auch amerikanische Dienststellen hätten sich «bestürzt gezeigt»; es gehe «nicht nur um die Staatssicherheit, sondern auch um die Vertrauenswürdigkeit und die Bündnisfähigkeit der Bundesregierung». Bundesanwalt Walter Wagner fragt den Staatssekretär mehrfach und eindringlich, ob nicht doch «etwas Persönliches» hinter der Sache stecke, man wisse doch, dass Strauß und der «Spiegel» miteinander überquer lägen ... Aber Hopf garantiert ihm, «von einer Replik des Ministers auf die Anwürfe im ‹Spiegel› gegen ihn» könne absolut keine Rede sein.

Am Montag, dem 22. Oktober 1962, entsteht jene bereits beschriebene weltpolitische Konstellation, die alle am Verfahren gegen den «Spiegel» Beteiligten in eine zusätzliche Hysterie versetzt: Kennedy berichtet dem amerikanischen Volk von den sowjetischen Mittelstreckenraketen auf Kuba. Die Welt driftet möglicherweise auf einen Krieg zu, und gerade jetzt gibt es «undichte Stellen» in der Bundeswehr, verräterische Offiziere, die mit Journalisten zusammenarbeiten?

Strauß greift zum Hörer – zu jenem Hörer der Sonderleitung zum Kanzler, die nur in Notfällen benutzt wird, und redet auf den greisen Alten ein. In dem dreißig Jahre später aufgefundenen «streng geheimen» Schreiben heißt es über dieses Telefonat: «Ich habe Ihnen mitgeteilt, dass ich die Angelegenheit für schwerwiegend halte, weil sie an die Grundfesten unseres Staates rühre. Ich habe Sie weiter gefragt, ob Sie als Bundeskanzler und Regierungschef mit Ihrer vollen Autorität die Maßnahmen, die zur Strafverfolgung der Beschuldigten und zur Aufdeckung des Sachverhalts notwendig sind, decken und ob ich mich darauf verlassen und im gegebenen Fall berufen könne. Sie haben diese Frage mit Ja beantwortet und hinzugefügt, dass ich jederzeit sogar eine schriftliche Bestätigung von Ihnen darüber haben könnte. Ich habe darauf erwidert, dass mir das klare Wort des Regierungschefs genüge.»

Am nächsten Tag, bei einem offiziellen Essen mit dem irischen Ministerpräsidenten, kann Strauß seinem Kanzler in einem unbeobachteten Moment zuraunen, «die Sache» verlange «strengstes Stillschweigen». Adenauer erwidert, er habe «nicht einmal Herrn Globke

Bescheid gegeben». Der Kanzler hält sich tatsächlich, wenn auch nur für kurze Zeit, an die ihm von Strauß auferlegte Verschwiegenheit, auch als es am Mittwoch, dem 24. Oktober, in einem hektischen Gespräch mit Schröder, Carstens, Krone und Strauß um die Kubakrise geht. Die sowjetischen Schiffe sind nur noch wenige Stunden von jenen amerikanischen Kriegsschiffen entfernt, was wird passieren, wenn sie aufeinander treffen? Adenauer ist, wie alle seine Gesprächspartner an diesem Tag, für Härte und Durchgreifen: Erst die Bombardierung der Insel, so hat er es auch dem US-Botschafter in Bonn empfohlen, dann die Invasion – ganz wie Kennedy es zu planen scheint.

Am gleichen Tag treibt Strauß im Hintergrund das Verfahren gegen Augstein weiter voran – nicht in seiner strafrechtlichen, aber in der politischen Dimension. Die Bundesanwälte pochen mit Nachdruck auf ihre Vorschrift, in solch wichtigen Verfahren müsse der Justizminister informiert werden. Strauß, der Stammberger unbedingt raushalten will, findet die Lösung, indem er nur dessen Staatssekretär zu einem Gespräch einlädt, Walter Strauß, der zufällig denselben Nachnamen trägt. Strauß eröffnet Strauß, es liege eine strenge Weisung des Bundeskanzlers vor, den Justizminister nicht zu unterrichten. Der Justiz-Staatssekretär ist tatsächlich bereit, sich seinem eigenen Minister gegenüber illoyal zu verhalten. So wird der FDP-Politiker endgültig ausgeschaltet. Warum der ganze Aufwand gegen Wolfgang Stammberger? Strauß hatte wahrscheinlich Angst, dass Stammberger seinen Parteifreund Rudolf Augstein von der bevorstehenden Aktion hätte warnen können.

Abends ist er mit Marianne und zwei Freunden im Bonner Hotel «Bergischer Hof» zum Essen und, leider, auch zum Trinken, und im Verlauf des Abends offenbart er seinen Freunden, das mit dem «Spiegel» werde nicht mehr lange so weitergehen, bald werde etwas geschehen. «Und jede Minute, die die mich mit FIBAG beschäftigt haben, werde ich denen heimzahlen.»

Am späteren Abend erscheint der Minister dann noch bei einem Empfang des Bundespräsidenten für die Bonner Abgeordneten, auf Schloss Brühl bei Bonn. Alle Welt steht im Banne des Geschehens in der Karibik. Wird es Krieg geben? Der oberste Kriegsherr der

Bundesrepublik interessiert sich dafür nur am Rande. Strauß weiß, dass der Einsatz gegen seinen Herausforderer jetzt unmittelbar bevorsteht. An diesem Tag sind die Haft- und Durchsuchungsbefehle unterzeichnet worden.

Ist es eine Art von Vorfreude? Schwer auszuhaltende Spannung? Jedenfalls trinkt Strauß immer weiter, noch mehr als gewöhnlich. Nach Aussagen von höchst verwunderten Kollegen soll er getobt haben, man werde (den abwesenden) Helmut Schmidt bald «als Landesverräter einsperren». Man hat ihm nämlich – was hier niemand weiß – berichtet, dass sein alter politischer Gegner, der Verteidigungsexperte und jetzige Hamburger Innensenator, das Ahlers-Manuskript vor der Veröffentlichung gegengelesen und mit Anmerkungen versehen habe. Schmidt ist also für Strauß ein Mitspieler im großen fluchwürdigen Skandal um den Geheimnisverrat bei der Bundeswehr. Einige anwesende Parlamentarier beschimpft er als den «verlängerten Arm des Spiegels». Und auf den SPD-Kollegen Gerhard Jahn (den späteren Justizminister) deutend, soll er geschrien haben: «So etwas gehört aufgehängt!» Alle diese Einzelheiten hat der amerikanische Historiker David Schoenbaum recherchiert. Andere Augenzeugen glauben gehört zu haben, er, Strauß, wolle Jahn «den Schädel spalten» wegen seiner «dreisten Fragerei» im Rahmen der FIBAG-Untersuchung im Bundestag. Schließlich soll er, wie die «Neue Zürcher Zeitung» schrieb, «seiner Sinne nicht mehr mächtig gewesen» sein. Nur wenige Stunden vor der sehnlichst erwarteten Aktion gegen den «Spiegel» und auf dem Höhepunkt der Kubakrise endet der Abend für den deutschen Oberbefehlshaber Strauß in den Rokoko-Büschen des Parks von Schloss Brühl.

Am Freitagabend, um 20 Uhr 30, eine halbe Stunde vor Beginn der Polizeiaktion in Hamburg, wird der dortige Innensenator von einem Ministerialdirigenten des Bundesinnenministeriums über die bevorstehende Aktion unterrichtet. Helmut Schmidt macht sofort «schwere politische Bedenken» geltend. Dass alsbald gegen ihn ein Ermittlungsverfahren wegen «Beihilfe» anlaufen wird, verschweigt man ihm. In Bonn wartet Strauß gespannt. Als der Zugriff der Fahnder schließlich erfolgt ist, als Redakteure verhaftet, Dokumente beschlagnahmt, Räume versiegelt sind, erstattet Staatssekretär Volkmar Hopf seinem Minister Vollzug. Alles wie vorgesehen. Fast alles. Denn Augstein ist nicht auffindbar. Die neuesten Meldungen lauten, er sei in letzter Minute geflüchtet und auf dem Weg nach Kuba. Möglicherweise mit einem sowjetischen U-Boot. Conrad Ahlers wiederum sei zwar in Andalusien lokalisiert worden, er sei aber ebenfalls dabei abzutauchen, morgen früh wolle er sich nach Tanger absetzen.

Die beiden Hauptschuldigen auf der Flucht und außerhalb der deutschen Zugriffsmöglichkeiten – eine herbe Enttäuschung für den Minister. So nimmt Strauß die Festnahme von Conrad Ahlers selbst in die Hand. Er lässt sich spätabends von Otto Finger, seinem Fahrer, in seine Diensträume in der Ermekeilkaserne fahren, wo er beim Eintreffen «weitgehend nüchtern» wirkt, wie sein Referent Wagenknecht sich später erinnert.

Er ruft Adenauer in dessen Privathaus in Rhöndorf an und schildert dem Kanzler die aktuelle Lage: Augstein verschwunden, wahrscheinlich unterwegs nach Kuba, Ahlers auf der Flucht und in wenigen Stunden womöglich schon in Marokko. Dazu die internationale Lage, die beklemmende Aussicht, möglicherweise in wenigen Stunden militärische Maßnahmen zur Verteidigung West-Berlins ergreifen zu müssen – und das «mit einer gefährlichen Sicherheitslücke» im Ministerium. Adenauer sagt: «Tun Sie alles, was Sie für nötig, für möglich und für verantwortbar halten, um die Flucht des Vaterlandsverräters zu unterbinden.»

Torremolinos, Andalusien, Spanien? Dazu fällt Strauß sofort ein alter Freund ein: Achim Oster. Strauß versucht ihn in Madrid zu erreichen, den Oberst, den er seit vielen Jahren, seit den Nachkriegs-Diskussionen beim «Ochsensepp», gut kennt. Oster ist jetzt Militär-Attaché an der deutschen Botschaft in Spanien. Strauß erreicht aber zunächst nur, um 1 Uhr 25 in der Nacht, den Kanzler der Botschaft, Otto Reif, dem er sogleich den Befehl erteilt: «Ich erwarte, dass Sie alles tun, damit Oberst Oster in einer eiligen und wichtigen Sache mich innerhalb von dreißig Minuten anruft … Es geht um eine ungeheuer wichtige Information im Zusammenhang mit der Kubakrise. Dies ist ein dienstlicher Befehl!» Nun ist aber der deutsche Verteidigungsminister nicht der Dienstvorgesetzte deutscher Diplomaten. Also ergänzt Strauß, wie Reif später berichtet: «Ich handle in diesem Augenblick auch im Namen des Herrn Bundeskanzlers und des Herrn Außenministers.»

Der erschrockene Reif schlägt Alarm, lässt Leute ausschwärmen, den Attaché schließlich irgendwo in der Madrider Freitagnacht auftreiben und in die Botschaft bringen. Man ruft Strauß in Bonn an. Strauß erklärt Oster das außenpolitische Umfeld, Kubakrise, NATO-Alarmbereitschaft: «Ich komm soeben vom Bundeskanzler, und das, was ich jetzt zu sagen habe, ist ein dienstlicher Befehl zugleich im Namen des Bundeskanzlers.» Es gelte, Ahlers so schnell wie möglich festzusetzen, ein Haftbefehl für die spanischen Behörden sei über Interpol unterwegs, man müsse aber unmittelbar die Flucht des «Spiegel»-Autors verhindern. In Wirklichkeit wird ein Haftbefehl gegen Conrad Ahlers vom BKA erst etwa zehn Stunden später aufgegeben. Achim Oster, mit Conrad Ahlers seit den Zeiten im «Amt Blank» ebenso befreundet wie mit Strauß, weiß Rat. Er selbst hat ja seinem Freund Conny das Hotel in Torremolinos empfohlen, in dem dieser Urlaub macht. Strauß bleibt die ganze Nacht auf seinem Kommandoposten. Oster ruft noch zwei-, dreimal an. Dann meldet er Vollzug, spanische Polizisten haben Ahlers verhaftet.

Gegen sechs Uhr früh lässt sich Strauß erschöpft und glücklich in die Polster seines Dienstwagens fallen, schlägt sich mit unbändiger Freude – wie sich sein Fahrer Otto Finger erinnert – auf die Schenkel und ruft: «Die Schweine – jetzt haben wir sie endlich!» Er könne jetzt endlich beweisen, dass es sich bei den «Spiegel-Banditen» um vaterlandslose Gesellen handelt, die erst Staatsgeheimnisse verraten und sich dann ins Ausland abgesetzt hätten. Dann lässt sich Strauß in seine Dienstvilla fahren, zu seiner Frau und den drei Kindern.

Wenige Stunden später muss er erkennen, dass er sich in einigen wichtigen Punkten geirrt hat. Augstein war nicht auf der Flucht nach Kuba, sondern stellte sich an diesem Tag in Hamburg freiwillig der Polizei. Ahlers war tatsächlich auf einer Urlaubsreise und keineswegs auf der Flucht gewesen. Auch der geplante Abstecher nach Marokko sollte rein touristischen Interessen dienen. Ahlers hatte bei seiner

Festnahme ein Hin- und Rückflugticket in der Tasche. Obwohl Ahlers wusste, dass seine Festnahme illegal war, erklärte er sich bereit, freiwillig nach Deutschland zurückzukehren. Am Nachmittag dieses Tages ist der deutsche Minister der Verteidigung zum Tee in das Rhöndorfer Haus des Kanzlers gekommen. Stolz meldet er, die spektakuläre Aktion sei mit der Festnahme der beiden Hauptverdächtigen nunmehr abgeschlossen.

Am nächsten Tag, am Sonntag, dem 28. Oktober 1962, teilt Chruschtschow über Radio Moskau aller Welt mit, er werde die Raketen aus Kuba wieder abziehen. Die Welt ist noch einmal gerettet, die Angststarre löst sich, man wendet sich wieder dem eigenen Land zu. Am Montag beginnen in Deutschland die Fragen zur «Spiegel»-Krise. Die Öffentlichkeit geht zunehmend davon aus, der «Adenauer-Staat» habe versucht, kritische Journalisten mundtot zu machen und einen Angriff auf die Pressefreiheit zu führen. Die bereits dreizehn Jahre dauernde «Ära Adenauer» droht im Sog der Affäre unterzugehen. Selten zuvor in der Bundesrepublik hat ein politisches Ereignis so viel Aufsehen erregt, Proteste, Kundgebungen, sogar Sitzstreiks.

Die Aufklärung kommt nur schleppend in Gang. Anfang November ist die Frage nach den Schuldigen noch nicht einmal richtig gestellt worden. Man weiß zum Beispiel nicht, wie und wo es zur Verhaftung von Conrad Ahlers gekommen ist. Strauß erklärt dem Nürnberger «8-Uhr-Blatt» auf entsprechende Fragen: «Nein. Es ist kein Racheakt meinerseits. Ich habe mit der Sache nichts zu tun. Im wahrsten Sinne des Wortes nichts zu tun.»

Kurz darauf, am 7. November, gibt in Galicien, im fernen Spanien, der junge Informationsminister Francos, Fraga Iribarne, der Zeitschrift «Pueblo» ein Interview, in dem er erklärt, man habe vor einiger Zeit in Torremolinos einen deutschen Journalisten verhaftet – auf besonderen Wunsch der deutschen Regierung beziehungsweise des deutschen Verteidigungsministers.

Diese Nachricht platzt wie ein Sprengsatz in die parlamentarische Anhörung, die just an diesem Tag in Bonn begonnen hatte. Bis dahin hat Strauß die Fragen nach der Verhaftung Conrad Ahlers' bürokratisch abgewiegelt: «Eine deutsche Behörde kann diese Veranlassung überhaupt nicht treffen, weil alle Maßnahmen dieser Art nach dem in dem jeweiligen Land geltenden nationalen Recht von der nationalen Behörde getroffen werden.» Doch Fraga Iribarne verlangt jetzt im «Pueblo» Aufrichtigkeit: «Warum leugnet der deutsche Minister seine Teilnahme an dieser Sache?»

Tief in der Nacht vom 7. zum 8. November 1962 ist Strauß fast entschlossen, am nächsten Morgen im Bundestag die ganze Wahrheit über seinen nächtlichen Einsatz bei der Festnahme Conrad Ahlers' zu sagen. Seine beiden Freunde und Parteikollegen Hermann Höcherl und Richard Stücklen beschwören ihn, eine entsprechende Erklärung abzugeben und die Motive seines Handelns offen zu legen. Er solle sagen, er sei davon ausgegangen, «ob es nun so geschrieben steht oder nicht», dass es zu seinen Amtspflichten gehöre, «alles zu unternehmen, die undichte Stelle seines Ministeriums ausfindig zu machen, um sie trockenzulegen.» Stücklen erzählt: «Es vergingen Stunden, bis wir ihn so weit hatten. Gegen 2 Uhr 30 am frühen Morgen hat er uns zugesagt, er sei bereit, eine Erklärung in diesem Sinne abzugeben. Am Morgen des 8. November saß ich neben Strauß auf der Regierungsbank. Ich wollte ihn ermuntern. Als die Fragestunde aufgerufen wurde, habe ich Franz Josef Strauß angestoßen und ihm noch gesagt: ‹Franz Josef, jetzt.› Leider hat er in dieser schicksalhaften Stunde nicht die Größe und nicht den Mut gehabt.»

Es fehlt Strauß nicht nur an der nötigen Courage. Er hat längst erkannt, dass er in der Falle sitzt. In einer Glaubwürdigkeitsfalle, die Augstein ihm schon länger gestellt hat. Strauß muss fürchten, seine Art der «Amtshilfe» bei der Ahlers-Festnahme werde vom Parlament und der Öffentlichkeit nur als persönlicher Rachefeldzug gegen das Hamburger Magazin betrachtet. Die anderen Argumente – Sorge um die Sicherheit, undichte Stellen bei der Bundeswehr, Ahlers als Partner verräterischer Offiziere – hätte ihm niemand mehr abgenommen. Also schweigt er lieber. Vielleicht kommt er ja durch.

Doch die Opposition im Bundestag lässt nicht locker. Fritz Erler von der SPD stellt an diesem Morgen die Frage: «Wer hat die Weisung an Herrn Oster gegeben, die Festnahme von Herrn Ahlers zu veranlassen?» Strauß weicht aus. Er spricht immer nur von «meinem

Haus», «meinem Ministerium», nie von sich selbst, so als sei er gar
nicht dabei gewesen: Weit nach Mitternacht sei sein Haus «durch die
Sicherungsgruppe» verständigt worden, dass Achim Oster, der Militärattaché, möglicherweise wisse, wo sich Ahlers aufhalte. «Auf dem
Wege der Amtshilfe» habe sein Ministerium dann bei Oster in Madrid nachgefragt. So sei es zur Festnahme gekommen. Doch die Parlamentarier, von der oppositionellen SPD und bald auch von der an
der Regierung beteiligten FDP, bohren immer weiter. Das Protokoll
vermerkt unter anderem:

– Dr. Kohut (FDP): Warum ist es eigentlich so schwer, von der
Bundesregierung eine klare Auskunft zu bekommen, auf welchem le-
galen Wege ein deutscher Staatsbürger im Ausland verhaftet wurde?

– Zusatzfrage Abg. Ritzel (SPD): Wer, welche Stelle, welches Ministerium haben diese Verhaftung bewirkt, zwölf Stunden bevor überhaupt das Interpol-Telegramm in Madrid einging?

– Abg. Erler (SPD): Die haben doch den Auftrag nicht geträumt,
Herr Minister!

Mit einem gut inszenierten Auftritt am Rednerpult des Plenums
versucht Adenauer trickreich abzuwiegeln, es gehe doch höchstens
um Verfahrensfehler: «Lassen wir in diesem Zusammenhang diese
Frage – Fehler, Fehler, Fehler, Verfahrensfehler! – lassen wir die nicht
hochkommen! Wir schädigen die deutsche Sache in der ganzen Welt.»
Und bei «deutsche Sache», so zeigen es die Filmaufnahmen, legt er beschwörend die rechte Hand aufs Herz. Eindrucksvoll zeigt Adenauer,
was er von Landesverrat hält: Es ist für ihn eine Schande gegen Vaterland und Nation. Und er fällt sein Urteil höchstpersönlich: «Nun,
meine Damen und Herren», sagte er in der Debatte, «wir haben einen
Abgrund von Landesverrat im Lande!» Zuruf von der SPD: «Wer
sagt das?» Adenauer: «Ich sage das! Wenn von einem Blatt, das in einer Auflage von 500 000 Exemplaren erscheint, systematisch, um Geld
zu verdienen, Landesverrat betrieben wird ...» Seine Worte gehen im
Tumult unter.

Die Wahrheit kommt nur stückchenweise heraus. Strauß gibt zwar
zu, selbst mit Achim Oster telefoniert zu haben. Doch die Begründung ist phantastisch: «Aus der Mitteilung der Sicherungsgruppe war

1 – Franz Josef Strauß, der Metzgermeister, mit seinem
«Franzl» im Studio von Heinrich Hoffmann, 1920. Vater
Strauß sieht in seinem Sohn schon den Nachfolger im
Metzgerladen, doch dann kommt alles ganz anders.

2 – Der Primus als Sportskanone: Franz als Radrennfahrer beim Club «RC Amor». Mit seinem Verein wird Strauß 1934 südbayerischer Straßenmeister. Er nutzt das Fahrrad aber auch für private Fluchten, einmal sogar bis an die italienische Grenze.

3 – September 1939, Landsberg: der 24-jährige Altphilologe Franz Strauß als Rekrut in der «Armee des Verbrechers Hitler», den er zutiefst hasst. Trotzdem wird der Krieg den Oberleutnant Strauß prägen – wie die meisten Politiker seiner Generation.

4 – Landrat Strauß bei der Einweihung einer neuen Brücke über den Lech, Schongau 1947. Hier entdeckt er zum ersten Mal, dass er als brillanter Redner und als Sicherheitsfanatiker die Menschen beeindrucken kann.

5 – Die erste Luxuslimousine, 1948: Strauß stolz vor seinem Mercedes 170 V. Der Junge aus der Schellingstraße hat es als Abgeordneter des Frankfurter Wirtschaftsrates schon weit gebracht. Die Politik und die Macht fesseln ihn – «wie eine Droge».

6 – «Traumhochzeit 1899», Rott am Inn: Anna Kaiser,
die Tochter des steinreichen Georg Kaiser (direkt hinter der Braut),
heiratet den Arzt Dr. Max Zwicknagl.

Die Brautleute sind die Großeltern von Marianne Strauß
geb. Zwicknagl.

8 – Am 4. Juni 1957 heiratet die 27-jährige Diplom-Volkswirtin Marianne Strauß geb. Zwicknagl den Bundesverteidigungsminister Franz Josef Strauß in Rott am Inn. Über seine Ehe mit der Millionärstochter sagt Strauß: «Ich habe gut geheiratet, nicht sehr gut, aber gut.»

7 – Rott am Inn, vor dem großen Brand 1937: Die mächtige Klosteranlage mitten im Ort zeugt vom Reichtum der Zwicknagls. Sie beherbergt u. a. die Brauerei und den Gutshof. Rechts neben der Rokokokirche der sog. Prälatenstock, das Wohnhaus der Zwicknagls.

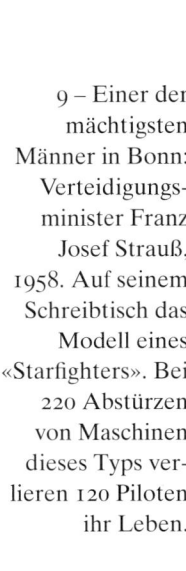

9 – Einer der mächtigsten Männer in Bonn: Verteidigungs-minister Franz Josef Strauß, 1958. Auf seinem Schreibtisch das Modell eines «Starfighters». Bei 220 Abstürzen von Maschinen dieses Typs ver-lieren 120 Piloten ihr Leben.

10 – Marianne und Franz Josef Strauß in ihrer Wohnung im Kloster zu Rott am Inn, dem «Prälatenstock». Marianne steht zu ihrem Mann, dem «meistverleumdeten Politiker Deutschlands», in unverbrüchlicher Loyalität.

11 – Strategen des Kalten Krieges: die Verteidigungsminister Robert McNamara und Franz Josef Strauß, 1961. In ihrer Amtszeit steht die Welt zeitweilig am Abgrund, vor allem nach dem Mauerbau und während der Kubakrise 1962. McNamara hat später, anders als Strauß, viele seiner Positionen revidiert.

12 – Strauß mogelt, trickst und lügt im Bundestag über seine Beteiligung an der Verhaftung des «Spiegel»-Autors Conrad Ahlers, 1962. Die dreiste Lüge vor dem Parlament führt zu seinem Sturz, den «Endkampf» gewinnt Rudolf Augstein.

13 – «Strau-SS», der «Faschist», der «neue Hitler» (Wahlkampf 1969): Nichts hat Strauß so verbittert wie diese Verleumdungen. Er hat die Nazis gehasst, doch jetzt ist er «hinter Abziehbildern verschwunden» (Günter Gaus).

14 – Nach fast zwei Jahrzehnten einander noch herzlich zugetan:
Marianne und Franz Josef Strauß, 1976. Trotz vieler Krisen, deren
schlimmste die Beziehung von Strauß zu einem jungen Mädchen war,
fand das Ehepaar immer wieder neu zusammen.

15 – Marianne und Franz Josef Strauß:
Häufige Trennungen gehören zum Alltag
der Politiker-Ehe. Marianne nimmt
aber an der Politik ihres Mannes großen
Anteil, für Helmut Kohl ist sie sogar «die
heimliche Generalsekretärin der CSU».

16 – Auf dem Familiensofa in der Sendlinger Hirsch-Gereuth-Straße,
1980: Franz Georg, Monika, Franz Josef, Marianne und Max Josef
Strauß. «Wir hielten zusammen wie Pech und Schwefel», sagt Monika
über ihre Familie.

17 – In tiefer Trauer nach dem Unfalltod von Marianne Strauß:
die Familie bei der Beerdigung in Rott am Inn, Juni 1984, mit Max Josef,
Franz Georg, Franz Josef, Monika und Michael Hohlmeier. Den Verlust
seiner Frau hat Strauß niemals verkraftet.

18 – Der Ministerpräsident mit seinem «Mädi» beim Wiener Walzer:
Strauß und seine letzte große Liebe, Renate Piller, beim Opernball in Wien,
Februar 1987. Strauß wollte die 30 Jahre jüngere Frau heiraten.

19 – Er sollte sein wie sein Vater, «ein Adler, der hoch hinausfliegt»; doch er habe nur «flattern» gelernt, sagt sein Anwalt über Max Strauß (Januar 2004). Der Angeklagte wird jeden Tag aus der psychiatrischen Klinik ins Gericht gebracht.

20 – «Mitgliederkauf, Wahlfälschung, Erpressung»: Die Münchner CSU-Vorsitzende Monika Hohlmeier muss erst von ihrem Partei-amt, später auch von ihrem Amt als Kultusministerin zurücktreten (April 2005): Aufstieg und Fall einer Familie, deren Geschichte hundert Jahre zuvor begann.

zu entnehmen, dass sie an der Festnahme von Ahlers gerade wegen der Aufklärung der undichten Stellen ein besonderes Interesse habe. Da der Militärattaché bei Anruf den Sachverhalt nicht kennen wollte, sondern sagte: ‹Ich kenne nur die Stimme des Ministers›, bin auch ich mit ihm verbunden worden und habe ihm das wiederholt, was vorlag.» Adenauer schmückt die Geschichte gegenüber amerikanischen Journalisten noch aus: Die «Sicherungsgruppe» habe bei «Nacht und Nebel» in der deutschen Botschaft angerufen, und Beamte des Ministeriums hätten Herrn Oster schließlich erreicht, der seinerseits den Verteidigungsminister habe sprechen wollen.

Doch es gab in jener Nacht keinen Anruf der Sicherungsgruppe, kein Handeln von Beamten des Ministeriums, keinen Wunsch des Attachés Achim Oster, die «Stimme des Ministers» zu hören, keinen Fluchtversuch Ahlers' nach Marokko. Strauß hat den Bundestag schlicht belogen. Er beteuert während der ganzen dreitägigen Debatte, er habe «die Aktion nicht veranlasst», er sei bloß am 24. Oktober kurz informiert worden.

Er schwindelt von Anfang bis Ende, er taktiert, windet sich, trickst herum, er verwickelt sich in immer mehr Widersprüche. Und Adenauer lügt mit ihm. Er gibt vor, sich mit der Sache nicht beschäftigt zu haben, dabei war er während der ganzen Zeit informiert: «Ich habe mich absichtlich», sagt er im Bundestag, «so fern gehalten von dieser ganzen Sache, wie ich es mit meinen Amtspflichten vereinbaren konnte.» Eine dreiste Erklärung, mit der er Strauß allein lässt. Jeder versucht nur noch seine eigene Haut zu retten.

In der aufgeheizten Atmosphäre jener Tage und Wochen spürt er deutlich, dass der geringste Verdacht ausreichen kann, ihn als Kanzler zu stürzen. Noch hält Strauß still, deckt den Kanzler, zieht alle Angriffe auf sich. Noch einmal versucht er, Adenauer zur Offenlegung seiner Rolle zu bewegen. In seinem streng geheimen Brief vom 19. November erinnert er Adenauer an dessen Verantwortung: «Was (vor dem Parlament) zu sagen und was nicht zu sagen war», das hätte «durch die Regierung festgestellt werden müssen» und könne nicht «dem Ermessen eines einzelnen Ministers überlassen bleiben». Und er fordert: «Jetzt ist Ihre Stunde gekommen, weil die ganze Regierung und unsere ganze Politik auf dem Spiele stehen. Ihr sehr ergebener Strauß.» Doch Adenauer unternimmt gar nichts. Nur ganz langsam begreift der Stratege Strauß, dass er nur die Spielfigur eines anderen, viel gerisseneren Spielers ist.

Adenauer spielt jetzt das Überlebensspiel. Sein Vertrauter Heinrich Krone hat schon etliche Tage zuvor in sein Tagebuch geschrieben: «Wenn es nicht zu einer einigermaßen annehmbaren Regelung kommt, geht die Koalition [mit der FDP] in die Brüche. Der Kanzler kann stürzen. Am Ende stünde die Koalition mit den Sozialdemokraten.» Doch selbst Krone ist nicht im Bilde. Denn Adenauer spielt sein Spiel auf mehreren Ebenen, er plant viele Züge im Voraus. Insgeheim lässt er zwar sondieren, wie die SPD zu einer Großen Koalition stehen würde – Herbert Wehner ist ja schon damals nicht abgeneigt. Tatsächlich will Adenauer damit nur die FDP unter Druck setzen. Denn die fünf FDP-Minister sind nahe daran, die Regierung zu verlassen und damit die Koalition zu sprengen, um alsbald möglichst dieselbe Koalition wieder eingehen zu können – dann allerdings ohne Adenauer.

Mit beiden Optionen schaltet der Kanzler, ganz nebenbei, auch noch Franz Josef Strauß aus. Denn weder die Liberalen noch die Sozialdemokraten würden sich im gegebenen Falle bereit zeigen, eine neue Regierung zu bilden, in der Strauß, der gerade eben enttarnte Lügner und Machtmensch, einen Posten bekleiden würde. Und Adenauer, der greise König, hat umgekehrt vor Strauß keine Angst, weil er weiß, dass Strauß weiß, dass Königsmörder niemals den Thron für sich gewinnen, sondern ihr schmutziges Handwerk stets für einen anderen verrichten.

Spielt Strauß in diesen Tagen mit dem Gedanken, sich nach Bayern zurückzuziehen? Denn seine Bayern sind noch die Einzigen, die ihm ihre Liebe bekunden: Zwischen den Krisensitzungen in Bonn fliegt er immer wieder nach München, wo er abgeholt wird, um irgendwo im Alpenland im Landtagswahlkampf aufzutreten. Die Hallen sind voll, sogar überfüllt, hier schlägt ihm eine große, von keinerlei Krisen getrübte Begeisterung entgegen. Die Plakate nehmen die «Spiegel»-Affäre gekonnt auf: «Verrat oder Sicherheit? CSU» oder

«Chruschtschow, Ulbricht, Wehner, Mende / reichen sich im Geist die Hände».

Eine schöne Momentaufnahme aus diesen Tagen ist die Reportage der «Süddeutschen Zeitung» vom 22. November über einen Auftritt des Ministers in seiner Wahl-Heimat Schongau/Weilheim, wo im «Hotel Bräuwastl» «die Kellnerinnen kaum noch durchkommen mit den Bierkrügen», weil Gänge und Säle «von Trachtenjankern verstopft sind». Siebenhundert Personen schieben sich in den Saal, der aber höchstens vierhundert fasst. Und draußen, in dichtem Schneetreiben, stehen noch einmal dreihundert. Strauß kommt, begleitet von seiner Frau Marianne, hundert Minuten zu spät – «eine Sitzung des Fraktionsvorstandes, 'tschuldigung!» – und wird stürmisch begrüßt. Es gibt rote und weiße Nelken für die Gattin. Dann steht er, von vier Lorbeerbäumen flankiert, am Rednerpult. «Jedes Lächeln ist aus dem Gesicht des Ministers gewichen, er wirkt plötzlich müde und gehetzt, ja verbittert, und seine fahrigen Gesten verraten innere Unruhe.»

Zuerst kommentiert er nicht etwa das aktuelle Bonner Krisengeschehen, sondern den eben entbrannten chinesisch-indischen Konflikt – aber wie stets mit einer Lehre für die Innenpolitik: «Wie Nehrus Politik hätte auch die der SPD dazu geführt, dass sie eines Tages ‹Volk ans Gewehr› rufen und die Mobilmachung verkünden müsste!» Der Beifall prasselt. Dann geht Strauß auf die soeben beendete Kubakrise ein: Die von ihm und Kanzler Adenauer propagierte «Politik der Stärke» habe, wenn auch diesmal von Kennedy praktiziert, einmal mehr gegen die aggressive Sowjetunion ihre Wirkung gezeigt. «Chruschtschow hat die Marschstiefel wieder ausgezogen!», ruft Strauß. Aber Vorsicht: «Er geht jetzt auf Filzpantoffeln, um die Leute einzuschläfern.» Jetzt sind die Leute im Saal bereit für die wichtigste Erkenntnis: «Der Einbruch Russlands nach Europa ist eine geschichtliche Katastrophe, die von größerer Wichtigkeit ist als politische Tagesphrasen.»

«Wie Strauß so spricht», schreibt der Reporter der «Süddeutschen Zeitung», «hart, aufrüttelnd und mit missionarischem Eifer, erweckt er den Eindruck eines Mannes, der von finsteren Mächten der deutschen Innenpolitik, unterstützt vom Osten, daran gehindert wird, das Land vor dem Untergang zu bewahren. Wie Laokoon von Schlangen, so fühlt er sich von seinen politischen Gegnern umzingelt, die nicht nur seinen Sturz herbeiführen wollen, sondern – in völliger Verblendung gegenüber den Gefahren aus dem Osten – den Untergang Deutschlands.» Jetzt, nachdem der politisch-historische Kontext erläutert ist, arbeitet er sich in seiner Rede langsam zur aktuellen Krise vor: «Wenn manche, die in der öffentlichen Meinung Hysterie erzeugen, auch nur einen Tag lang das Leben in der Sowjetzone zu ertragen hätten, dann wäre schon viel für die innere Gesundung erreicht.» Seine Forderung: «Unsere demokratischen Parteien dürfen sich nicht zum Vollstrecker eines Befehls machen, der seit sechs Jahren aus dem Osten kommt.» Kryptische Sätze, die seine Zuhörer dennoch so verstehen, wie sie gemeint sind: Der Osten hat befohlen, ihn, Strauß, der vor sechs Jahren als Verteidigungsminister für die Sicherheit des Landes, Europas und der freien Welt mitverantwortlich wurde, zu stürzen. Kein Zweifel: Für Franz Josef Strauß ist die «Spiegel»-Affäre nicht der Ausdruck einer Vertrauenskrise zwischen Regierung und Bevölkerung, sondern nur der Höhepunkt einer – wahrscheinlich vom Osten gesteuerten – Kampagne gegen ihn.

Auf diese Weise, als Verfolgter, erzeugt er einen großen Solidarisierungseffekt in Bayern. Bei den Landtagswahlen Ende November gewinnt die CSU völlig überraschend die absolute Mehrheit im Maximilianeum. Seine Wähler und Anhänger halten ihrem Franz Josef, der da bei den Preußen in Bonn ums politische Überleben kämpft, die Stange. «In der härtesten Auseinandersetzung meiner ganzen Laufbahn stehend», so schreibt er später, «stand Bayern gewissermaßen gegen den Rest der Welt, und es stand für mich.» Es wäre schon verführerisch, sich dieser Woge von Zuneigung, Begeisterung und Liebe hinzugeben.

Ministerpräsident in München? Nicht schlecht. Aber das wäre genau das, was ihm Augstein *vor* der ganzen Affäre gönnerhaft vorgeschlagen hat: Strauß solle sich aus Bonn zurückziehen in die bayerische Landespolitik, und er, Augstein, werde ihn in Ruhe lassen. Nein, darauf kann Strauß nicht eingehen.

Noch hofft er. Zwei Tage nach dem bayerischen Wahlerfolg beschwört er in einer Unions-Fraktionssitzung in Bonn einmal mehr das Schreckensbild eines «Deutschland, das von Herrn Augstein beherrscht wird». Der «Spiegel» sei – so vermerkt das Wortprotokoll – eine «Gefahr für den Staat und für sämtliche Wertordnungen». Und er startet sogar einen halben Versuch, die Beteiligung Adenauers an der Verhaftung Ahlers' offen zu legen. Der Kanzler habe ihm in jener Nacht dringend empfohlen, «durchzugreifen, damit die Informanten wirklich zutage gebracht werden».

Aber die Stimmung hat sich endgültig gegen ihn gewendet. Seine eigenen Unions-Kollegen fragen spöttisch, um welche Wahrheit es ihm denn jetzt gehe, «die reine, die lautere oder die absolute Wahrheit?». In einer letzten Anstrengung betont Strauß, er brauche einen eventuell kommenden Parlamentarischen Untersuchungsausschuss nicht so zu fürchten wie der Kanzler. Doch auch diese Waffe ist bereits stumpf: Adenauer hat sich schon längst bei den Sozialdemokraten rückversichert: im Falle einer Regierungsbeteiligung würde die SPD auf einem solchen Gremium nicht bestehen.

Adenauer stellt mit der Autorität des Regierungschefs noch einmal fest: «Der Bundeskanzler hat im Einzelfall keine Weisung erteilt. Das gilt auch für die Nichtunterrichtung des Justizministers.» Der Fraktionsvorstand schließt sich dieser Erklärung an. Dann erheben sie sich gegen Strauß: Fraktionschef Heinrich von Brentano droht, sein Amt niederzulegen, wenn Strauß nicht gehe. Die fünf FDP-Minister haben die Regierung schon vor Tagen verlassen. Jetzt wollen auch die CDU-Minister Lücke, Krone, von Merkatz und Wuermeling nicht mehr mit Strauß gemeinsam in einer Regierung sitzen. Strauß tobt und schreit und droht mit dem Rückzug der CSU aus der Koalition. Das wäre das Ende der Union. Doch seine CSU-Ministerkollegen Stücklen und Höcherl folgen ihm auch darin nicht mehr.

Am nächsten Tag, dem 30. November, lässt Franz Josef Strauß öffentlich erklären, er werde dem nächsten Kabinett Adenauer nicht mehr angehören.

Er hat verloren. Er hört auf zu kämpfen. Einen Augenblick lang ist er unbeweglich, wie erstarrt. Man weiß nicht, wie es ihm in diesen entscheidenden Tagen erging. Strauß stülpt seine Gefühle nicht nach außen, führt in Bonn kein sichtbares Drama auf. Schon bald taucht er wieder auf, läuft mit seinem schweren Körper und den trippelnden, nicht uneleganten Schritten durch die Gänge, erscheint auf Pressekonferenzen, agiert wie immer, mault, spottet: Er habe große Probleme damit, sagt er zum Beispiel über das Planspiel einer großen Koalition, statt an den «bekannten Kinderschreck Wehner» an einen großen «Heroen der Demokratie» glauben zu sollen. Und er prophezeit hellsichtig: «1957 war die SPD noch der Untergang, 1962 ist sie die Rettung Deutschlands; 1965 wird sie mehr oder weniger die Zukunft Deutschlands sein.»

Adenauer bildet schließlich doch mit den Liberalen eine neue Regierung, er muss aber schriftlich garantieren, dass er im Spätsommer des folgenden Jahres, also 1963, die Kanzlerschaft an Ludwig Erhard übergibt und in den wohlverdienten Ruhestand eines 87-Jährigen geht.

Der Alte hat den *showdown*, jedenfalls nach Punkten, eindeutig gewonnen. Das macht ihn großzügig, und einmal noch weint der alte Häuptling, innerlich so ungerührt wie ein Krokodil, ein paar öffentliche Tränen: «Ich finde es als ein Unrecht von der Sozialdemokratie, dass sie so gegen Strauß auftritt», sagt er in einem seiner legendären Hintergrundgespräche mit handverlesenen Journalisten beim Tee. «Strauß hat sich nicht geschickt benommen, das habe ich ihm von vornherein gesagt, und wenn Strauß gesagt hätte: ‹Meine Herren, mir kam es darauf an, den Ahlers festzuhalten. Wenn ich dabei Vorschriften missachtet oder übertreten habe, bitte ich um Entschuldigung. Mir war die Sache zu wichtig› – dann hätte wirklich kein Mensch was dagegen gesagt. Aber leider hat er das nicht gesagt.» Der Meister hat seinen Lehrling ein letztes Mal ausgetrickst.

Die Regierungskrise ist vorbei, nicht aber die «Spiegel»-Affäre. Rudolf Augstein und seine Kollegen und Freunde sind noch immer im Gefängnis, gegen sie wird weiter ermittelt. Buback sitzt immer noch auf Augsteins Sessel, mittags geht er in die Kantine des Pressehauses und trinkt still seine zwei Schoppen Wein, ohne mit irgendjemandem zu sprechen. Er lässt durchsickern, in Augsteins Tresor habe man die ungeheuerlichsten Dinge gefunden, NATO-Material, alles *top secret*, die Rede ist sogar von einer Zielkartei der Amerikaner, auf der alle sowjetischen Städte verzeichnet sind, die am Tag X mit Atombomben ausradiert werden sollen. Strauß nutzt sofort die Gelegenheit und erklärt: «Der ‹Spiegel› hatte allerdings so viel Instinkt, nicht alles zu veröffentlichen, was ihm zugespielt worden war. Hätte er alles publiziert, was nachher im Panzerschrank von Augstein gefunden wurde, dann wäre dieser unter fünf Jahren wohl nicht weggekommen.»

Tatsächlich gibt es zu jener Zeit einen engen, geheimen Informationsaustausch zwischen Bundeswehroffizieren und dem «Spiegel». Es ist ein Nehmen und Geben, Journalisten brauchen ihre Quellen beim Militär oder beim Geheimdienst ebenso wie in Regierungskreisen. Sie werden ja umgekehrt von diesen Stellen häufig auch benutzt. Spätestens seit dem Winter 1961/62 hatte sich in der militärischen Führung der Bundeswehr Widerstand gegen Franz Josef Strauß und sein strategisches Konzept gebildet. Oberst Alfred Martin und andere wollten diese Politik nicht mehr mittragen.

Strauß hat noch 25 Jahre später in seinen «Erinnerungen», nicht ohne einen gewissen Ton von Niedertracht, seine eigene Sicht der Dinge formuliert: «Da ihm (Oberst Martin) aufgrund einer Kriegsverletzung ein Bein fehlte, war er nicht voll verwendungsfähig. Diese Ablehnung fraß innerlich an ihm. Dann wurde er angeblich zum Überzeugungstäter und (…) sah nur noch ein Zerrbild – Strauß, der Atomwaffenpolitiker, der Atomkriegstreiber, der den ordentlichen Soldaten sozusagen das Gewissen stiehlt und sie zu unmoralischen Handlungsweisen verleiten will.» Hinter Oberst Martin, so Strauß weiter, «stand eine Gruppe von Offizieren, die das Eindringen der Atomenergie in die militärische Welt für eine verdammenswerte Angelegenheit hielt. Zu dieser konventionellen, restaurativen, traditionellen Gruppe gehörten zum Teil die alten Panzerfahrer, die verhinderten Guderians. Sie haben mich gehasst wie die Pest wegen meines Standpunktes, dass der Krieg heute kein Mittel der Politik mehr sei, dass die atomare Abschreckung Vorrang habe vor der konventionellen Kampfführung. Der Vorwurf gegen mich lautete: Strauß degradiert uns zu Nachtwächtern auf seinen Atomflugplätzen.»

Tatsächlich hatte Oberst Alfred Martin über Mittelsmänner Kontakt aufgenommen – zu Josef Augstein, dem Rechtsanwalt und Bruder Rudolf Augsteins, der genau deshalb später, ebenso wie Martin selbst, wegen «Beihilfe» zum Landesverrat festgenommen und angeklagt wird. Im April 1962, ein knappes halbes Jahr vor Erscheinen des Artikels «Bedingt abwehrbereit», treffen sich Oberst Martin und Autor Conrad Ahlers, der Wehrexperte des «Spiegels», zum ersten Mal heimlich in Oberammergau. Mit seinen Erfahrungen im «Amt Blank» ist Ahlers der ideale Gesprächspartner für den Oberst. Sie treffen sich insgesamt siebenmal. Der Oberst wird manche seiner Erkenntnisse vertieft haben. Doch von Geheimnisverrat konnte keine Rede sein: Ahlers und die «Spiegel»-Dokumentaristen haben später mit über tausend Quellenhinweisen belegt, dass alle Details von «Bedingt abwehrbereit» bereits auch an anderen Stellen veröffentlicht worden waren, größtenteils in der internationalen Fachpresse.

Conny «Konfuzius» Ahlers hatte lange über seinem Artikel gebrütet, hatte ihn auch dem Wehrexperten der SPD, dem Hamburger Innensenator Helmut Schmidt, zu lesen gegeben. Der machte einige Anmerkungen – weshalb später auch gegen ihn ein Verfahren eröffnet wurde –, allerdings hatte er unter dem Aspekt eines möglichen Geheimnisverrats keine Bedenken. Ahlers: «Wären wir in dem Artikel mit denselben Einzelheiten zu einer anderen, für die Politik von Strauß *positiven* Schlussfolgerung gekommen, dann hätte es das ganze Verfahren sicher überhaupt nicht gegeben.»

Oberst Martin war es auch, so glaubte Franz Josef Strauß, «der dem ‹Spiegel› wahrscheinlich auch die berüchtigte Zielkartei überließ». Nicht einmal er, Strauß, und die anderen europäischen Verteidigungsminister hätten eine solche Kartei je zu sehen bekommen. Augstein hat diese Behauptung als «schlichte Spinnerei» zurückgewiesen. Die Materialfunde, von denen auch Buback munkelte, tauchten nie vor irgendeinem Gericht auf. Augsteins Version erscheint glaubwürdig: Hätte sonst der Bundesgerichtshof, mit solchen Beweisen in der Hand, das Verfahren «mangels Beweises» eingestellt?

Augstein verfolgt aus dem Gefängnis heraus alles sehr aufmerksam; in regelmäßigen Kommentaren über den Haftalltag erzählt er seinen Lesern, was ihm so durch den Kopf geht: «In der Ära Adenauer waren wir das Sturmgeschütz der Demokratie, mit verengten Sehschlitzen. Im ärgsten Kampfgetümmel, wo man uns manche Hafthohlladung appliziert hatte, erreichten wir nicht entfernt die Wirkung wie in dem Moment, da man uns die Armierung zu demontieren gedachte. Welche Lehren werden wir daraus ziehen? Doppelte Panzerplatten, dickere Kaliber, größere Reichweite? Mitnichten. In einer nach dem Grundgesetz funktionierenden parlamentarischen Demokratie, wie wir sie bekommen werden, bedarf es dessen nicht.»

Auch für Augstein, den Ex-Leutnant des Weltkriegs und kämpferischen Kommandeur am «Sturmgeschütz der Demokratie», hat die alte Kriegsrhetorik ausgedient. Auch verbal geht die Nachkriegszeit zu Ende. Nach 103 Tagen Untersuchungshaft wird Rudolf Augstein als Letzter der im Oktober festgenommenen Männer aus dem Gefängnis entlassen.

Die diversen Gerichtsverfahren kommen erst nach vier Jahren zum Abschluss. Wo sich für Adenauer noch ein «Abgrund» von Landesverrat aufgetan hatte, erkennt der 3. Strafsenat des Bundesgerichtshofes, trotz jahrelanger Untersuchung durch die Bundesanwälte, nicht mal einen allerkleinsten Spalt von Landesverrat, und keinerlei Handhabe, gegen die Angeklagten Augstein und Ahlers das Hauptverfahren einzuleiten. Sie werden «mangels Beweises» außer Verfolgung gesetzt, die Kosten des Verfahrens werden der Staatskasse aufgebürdet. Gegen keinen der im Oktober 1962 als «Verräter» verhafteten Offiziere wird je ein Verfahren angestrengt. Die legendäre «undichte Stelle» hat es nicht gegeben, nur Offiziere, die über strategische Fragen der Landesverteidigung anderer Meinung waren als ihr Minister.

Aber auch Franz Josef Strauß kommt straffrei davon. Er war, zusammen mit Staatssekretär Hopf und Attaché Oster, wegen Amtsanmaßung und Freiheitsberaubung im Fall Ahlers angezeigt worden. Im Juni 1965 stellt die Staatsanwaltschaft dieses Verfahren mit der Begründung ein, Strauß und die anderen hätten in einem «unvermeidbaren Verbotsirrtum» gehandelt. Noch ein Jahr später, im August 1966, verkündet auch das von Augstein angerufene Bundesverfassungsgericht sein Urteil zur «Spiegel»-Affäre. Die Beschwerde des Hamburger Verlages, die gesamte Aktion als verfassungswidrig, als gegen die Pressefreiheit gerichtet anzusehen, wird von den acht Richtern abgelehnt, wenn auch nur knapp, mit Stimmengleichheit. Augstein und Ahlers hatten sich also nicht schuldig gemacht, aber Strauß und Oster ebenso wenig, und die Pressefreiheit war niemals ernsthaft gefährdet. Ein Sturm im Wasserglas?

Die «Süddeutsche Zeitung» kommentiert: «Die gehäufte Vielfalt rüdester Maßnahmen gegen einen Pressebetrieb, seinen Herausgeber, seine Redakteure, sein gesamtes Archivmaterial …», wenn das alles «kein flagranter Anschlag auf das Grundrecht der Pressefreiheit gewesen sein soll, dann wollen wir Hopf heißen, oder Strauß, oder Adenauer.» Wolfram Bickerich stellt rückblickend fest, Strauß komme ein «für die Entwicklung der Demokratie in Deutschland historisches Verdienst zu: Schon sechs Jahre bevor die 68er-Studenten für Reformen in Gesellschaft und Universität aufstanden, erreichte er mit seinem – und des Kanzlers – Verhalten unbeabsichtigt den Durchbruch zu einem liberalen Staatsverständnis, das endgültig Abschied nahm vom konservativ-preußischen Autoritätsglauben». Der muffige Obrigkeitsstaat wurde, wenn auch noch nicht ganz abgeschafft, so doch zum ersten Mal ordentlich durchlüftet – durch den öffentlichen «Endkampf» zwischen Rudolf Augstein und Franz Josef Strauß. Indes wäre es genauso richtig zu sagen, Augstein habe durch seinen hemmungslosen Versuch, Strauß mit allen Mitteln aus Bonn zu entfernen, auf dieselbe Weise die Pressefreiheit in Deutschland gefördert – unfreiwillig.

Die letzte Szene dieses großen Dramas, das Finale, spielt sich im Dezember 1962, fünf Tage vor Weihnachten, in einem Luftwaffenoffiziersheim in einem Ort namens Wahn, nahe Köln, ab. Diese Bühne ist in fahles Licht getaucht, «viel zu schwache Glühbirnen erleuchten den kalt wirkenden Raum», notiert Oberst Schmückle. In diesem Licht «sehen die Gäste aus wie eine Gespenstergesellschaft»: Hundert Generäle und Admiräle der Bundeswehr, die Spitzenbeamten des Verteidigungsministeriums, dazu das Diplomatische Corps, sie alle wohnen der «halb feierlichen, halb betrüblichen Veranstaltung» bei. Der Große Zapfenstreich, mit dem Franz Josef Strauß in Anwesenheit des Bundeskanzlers hier geehrt und verabschiedet wird, ist eine seltene Form der Würdigung, «die bei den Militärs das höchste der Gefühle bedeutet» (Schmückle).

Die Wochenschau hat das Bild verewigt: am Ehrentisch der alte Kanzler, aufrecht und verschlossen wie immer, neben ihm Strauß, mit halb feierlichem, halb bitterem Ausdruck; dann der Staatssekretär und der Generalinspekteur. Die Damen, darunter Marianne, sitzen etwas abseits, für sich. Adenauer erhebt sich und greift tief in den Schatz alter Sinnsprüche, den er für allerlei Gelegenheiten bereithält: «Wer niemals bittere Stunden hat überstehen müssen, ist kein Mensch, der allen Aufgaben gerecht wird. Bittere Stunden gehören zur Formung des Mannes.» Strauß werde im Leben des deutschen Volkes noch «eine große und entscheidende Rolle spielen» – eine Geste des Dankes vielleicht, mit welcher der Kanzler die Verschwiegenheit von Strauß zu würdigen versucht. Generalinspekteur Foertsch sagt feierlich zu Strauß: «Wir werden den Weg zu einer modernen Bundeswehr weitergehen, den Sie uns gewiesen haben.»

Draußen auf dem Rollfeld ist unterdessen das Wachbataillon der Bundeswehr angetreten, drinnen erhebt man sich und geht feierlich ins Freie, wo das militärische Schauspiel beginnt, der Große Zapfenstreich – in einem riesigen martialischen Karree, das aus aufgestellten Kampfflugzeugen, Panzern, Haubitzen, Schützenpanzern und Transportflugzeugen gebildet wird. Beim Schein der Pechfackeln, durch den aufblitzend der Regen fällt, und im Licht der Flak-Scheinwerfer, das auf dem nassen Boden reflektiert, werden nacheinander die Märsche für das Heer («Bayerischer Defiliermarsch»), für die Luftwaffe («Starfighter-Marsch») und die Marine («Panzerkreuzer Deutschland») gespielt. Erst danach, beim Choral «Ich bete an die Macht der Liebe», nimmt Adenauer, der alte Zivilist, endlich den Hut vom Kopf und hört barhäuptig zu, die riesige Menschenmenge hinter dem Zaun tut es ihm gleich; ebenso beim folgenden «Deutschlandlied». Die Offiziere salutieren.

Als das «mystische Ritual» vorbei ist, steigen die Herrschaften nacheinander in ihre Fahrzeuge, die in langer Kolonne langsam vorfahren. Die Fotografen kommen jetzt nochmal zum Zuge, ganz aus der Nähe. Strauß steigt in seinen grauen BMW, dessen hintere Tür hinter ihm zugeschlagen wird. Auf der anderen Seite ist Marianne Strauß eingestiegen. In der linken hinteren Wagenecke geht sie vor dem Blitzlichtgewitter der Fotografen tief in Deckung.

Strauß legt den Arm um sie, der Wagen fährt ab.

Kapitel 7

ZWISCHENZEIT
Der Rückzug ins Private

Es gibt für den geschassten Verteidigungsminister einen Ort der Zuflucht: das Haus in Rott am Inn, den Prälatenstock. Vierzig Jahre später wird sich auch sein Sohn, der gescheiterte Rechtsanwalt Max Strauß, nach dem Zusammenbruch seiner bürgerlichen Existenz in die Wohnung im ehemaligen Kloster zurückziehen.

Damals, Anfang 1963, überlassen Ilse und Max Zwicknagl der jungen Familie das geräumige Erdgeschoss des dreistöckigen Gebäudes. Marianne lässt es renovieren und organisiert den Umzug aus der Dienstvilla am Venusberg. Strauß gibt demonstrativ sogar seine Zweitwohnung in Bonn-Beuel auf. Will er sich ganz aus Bonn verabschieden? Ostern 1963 hat die Familie ihren Lebensmittelpunkt in Rott etabliert.

Erstaunlich ist, dass Strauß und seine Frau schon einige Monate vor seinem Sturz überlegt haben, ihren Hauptwohnsitz nach Rott am Inn zu verlegen – vielleicht im Hinblick auf eine rein bayerische politische Karriere, z.B. als Ministerpräsident? Seine Schwiegermutter, Ilse Zwicknagl, schreibt jedenfalls dem «lieben Franz Josef» am 11. September 1962, sechs Wochen vor Beginn der «Spiegel»-Affäre, aus Innsbruck, sie und Max hätten lange nachgedacht über die «Frage der Wohnung». Sie seien bereit, der jungen Familie die beiden unteren Stockwerke des Prälatenstocks zu überlassen, elf Räume samt den Zimmern für Kindermädchen, Dienstmädchen etc. Man müsse aber zuvor renovieren. Ob Strauß mit der Vorauszahlung von 13 661,– Mark Kosten «für die dann bezugsfertige Wohnung» einverstanden sei?

Die drei Kinder sind noch in Bonn geboren worden, in jenen

turbulenten Zeiten des «Endkampfes» zwischen Augstein und ihrem Vater: Max Josef im Mai 1959, dann 1961 Franz Georg und im Jahr darauf die Tochter, Monika. Das *Monikale.* «Ich weiß von meiner Mutter, dass es für unsere Familie ganz schwierige Jahre waren. Sie hat uns später immer wieder davon erzählt. Die Kampagnen gegen meinen Vater haben bei ihr tiefe Wunden hinterlassen», erzählt Monika Hohlmeier vierzig Jahre später im Interview. «Ein normales Leben mit drei kleinen Kindern – zu der Zeit lebten wir noch in Bonn – war kaum möglich. Manche Menschen würdigten meine Mutter keines Blickes mehr oder wechselten die Straßenseite. Dinge, die den Alltag unerträglich machten.» Wie Rut Brandt im Wahlkampf 1961, so hat auch Marianne Strauß unter den Anfeindungen gelitten: nächtliche anonyme Anrufe, pöbelhafte Bemerkungen im Kino, Bekannte, die sie plötzlich nicht mehr kennen wollten.

Marianne Strauß hat Bonn, diesen «Männerladen», nie gemocht; sie ist jetzt froh, wieder in ihrer Heimat zu leben. Sie beschließt, was immer auch geschieht, mit den Kindern in Rott zu bleiben – zumindest bis zum Ende der Grundschulzeit. Sie sollen in stabilen Verhältnissen groß werden. Die Kindheit ihrer Kinder ähnelt dadurch ihrer eigenen Kindheit in Rott: das freie Spiel im Dorf, die überschaubare kleine Welt, die angesehene Stellung der Familie, der Gutshof, die Brauerei, die Natur. Sie schaffen sich einen großen gemütlichen Hund an, Waldo, mit dem die Jungen herumtollen. In den wenigen Monaten, in denen Strauß nach seinem Sturz abgetaucht bleibt, entdeckt er, dass er ein Vater ist. Ungeübt und ungeschickt, aber zärtlich, versucht er mit den beiden Buben zu spielen. Monika, das Baby, ist dafür noch zu klein. Marianne behält im Alltag den Überblick für sie alle, immer. Er verspricht Marianne, mindestens einen Sonntag im Monat allein der Familie zu widmen.

Das Leben des Erstgeborenen, Max, ist von Anfang an ein besonderes Leben, wie das eines Thronfolgers. Schon seine Geburt war ein Bonner Ereignis, an dem die beiden wichtigsten Männer im Staate, der Präsident und der Kanzler, Anteil nahmen. Heuss und Adenauer erzählten sich, wie «die tapfere Frau Strauß» noch selbst mit dem Auto zur Entbindung ins Krankenhaus gefahren ist, weil der Vater nicht in Bonn war, als es losging. Adenauer hatte handschriftlich gratuliert: «Liebe Frau Strauß! Ich hoffe sehr, dass das Kind seinen Eltern nachschlägt.» In der Bonner Ermekeil-Kaserne, wo der Vater als Minister residierte, beschlossen junge Offiziere, dem Sohn ihres obersten Dienstherrn etwas ganz Besonderes zu basteln: eine mit schönen Schnitzereien verzierte hölzerne Wiege.

Obwohl Marianne die pädagogischen Gefährdungen eines Erstgeborenen kennt und versucht, bei der Erziehung der drei Kinder keine Unterschiede zu machen, ist Max schon früh der Strauß-Zwicknagl-Prinz. Auf den Fotos aus seiner Kindheit sieht man, dass er sich dessen bewusst ist. In Bonn war er der Sohn des Verteidigungsministers, in Rott am Inn ist er obendrein das Enkelkind des hoch geachteten Dr. Zwicknagl. Auf Max lastet aber offenbar auch der ganze Ehrgeiz seiner Eltern. Vierzig Jahre später, im September 2003, wird er unter dieser Last zusammenbrechen und, wie seine Schwester sagt, «den Lebensmut verlieren». Als er noch ein kleiner Junge war, hat seine Mutter erklärt, sie habe eigentlich nur einen einzigen Grundsatz für die Erziehung ihrer Kinder: «Wichtig erscheint mir eine bestimmte geistige, charakterliche, moralische Haltung, die man vorlebt. Alles andere kommt von selbst.» Ein Satz, der viel zitiert wird, als Max im Januar 2004 vor Gericht steht, wegen angeblicher Annahme von Schmiergeldzahlungen.

An den verabredeten Familien-Sonntagen in Rott am Inn genießt es Strauß offensichtlich, Vater zu sein. Die Fotos und Filme zeigen, wie er mit Max auf den Schultern auf dem Klosterhof Pferd und Reiter spielt. Man findet Aufnahmen von idyllischen Spaziergängen durch hohen Neuschnee, eine Pracht, die Marianne und Franz Josef Strauß verführt, mit den Kindern herumzutollen. Auf den Fotos ist Strauß ganz bei der Sache, niemals steht er, als Zuschauer seiner Kinder, abseits. An diese enorme Präsenz erinnern sich die Kinder bis heute: «Er war oft weg. Aber wenn er da war, war er richtig da», sagt Franz Georg Strauß im Gespräch mit dem Verfasser.

Vater Strauß erfindet manchmal sogar zärtliche Spiele. Zu den frühesten Erinnerungen Monika Hohlmeiers gehört ein Tag am Meer, es ist heiß, man hört die Wellen, sie sitzt auf dem Schoß des Vaters und spielt mit ihm «Motorboot». «Seine Nase ist der Schlüssel, ich drehe sie ihm um – und der Motor springt an.» Mit den Ohren von Franz Josef Strauß gibt sie Gas. Ein alter Film zeigt, wie Marianne mit den Kindern eine Carrera-Bahn aufbaut, und der handwerklich unbegabte Vater steht etwas hilflos daneben. Die Kinder sind ganz auf die Mutter bezogen. Monika, die Jüngste, schaut zu. Das Leben ihrer beiden Brüder ist ein immer währendes Schauspiel für sie.

Das Nesthäkchen «Moni» ist später das einzige der drei Kinder, das öffentlich über die Schwierigkeiten reden kann, in einer solchen Familie aufzuwachsen – einer Familie, in der Glanz und Machtfülle sich immer auf eine widersprüchliche Weise mit öffentlicher Anfeindung verbinden; mit einem Vater, der stark ist und doch zugleich bedroht.

Schon im Januar 1963 erteilt der Münchner Prälat Lorenz Freiberger Strauß in der «Münchner Abendzeitung» den Rat: «Mach mal Pause», in Anspielung auf eine damals sehr populäre Cola-Werbung. «Sie gleichen einem Fußballspieler, der eine Formkrise durchläuft und, physisch wie psychisch angeschlagen, mit einer gewissen Gereiztheit das Spielfeld betritt … Ein weiser Fußballclub wird diesen seinen Star einige Zeit aus dem Kampf herausnehmen und pausieren lassen.» Strauß ärgert sich über diesen «Hirtenbrief» zutiefst, vor allem, weil er auch hier wieder ein Komplott wittert. Steckt Kardinal Julius Döpfner dahinter, also die katholische Kirche? Muss er die jetzt auch zu seinen Gegnern zählen? Denn es stimmte ja: Er hat mit der Kirche, seit seinen fernen Ministrantentagen, nicht mehr viel im Sinn. Mit dem klerikalen Flügel seiner eigenen Partei, den frommen und bigotten Leuten um Alois Hundhammer, liegt er im Dauerclinch. Andererseits ist Döpfner persönlich eng mit dem Ministerpräsidenten Alfons Goppel befreundet; verbirgt sich vielleicht Parteifreund Goppel hinter der Aufforderung, das Spielfeld zu verlassen? Alles riecht nach Konspiration, die Bonner Jahre haben ihn misstrauisch werden lassen.

An der Universität Innsbruck schreibt sich der Ex-Minister als Student ein. Der alte Ehrgeiz, einen ordentlichen Doktortitel zu erwerben, ist noch einmal aufgeflackert. Er belegt bei Professor Clemens August Andreae ein paar Kurse in Volkswirtschaft. Ein- oder zweimal fährt Strauß demonstrativ mit dem Fahrrad zur Uni, nicht ohne einen Fotografen informiert zu haben, flussaufwärts durchs Inntal und wieder zurück, 240 Kilometer. Ein richtiges bayerisches Mannsbild, kraftvoll, stolz, unbesiegbar.

Er entdeckt neue Hobbys. Als Minister hatte er 1960 in einem «Hunter»-Überschallflugzeug der Bundeswehr erlebt, wie faszinierend es ist, die Schallmauer zu durchbrechen. Jetzt träumt er davon, selbst Pilot zu werden. Er nimmt die ersten Flugstunden auf einer kleinen einmotorigen Schulungsmaschine und paukt die Theorie. Seine Lust auf hohe Geschwindigkeiten muss er sich einstweilen noch auf Erden erfüllen: Er kauft sich seinen ersten Sportwagen. Und außerdem erwirbt er den Jagdschein. Rasen und Jagen: Alles, was seine Reflexe herausfordert, gefällt ihm. Wenn es auf Sekundenbruchteile ankommt, ist er in seinem Element, da entspannt er sich. Dass er den Jagdschein ausgerechnet im niedersächsischen Gifhorn erwirbt und nicht in bayerischen Jagdgefilden, ist sogleich Anlass für eine kritische Geschichte im «Spiegel». Doch Gifhorn ist einfach nur ein Insider-Tip unter jagdbeflissenen Politikern: Die Prüfung dort ist einfacher, schneller durchzuziehen – und billiger. Gegen eine Spende von 300 Mark übersieht es die Jagdbehörde auch gnädig, wenn der eigene Hauptwohnsitz zufällig nicht in Gifhorn liegt.

Lange noch dröhnt ihm das Echo seines erzwungenen Rücktritts aus den Zeitungen entgegen. «Ich habe ihm zu Hause bewusst Zeitungen und Illustrierte vorenthalten, die kritische und hämische Kommentare zu seinem Abschied als Minister geschrieben hatten. Denn sein Rücktritt vom Ministeramt hat ihn persönlich viel schwerer getroffen, als er es im Gespräch nach außen hin zugeben wollte», erzählt Marianne später. Er will nicht zugeben, dass es ein Schock war. Seit seinem Eintritt ins Max-Gymnasium, fünfunddreißig Jahre zuvor, ist der Sohn des Schwabinger Metzgers immer weiter gerückt, unaufhaltsam nach vorne, Sprosse um Sprosse nach oben – so empfindet er sein Leben. Doch kurz vor dem Ziel ist er abgestürzt. Nein, er ist nicht einfach abgestürzt, man hat ihn gestoßen, absichtlich in den Abgrund gestoßen.

Seinen «streng geheimen» Brief an Adenauer hat er nie zu seiner

Entlastung benutzt. Er hat geschwiegen und sich auf diese Weise verblüffend staatsmännisch verhalten. Aber gerade deshalb entwickelt er zunehmend das Gefühl, eigentlich unschuldig gewesen zu sein, der wirkliche Täter ist für ihn Adenauer. Dies, und nicht allein sein Charakter, erklärt den rüden Umgang mit Justizbehörden, die gegen ihn wegen der Verhaftung Conrad Ahlers' ermitteln: «Ich gebe erneut der Erwartung Ausdruck», schreibt er einem Bonner Staatsanwalt, der ihn vorgeladen hat, «dass Ihre rechtswidrige Tätigkeit alsbald ein Ende findet.» Er hat sich noch nie wie irgendein Marktweib behandeln lassen. Am Ende muss er jedoch immer zurückstecken.

Auch sein Verlangen nach «Genugtuung», nach «Wiedergutmachung» und nach einer «Ehrenerklärung» erwächst aus dem Empfinden, unschuldig zu sein. Für ihn sind die anderen Mitspieler die Schuldigen, die seinen Rücktritt erzwungen haben: die FDP, die aus der Regierungskoalition austrat; die Militärexperten, die von «Geheimnisverrat» schwadronierten; der Kanzler, der ihm dringend zur illegalen ‹Amtshilfe› bei der Verhaftung Ahlers' geraten hat; die Geheimdienste, die seinen Sturz wollten, Gehlen vor allem und sein BND; schließlich die Kennedy-Administration, die sich durch seine strategischen Vorstellungen bedroht fühlte – von den Kommunisten in Pankow und Moskau ganz zu schweigen.

Das riesengroße Ego des Franz Josef Strauß braucht eine ungeheure Schar von Feinden, ehe es einen persönlichen Misserfolg schließlich akzeptieren kann. Augstein nennt das «Verfolgungswahn».

Noch kämpft er. Während einer Israel-Reise mit Marianne, im Sommer 1963, beschuldigt er Augstein und den «Spiegel», nichts anderes zu sein als «die Gestapo unserer Tage», die «mit Akten aus der NS-Zeit fast jeden Deutschen erpressen» könne. Gegen ihn, Strauß, sei eine Hexenjagd entfesselt worden, ein Kesseltreiben. «Ich bin behandelt worden wie ein Jude, der es gewagt hätte, auf dem Reichsparteitag der NSDAP aufzutreten. Es gab Anzeichen eines ausgesprochenen Massenwahns (…) Unter einer Woge einseitiger Stimmungsmache sollte der Kern der Affäre verborgen werden, nämlich der ungeheuerliche Verrat brisanter militärischer Geheimnisse durch Augsteins Blatt.»

Er entwickelt ein ganz eigenes Vokabular für diesen Verfolgungs-Zusammenhang: die Hamburger Presse als «pseudoliberale Neger-trommel», die «Negativpublizistik», die «Verleumdungsmaschine-rie» der «Tatsachenverfälscher», die «pseudoliterarische Subkultur», die «Kryptokommunisten», die «Agenten Moskaus». Durch deren Wirken habe sich in der Öffentlichkeit die «falsche Vorstellung fest-gefressen», es seien «durch Organe des Verteidigungsministeriums unschuldige Redakteure verhaftet und ihre Redaktion bei Nacht und Nebel auf den Kopf gestellt worden. Die Meinung hält sich wie eine biblische Legende. Niemand von diesen Leuten will zur Kennt-nis nehmen, dass vom Ermittlungsrichter des höchsten deutschen Gerichtshofes Haftbefehle ausgestellt worden sind. Das kann zu Recht oder zu Unrecht geschehen, aber dass der Richter beim BGH Haftbefehle zur Unterstützung der Privatrache Strauß contra Aug-stein ausstellt, kann nur jemand glauben, der die Hose mit der Beiß-zange anzieht.»

Rhetorische Nebelkerzen, die den Kern des Problems verhüllen. Sehr viel später erst kann er zugeben, dass er seinen Sturz durch sein eigenes Fehlverhalten selbst herbeigeführt hat: durch die Lüge vor dem deutschen Parlament über seine Rolle bei der Verhaftung von Ahlers. Jahrzehnte später, als Ministerpräsident Bayerns, wenn er sei-ne Freunde mit den alten Geschichten amüsieren will, reißt er schon mal seine Witze darüber: «Der heilige Petrus hat dreimal gelogen – und wurde trotzdem Papst. Ich habe nur einmal gelogen, warum sollte ich nicht Verteidigungsminister bleiben dürfen?»

Der Schock sitzt tief. Aber bei Lichte betrachtet sieht es gar nicht schlecht aus. Er ist 47 Jahre alt, recht jung für die Bonner Greisenwelt, das räumt ihm viel Zukunft ein; er ist gut und glücklich verheiratet, er hat drei hoffnungsvolle Kinder, er ist vermögend. Er ist Abgeord-neter des Deutschen Bundestages. Nach seinem Ausscheiden aus Kabinett und Ministeramt hat er sich zum Chef der Bonner Landes-gruppe seiner Partei wählen lassen, zum Führer der CSU im Parla-ment. Als solcher ist er automatisch stellvertretender Fraktionsvor-sitzender der gemeinsamen CDU/CSU-Fraktion, der Juniorpartner der Christdemokraten. Die CDU ist auf die Dauer-Koalition mit den

Bayern angewiesen, das verleiht Strauß unverhältnismäßig großen politischen Einfluss in Bonn, auch nach seinem Sturz. Und die Basis dieser Macht wiederum, eigentlich ihr unentwegt fließender Quell, ist seine Partei, die CSU, deren Vorsitzender er ist. Der geschasste Strauß ist genau genommen ein mächtiger Mann. Und er ist jetzt obendrein bekannter denn je.

Im April 1963 taucht er wieder in der Öffentlichkeit auf, im Münchner Presseclub. Zum Erstaunen der Korrespondenten gibt er sich bescheiden: «In der Politik braucht man auch mal eine ruhigere Gangart, wenn man nicht seine physischen und geistigen Kräfte einer Belastung mit tragischem Ausgang aussetzen möchte.» Einsichten, die er schon bald wieder verdrängen wird. In einem Fernseh-Interview verspricht er augenzwinkernd: «Ich hoffe, meine Intelligenz wird zu- und mein Temperament abnehmen, bis das gewünschte Mittelmaß erreicht ist.»

Am 9. Januar 1964, mehr als ein Jahr nach seinem Sturz, tritt Strauß zum ersten Mal wieder ans Rednerpult des Bundestags – mit einer wirtschaftspolitischen Grundsatzrede. Es wird eine Sensation. Im Grunde klappert er nur heftig mit dem aktuellen Handwerkszeug eines jungen Studenten der Volkswirtschaft, aber seine Bemerkungen über *input* und *output,* über *costs-effectiveness*, Kostenergiebigkeit und Kostenoptimum und *operational research* mit elektronischen Rechenmaschinen – allesamt neue Begriffe für die Abgeordneten – erregen enormes Aufsehen. Dieser Auftritt wird nicht nur als «put-put-Rede» in die Parlamentsgeschichte eingehen, er bereitet auch schon seine Rückkehr ans Licht vor, sein späteres Comeback als Finanzminister der Großen Koalition.

Aber noch geht der Vernichtungskampf weiter. Rudolf Augstein, der sich rühmt, Strauß «zur Strecke gebracht zu haben» – nicht ganz zu Recht, denn Strauß hatte ihm dabei kräftig geholfen –, gibt sich nicht zufrieden. Er will Strauß nicht nur, wie zuvor, aus Bonn entfernt wissen, sondern ihn überhaupt aus der Politik vertreiben. Er will Genugtuung und Rache – für die 103 Tage, die er unschuldig im Gefängnis verbringen musste.

Im letzten Akt des «Endkampfs», der fast schon ein Epilog ist, sinkt das Niveau des Stückes dramatisch ab. Augsteins Anwälte legen einen 73 Seiten umfassenden Schriftsatz vor, mit dem sie vordergründig versuchen, Belege für die Korrumpierbarkeit von Strauß in seiner Zeit als Minister zu bringen; tatsächlich aber geht es darum, den Mann – ähnlich wie andere es ein paar Jahre zuvor mit Willy Brandt versucht hatten – als moralisch und sittlich haltlosen Lustknaben darzustellen, als «durchtriebenen Kerl, dem schlicht alles zuzutrauen ist» (Bickerich).

Im Text der Anwälte, der sich über weite Strecken wie der schlampige Bericht von zweitrangigen Schnüfflern liest, wird etwa behauptet, Strauß habe in Beverly Hills, auf Einladung von Lockheed, ein «intimes Souper» – gemeint ist offensichtlich eine heiße Nacht – mit dem Film- und Kurvenstar Jane Mansfield gehabt – eine Textstelle, die sogleich an die Öffentlichkeit dringt. Es entsteht der Eindruck, die Lockheed-Bosse hätten die Mansfield dem Strauß quasi als Geschenk zugeführt, als Belohnung für den Kauf ihrer Starfighter-Flugzeuge. Man kann sich vorstellen, dass so manches bayerische Mannsbild nicht wenig beeindruckt ist von der Vorstellung, dass einer von ihnen, Strauß, mit einer leibhaftigen Hollywoodgöttin schläft. Doch die Enttäuschung folgt auf dem Fuß: Die Sache ist schlecht erfunden, die Mansfield hat Strauß nie gesehen, und sie war am fraglichen Abend nicht in Kalifornien, sondern in Florida und überdies im achten Monat schwanger.

Miserabel erfunden ist auch eine zweite, ähnliche Geschichte. Danach soll der «Brathendl-König» Friedrich Jahn Minister Strauß bei seinem Aufenthalt in New York im Oktober 1959 eine schöne junge blonde «Dame» ins Appartement geschickt haben – diesmal war gerüchteweise von Marilyn Monroe die Rede –, in die Suite oben im Waldorf-Astoria-Hotel, in dem Jahn unten im Erdgeschoss ein «Wienerwald»-Restaurant betrieb. Seltsam daran ist nur, dass Jahn seinen Hühnergrill im Waldorf-Astoria erst 1964 eingerichtet hat. Und dass Jahn Strauß überhaupt erst 1965 kennen lernte – nämlich vor Gericht, als es genau um diese erfundene Geschichte ging. «Spiegel»-Autor Wolfram Bickerich, der den Schriftsatz dreißig Jahre später komplett einsehen konnte, schreibt: «Der restliche Text war von ähnlich deftiger Art. Die Anwälte suchten nachzuweisen, Strauß habe sich bei seinen Dienstreisen als Minister von 1959 bis 1961 vor allem bei Aufenthalten im Hotel Ambassador in Los Angeles und bei Partys in Richey's Studio Inn in Palo Alto oder in Seattle auf Kosten von Lockheed zu sehr mit der Firma eingelassen – und überhaupt in den USA gerne auf den Putz gehauen.»

Ob Strauß seiner Ehefrau Marianne manchmal eine kleine Kostprobe aus dem Schriftsatz zu lesen gegeben hat, diesen Raymond-Chandler-Verschnitt? «Mit einer Flasche Whiskey in der Hand zog er (Strauß) in der Nacht vom 25./26. Juli nach einem Herrenabend beim deutschen Generalkonsul in San Francisco in der 49 Marccia Avenue in das Negerviertel hinter der Market Street. Dort landete er schließlich in einer Prostituiertenkneipe billigster Art. Gegen zwei Uhr früh besorgte ihm ein schwarzer Zuhälter eine Begleiterin. Der Kläger (Strauß) nahm die Negerin in das exklusive Hotel St. Francis mit, wo er im ersten Stock eine Eck-Suite bewohnte …»

Es ist erstaunlich, auf welch spießigem Niveau seit 1965 die Augstein'schen Rechercheure und Anwälte glaubten, ihren Gegner diskreditieren zu können. Der Muff von tausend Jahren lagerte auch in den Redaktionsstuben und Kanzleien. Man wundert sich allerdings auch, wie begierig der angeblich «fortschrittliche» Teil der Gesellschaft solcherlei Geschichten goutierte und kolportierte. Nur der greise und lebenserfahrene Adenauer sprach die Worte: «Geschadet hat dat seinem Ruf als Mann aber nich.» Der einzige Mensch, der sich mit Fug und Recht über diese Geschichten hätte empören können, Marianne, tat sie allesamt ab als erfundene Geschichten.

Aber jenseits solcher Groschenheft-Phantasien gelingt es den «Spiegel»-Rechercheuren noch einmal, hartes Material zu finden, dass den früheren Verteidigungsminister als jemanden zeigt, der sich in seiner Amtszeit auf moralisch zweifelhafte Weise für die Bereicherung seiner privaten Freunde eingesetzt hat. Obwohl Strauß damals, 1961, bereits mitten im Trommelfeuer der FIBAG-Affäre stand, hatte er zwei weitere Empfehlungsbriefe geschrieben – diesmal für seinen alten Freund Ernest Hauser. Die beiden Briefe werden allerdings erst jetzt, nach seinem Sturz, bekannt und im «Spiegel» veröffentlicht. Mit diesem Freundschaftsdienst für Hauser verwickelt Strauß sich selbst in eine der schlimmsten und frechsten Affären: die Starfighter- und Lockheed-Affäre, mit der er seinen Freund, der ihm 16 Jahre zuvor das erste und entscheidende Empfehlungsschreiben ausstellen ließ, zum vielfachen Millionär macht.

Im Hintergrund stand eine wichtige waffentechnische Entscheidung: der Kauf amerikanischer «Starfighter» für die deutsche Luftwaffe. Lange Zeit ist spekuliert und gerätselt worden, warum Strauß sich als deutscher Verteidigungsminister für dieses amerikanische Kampfflugzeug entschieden hatte und nicht für die zunächst favorisierte französische Mirage-III. Zahlte Lockheed höhere Schmiergelder in die Parteikassen als die Franzosen? Gab es Zusagen der Amerikaner, im Falle der Entscheidung für die F-104 die nötigen Waffen, später vielleicht auch Atomwaffen, mitzuliefern?

Strauß musste dazu schweigen. Dreißig Jahre später wurden die Geheimdokumente zugänglich, und seitdem ist klar, dass Strauß' Entscheidung für den «Starfighter» eine spontane Trotzreaktion gegen General de Gaulle war und direkt mit jenem geheimen Dreier-Militärpakt Deutschlands mit Frankreich und Italien zusammenhing, der 1958 zur Förderung und Entwicklung einer eigenständigen europäischen Atomindustrie geplant war. Strauß hatte seine kühnsten Hoffnungen, jemals an eigene Atomwaffen zu kommen, auf dieses Projekt gesetzt. Charles de Gaulle hatte dann aber als neuer französischer Präsident diesen Geheimvertrag einfrieren lassen. Er sah die Atombewaffnung als ausschließlich nationales Projekt Frankreichs und setzte dabei auf sowjetische Hilfe, die ihm Chruschtschow später auch gewährte.

Den deutschen Verteidigungsminister hatte man über diese Entwicklung noch nicht informiert, als er im September 1958 nach Paris reiste, um die «Mirage», die er für die Luftwaffe kaufen wollte, zu besichtigen. Als ihn sein französischer Kollege Pierre Guillaumat in die Entscheidung de Gaulles einweihte, war Strauß empört: «Vergessen Sie die Mirage!», rief er aus. Zurück in Bonn ordnete er an, die gesamte Rüstungskooperation mit Frankreich einzustellen. Schon im Oktober traf er die Entscheidung für die amerikanische F-104, den

«Starfighter». Im folgenden Frühjahr wurden die ersten 66 Maschinen geordert, in einer modifizierten Allwetter-Version speziell für Deutschland, dazu 30 zweisitzige Trainingsmaschinen. Der Kaufpreis lag bei 1,8 Milliarden Mark.

So ist der Stand der Dinge, als Strauß die Nachricht erhält, dass sein Freund Hauser, der inzwischen wieder in den USA lebt, in beruflichen Schwierigkeiten steckt. Er wolle gerne zurück nach Deutschland, aber mit welcher beruflichen Perspektive? Strauß, der gerade dabei ist, Großkunde von Lockheed zu werden, hat eine Idee. Er schreibt einen ersten Brief an die ihm gut bekannten Lockheed-Bosse. Seinem Freund teilt Strauß Mitte Juni 1961, kurz vor einer USA-Reise, mit: «Ich habe Herrn Robert Gross einen Brief geschrieben, den ich in Abschrift diesem Brief beifüge. Hoffentlich hat mein Schreiben den erhofften Erfolg. Du müsstest Dich also jetzt unter Berufung auf meine Intervention an Robert Gross wenden und ihn um eine Gelegenheit für eine Unterhaltung bitten. Ich hoffe auf ein Wiedersehen in Kalifornien und bin mit vielen Grüßen – auch von meiner Frau. Dein F. J. Strauß»

Es ist die USA-Reise, bei der er die neuen strategischen Ideen Kennedys und McNamaras verdauen muss: weg von der atomaren Hochrüstung, hin zu mehr konventioneller Bewaffnung. Ein schwieriger *trip* für Strauß. Im weiteren Verlauf der Reise – Washington, Seattle, Kalifornien, New York – verfolgt er weiter das Lockheed-Projekt für Hauser. Sie treffen sich schließlich in Kalifornien und besprechen die Einzelheiten des Plans. «Danke für die schöne, leider viel zu kurze Zeit, die ich mit Dir in Kalifornien zusammen sein konnte», schreibt Strauß am 5. August, gleich nach seiner Rückkehr. «Nun hoffe ich, dass Dein Wunsch, nach Deutschland zu kommen, endgültig in Erfüllung geht. In New York erreichte mich die Mitteilung von Courtlandt Gross, dass Lockheed Dich nun fest eingestellt hat und nach einer Einweisung, die in Deinem Interesse recht gründlich sein sollte, nach Koblenz schicken wird. Ich freue mich schon jetzt auf das Wiedersehen.»

Strauß hat sich also von Lockheed keine Hollywood-Diven ins Bett legen lassen, er hat nur im Hinblick auf einen Freund einen kleinen

Wunsch geäußert. So wird Hauser der zuständige Lockheed-Repräsentant für Deutschland. Und jetzt erhöht das Verteidigungsministerium der Bundesrepublik Deutschland die Bestellung von ursprünglich 66 Starfighter-Exemplaren F-104-G (das «G» steht für Germany) auf 700 Stück, später sogar auf 900. Das macht den aus Salzburg stammenden Ernest Hauser mit einem Schlag zum vielfachen Millionär. Denn Lockheed zahlt 1,75 Prozent Vermittlungsprovision.

Es ist nicht klar, wie diese gewinnträchtige Freundschaft, samt Patenschaft für die Kinder, später so kolossal in die Brüche gehen konnte. Hauser muss sich irgendwann über seinen Gönner Strauß geärgert haben – er beißt schließlich in die Hand, die ihm immer das süße Brot reichte. 1975, im Strudel des weltweiten Lockheed-Skandals, sagt Hauser vor einer Untersuchungskommission des US-Senats aus, man habe seinerzeit immer einen Teil der Provision an die Parteikasse der CSU abgeführt. Der Lockheed-Konzern gibt schließlich zu, zahlreiche Politiker in aller Welt, den einen oder anderen Prinzen eingeschlossen, mit Millionenbeträgen geschmiert zu haben. Doch sei niemals Geld an die CSU oder Franz Josef Strauß geflossen. Hauser wurde aufgefordert, Beweise vorzulegen, und einige dieser Papiere erwiesen sich als nachträglich angefertigte Fälschungen, mit denen er vergeblich versuchte, Strauß zur Strecke zu bringen.

Und die «Hintergrundrechercheure aus Pankow», die überall lauernden Kommunisten? Die hatten freilich auch hier, wie beinahe immer bei Strauß, ihre Finger im Spiel. Es war aber niemals ihr eigenes Spiel, sie pfuschten bloß hier und da ins Spiel hinein und versuchten sich als Profiteure jenes Ungemachs, das Franz Josef Strauß dauernd gegen sich selbst in Gang setzte. So auch in der Lockheed-Affäre. Ende 1977 veröffentlicht die «Süddeutsche Zeitung» das Protokoll eines abgehörten Telefongesprächs, das Strauß mit seinem Vertrauten Wilfried Scharnagl, dem Chefredakteur des «Bayernkuriers», geführt hatte. Darin gab es die sensationelle Passage, in der Strauß sagte: «Ich selbst habe nunmehr nach sechzehneinhalb Jahren aus dem Archiv die Akten eingesehen und alles, was die nicht sehen dürfen, gelüftet. Die persönliche Post mit L. ist entfernt.» «L.» sollte für Lockheed stehen.

Strauß wie Scharnagl müssen schließlich vor einem Bundestags-ausschuss einräumen, das Protokoll sei ziemlich authentisch – freilich mit Ausnahme dieser einen Passage. Strauß vermutet dahinter, nicht zum ersten Mal, eine gezielte Fälschung, entweder des Militärischen Abschirmdienstes (MAD) oder der Kommunisten in der DDR. Die Strauß-Gegner winken lächelnd ab: Diese Ablenkungstaktik kennt man ja von ihm zur Genüge. Erst nach dem Tod von Strauß und nach der Wiedervereinigung Deutschlands zeigt sich, dass jenes Telefonat, wie Millionen anderer auch, tatsächlich abgehört und protokolliert worden war. Man findet sogar die Dokumente, die bewiesen, dass Stasi-Offiziere der «Abteilung Desinformation» die fragliche Passage frei erfunden und eingefügt hatten.

Gegen Strauß sind weder in der Lockheed- noch in der FIBAG-Affäre Fakten auf den Tisch gekommen, die irgendeine Bereicherung für ihn persönlich oder für seine Partei beweisen könnten. Insofern muss er, einem guten alten Rechtsgrundsatz gemäß, als strafrechtlich unschuldig gelten. Das andere, die Briefe, die Hilfe bei der Bereicherung Dritter, die Freundschaftsdienste, der Missbrauch seines Einflusses – das mag moralisch verwerflich sein, es ist aber nicht strafbar. Ein paar Tage vor seinem 50. Geburtstag, Anfang September 1965, fragt ihn der «Münchner Merkur» unter anderem auch nach seinen «Unzulänglichkeiten und Fehlern». Und da spricht er von seiner «Gutmütigkeit» und von dem «Bedürfnis, anderen zu helfen». Er habe auch schon mal «Unterschriften gegeben, wo ich es bei genauerer Prüfung nicht hätte tun sollen». Sein Fehler sei eben «eine oft zu weit gehende Vertrauensseligkeit, die dann missbraucht worden ist». Ein bewährtes rhetorisches Muster.

Der Schriftsatz über das lockere Privatleben von Strauß – seine angeblichen sittlichen Verfehlungen, vor allem auf Reisen – zielt unter anderem darauf, ihn bei seinen eigenen Leuten moralisch zu diskreditieren und seine Wiederwahl als Vorsitzender der Christlich-Sozialen Union, wenn möglich, zu verhindern. Darauf ist auch das *Timing* der Anwälte angelegt: In den Tagen unmittelbar vor dem CSU-Parteitag sickern aus dem Schriftsatz die ersten Gerüchte über die angeblichen Eskapaden des Vorsitzenden durch. Vor den Delegierten des Parteitags sagt Strauß, was er in diesen letzten Tagen erlebt habe, das sei «der äußerste Grad an Niedertracht» gewesen, den man sich vorstellen könne.

«Es geht nicht um mich als Person, aber es geht darum, ob in diesem Staat die verfassungsmäßigen Gewalten herrschen oder ob unkontrollierte und unkontrollierbare Gewalten allmählich eine terroristische Herrschaft auszuüben beginnen. Viele beugen sich, indem sie zahlen. Viele beugen sich, indem sie Informationen liefern.» Er beschwört die Gefahr, dass Politiker «zu Marionetten am Ende von Drähten» werden, deren andere Enden sich «in den Händen von selbsternannten Potentaten» befinden, die «nicht die geringste Legitimation» besitzen. Und er keilt aus: «Es gibt nicht nur eine Unterwelt im Kittel, es gibt auch eine Unterwelt im Frack.» Er lässt es aber offen, wer die Frackträger sind. Nach Lage der Dinge müssen es die «Spiegel»-Redakteure gewesen sein.

Gegenüber den «selbsternannten Potentaten» entwickelt er ein solches Misstrauen, dass er auch vor zwielichtigen Methoden nicht zurückschreckt. In seinem Nachlass befindet sich ein bisher unbeachtetes Dokument, der Bericht über eine Observation, wahrscheinlich durch einen Privatdetektiv. Die überprüfte Person ist der CDU-Außenminister Gerhard Schröder, der seinen Urlaub jedes Jahr gemeinsam mit seiner Frau im «Schloß-Hotel» in Pontresina verbringt. Strauß lässt sich detailliert berichten, wann sein Nebenbuhler Schröder sich in der Lounge mit Henry Nannen, dem «Stern»-Chefredakteur, oder mit Rudolf Augstein trifft, wie lange die Gespräche dauern und um was es ging. Er fürchtet, dass alle diese Protestanten und Hanseaten gegen ihn konspirieren.

Über sich selbst sagt er vor den Delegierten in erstaunlicher Offenheit: «Ich bin weder ein Heiliger noch ein Dämon. Ich bin kein ausgeklügeltes Buch, sondern ein Mensch in seinem Widerspruch.» Das kommt an. Er wird mit überwältigender Mehrheit, mit 85 Prozent der Stimmen, wiedergewählt.

1965, während in Frankfurt der Auschwitz-Prozess stattfindet, der erste große Holocaust-Prozess in Deutschland, entbrennt zwischen den

Koalitionsparteien ein heftiger Streit um die Frage der Verjährung von NS-Verbrechen. Nach dem geltenden Recht setzt für national-sozialistische Verbrechen genau zwanzig Jahre nach der Kapitulation vom Mai 1945, also im Mai 1965, die Verjährung ein. Die SPD, aber auch große Teile der Union wollen eine Verlängerung der Verjährungsfrist, die FDP spricht sich aber für die Verjährung aus. Und die Regierung Erhard lehnt tatsächlich die Verlängerung der Frist ab: Im Grundgesetz sind rückwirkende Gesetze ausdrücklich verboten.

Strauß tut, was er in diesem Zusammenhang immer tut: Er weist auf die Verbrechen der anderen hin. Er zählt sie alle auf: die «scheußlichen Verbrechen, die von Angehörigen der Roten Armee begangen wurden», die Vergewaltigung von Millionen Frauen, die Tausende Morde und Zehntausende Verschleppungen, die Millionen deutscher Kriegsgefangener in den von Stalin eingerichteten Schweigelagern, die Verbrechen an deutschen Verwundeten, deutschen Gefangenen und an Hunderttausenden von Volksdeutschen. Eine «einseitige Verfolgung deutscher Täter» sei unerträglich: «Die Gerechtigkeit muss unteilbar sein, sonst wird sie zur Karikatur.» Ein anderes Zitat, das ihm seit jener Diskussion zugeschrieben wird, ist allerdings frei erfunden: «Ein Volk, das diese wirtschaftlichen Leistungen vollbracht hat, hat ein Recht darauf, von Auschwitz nichts mehr hören zu wollen.» Die «Frankfurter Rundschau» entschuldigt sich in aller Form von dem von ihr zuvor veröffentlichten Zitat.

Strauß verkennt die Brisanz des Auschwitz-Prozesses und die Stimmung, die er vor allem unter jungen Menschen auslöst. Er verkennt auch, wie falsch und gefährlich die Gleichsetzung der Verbrechen ist. Nach fast zwei Jahrzehnten des Schweigens erfahren die Söhne und Töchter der Nazis und der Nazi-Mitläufer zum ersten Mal die Einzelheiten des rassistischen Völkermords. Der Tod im Gas, wie war das eigentlich? 360 Zeugen machen ihre Aussagen. Das Sterben im angeblichen «Baderaum» dauerte fünfzehn, zwanzig Minuten, und der Tod folgte einer strengen Hierarchie. Zuerst starben die Kinder, denn das Gas kroch vom Boden empor. Auf den Leichen der Kinder reckten sich die Erwachsenen hoch und fielen in einen entsetzlichen Kampf aller gegen alle um die letzte, die allerletzte Atemluft.

Es gab Menschen, die durch das Schauglas in der abgedichteten Tür hineinsahen und die jetzt in Frankfurt ihre Aussagen machen. Diese Beschreibungen lösen einen Schock aus, sie schaffen eine moralische Empörung, die entscheidend zum Entstehen der Studentenbewegung beiträgt. Was habt ihr gewusst? Die Eltern-Generation hat offensichtlich alles verdrängt, war unfähig zu trauern. Die meisten Angeklagten halten sich übrigens für nicht schuldig. Sie haben entweder, mitten im KZ, «nichts gewusst», oder sie fühlten sich unter Befehlsnotstand – auch wenn sie, wie der Angeklagte Josef Klehr, «arbeitsunfähige» Häftlinge mit Phenolspritzen töteten oder, wie der Angeklagte Wilhelm Boger, ein Folterinstrument entwickelten und benutzten (die «Boger-Schaukel») oder, wie der Angeklagte Hans Stark, verzweifelt hungrige Kinder wegen des Verdachts auf «Lebensmitteldiebstahls» erschossen. Die Londoner «Times» schreibt: «Das Deprimierendste an dem ganzen Prozess ist die Reaktion der deutschen Öffentlichkeit.» Und das «Comité International des Camps» stellt fest: «Es fällt vielen Deutschen leichter, sich mit den Tätern zu identifizieren als mit den Opfern.» Aber diese Leute sind auch Wähler, um deren Sympathie und Zustimmung Politiker wie Strauß kämpfen müssen.

Im September 1965 wird gewählt, es ist die erste und einzige Bundestagswahl mit einem Kanzler Erhard. Die FDP, die vier Jahre zuvor gefordert hatte «Der Alte muss weg», bestreitet den Wahlkampf dieses Mal mit Parolen gegen Franz Josef Strauß. Denn der sei «eine tödliche Gefahr für die Demokratie», und niemals werde sich ein Liberaler mit ihm an einen (Kabinetts-)Tisch setzen. Es nützt aber nichts: Die CSU erzielt in Bayern ein Rekordergebnis von 55,6 Prozent, die Union kommt auf Bundesebene auf stolze 47,6 Prozent, die FDP verliert drei Prozentpunkte. Die SPD des Kanzlerkandidaten Willy Brandt steigert ihr Ergebnis um drei Prozent auf 39,3 Prozent. Ludwig Erhard, der runde Mann mit der Vertrauen erweckenden Zigarre als Gütesiegel, der «Vater des Wirtschaftswunders», ist der glänzende Wahlsieger. Und doch beginnt noch am gleichen Tag seine Demontage. Strauß, der neue Finanzexperte, orakelt: «Diese Wahlen sind auf Wechsel gewonnen, die noch präsentiert werden.» In spätestens anderthalb Jahren, so seine Prognose, werde es mit Ludwig Erhards Kanzlerschaft ein Ende haben.

In den ersten Monaten des Jahres 1966 ändert sich, unmerklich zuerst, die Stimmung unter den Westdeutschen. Was sich abzeichnet, ist weniger eine Krise als eine heftige Krisenangst. Es herrscht immer noch Vollbeschäftigung, mehr sogar: Bei 600 000 offenen Stellen und über 1,4 Millionen «Gastarbeitern» sind nur 100 000 Menschen ohne Arbeit. Die Löhne steigen weiter um sieben bis acht Prozent jährlich. Doch im Sommer 1966 halten 20 Prozent der Bürger eine «große Krise» für «unausweichlich», weitere 42 Prozent für «sehr wahrscheinlich». Seit 20 Jahren war es immer nur aufwärts gegangen. Jetzt verlangt Erhard «Maßhalten», vertraut aber auf den sich selbst regulierenden Markt.

Für Historiker bleibt es ein Rätsel, warum sich der Sturz Ludwig Erhards so quälend langsam und dabei so unaufhaltsam vollzog wie eine Szene in Zeitlupe; sie sprechen von einem «aktionslosen Attentat». Es gab ein Opfer, sicher, aber die Scharfschützen sind bis heute nicht identifiziert. Der CDU/CSU-Fraktionsvorsitzende Rainer Barzel munkelt im September von der «bisher schwersten Situation für die Union». Strauß macht sich von Rott am Inn auf den kurzen Weg an den Tegernsee, wo Erhard lebt, und warnt ihn scheinbar freundschaftlich: Seine Regierung gehe ihrem vorzeitigen Ende entgegen, wenn er jetzt nicht aufpasse. «Ich habe ihm gesagt: Wenn ich jetzt hier weggehe, tickt die Uhr auf Ihrem Schreibtisch. Entweder haben Sie begriffen, um was es geht, dann haben Sie eine Chance, als Kanzler zu überleben. Oder Sie haben es nicht begriffen, dann werden Sie Ende des Jahres nicht mehr Bundeskanzler sein. Nicht weil ich es will, sondern weil die Umstände Sie zwingen werden.» Aber Erhard versteht ihn völlig falsch – so Strauß in seinen «Erinnerungen». Er sagt: «Herr Strauß, seien Sie doch nicht so ungeduldig. Es dauert nicht mehr lange, dann nehme ich Sie in mein Kabinett auf.» Doch das wollte Strauß nun wirklich nicht mehr werden: Erster oder Zweiter Offizier eines sinkenden Schiffes.

Die führenden Männer der Union belauern sich gegenseitig. Rainer Barzel wittert bei Strauß einen heimlichen Putsch-Plan, Strauß unterstellt dem viel jüngeren und genauso ehrgeizigen Barzel, er wolle ihm mit einem ähnlichen Plan zuvorkommen. Bundestagspräsident Eugen Gerstenmaier lässt durchsickern, er halte sich als Kanzler bereit. Kurt Georg Kiesinger, der CDU-Ministerpräsident von Baden-Württemberg, spricht von einem «notwendigen Auseiterungs-Prozess», der aber höchstens noch ein halbes Jahr dauern dürfe. Einzig die FDP stellt sich dem Kanzler offen in den Weg: Erhard plant einen Haushalt, der nicht ganz ausgewogen ist. Die FDP lehnt aber die zum Ausgleich fälligen Steuererhöhungen strikt ab. Vor allem, weil sie Erhard in eine ausweglose Situation bringen will.

Am 4. Oktober 1966 sagt Barzel den Satz, der bei Erhard die Alarmglocken hätte schrillen lassen müssen: «Es ist selbstverständlich, dass Ludwig Erhard unser Kanzler ist und bleibt.» CSU-intern ruft Strauß zum Kanzlermord auf, hat aber nicht den Mut, ihn selbst zu begehen. Oder eben nur symbolisch: Mitten im bayerischen Landtagswahlkampf lässt er die Plakate mit dem Konterfei Ludwig Erhards überkleben – mit Porträts von sich selbst. Die CSU verzichtet auf den traditionellen Kanzlerbonus, der diesmal ein Kanzlermalus ist: «Mit dem Saustall in Bonn muss Schluss sein!» Mit solchen Parolen baut die CSU ihre absolute Mehrheit in Bayern noch weiter aus.

Bereits am 27. Oktober sind die FDP-Minister, wie Ende 1962, aus der Regierung ausgetreten. Diesmal allerdings werden sie sich ins Abseits manövrieren. Strauß und Barzel fordern Erhard zum Rücktritt auf, doch der ist in eine seltsame Starre verfallen, bleibt gänzlich unbewegt. Nichts geschieht. Er tut nichts, um seinen Abstieg aufzuhalten, tritt aber auch nicht zurück. Strauß äußert in seinen «Erinnerungen» Kritik an Erhard, die zugleich sehr viel über ihn, Strauß, verrät: «Ludwig das Kind» habe sich als «merkwürdig unpolitischer Politiker» erwiesen, weil er «für jede Form machtpolitischer Auseinandersetzung ungeeignet» war, da ihm «der entschlossene Umgang mit den Instrumenten der Macht seinem Charakter nach zutiefst zuwider war». Verglichen mit Erhard ist Strauß ein politischer Rabauke, ein skrupelloser Charakter.

Es ist schließlich ein junger, noch kaum bekannter Politiker, der 36 Jahre alte Helmut Kohl aus Rheinland-Pfalz, der den Knoten unbekümmert zerhaut: Im Bundesvorstand der CDU listet er demonstrativ vier mögliche Nachfolgekandidaten auf, man solle sich jetzt bitte für einen von ihnen entscheiden: Barzel, Gerstenmaier, Kiesinger und Schröder. Strauß gehört nicht dazu. Aber er und seine CSU geben schließlich den Ausschlag: für Kiesinger. Kanzler kann der CSU-Vorsitzende nicht werden, aber er ist der Kanzlermacher. Seine Bedingung ist aber, dass er an den Kabinettstisch zurückkehren darf.

Im baden-württembergischen Gästehaus an der Bonner Argelanderstraße verhandeln Strauß und Kiesinger eine ganze Nacht lang über ihre politische Zukunft. Morgens erzählt Kiesinger seinem Parteifreund Manfred Rommel, Strauß habe ihm gestanden, am liebsten würde er «kein Minister, sondern ein Playboy, aber einer mit Niveau». Das ist freilich nur einer der vielen irritierenden Scherze des Franz Josef Strauß, die den gradlinigeren Figuren immer unbegreiflich bleiben. Sie spüren nicht einmal, dass diese Scherze immer einen Kern von Wahrheit enthalten.

Strauß ist es, der den Sozialdemokraten über das Fernsehen signalisiert, aus seiner Sicht gebe es durchaus eine gemeinsame Grundlage für Koalitionsgespräche. Herbert Wehner träumt umgekehrt schon lange davon, seine Partei durch eine Große Koalition regierungsfähig zu machen. Er hat rechtzeitig eindrucksvolle Worte über den gestürzten und verhassten Verteidigungsminister Strauß gefunden: «Ich halte es für ein Lebensgesetz in der Demokratie, den Gegner nicht vernichten, nicht eliminieren zu wollen. Ich halte dafür, ihm eine Chance zu geben, sich zu ändern.» Strauß lässt Helmut Schmidt wissen, er sehe die «Spiegel»-Affäre jetzt mit anderen Augen – obschon er sicher sei, nicht gegen Gesetze verstoßen zu haben.

Am 1. Dezember 1966 wird Kiesinger zum Kanzler einer Großen Koalition aus Union und SPD gewählt, im Parlament bleibt nur die FDP als Mini-Opposition übrig. Und Franz Josef Strauß erlebt endlich die Genugtuung, wieder dort zu sein, wo er nach seiner Meinung immer hingehört hat: im Kabinett. Vier Jahre hat sein Comeback gedauert. Er wird Finanzminister in der Regierung Kiesinger/Brandt.

Diese Große Koalition ist auch die Koalition eines späten Ausgleichs: Franz Josef Strauß, einer der Täter in der «Spiegel»-Affäre, wird quasi resozialisiert und zum Minister gemacht; Conrad Ahlers, sein Opfer, wird einer der Regierungssprecher. Gustav Heinemann, der den «Spiegel» im Verfahren vor dem Bundesverfassungsgericht vertreten hat, wird Justizminister. Horst Ehmke, einer der Anwälte Augsteins, wird sein Staatssekretär. Helmut Schmidt hofft auf diese Weise, wie er sagt, durch Ahlers und Ehmke, Strauß «ausbalancieren» zu können. Denn «Strauß war die Kröte, die wir schlucken mussten». Als sie geschluckt ist, als die SPD-Bundestagsfraktion der «Elefantenhochzeit» zugestimmt hat, lässt Strauß Champagner auftragen und feiert bis zum frühen Morgen seinen Sieg.

Die «Neue Zürcher Zeitung» und andere Medien haben zuvor den designierten Kanzler Kurt Georg Kiesinger mit dem Hinweis angegriffen, er sei Mitglied der NSDAP und ein überzeugter Nazi gewesen. Auch in der deutschen Öffentlichkeit mehren sich kritische Stimmen. Da besorgt Conrad Ahlers rasch aus dem legendären «Spiegel»-Archiv ein Protokoll des Reichssicherheits-Hauptamtes vom Jahre 1944. Darin wird Kurt Georg Kiesinger, der damals Mitarbeiter des Auswärtigen Amtes war, denunziert: als einer, «der nachweislich die antijüdische Aktion hemmt». Dieses Dokument beweist, dass Kiesinger jedenfalls 1944 im Außenministerium gegen den Völkermord an den Juden eingetreten ist.

Aber es beweist auch, dass Strauß in einem Punkt immer Recht hatte: Der «Spiegel» und sein berühmtes Archiv entscheiden mit darüber, ob ein Politiker in Deutschland aufsteigen darf – oder gestürzt wird. Aber das ist Franz Josef Strauß, der so gerne Recht behält, in diesem Augenblick völlig egal. Er gehört jetzt wieder dazu.

Kapitel 8

DER VERLIEBTE MINISTER
Die turbulenten sechziger Jahre

Marianne sitzt oben auf der Diplomatentribüne, wo die Ehefrauen der Regierungsmitglieder Platz nehmen, wenn sie eine Parlamentsdebatte verfolgen wollen. Rut Brandt und andere Politikerfrauen sitzen auch hier. Marianne Strauß schaut zu, wie unten an der Stirnseite des Plenums ihr Mann im Frack gemessenen Schrittes die wenigen Stufen zum Präsidenten des Bundestags emporsteigt, der ihm feierlich die Eidesformel vorspricht. Strauß wiederholt die Formel und fügt hinzu: «So wahr mir Gott helfe.» Draußen auf den Bonner Straßen rufen Demonstranten laut: «SPD liebt CDU – Opposition legt sich zur Ruh!» Günter Grass hat diese Koalition eine «miese Ehe» genannt. Viele Kritiker sehen in ihr eine Todsünde wider die Demokratie: Wie können sich Brandt und Wehner mit Strauß an einen Kabinettstisch setzen?

Die Minister, die hier vereidigt werden, sind tatsächlich eine eigenartige Gruppe; man wird diese Regierung das «Kabinett der historischen Versöhnung» nennen. Neben einem ehemaligen Nazi, dem Kanzler Kurt Georg Kiesinger, gibt es zwei ehemalige Emigranten, den Altkommunisten Herbert Wehner, der jetzt Minister für gesamtdeutsche Angelegenheiten wird, und den Antifaschisten Willy Brandt, der als Herbert Frahm in seiner Jugend ein überzeugter Linkssozialist war. Jetzt wird er Vizekanzler und Außenminister der Regierung Kiesinger. Brandt selbst findet, diese Regierung sei «die wahrhaftige personelle Repräsentation der deutschen Wirklichkeit». Zu dieser Wirklichkeit gehören auch der ehemalige SA-Mann Gerhard Schröder, der Verteidigungsminister wird, und Gustav Heinemann, der Anti-Nazi und Christ der Bekennenden Kirche, der seinerzeit aus Protest gegen Strauß' und Adenauers Wiederbewaffnungspläne die Regierung verließ. Er wird Justizminister.

Zweifellos gehören Franz Josef Strauß als Finanzminister und Karl Schiller als Wirtschaftsminister zu den wichtigsten Männern der Regierung. Weil sie alsbald immer zusammen auftreten, auch zu Pressekonferenzen, werden sie bald das «doppelte Lottchen» genannt, später setzt sich die liebevolle Bezeichnung «Plisch und Plum» durch. Der CSU-Mann und der sozialdemokratische Wirtschaftsprofessor scheinen perfekt zu harmonieren, spielen sich die rhetorischen Bälle zu und geben sich pragmatisch und gänzlich uneitel. Erst gegen Ende der Regierungszeit werden sie sich ein Duell der Eitelkeiten liefern, das den ganzen Wahlkampf bestimmt. Jetzt aber treten sie an, um als *deficit brothers*, wie ein Journalist schreibt, das Land aus der für die Nachkriegsdeutschen ungewohnten Rezession zu führen. Wie zehn Jahre zuvor, als Adenauer Strauß als «Rabauken» brauchte, der «die Mauer des Widerstands gegen die Wiederbewaffnung brechen» sollte, so braucht Kiesinger ihn jetzt als «Herkules», der gegen die «chaotischen Zustände auf dem Gebiet der Bundesfinanzen» kämpfen soll. Kiesinger sagt: «Von den verschiedenen Kandidaten, die zur Wahl standen, kommt Franz Josef Strauß den Qualitäten eines Herkules am nächsten.» Strauß glaubt das natürlich selbst auch, wehrt aber lächelnd ab: «Der Bundesfinanzminister ist kein Magier, er kann keine paradiesischen Zustände herbeizaubern.»

Doch bald beginnen an der Börse die Aktienkurse zu steigen, die Großindustrie «schöpft neue Hoffnung», wie die «Zeit» feststellt, und eine große Koalition von Journalisten zeigt sich entzückt von der Wirtschafts- und Finanzpolitik der Regierung. Die Aufgabe der beiden Minister ist wahrlich schwierig und auf den ersten Blick paradox: Sie sollen Geld einsparen, um den defizitären Bundeshaushalt zu konsolidieren und die Staatsverschuldung zu reduzieren. Zugleich sollen sie aber Geld ausgeben, um die stagnierende Wirtschaft anzukurbeln und mit neuem Leben zu erfüllen. Strauß sagt später: «Ein Verzicht auf die Konsolidierung war unmöglich, ein Verzicht auf die Wiederbelebung der Wirtschaft lebensgefährlich.» Die beiden finden einen Ausweg aus der Krise. Sie schaffen, kurz gesagt, «Eventualhaushalte»: finanzielle Puffer, in die bei konjunktureller Überhitzung Gelder eingezahlt werden, die man später, bei gefährlicher Abkühlung des Wirtschaftslebens, investieren kann.

Plisch und Plum erringen zusätzlich große Popularität wegen ihrer volkspädagogischen Wortschöpfungen, mit denen sie die kompliziertesten Wirtschafts- und Finanzprobleme verständlich machen. Alle Welt spricht jetzt von «Konjunkturtälern», von «sozialer Symmetrie», von der «Konzertierten Aktion», von «Aufschwung nach Maß» oder von der «Mifrifi» – der Strauß'schen Mittelfristigen Finanzplanung: «Wir sind verpflichtet, nicht alles, was wir verdienen, für den Konsum unseres Tages auszugeben, sondern den notwendigen Teil abzuzweigen, damit die Generation von morgen ebenfalls ihre gesicherte Existenz hat», so erläutert er den Sinn dieser Politik.

Ein Jahr zuvor, als später Student in Innsbruck, hat er abermals eine Doktorarbeit begonnen, diesmal nicht über Weltreichsideen, sondern über wirtschaftstheoretische Fragen. Jetzt hat Strauß die Chance, in der Praxis an entscheidender Stelle seine Finanzpolitik zu realisieren. Sehr schnell schafft er es, die Deckungslücken des Haushaltes zu schließen. Er setzt eine Reform der Finanzverfassung in Gang, die den Steuerausgleich zwischen Bund und Ländern neu regelt. Statt der bisherigen Steuervergünstigung für Eltern mit Kindern setzt er direkte Kindergeldzahlungen an die Eltern durch. Der ehemalige Verteidigungsminister, obendrein ein berüchtigter «Kriegstreiber», kürzt dazu drastisch den Wehretat. Beide Minister zusammen sind so außerordentlich erfolgreich, dass es bald wieder Vollbeschäftigung in der Bundesrepublik gibt. Nach zwei Jahren sagt Strauß voller Stolz: «Ich kann das Wort ‹Reform› schon nicht mehr hören.»

Nach Meinung vieler Beobachter ist Strauß auch menschlich «wie verwandelt», er sei «kaum noch wiederzuerkennen». Man entdeckt, wie witzig er ist, wie charmant er sein kann, was für ein ausgezeichneter «zweiter Mann» er ist. Er macht einen guten Job, und selbst das feindselige «Hamburger Pressekartell» sieht in der Zeit des politischen Burgfriedens wenig Grund, ihn zu bekämpfen.

Kiesingers Regierung ist auch auf anderen Gebieten erfolgreich.

Justizminister Gustav Heinemann und sein Staatssekretär Horst Ehmke bringen wichtige Strafrechts-Reformen ein (von «durchsetzen» kann man angesichts der Mehrheiten im Parlament nicht reden), vor allem reformieren sie Gesetze, in denen der alte autoritäre Geist des Wilhelminischen Zeitalters noch weiterlebte. So sind jetzt Ehebruch, Kuppelei und Homosexualität unter Erwachsenen straffrei. Außenminister Willy Brandt, immerhin ehemaliger Regierender Bürgermeister von Berlin, gilt international als das Symbol des deutschen Widerstands gegen die Sowjetunion im Kalten Krieg – auch wenn die USA in dieser Epoche, im Zeichen einer «Pax atomica», bereits eher an einem Entspannungsklima mit der Sowjetunion interessiert sind. Die Russen sollen friedlich und zurückhaltend gestimmt werden angesichts des Vietnamkrieges. 1967 stehen schon weit über 500 000 US-Soldaten in Vietnam. Auch die Westdeutschen senden ein Zeichen des guten Willens nach Moskau, als sie die 1958 vom Bundesverfassungsgericht verbotene KPD wieder zulassen – wenn auch als scheinbare Neugründung. Und Strauß, er murrt und meckert nicht einmal über die DKP.

Die USA sind auch sehr an einem internationalen Vertrag über das Verbot der Weitergabe von Atomwaffen interessiert, an einem «Non Proliferation Treaty». Gerade die Deutschen sollen bald zustimmen. Denn Kennedys Nachfolger, US-Präsident Lyndon B. Johnson, erinnert sich sehr genau daran, dass ein früherer deutscher Verteidigungsminister namens Strauß zu seiner Zeit immer wieder und vehement die Bewaffnung der Bundeswehr mit Atomwaffen gefordert hat. Johnson legt deshalb ganz besonderen Wert darauf, dass auch die Bundesrepublik diesen «Atomwaffensperrvertrag» unterzeichnet.

Doch nicht nur Strauß und seine CSU sind erbitterte Gegner des Vertrages. Der greise Konrad Adenauer spricht kurz vor seinem Tod 1967 von einer «verteufelten Neuauflage des Morgenthau-Planes». Kiesinger sieht die «Gefahr einer atomaren Komplizenschaft der Supermächte», Strauß nennt den Vertrag «ein Versailles kosmischen Ausmaßes». Willy Brandt rät dringend zur Unterschrift. Kiesinger zögert sie immer weiter heraus, bis es, nach der Niederschlagung des Prager Frühlings und dem Einmarsch der Roten Armee in die Tschechoslowakei, die USA nicht mehr so eilig haben mit der Unterzeichnung.

In dieser Zeit entsteht eine wachsende Übereinstimmung – Strauß spürt das sehr wohl – zwischen der SPD und den Liberalen, nicht nur im gesellschafts- und rechtspolitischen Bereich, sondern auch bei vielen Fragen der Außenpolitik. Unter der Oberfläche beginnt sich allmählich die sozialliberale Koalition von 1969 zu formieren. Denn Brandt wird viele von ihm als notwendig erachtete Reformen mit der Union nicht verwirklichen können.

Die Grundlage für die in der nächsten Legislaturperiode aufbrechenden heftigen Konflikte in der Ost- und Entspannungspolitik wird gelegt, als Willy Brandt im März 1968 auf dem SPD-Parteitag zum ersten Mal das Fenster weit aufstößt. Es ist fast eine Sensation, wenn er «die Anerkennung oder zumindest Respektierung der Oder/Neiße-Linie» verlangt, jedenfalls bis zu einer friedensvertraglichen Regelung. Man könne doch wohl die heute in den Oder/Neiße-Gebieten lebenden Menschen nicht erneut vertreiben, sagt er. Die bestehenden Grenzen in Europa dürften niemals mehr mit Gewalt geändert werden. Aus «Rechtstiteln» könne man zwar schöne Ansprüche ableiten, sie würden aber nicht schon dadurch zur Wirklichkeit.

Strauß findet, damit habe Brandt die verabredete Basis der Koalition bereits verlassen, und im «Bayernkurier» heißt es über die Koalition: «Immer mehr Probleme müssen zur Bagatelle gestempelt werden, damit keiner der Beteiligten den Wegfall der Geschäftsgrundlage erklärt.» Kiesinger und Strauß wollen die durch den Zweiten Weltkrieg geschaffenen Realitäten, darunter die Teilung Deutschlands, nicht akzeptieren, weil sie gegenüber der Sowjetunion, welche die Anerkennung genau dieser Realitäten fordert, nicht nachgeben wollen.

Die von der Koalition geplanten gesetzlichen Notstandsregelungen für den Katastrophen- und Kriegsfall scheitern zunächst. Denn gegen diese «Notstandsgesetze» entbrennt ein heute nicht mehr ganz begreiflicher heftiger Protest. Eigentlich geht es nur darum, die geltenden alliierten Notstandsbefugnisse durch eine eigene, deutsche Notstandsregelung zu ersetzen – aber dagegen gehen Zehntausende Menschen auf die Straßen. Ein Kuratorium mit dem kämpferischen

Namen «Notstand der Demokratie» wird gegründet, das einen «Sternmarsch nach Bonn» organisiert. Der Kampf wird jahrelang erbittert geführt. Der Massenprotest gegen dieses Gesetzeswerk zeigt vor allem eines: dass seit der «Spiegel»-Affäre fünf Jahre zuvor in der Bevölkerung ein massives Misstrauen entstanden ist. Man glaubt nicht recht an die demokratische Gesinnung der Politiker im Parlament und der Beamten in den Behörden, manche fürchten sogar für den Notstands-Fall eine «Diktatur von rechts».

Die Zeit der Großen Koalition in der Bundesrepublik ist auch die Epoche der «Studentenunruhen», des Aufstands der Jugend, der Anti-Vietnam-Demonstrationen; es sind stürmische Jahre, die nicht nur die deutsche Gesellschaft grundlegend verändern. Die internationalen Studentenunruhen sind alles andere als eine Bewegung, die aus gemeinsamen Motiven entstammte oder die etwa koordiniert war. Schon gar nicht wurde die Jugend rebellisch, weil sie Marx oder Bakunin gelesen hätte.

In Nanterre und an der Sorbonne begannen 1965 die ersten Proteste, weil Studenten sich nicht auf ihren Zimmern in den Wohnheimen besuchen durften; offensichtlich sollte die staubige Regel verhindern, dass erwachsene junge Menschen in ihren eigenen vier Wänden Sex miteinander haben. Im kalifornischen Berkeley predigte der junge Rebell Mario Savio, den die Presse alsbald zum «Studentenführer» erklärte: «Die Universität ist ein kapitalistisches Unternehmen, es gibt Aktionäre, die auf Gewinne warten; der Dekan ist der Generalmanager und ihr seid nichts als investiertes Kapitel, das Gewinne bringen muss.»

Bald gibt es die ersten Go-ins, die Sit-ins, man leistet passiven Widerstand, Polizisten tragen Studenten vom Campus. Plötzlich singen die Protestierenden die alten, halb vergessenen amerikanischen Gewerkschaftslieder: *We shall overcome.* Der kalifornische Gouverneur Ronald Reagan setzt die Nationalgarde gegen Studenten ein, lässt von Hubschraubern Giftgas versprühen. In den Südstaaten flammen gleichzeitig «Rassenkrawalle» auf: Proteste gegen eine rigide Form der Ungleichheit und Apartheid. In South Carolina versuchen Studenten die Züge zu stoppen, mit denen Woche für Woche Tausende junger GIs in die Häfen verfrachtet werden für den Weitertransport nach Vietnam. *Make love not war.* Auf den zertretenen Äckern von Woodstock sieht man vielleicht «den Vorschein einer neuen Zeit». In Mexico City und Caracas rebellieren Jugendliche gegen die «imperialistische Außenpolitik» der USA, die den Süden des Kontinents als deren Hinterhof betrachtet. Nur in Frankreich eskalieren die Unruhen bis zu einem Punkt, der die herrschende Klasse ängstigt. Nach dem «Pariser Mai» 1968 muss de Gaulle zurücktreten.

Am Ende der Adenauer-Ära wirkt der Frankfurter Auschwitz-Prozess wie ein gesellschaftlicher Sprengsatz: So war das also. Warum habt ihr uns das nie gesagt? Habt ihr damit zu tun gehabt, ihr persönlich? Die Appelle des Franz Josef Strauß, angesichts der jüngeren deutschen Geschichte den «aufrechten Gang» und den «Nationalstolz» nicht zu verlieren, sind für die junge Generation eine absurde Forderung. Sollte man nicht zuerst mal wissen dürfen, was da genau geschehen ist? Der elterliche Gedächtnisverlust, die antiquierte Sexualmoral, der autoritäre Adenauer'sche Staat, das Verlangen nach Ruhe und Ordnung, der ungeheure «Muff» überall und nicht nur unter den Talaren – dies alles kommt zusammen.

Und die wahre Opposition finde jetzt auf der Straße statt, heißt es, in Hörsälen, im AudiMax – die «außerparlamentarische Opposition» (APO). Was die grundlegende Stimmung angeht, von der beinahe eine ganze Generation erfasst wird, so brauchen die Jugendlichen nicht erst die deklamatorischen Sprachhülsen eines SDS, um zu begreifen, dass sich alles ändern müsse. Es ist keine primär politische Bewegung, es ist eine Art Kulturrevolution, eine Globalisierung von jugendlicher «Subkultur». Es ist *pop*: Selbst Rudi Dutschke fasziniert vielleicht mehr durch seine Diktion, seine Stimme, seinen wilden Blick, seinen Ringelpullover und die abgerissene Lederjacke als durch seine Parolen, die oft genug hermetische oder tautologische Weisheiten sind, deren gedankliche Voraussetzungen nur eine Minderheit teilen kann. Aber überall gilt, was Bob Dylan singt: *The times they are a-changing.*

1967 kommt die Zuspitzung: Die Demonstrationen gegen den Schah von Persien enden in Berlin mit dem Tod des Studenten Benno Ohnesorg – durch eine Kugel aus einer Polizeipistole. Im April

1968 das Attentat auf Rudi Dutschke und die darauf folgenden, tagelangen «Osterunruhen» mit Straßenschlachten in vielen Städten und dem Versuch, das Springer-Hochhaus zu blockieren. «USA aus Vietnam raus, blockt doch mal das Springer-Haus!» Als Dutschke, von drei Kugeln niedergestreckt, im Berliner Westend-Krankenhaus mit dem Tode ringt, schickt Bundeskanzler Kiesinger an Dutschkes Frau Gretchen ein mitfühlendes Telegramm. Strauß gibt sich öffentlich empört: aber nicht über den Anschlag, sondern über das Telegramm. Der Frankfurter SDS schreibt über das Attentat, die «wirklichen Täter sitzen in den Redaktionsstuben des Springerkonzerns, im Senat und im Abgeordnetenhaus. Die Dreckschleuder von Franz Josef Strauß und die Hetzparolen des Wehner haben das Attentat vorbereitet.»

Zum ersten Mal in seinem Leben als Politiker ist Strauß, trotz seiner analytischen Fähigkeiten, nicht auf der Höhe der Zeit. Das Problem ist nicht so sehr, dass er diese studentische Bewegung ablehnt – nach allem, was er repräsentiert, muss er sie ablehnen –; schlimmer ist, dass er sie nicht versteht. Er erkennt nicht, dass sich hier, jenseits von Randale und Gewalt, ein grundlegender Stimmungswandel vollzieht, eine Bereitschaft zur Veränderung, die schließlich den Nazi-Gegner und Exilanten Willy Brandt ganz nach oben tragen wird, während er selbst, Strauß, eine Art «Modernisierungsverlierer» sein wird. Dem Jungen aus der Schellingstraße, der in der großen Unordnung aufwuchs, in Krieg und Nachkriegszeit der zwanziger Jahre, ist jede Form von Unordnung unerträglich, jede Auflehnung gegen die Autoritäten fremd und suspekt. Protest in den Universitäten, Aufruhr auf den Straßen, das ist «Pöbel», das ist «Rebellion» – und hier deckt sich seine Angst exakt mit den Machtphantasien der studentischen Vordenker, die ihren Protest selbst als «Rebellion» betrachten. Strauß wird in den 68er Jahren der wichtigste Repräsentant all derer, die durch die Proteste in Wut, in Angst und Schrecken versetzt werden. Strauß spricht ihre Affekte und ihre Ressentiments deshalb so überzeugend aus, weil er sie aus vollen Herzen teilt, etwa wenn er von den «Ungewaschenen» spricht, von «dreckigen Vietcong-Anhängern, die öffentlich Geschlechtsverkehr treiben». Dass ausgerechnet der

«Studentenführer» Rudi Dutschke bürgerlich-brav und monogam mit seinem Gretchen verheiratet ist, passt da nicht ins Bild.

Während Strauß also im Protest bereits «Rebellion» erkennt und Kiesinger eine «Gefahr» sieht, entdeckt Willy Brandt in den Jugendunruhen und dem Aufbegehren auch eine große Chance. Dabei hat Brandt das «APO-Problem» in der eigenen Familie. Brandts ältester Sohn Peter nimmt an Demonstrationen gegen die «Bonner Einheitspartei», also die Große Koalition, teil, wo man die aus der Weimarer Zeit entliehene Parole ruft: «Wer hat uns verraten? Sozialdemokraten!» Berliner Verfassungsschützer leiten insgesamt fünf Ermittlungsverfahren gegen den Sohn des Außenministers und Vizekanzlers ein. Genussvoll berichtet der «Bayernkurier» im April 1968 mit großem Bild von der Festnahme Peter Brandts bei einer unerlaubten Vietnam-Demo in Berlin: für viele Konservative der definitive Beweis, dass liberale Erziehung notwendig in den Radikalismus und die politische Verwahrlosung führt. Liberale Erziehung schüre aggressives und anarchistisches Verhalten, fördere die Ablehnung der Autorität und die Zerstörungswut. So sieht es auch Marianne Strauß, deren Kinder aber gottlob noch zu jung sind – Max, der Älteste, ist gerade mal neun. Umso mehr wird sie aufpassen, dass die Kinder niemals in Gefahr geraten, sich den «Roten» anzuschließen.

Brandt hatte schon zwei Jahre zuvor gezeigt, dass er gegenüber seinen Söhnen genau diese liberale Haltung vertrat: als er die Zustimmung gab, dass Peter und Lars bei der Verfilmung der Grass-Novelle «Katz und Maus» als Schauspieler den Helden Joachim Mahlke darstellen – in zwei verschiedenen Epochen seines Lebens. In diesem Film wird nicht nur onaniert, es wird auch – schlimmer noch – Schabernack mit dem «Ritterkreuz» getrieben, der höchsten militärischen Auszeichnung des Zweiten Weltkriegs. Ein millionenfacher Protestschrei der Kriegsveteranen brach los, die deutsche Soldatenehre schien bedroht. Helmut Schmidt, in solchen Fragen durchaus autoritär, meinte öffentlich, Vater Brandt solle mal endlich «ein Machtwort» sprechen; genau das tat Willy Brandt nicht.

Nach ihrer Heirat war Marianne Strauß freiwillig «in die zweite Reihe» zurückgetreten, wie sie sagt. Über die Rollenverteilung ihrer Eltern in Ehe und Familie sagt Monika Hohlmeier vierzig Jahre später: «Meine Mutter hatte die Kraft, zu verzichten und zurückzustehen, obwohl sie meinem Vater intellektuell ebenbürtig war. Sie hat Volkswirtschaft studiert, sprach perfekt Englisch und Französisch und stand meinem Vater als Beraterin zur Seite. Sie hätte jederzeit fragen können: warum er und nicht ich? Aber sie sagte sich, da steht ein Genie, gewiss auch ein schwieriger Mensch, ich muss ihm den Rücken freihalten, damit er dieses Genie wirklich entfalten kann.»

Jetzt ist das Genie wieder Mitglied der Bundesregierung. Aber Marianne beschließt im Winter 1966, nicht wieder mitzugehen nach Bonn. Die Kinder sollen nicht den Unwägbarkeiten einer politischen Karriere ausgeliefert sein, sondern in stabilen Verhältnissen aufwachsen, hier in Rott, im ehemaligen Klostergebäude, in dem auch die Großeltern wohnen. Die Oma aus München, Strauß' Mutter Walburga, und «Tante Maria», die unverheiratet gebliebene Schwester von Strauß, kommen oft und gehören in Rott zur Zwicknagl-Familie. Die beiden Jungen, Max und Franz Georg, gehen schon in die Schule, Monika ist gerade viereinhalb.

Marianne, die studierte Volkswirtin, verwaltet und mehrt das Familienvermögen, das anfangs überwiegend aus ihrem Anteil am Zwicknagl-Reichtum stammt. Einmal hat Strauß sich voreilig bei seiner Schwiegermutter Ilse beklagt, es würden zu viele Teile des Zwicknagl-Vermögens zu rasch verkauft, und Ilse schreibt dem «lieben Franz Josef» einen scharf formulierten Antwortbrief. Nicht sie, Ilse und Max, hätten das Vermögen angetastet, sondern, im Gegenteil, die Töchter, vor allem Marianne selbst. Sie habe von dem vorgezogenen Erbteil im Wert von annähernd 400 000 Mark bereits Häuser und Grundstücke im Wert von 95 000 Mark verkauft – «mit lieben Grüßen, Mami».

Marianne hat das Geld allerdings in andere Projekte investiert: ein Ferienhaus in Südfrankreich, ein Haus in Rottach-Egern, später das große Haus in München-Sendling und drei Wohnungen in einem Hochhaus am Listseeweg. Außerdem gehört ihr ein Wohnblock in

Schwabing, den sie zusammen mit einem alten Bekannten von Strauß aus dem «Ochsensepp-Kreis» gekauft hatte. Sie investiert auch Geld in Beteiligungen, zum Beispiel in eine Kaufhaus-Kette. Bei der Firma Dyna-Plastik, die zum Imperium des Fritz Ries, des späteren Schwiegervaters von Kurt Biedenkopf, gehört, hält sie einen Anteil von 16 Prozent, der ihr im Grunde geschenkt wurde. Denn Marianne muss ihren Anteil, der einem Wert von rund 400000 Mark entspricht, gar nicht erst einzahlen. Er soll aus künftigen Unternehmensgewinnen bestritten werden.

Sehr vielversprechend sind auch gewisse Investitionspläne, mit denen Karlheinz Schreiber, ein junger Freund ihres Mannes, ihr die schönsten Gewinne in Aussicht stellt, Grundstücksgeschäfte und, ja, auch Grundstücks-Spekulationen in der Gegend von Edmonton in Kanada. Marianne und Strauß entwickeln zu Schreiber so großes Vertrauen, dass sie ihm etwas später für diese Geschäfte mehrere Millionen Mark anvertrauen.

Strauß widmet sich derweil der Politik – wenn auch nicht ausschließlich. Er hat sich inzwischen in einem Haus in der Bonner Löwenburgstraße (heute Fritz-Schäffer-Straße) am Rande des Regierungsviertels eingemietet. Er und Marianne führen jetzt eine Wochenendehe, was aber nicht bedeutet, dass er jedes Wochenende nach Hause kommt. Er ist wieder in der «Verbonnung», und die gemeinsamen Wochenenden werden immer seltener. Sie hat sich frühzeitig auf dieses Leben eingestellt.

Aber nach einiger Zeit muss sie gespürt haben: Etwas ist anders. Ihr Mann, der sogar im Fernsehen so glücklich und jugendlich strahlende Finanzminister, hat sich verliebt. Es ist keine der in Bonn üblichen Affären, die man eingeht, wenn die Abende zu lang und die Nächte zu einsam werden. Es ist eine Liebe, die Franz Josef Strauß existenziell erschüttert und selbstverständlich auch seine Ehe bedroht, weil sie ihn darüber nachdenken lässt, ob er sein ganzes bisheriges Leben aufgeben soll.

Er hat «Ulli» kennen gelernt, ein junges Mädchen; aber nicht etwa eines dieser frechen und rebellischen Mädchen aus der studentischen Protestbewegung, auch keines der vielen Bonner Büromädchen, sondern eines «aus bester Familie». 17 Jahre alt, also 35 Jahre jünger als er. Er verbirgt sie einstweilen, geht kaum mit ihr aus, es würde zu viel Aufsehen erregen. Er verbringt jede freie Minute mit ihr in der Löwenburgstraße, er hilft ihr – ganz der ehemalige Studienrat – bei den Hausaufgaben, auch bei den Vorbereitungen aufs Abitur. Zur bestandenen Prüfung schenkt er ihr einen gebrauchten VW.

Es ist nicht überliefert, wie die Eltern des Mädchens die Nachricht aufnehmen, dass ihre Teenagertochter den allergrößten Teil ihrer Freizeit mit Strauß verbrachte. Es ist auch nicht klar, was das Mädchen für Strauß empfand und wie weit es verstand, in welche schwierige Lage Strauß damit geraten war. Die beinahe einzige Quelle für diese Liebesgeschichte ist das Tagebuch des persönlichen Referenten von Strauß, Marcel Hepp, aus dem nach dessen Tod Auszüge bekannt wurden.

Es ist ein tiefer Konflikt. Strauß hat drei Kinder, die er liebt. Seiner Frau Marianne ist er tief verbunden. Obendrein ist er Vorsitzender einer christlichen Partei und damit Gefangener von Regeln, die er ein Leben lang selbst verkündet hat – den Regeln des «christlichen Sittengesetzes». Sein Gefährte Fritz Zimmermann sagt 35 Jahre später im Interview: «Wenn er seine Familie verlassen hätte, das hätte seinen politischen Tod bedeutet.» Und doch sieht es längere Zeit so aus, als wolle er notfalls alles in Kauf nehmen: die Trennung von Marianne, den öffentlichen Skandal, die moralische Empörung seiner eigenen Gefolgsleute. Die Liebe fordert ihn heraus, das eigene Leben und sich selbst in Frage zu stellen. Aussteigen? Alles aufgeben? Ein neues Leben mit Ulli beginnen? Marcel Hepp, der Vertraute dieser Seelenqualen, hält die Details im Tagebuch fest. Nichts dringt an die Öffentlichkeit, selbst die in Bonn allgegenwärtigen Journalisten halten die Affäre für eine «Privatangelegenheit» von Strauß.

Manchmal wirkt er einfach unverschämt glücklich, auch in der Öffentlichkeit, manchmal sogar auf Pressekonferenzen, wenn es um nackte Zahlen und um die eisigen Abstraktionen seiner Finanzpolitik geht. Er schafft es plötzlich, das Rauchen aufzugeben – später wird er allerdings wieder rückfällig: «‹Du Scheißkerl hast es wieder nicht geschafft›, sage ich mir dann», so erzählt er einem Interviewer.

Unmerklich werden seine Haare länger, die Koteletten breiter, er nimmt sogar ein bisschen ab, jedenfalls wirkt es so. Eine Weile macht er einfach weiter so, hält die Dinge in der Schwebe. «Ich habe einmal in die Tagebücher meiner Mutter geguckt», erzählte Monika Hohlmeier im Jahre 2005 dem Verfasser, «es war eine sehr schwere Zeit für sie.»

Aber wohl auch für die Kinder. Die Spannungen und Gefühlslagen der großen Ehekrise bleiben ihnen nicht verborgen. Monika Hohlmeier erzählt – allerdings ohne einen Zusammenhang zur Liebesaffäre ihres Vaters herzustellen –, dass sie in jener Zeit, als sie gerade sieben war, an schweren Depressionen litt. «Meine Mutter hat sich große Mühe gegeben, das aufzufangen, der Vater war ja selten da. Ich hatte auch Ängste vor völlig fiktiven Bedrohungen.» Sie war überzeugt davon, «dass andere Leute mich nicht mögen. Ich konnte noch so lieb und nett und freundlich sein, die Menschen mochten mich einfach nicht.» Die Frau, die später als Politikerin in München einen Ruf als «stählerner Schmetterling» erwirbt, ergänzt: «Dieses Gefühl belastet mich manchmal heute noch.»

In der öffentlichen Auseinandersetzung mit den Studenten teilt Strauß die meisten konservativen Vorurteile gegen die rebellierende Jugend. Was ihn aber unterscheidet, ist die Fähigkeit, sie brillant zu formulieren. Er kann zuspitzen, er kann die ihm vertrauten Ressentiments der Münchner Kleinbürger sogar in eine eiskalte Strategie einbauen. Worte, auch Schimpfworte, sind ihm immer nur Waffen im politischen Kampf. Strauß ist fest entschlossen, die neue rechtsradikale Partei, die NPD, die 1966 zum ersten Mal in einen Landtag einzog, mit allen Mitteln zu bekämpfen, auch mit den Mitteln seiner deftigen Rhetorik. Mit manchmal haarsträubenden Sprüchen über die «verschmutzten Studenten» holt die «Dreckschleuder Strauß» (SDS) viele der erschrockenen Biedermänner, die um die Ordnung oder ihren Wohlstand oder um das Abendland fürchten, von der NPD zurück und gibt ihnen eine Heimat in der CSU – deren Profil sich mit dieser Strategie zwangsläufig weiter nach rechts verschiebt. In allen Parteizirkeln predigt er immer wieder sein Ziel: «Es darf rechts von der CSU keine erfolgreiche Partei geben.» Sein Konzept wird in der Bundestagswahl 1969 aufgehen, denn die NPD schafft den Einzug in den Bundestag nicht.

Er nutzt jede Gelegenheit, sich als Garant von Ordnung und Anstand zu präsentieren. Als sich in Bamberg einige «antiautoritäre» Studenten von ihrer infantilsten Seite zeigen, indem sie ins Landratsamt eindringen und demonstrativ ihre Notdurft in Gängen und auf Schreibtischen verrichten, telegrafiert Strauß dem bayerischen Ministerpräsidenten Goppel: «Diese Personen benehmen sich wie Tiere, auf die die Anwendung der für Menschen gemachten Gesetze nicht möglich ist.» Es ist einer der bleibenden Strauß-Sätze: Er hat offenbar Menschen als Tiere bezeichnet. Dafür bekommt er genau den Applaus, mit dem er gerechnet hat. Doch das Präsidium des Deutschen Richterbundes protestiert sofort: «Das Vokabular erinnert an Nazi-Zeiten. Auch Rechtsbrecher sind Menschen.» Strauß antwortet: «Ich habe nicht verlangt, dass Leute, die sich wie Tiere benehmen, auch wie Tiere behandelt werden sollen. Es ist schwer verständlich, dass ausgerechnet der Deutsche Richterbund derart menschenunwürdiges Verhalten zu rechtfertigen versucht ...»

Um diese Zeit beginnt Marianne Strauß um ihre Ehe zu kämpfen. Sie fährt nach Köln, trifft die Eltern des Mädchens, verbündet sich mit ihnen im Kampf um ihren Mann, um die Ehe und die Kinder. Sie macht Strauß auch klar, was er ohnehin weiß: Seine politische Karriere wäre im Falle einer Trennung wegen eines minderjährigen Mädchens am Ende, zumindest für lange Zeit. Hat nicht selbst Fritz Zimmermann enorme innerparteiliche Schwierigkeiten gehabt, als er einfach nur seine Ehe auflöste?

Strauß schwankt, lehnt sich auf, lenkt ein. Er verzichtet schließlich auf das Mädchen. Denn eine neuerliche öffentliche Regelverletzung traut er sich nicht zu. «Er weinte bittere Tränen, als er sich von Ulli trennte», schreibt Marcel Hepp in sein Tagebuch.

Und Ulli? Ulrike P. begann nach dem Ende der Liaison zu studieren: Finanz- und Wirtschaftswissenschaften. Sie promovierte später und heiratete einen anderen, jüngeren Mann, der bald ein bekannter Bankfachmann wurde. In einem Brief an den Verfasser vom September 2004 bittet sie um Verständnis, dass sie sich zu den «bald vierzig Jahre zurückliegenden» Vorgängen nicht äußern wolle, zumal es dabei auch viele «von Dritten verbreitete Gerüchte» und «hochgespielte Mutmaßungen» gebe. Es bleibt unklar, wie die 17-Jährige ihre Liebesgeschichte mit Strauß erlebte; vielleicht war es ein interessantes Spiel, von einem bedeutenden Mann, der abends in der Tagesschau auftrat, geliebt zu werden. Dass allerdings Franz Josef Strauß im Alter von 52 Jahren fast bereit war, für eine Liebe alles hinzuwerfen, die Familie und die Politik, zeigt ihn von einer unbekannten Seite.

Im März 1969 gibt es einen weiteren Hinweis auf den Wandel der herrschenden Stimmung im Land: Gustav Heinemann, der bisherige sozialdemokratische Justizminister, wird zum neuen Bundespräsidenten gewählt – mit den Stimmen der oppositionellen FDP. Heinemann spürt es und spricht es aus: Seine Wahl sei bereits «ein Stück Machtwechsel». Strauß, der die Liberalen seit langem hasst, spricht bitter und mit einer Anspielung auf 1933 von «Machtergreifung». Wieder einmal hat er das Gefühl, sein Dienst am Staats- und Geldwesen werde nicht angemessen honoriert. Im Wahlkampf 1969 zeigt sich, dass Karl Schiller, der eloquente Professor im Amt des Wirtschaftsministers, im Laufe der Zeit immer populärer geworden ist. In der Gunst der Bevölkerung zieht er an allen anderen Politikern vorbei, natürlich auch an Strauß. Eine Umfrage ergibt, dass ungefähr 70 Prozent der Befragten den SPD-Mann Schiller seltsamerweise für einen Christdemokraten halten.

Richtig in Streit geraten Plisch und Plum, als Schiller die Aufwertung der D-Mark fordert, um die überschäumende Konjunktur des deutschen Warenexports zu dämpfen. Er will die ohnehin schon «harte» Mark noch härter machen – was den allermeisten Deutschen sehr schmeichelt. Die D-Mark ist das entscheidende Symbol des westdeutschen Staates und der Tüchtigkeit seiner Bevölkerung. Strauß ist strikt gegen die Aufwertung. Währungs-«Manipulationen» seien kein geeignetes Mittel der wirtschaftlichen Globalsteuerung. Schließlich macht er die Aufwertungsfrage zu seinem zentralen Wahlkampfthema gegen den «aufgeblasenen Professor», diese «Diva», diese

«Callas». Er bedenkt nicht, dass die meisten Wähler auch Urlauber sind, die manchmal ins Ausland fahren. Und die würden sich freuen, dort für ihr Geld noch mehr zu bekommen als bisher schon. Diese Erwartungshaltung wird mit entscheidend sein für das kommende Wahlergebnis. Nach drei Jahren geht das Traumpaar im Zorn auseinander. «Ich war der Koch, er der Kellner», sagt Strauß entnervt über Karl Schiller. «Ich hab gekocht, er hat serviert und dabei auch gleich das Trinkgeld kassiert, nämlich die Popularität.» Auch der «Spiegel» findet jetzt, im Wahlkampf, seine gewohnte Schärfe gegenüber Strauß zurück. Unter der Überschrift «Herzog Doppelzunge» wird über mehr als zwölf Seiten aufgelistet, warum Franz Josef Strauß in der Epoche der Großen Koalition unberechenbar, unzuverlässig oder sonst wie gefährlich war.

Die Wahlen von 1969 enden hochdramatisch. Alle Zeichen stehen eher auf Sieg für die Union. Die ersten Hochrechnungen gegen 21 Uhr scheinen dies zu bestätigen, sie zeigen die CDU mit einer absoluten Mehrheit der Mandate weit vorn. Die Junge Union feiert Kiesinger mit einem begeisterten Fackelzug. US-Präsident Nixon ruft den Kanzler an und gratuliert ihm zur gewonnenen Wahl. In der Parteizentrale fließt schon der Sekt.

Aber plötzlich wackelt der Trend: Die Union verliert Stück für Stück die Mehrheit. Rein rechnerisch entsteht ein Vorsprung von einigen Sitzen – für eine denkbare sozialliberale Koalition. Kurz nach Mitternacht ist dieser Vorsprung bereits auf zwölf Sitze angewachsen. Karl Schiller befürwortet in Fernsehinterviews ein Zusammengehen mit der FDP, doch Herbert Wehner – der eigentliche Schöpfer der Großen Koalition – warnt vor der «alten Pendlerpartei» FDP. Die Liberalen sind mit knapp über fünf Prozent der Stimmen auf dem absoluten Tiefpunkt in der Wählergunst angekommen. Willy Brandt, der sonst immer zaudert, trifft eine einsame Entscheidung. Er hat mit FDP-Chef Walter Scheel telefonisch verabredet, eine gemeinsame Regierung zu bilden, obwohl die Union die stärkste Kraft im Parlament ist. Strahlend und mit ungewohntem Selbstbewusstsein verkündet Brandt gegen Mitternacht vor den Kameras seinen Anspruch auf die Kanzlerschaft.

Kiesinger und Strauß haben zwar die Wahlen gewonnen, aber sie verlieren in dieser Nacht die Macht. Sie können diese neue Koalition nicht verhindern. Und sie fühlen sich obendrein, was vielleicht noch bitterer ist, als Opfer ihrer eigenen Taktik gegenüber der NPD, die sie im Wahlkampf heftig bekämpft haben, um sie unter die 5-Prozent-Grenze zu drücken. Das ist gelungen (die NPD errang nur 4,3 Prozent), aber jetzt zeigt sich, dass mit einer NPD im Parlament die sozialliberale Koalition zu verhindern gewesen wäre.

Am 21. Oktober 1969 wird Willy Brandt im Deutschen Bundestag zum Kanzler gewählt. «Ja, Herr Präsident», sagt er mit fester Stimme, «ich nehme die Wahl an.» In diesem Moment vollzieht sich der erste wirkliche Machtwechsel in der Geschichte der jungen Bundesrepublik. Die Spitzenpolitiker der Union, die plötzlich und unerwartet auf die harten Sitze der Opposition verbannt wurden, erheben sich widerwillig, um dem neuen Bundeskanzler zu gratulieren, wie es die Höflichkeit gebietet. Kiesinger wirkt ein bisschen blass, aber gefasst, als er seinem Nachfolger die Hand schüttelt. Dann folgen alle anderen Spitzenpolitiker der Union.

Nur Franz Josef Strauß bleibt wie angenagelt auf seinem Platz sitzen, offensichtlich erstarrt in einer Art von Entsetzen. Ausgerechnet Brandt ist dort angekommen, wo Strauß immer hinwollte, auf dem Platz des Regierungschefs. Strauß fühlt sich um die Macht gebracht, mehr noch, um seinen politischen Traum, den Traum von der Kanzlerschaft. Denn am Ende einer weiteren Kiesinger-Regierungszeit hätte er wahrscheinlich seine Chance erhalten. Auch um der Macht willen hat er seine große Liebe aufgegeben, hat sich der herrschenden Moral gefügt und ist zu Marianne zurückgekehrt. Die drei Jahre als Finanzminister der Großen Koalition waren seine glänzendste Zeit als Politiker. Aber jetzt bleibt ihm fast nichts mehr: Die politische Zukunft ist ungewiss. Die Beziehung zu Marianne ist erschüttert. Das Familienleben wird für lange Zeit nicht mehr so unbeschwert sein, wie es einmal war.

Kapitel 9

EISBÄREN IM HOCHHAUS
Die Familie als Bollwerk

Er ist noch dicker geworden, runder, doch er scheint immer noch vor Kraft zu strotzen. Sein Gesicht verändert sich, als passe es sich nachträglich den Karikaturen des «Spiegels» an, es wird schwammig, konturlos. Äußerlichkeiten nimmt er nicht so wichtig, er will ja als brillanter Denker und Redner das Publikum beeindrucken. In seiner Erfolgszeit als Finanzminister, beflügelt vielleicht durch die Liebe zu Ulli, hat er oft fröhlich und entspannt gewirkt; die Koteletten und Haare trug er damals ziemlich lang. Wenn er in schwarzer Lederkluft auf seinem schnellen Motorrad vorfuhr, wirkte er wie ein etwas ältlicher Rocker. Davon ist nichts geblieben. Er isst und trinkt zu viel, denn er ärgert sich jetzt sehr oft. Und manchmal maßlos. Die Zeit der Opposition, die fast ein Jahrzehnt dauert, ist für ihn eine trostlose und frustrierende Zeit.

Seit 1969 sind Strauß und die Union aus dem Zentrum der Macht vertrieben, durch einen kühnen Akt von Brandt und Scheel – in den Augen von Strauß durch einen Staatsstreich. Der Finanzminister wird einfacher Abgeordneter und muss in den 13. Stock des «Langen Eugens», des Abgeordnetenhauses, umziehen – in ein Büro, das viel zu klein ist, um auch nur die Akten und Bücher aufzunehmen, die er aus dem Ministerium mitbringen will. Wie immer, wenn er bedrückt ist, trägt er sich mit Abschiedsgedanken.

Doch die Zweifel verfliegen schnell. Es gibt für ihn nur eine einzige Reaktion auf die jähe Entmachtung: Er wird dieser Regierung einen Kampf liefern, rücksichtslos. Er wird die Speerspitze der Konservativen in Bonn sein. Bald nach der Regierungserklärung Brandts, der mehr Demokratie zu wagen verspricht, trifft sich Strauß in New York mit einer Gruppe deutscher Großindustrieller, die seine Auffassung teilen, das Wort «Reform» sei bereits «zu einer Art pseudotheologischer Beschwörungsformel geworden, zu einem rituellen Symbol».

Ärgerlich ist obendrein, dass alle diese Reformen – «für die neuen Vorstellungen von Emanzipation und Selbstverwirklichung», wie Strauß schreibt – mit den Haushaltsüberschüssen bezahlt werden, die er als Finanzminister erwirtschaftet hat. Er erklärt den Herren Quandt, Flick und Kuenheim, falls die SPD auch die kommenden Wahlen gewinne, werde sie in Deutschland eine Politik der «sozialistischen Umwälzung» durchsetzen, angefangen mit einer verhängnisvollen Ostpolitik, die aus Vorleistungen ohne Gegenleistungen bestehen werde. Kurz gesagt: Er bittet um finanzielle Hilfe. Flick & Co. sichern sie ihm zu.

Die sozialliberale Ostpolitik nimmt Gestalt an. Als Erstes unterzeichnet Brandt den Atomwaffensperrvertrag. Die Bundesrepublik verpflichtet sich zu unterlassen, was ihr aufgrund der Adenauer'schen «Pariser Verträge» sowieso verboten ist: nukleare Sprengsätze herzustellen oder zu erwerben. Für Strauß ist dies «ein Versailles kosmischen Ausmaßes», weil der Vertrag auch einem später wiedervereinigten Deutschland den Weg zur Bombe versperrt. «Das erste Opfer auf dem Altar der Ostpolitik», stellt er fest.

Noch im Dezember 1969 arrangieren Brandt und Scheel die ersten Gespräche über einen deutsch-sowjetischen Gewaltverzicht in Moskau, denen bald ähnliche Verhandlungen in Warschau folgen, die auch die strittigen Grenzprobleme regeln sollen. Wenig später reist Brandt in die DDR, um in Erfurt den Vorsitzenden des Ministerrates der DDR, Willi Stoph, zu treffen. Dass der Bundeskanzler bei einem Gegenbesuch Stophs in der Bundesrepublik die «Spalterflagge» aufziehen lässt, die bisher geächtete Fahne der DDR, nimmt ihm Strauß besonders übel – er wird sie selber, wenn auch erst Jahre später, beim Empfang Honeckers in München wehen lassen.

Brandt wirft dem Bayern «Doppelzüngigkeit» vor, weil der im Bundestag zumeist ganz moderat redet, im «Bayernkurier» aber so polemisch schreibt, dass er «sogar Hugenberg manchmal in den Schatten» stelle. Brandt wird dort etwa als «der Kanzler des Ausverkaufs» bezeichnet. «Gut gebrüllt, Franz Josef», schreibt ein Journalist und meint damit, dass Löwen, die brüllen, nicht beißen. Denn es stimmt ja: Der «bayerische Löwe» hat viele prinzipielle Gemeinsamkeiten mit den Ideen der sozialliberalen Ostpolitik. Er hatte sie schon Jahre zuvor in seinem Buch «Entwurf für Europa» (1966) dargelegt, aber er hätte sie eben gern selbst umgesetzt, als Macher. Deshalb geht es jetzt nur noch darum, die Regierung zu attackieren, um sie möglichst aus dem Amt zu vertreiben. Strauß, der Jäger, will Brandt jagen, will ihn in die Enge treiben, einkesseln, erlegen.

Als Finanzminister der Großen Koalition hatte sich sein Image schlagartig gewandelt, für kurze Zeit war er einer der populärsten deutschen Politiker geworden; seine alten Feinde in den Medien hatten ihn geschont. Jetzt, nach dem Ende der Großen Koalition, kehren die Presseangriffe und damit die alten Stereotypen zurück. «Es ist kaum anzunehmen», schreibt die Meinungsforscherin Elisabeth Noelle-Neumann, «dass solche Verwandlungen nicht auf Medienwirkung beruhen.» Strauß sorgt immer für Stoff. Und für Zoff. Wenn er gerade nichts Skandalöses sagt, dann tut er etwas Anrüchiges.

Und wenn er mal gar nichts tut, dann stößt ihm etwas zu. Zum Beispiel wird ihm nachts im Central Park in New York von zwei Frauen die Geldbörse geklaut (180 Dollar, 300 Mark, Führerschein, Impfausweis, Diplomatenpass). Strauß schenkt der Presse den schönen Satz: «Sie war flink wie eine Wildkatze.» Sofort wird verbreitet, der Bayer sei bei dem Versuch, mit zwei Prostituierten anzubändeln, ausgeraubt worden. Dass aber Prostituierte einen potenziellen Freier als Erstes mit einem Steakmesser bedrohen, um ihn zu beklauen, ist eher ungewöhnlich. Der Polizist, der Strauß anschließend auf die Wache führt, erklärt später, die Strauß angedichtete Hurengeschichte sei falsch und ungenau.

Hier und da tauchen auch wieder Plakate auf, die Strauß in Führerpose mit Hakenkreuz zeigen. Bei politischen Veranstaltungen, mit ihm als Redner, wird er niedergeschrien. Das war zeit seines Lebens der Hauptwiderspruch: Selbst hemmungslos im Austeilen, macht es ihn fassungslos und traurig, wenn ihm unbändiger Hass entgegenschlägt. Da helfen oft, wie schon in seiner Jugend, die kleinen Fluchten. Jetzt radelt er nicht mehr an den Starnberger See, sondern fliegt zum Beispiel nach Angola zur Großwildjagd oder nach Südafrika und Namibia. Seine Gegner haben ja schon immer gewusst, dass Strauß gern «den Finger am Abzug» hat, sei's bei der Flinte oder der Bombe. Den Pilotenschein für einmotorige Flugzeuge, den er 1968 erworben hat, erweitert er jetzt um die Lizenz für zweimotorige Maschinen.

Unter seinen Freunden sind etliche, die über solche Maschinen verfügen und sie ihm gern ausleihen. Immer öfter hebt er ab von der Erde und ist über den Wolken mit sich allein. Wenn er landet, ist er blendend gelaunt. Mit Marianne versteht er sich wieder, allerdings hat sich der Charakter ihrer Beziehung seit der Geschichte mit Ulli verändert. Fast dreißig Jahre später erfährt die Öffentlichkeit die interessanten Details.

An einem schönen Frühlingstag 1996 beschließt die Siegburger Hausfrau Marita Halft, mal wieder in das Secondhand-Warenhaus zu gehen, das am Ort vom Diakonischen Werk betrieben wird. Sie stöbert gern nach Kuriositäten und hat schon manches schöne Schnäppchen gefunden, auch für ihren Mann, der alte Handschriften sammelt. Diesmal findet sie etwas besonders Kurioses: «Unter vielen Büchern meist religiösen Inhalts», erzählt Marita Halft im Gespräch mit dem Verfasser, «sah ich auf einmal elf alte Aktenordner, teilweise von Motten angefressen, und wurde stutzig. Ich guckte mir die Rücken dieser Ordner an, und da stand drauf: Schatzmeister CSU, CSU-Kontoauszüge, FJS ... und ich dachte, das ist eigentlich unmöglich, dass hier solche Sachen stehen.»

Sie kauft die elf Ordner als Altpapier. Ihr Mann findet abends beim Durchblättern gleich, dass diese «Strauß-Papiere» am besten beim «Spiegel» aufgehoben wären. Natürlich hofft das Ehepaar auch auf ein gutes Geschäft, Finderlohn sozusagen. Der Mann vom «Spiegel»-Archiv in Hamburg wiegelt am Telefon ab: «Gute Frau, was meinen Sie, wie viel laufende Meter Strauß ich hier stehen habe?» Da antwortet Marita Halft geistesgegenwärtig: «Ja, aber haben Sie auch

Original-Kontoauszüge?» Zehn Minuten später meldet sich bei ihr die Chefredaktion.

Die elf Ordner enthalten die Originalakten des 1971 verstorbenen Schatzmeisters der CSU, Wolfgang Pohle. Diese Dokumente aus dem «Siegburger Pharaonengrab», vom «Spiegel» sorgfältig aufgearbeitet, enthüllen, was viele immer schon ahnten und früher niemand beweisen konnte: einen CSU-Spendenskandal. Die Akten werfen ein ganz neues Licht auf die Geldgeschäfte von Strauß und der CSU, aber auch auf die Beziehung von Marianne und Franz Josef Strauß.

Denn Marianne wird mehr und mehr seine Partnerin im politischen Geschäft. Ohne ein Parteimandat, aber als Volkswirtschaftlerin mit großer Sachkenntnis ausgestattet, wird sie eine Art Finanzchefin der CSU, vielleicht sogar, wie Helmut Kohl einmal andeutete, die «heimliche Generalsekretärin» der Partei.

Der «Spiegel», das ehemalige «Sturmgeschütz der Demokratie» schießt 1996 mit dieser scharfen Munition noch einmal eine volle Breitseite auf den acht Jahre zuvor verstorbenen Franz Josef Strauß. Demnach verfügte der Parteivorsitzende über ein ganzes Geflecht so genannter Sonderkonten, auf die er Spenden in Millionenhöhe lenkte, die von Marianne verwaltet wurden. Es war Geld, über das Strauß und seine Frau wie über Privatgeld verfügen konnten, von keinem Steuerbeamten behelligt, von keinem CSU-Parteifunktionär kontrolliert. Das Geld war «zur persönlichen politischen Disposition» des CSU-Chefs bestimmt. Dies bedeutete, so Fritz Zimmermann im Jahre 2004, dass Strauß dieses Geld auch hätte privat verwenden können. «Ich war oft dabei, wenn in einem Nebenzimmer so ein dickes Kuvert überreicht wurde, ohne Quittung, ohne alles. Ob Strauß sich das Geld privat in die Tasche steckte oder nicht, war denen völlig wurscht.»

Der ursprüngliche Besitzer dieser Akten, Wolfgang Pohle, war unter den vielen schillernden Figuren in Strauß' Umgebung eine der faszinierendsten. Als gelernter Anwalt hatte er im Rahmen der Nürnberger Prozesse 1947 den Industriellen Friedrich Flick verteidigt. Jahre später machte Flick ihn, wohl auch aus Dankbarkeit, zum persönlich haftenden Gesellschafter des Flick-Konzerns. Damit war Pohle einer der mächtigsten Wirtschaftsbosse Deutschlands. Aber er hatte einen

Traum. Er wäre gerne auch mal Abgeordneter des Deutschen Bundestags gewesen. Strauß ließ seinen Traum Wirklichkeit werden, indem er dem Düsseldorfer einen sicheren CSU-Wahlkreis verschaffte – im Allgäu. Später wurde Wolfgang Pohle Schatzmeister der CSU.

Keine Partei hatte je einen solchen Kassenwart. Pohle war Spender und Empfänger zugleich. Als Flick-Boss spendete er, und als CSU-Schatzmeister empfing er. Und zwar Millionenbeträge. Wenn Schatzmeister Pohle für die Partei Geld brauchte, sorgte Unternehmer Pohle für Nachschub. Manchmal allerdings wurde ihm mulmig: «Unsere Firma (Flick) trägt die Hauptlast des Kampfes», schrieb er einmal. Aber das war übertrieben: Auch viele andere Wirtschaftsführer rechneten es sich zur Ehre an, Strauß Geld zukommen zu lassen. Es sind Spenden von Max Grundig über 800000 Mark bekannt geworden. Flick spendete als Privatmann mindestens 950000 Mark. Mit Strauß glaubte man ein bestimmtes politisches Lager zu unterstützen – gegen die SPD mit ihren «systemverändernden» Forderungen nach mehr betrieblicher Mitbestimmung und ihren sonstigen unliebsamen Absichten.

Offensichtlich versuchte Marianne Strauß aus viel Geld noch mehr Geld zu machen. In einer Zeit, in der die Wahlkämpfe immer teurer wurden, fürchteten sich Strauß und Marianne – ob zu Recht oder nicht – vor dem legendären Parteivermögen der hundertjährigen SPD. Mariannes Helfer war der Finanzberater Reinhold Kreile, ein enger Freund aus ihren Studientagen. Beide deponierten hohe Summen etwa bei der Bayerischen Gemeindebank (250000 Mark) und beim Düsseldorfer Bankhaus Poensgen/Marx (460000 Mark). Das Geld war auf diese Weise allerdings der Partei entzogen. In den Ordnern befinden sich Briefe von Pohle, mit denen er immer wieder versuchte, wenigstens einen Teil dieser Gelder zu sichern: «Die Partei befindet sich in argen Schwierigkeiten», schrieb er im Oktober 1970 an Kreile. «Bitte sprechen Sie mit Marianne oder Franz Josef darüber, dass gewisse Beträge, die auf das Konto Poensgen/Marx eingegangen sein müssen, nunmehr gebraucht werden. Wir können später das Konto wieder auffüllen.» Der CSU-Schatzmeister musste um Geld betteln, das eigentlich der Partei gehörte: «Die Beträge, die an den

Vorsitzenden (Strauß) gehen, sind im Allgemeinen nur mit Schwierig-keiten herauszubekommen – wenn überhaupt», beklagt sich Pohle.

Marianne, Kreile und Pohle zapfen auch gezielt Firmen an, vor allem solche, an denen der Freistaat Bayern Anteile hält und wo CSU-Politiker in den Aufsichtsräten sitzen. Wer zahlt, wird eine Zeit lang in Ruhe gelassen. Wer nicht genug zahlt, erhält eine Mahnung, manchmal direkt vom Chef: «Es gibt noch eine Finanzierungslücke», schreibt Strauß beispielsweise an Max Grundig. Der sendet einen Scheck über 50 000 Mark. Wer aber gar nicht zahlt, wird subtil unter Druck gesetzt – ein System, das an Mafiamethoden erinnert. Krauss-Maffei etwa hatte seit Jahren brav und regelmäßig gespendet. Dann wird selbst den gutwilligen Krauss-Maffei-Bossen, wie die Akten-notizen belegen, die ewige Schnorrerei zu viel: «Für den Wahlkampf 72 sollen wir 200 Prozent dessen bezahlen, was wir zuletzt gezahlt haben», wird empört festgehalten. Und der gute Vorsatz lautet: «Ent-gegen der Praxis früherer Wahljahre … sollten wir diesmal hart blei-ben.» Am Ende zahlen sie aber doch.

Ein Problem des Systems besteht für alle Parteien darin, dass seit 1968 bei Spenden, die 20 000 Mark überschreiten, der Name des Spenders genannt werden muss. Doch die meisten Herren wollen in-kognito bleiben, also zerlegt man die großen Summen in Tranchen. So werden aus einer 190 000-Mark-Spende von Hoechst zwölf Einzel-spenden zu 15 000 und eine zu 10 000 Mark. Pohle, der ja selbst zu den Großen der Industrie zählt, empfindet es als besonders demütigend und peinlich, wenn er wie ein Bittsteller vor seinesgleichen tritt – und erfahren muss, dass «der Chef» oder seine Frau Marianne bereits ab-kassiert haben. Mitte der achtziger Jahre, sagt Karlheinz Spilker, der spätere Schatzmeister der CSU, als der Druck zur Offenlegung der Parteienfinanzierung übermächtig geworden sei, habe er bei Strauß die Auflösung «einer ganzen Reihe von Sonderkonten» durchsetzen können. Das Geld sei an die Partei geflossen. Die Tatsache, dass die CSU noch Jahrzehnte später (2002) über Haus- und Grundvermögen im Wert von etwa 40 Millionen Mark verfügt, verdankt sie zu einem guten Teil dem finanziellen Geschick von Marianne Strauß.

An einem Tag im Oktober 1971 unterbricht der Bundestagspräsident eine Sitzung des Parlaments, um mitzuteilen, das Nobel-Komitee habe dem deutschen Kanzler Willy Brandt für seine Ost- und Entspannungspolitik den Friedensnobelpreis zuerkannt. Minutenlanger Applaus der Regierungsparteien, *standing ovations*, Begeisterung, Triumph. Die Abgeordneten der Opposition sitzen erstarrt in ihren Sesseln. Es trifft Strauß «wie ein Keulenschlag», schreibt sein Mitarbeiter Friedrich Voss. Er, Strauß, bekämpft die Ostpolitik Brandts, trotz persönlicher Wertschätzung der Person, so heftig wie kein Zweiter. Und jetzt wird Brandt genau für diese Politik vor der Weltöffentlichkeit ausgezeichnet, das ist bitter. In der Umgebung von Strauß wird vermutet, es handele sich bei der Verleihung des Preises an Willy Brandt nur um das «schurkenhafte Komplott des Internationalen Sozialismus» (Voss): Im Nobel-Komitee sitzen auch einige linke skandinavische Politiker und Publizisten. Als einziger Abgeordneter der Union geht der CSU-Politiker Hermann Höcherl zu Willy Brandt, um ihm zu gratulieren. Strauß wird ihm das ein Leben lang nicht verzeihen.

Aus Protest gegen die grundlegende politische Neuerung der sozialliberalen Koalition, die Ostpolitik, verlassen immer mehr FDP-Abgeordnete die Koalition: als erste Siegfried Zoglmann, Erich Mende und Heinz Starke. Die SPD/FDP-Mehrheit schrumpft auf sechs Mandate. Es fließt in diesem Zusammenhang wohl auch viel Geld. Der FDP-Abgeordnete Karl Geldner jedenfalls macht einen Test: Die CSU will ihm als Lohn für einen Übertritt einen Beratervertrag mit 400 000 Mark Jahreshonorar besorgen. Ein paar Monate später verlassen noch drei weitere FDP- und ein SPD-Abgeordneter die Koalition. Im April 1972 hat die Regierung ihre parlamentarische Mehrheit verloren, und Strauß treibt den neuen Fraktionsführer der Union, Rainer Barzel, zum Angriff. Die Regierung Brandt/Scheel soll durch ein konstruktives Misstrauensvotum gestürzt werden, Barzel soll Kanzler, Strauß Vizekanzler und Finanzminister werden. Es kommt zu Protesten in der Bevölkerung, zu Warnstreiks der Gewerkschaften, viele Menschen sehen im – verfassungsmäßig zulässigen – Misstrauensvotum ein illegitimes Instrument zur Machterlangung.

Am 27. April wird die entscheidende Abstimmung im Fernsehen übertragen. In Büros, Fabrikhallen, Hörsälen lauscht man den Radioübertragungen. Doch der siegessichere Herausforderer Barzel verfehlt die notwendige Mehrheit, ihm fehlen drei Stimmen – aus dem eigenen Lager. Der Triumph von Willy Brandt ändert allerdings nichts daran, dass seine Regierung handlungsunfähig ist. Es gibt eine parlamentarische Pattsituation. Brandt verabredet deshalb mit Barzel, dass man zunächst gemeinsam die Ostverträge verabschiedet und nach der anschließenden Vertrauensfrage der Bundeskanzler zurücktritt, um Neuwahlen zu ermöglichen.

Und obwohl der «Spiegel» Rainer Barzel als «Handpuppe von Strauß» bezeichnet, sorgt Barzel gegen Strauß' Willen dafür, dass die Mehrheit der CDU-Abgeordneten sich der Stimme enthält – und so die Verträge verabschiedet werden können. Strauß fühlt sich abermals verraten und getäuscht. Obwohl er streng genommen nicht gegen die Ostverträge, sondern nur um die Rückkehr zur Macht gekämpft hat, haftet ihm seit diesem Tag endgültig der Ruf des ultrakonservativen Blockadepolitikers an, der sogar friedensgefährdende Positionen vertritt. Im April 1972 stellt Brandt, wie verabredet, die Vertrauensfrage; er fällt auch verabredungsgemäß durch und tritt zurück. Das Parlament wird aufgelöst, Neuwahlen werden festgelegt.

Der Wahlkampf ist wie vergiftet. Es tauchen Parolen der übelsten Sorte auf: «Herbert Wehner, Willy Brandt – Volksverräter an die Wand!» Kaum weniger heftig wird Strauß verleumdet und beschimpft, meistens als Hitler-Nachfolger. Er behauptet jetzt, dies seien wahrscheinlich «die letzten freien Wahlen» in Deutschland; bei einem Wahlsieg Brandts sei der «Siegeszug des Sozialismus durch nichts mehr aufzuhalten». Intellektuelle, Künstler, Schauspieler engagieren sich für Brandt, in dessen Person sie den alten Widerspruch von Macht und Moral aufgehoben sehen. Die Wahlbeteiligung ist mit weit über 90 Prozent die höchste aller Zeiten in Deutschland. Am Wahlabend des 19. November 1972, um 19.10 Uhr, ist klar, dass die Wähler sich nicht von einem Kanzler Barzel regieren lassen wollen, hinter dem Strauß steht. Die Ostpolitik des Nobelpreisträgers Brandt, sein

Kurs der Entspannung und Aussöhnung mit den früheren Feinden, ist ungewöhnlich populär.

Die Stimmung in der deutschen Gesellschaft hat sich völlig verändert; 1961 war Brandt noch der verachtete «Soldat in norwegischer Uniform» gewesen, jetzt ist er einer der ganz wenigen Politiker, denen Liebe und Verehrung zuteil wird. Viele Menschen, vor allem die jüngeren, erkennen sich eher in seinem Warschauer Kniefall wieder als in der Aufforderung von Franz Josef Strauß, die Deutschen sollten es trotz ihrer Vergangenheit lernen, «aufrecht zu gehen».

Brandt erzielt knapp 46 Prozent und damit das beste Ergebnis in der Geschichte der SPD. Die Zeit der hauchdünnen Mehrheiten und der Patt-Situationen ist vorbei. Barzels Sturz als Fraktionschef der Union ist jetzt nur noch eine Frage der Zeit. Im Mai 1973 wird er durch den jungen Ministerpräsidenten von Rheinland-Pfalz, Helmut Kohl, als Oppositionsführer ersetzt.

Auch Rudolf Augstein zieht als Abgeordneter in den neuen Deutschen Bundestag ein. Er sieht sich aber nicht als Newcomer, denn er kommt ja von ganz oben. Er will nur von dort, von der Spitze des «Spiegels», in die Spitze der FDP wechseln, der er bereits seit 1957 angehört. Eine Episode, die von Günter Gaus nach dem Tod Augsteins im Jahre 2002 erzählt wurde, zeigt, dass Augstein seinem Antagonisten Strauß weder an Ehrgeiz noch an Selbstüberschätzung nachstand: Im Sommer 1972 hatte er Walter Scheel in dessen österreichischem Ferienhaus aufgesucht, um ihm zu eröffnen: «Walter, ich will in den Bundestag. Und ich will Fraktionsvorsitzender werden.» Da habe es Scheel die Sprache verschlagen, er habe aber geschwiegen. Augstein wird natürlich nicht der Fraktionsvorsitzende, die liberalen Abgeordneten wählen Wolfgang Mischnick. Und sogar zu dessen Stellvertretern werden Karl-Hermann Flach und Lambsdorff, nicht aber Augstein gewählt.

Der einflussreichste deutsche Journalist erwacht plötzlich als Hinterbänkler aus seinem ehrgeizigen Traum. Angekommen in der parlamentarischen Wirklichkeit, packt Augstein tief enttäuscht, nach sechs Wochen schon, seine Koffer. Als Willy Brandt den «Spiegel»-Chefredakteur Günter Gaus zum Leiter der Ständigen Vertretung in Ostberlin ernennt, nimmt Augstein das zum Anlass, «erleichtert» (Gaus) das Mandat niederzulegen und nach Hamburg zurückzukehren.

Für Franz Josef Strauß ist der Weg zurück ins Zentrum der Macht für lange Zeit versperrt. Das erfüllt ihn mit Zorn, mit dem Gefühl absoluter Ohnmacht. Die Opposition ist keineswegs nur eine Episode, wie er anfangs geglaubt hat, auch wenn Brandt schließlich über die Guillaume-Affäre stolpert und durch Helmut Schmidt ersetzt wird. Statt Brandt und Scheel regieren Schmidt und Genscher. Strauß' ganze Verachtung richtet sich gegen die FDP, die ihn ja früher schon zweimal um einen Ministerposten gebracht hat und die jetzt, wie er schreibt, «freiwillig in einer babylonischen Gefangenschaft» der SPD verharrt. Die «einzige zuverlässig berechenbare Komponente dieser Partei» sei ihre Charakterlosigkeit. Sein Mitarbeiter Friedrich Voss notiert im Tagebuch: «Manchmal spüre ich deutlich, dass FJS das Bonner Oppositionsgeschäft anödet.»

In dieser Situation entwickelt Strauß einen Plan, der ihn noch jahrelang beschäftigen wird wie eine fixe Idee: den Plan einer «vierten Partei». Analog zum Mitte-links-Bündnis denkt er über ein Mitte-rechts-Lager nach – durch die Ausdehnung seiner bayerischen Regionalpartei CSU auf das ganze Bundesgebiet. Er glaubt, dies könnte die entscheidenden vier oder fünf Prozent Stimmenzuwachs für «Mitte-rechts» bringen. Doch in dieser Frage wollen seine Parteifreunde ihm noch nicht folgen. Denn was ist, wenn die CDU in Bayern antritt?

Strauß findet, dass auch Helmut Kohl, wie Barzel, eine viel zu zögerliche Oppositionspolitik betreibt. Damit müsse Schluss sein, verlangt er auf einem Treffen der CSU-Landesgruppe im Kurhotel «Sonnenalp» bei Sonthofen. Er entwickelt die radikale Oppositionsstrategie einer totalen Konfrontation – und nimmt in seiner 90-minütigen Rede kein Blatt vor den Mund. Man müsse jetzt «nur anklagen und warnen, aber keine eigenen Rezepte nennen; wir müssen sie so weit treiben, dass sie den Staatsbankrott erklären müssen». Deshalb müsse man «eine weitere Inflationierung, weitere Steigerung der Arbeitslosigkeit, weitere Zerrüttung der Staatsfinanzen in Kauf nehmen». «Es muss eine Art Offenbarungseid und ein Schock im öffentlichen Bewusstsein erfolgen. Wir können nicht genug an allgemeiner Konfrontation schaffen …»

Der kämpferische Strauß, nichts Besonderes. Man applaudiert mäßig. Jemand bittet um ein Redemanuskript, doch Strauß hat völlig frei gesprochen, und so beschließt man, das Tonband abschreiben zu lassen. Es entsteht ein rund zwanzig Seiten langer Text, der in der Partei verteilt und auch an Journalisten verschickt wird. Niemand hält dieses Vorgehen für gefährlich, und es gibt auch keine Reaktionen, nicht einmal der «Spiegel», dem das Manuskript vorliegt, greift die Rede auf.

Erst Monate später veröffentlicht das Magazin in großer Aufmachung einige Ausschnitte – und inszeniert einen Skandal: die «Sonthofen-Rede». Denn die Collage der Rede-Zitate entlarvt einen offenbar völlig enthemmten Zyniker, der den Staat ruinieren will, bloß um die Regierung als leichte Beute übernehmen zu können. Selten hat eine Rede einem Politiker so geschadet wie diese – wenn auch seltsamerweise erst drei oder vier Monate nachdem sie gehalten wurde. Was war zwischendurch geschehen?

Strauß hatte einen triumphalen Sieg errungen, der weltweit große Beachtung fand. Im Januar 1975 hat ihn die Regierung der Volksrepublik China nach Peking eingeladen. Franz Josef und Marianne Strauß, eingehüllt in winterliche Pelzkleidung, gehen strahlend auf der Großen Mauer spazieren, umgeben von Fotografen – diese Bilder lösen in Deutschland Streit aus. Wieder einmal ist es ihm gelungen, die gewohnte Ordnung auf den Kopf zu stellen und Freund und Feind zu irritieren. «Ich wurde von Mao Tse-tung empfangen», schreibt er in seinen «Erinnerungen», immer noch voller Stolz. Er war der erste deutsche und der dritte westeuropäische Politiker überhaupt, dem diese Ehre zuteil wurde.

Als Strauß den Empfangsraum betritt, versucht der 81-jährige Mao, sich aus seinem Sessel zu erheben, es gelingt ihm aber nicht. Strauß eilt herbei und stützt ihn. «Ich bin durch und durch krank», sagt Mao, «meine Beine, meine Lungen, meine Augen. Ich kann nicht so klar sprechen, wie ich möchte.» Marianne begrüßt den weltberühmten Greis mit großer Ehrerbietung, wie die Filmaufnahmen zeigen. Strauß und der alte Chinese, der den Bayern besonders ehrt, indem er ihn mit «Dju Hsi» (Vorsitzender) anredet, entdecken im Gespräch rasch ihre politischen Gemeinsamkeiten: die Angst vor «Moskau» und den dortigen «imperialistischen Kriegstreibern», wie Mao sagt. Spät in der Nacht kommt es noch zu einem Treffen mit Chou En-lai, dem Ministerpräsidenten. Er erzählt von seiner Emigration, damals, 1922; da hat er in Deutschland Aufenthalt und Arbeit gefunden, als Bergmann. Strauß begegnet bei diesem Besuch auch zum ersten Mal dem Stellvertreter Chou En-lais, Deng Xiao-ping, den er später immer wieder gern zu sehr offenen Gesprächen treffen wird, insgesamt fünfmal, zuletzt 1987.

Die Moskauer «Prawda» verurteilt das Treffen «aufs schärfste». Verärgert sind auch Kanzler Schmidt, der noch viele Monate auf eine Einladung nach Peking warten muss, und Genscher, der fürchtet, Strauß mische sich in seine Außenpolitik. Fassungslos sind die Grüppchen der westdeutschen Maoisten. Dass ihr fernes Idol, der «Große Vorsitzende Mao», der «weise Lehrer der Völker», den «faschistoiden Kriegstreiber» Strauß trifft, diesen «Atomwaffen-Imperialisten», bringt ihre ideologisch gut sortierte Welt völlig durcheinander.

In München sind die Strauß-Söhne Max und Franz Georg mehr denn je beeindruckt von der weltweiten Prominenz des Vaters. Das imponiert ihnen, und jetzt drängen auch sie in die Politik. «Als ich die beiden Söhne mit 15 oder 16 Jahren in die Junge Union aufgenommen habe, ohne bei Marianne oder Franz Josef Strauß nachzufragen», erzählt Erich Riedl, «was glauben Sie, was die Marianne mir am Telefon für einen Zirkus gemacht hat. Wie ich dazu käme, ihre Söhne aufzunehmen. Die sollten erst mal in der Schule tüchtig sein und ihre Hausaufgaben machen. ‹Wissen Sie, ich muss mich zu Hause mit denen rumärgern, und Sie holen die in die Politik!› So geht das nicht, Herr Riedl.»

Maos große, unerwartete Geste, die Fotos und Filme, die Berichte in der Weltpresse, sie machen aus Strauß, dem einfachen Oppositions-Abgeordneten und Vorsitzenden einer deutschen Regionalpartei, einen weltweit bekannten Staatsmann. Vielleicht hat er ja doch das

Format, Bundeskanzler zu werden? Auffällig ist, dass erst jetzt, im Moment dieses Triumphs und mehrere Monate nach der Ansprache in Sonthofen, der «Spiegel» die radikalsten Passagen jener Rede veröffentlicht. Sie sei eine «Geheimrede» gewesen mit der Aufforderung zu einem «kalten Staatsstreich».

Die öffentliche Aufregung ist riesig. Herbert Wehner, in der polemischen Zuspitzung kaum zurückhaltender als Strauß, spricht von «geistigem Terrorismus». Brandt meint, wer so rede wie Strauß, «der gefährdet den Staat». Strauß selbst sieht «eine Verfälschungs- und Verleumdungskampagne ungeheuren Ausmaßes» gegen sich. Golo Mann, der den gesamten Text analysiert, kommt zu dem Schluss, es handele sich um eine ganz normale «klassische Oppositionsrede».

Es hilft nichts: Sonthofen hat dem Ruf und dem Image des Franz Josef Strauß beinahe ebenso sehr geschadet wie seine Rolle in der «Spiegel-Affäre» dreizehn Jahre zuvor. Helmut Kohl sieht, wie er später schreibt, in der Veröffentlichung «ein Geschenk des Himmels», das ihm gestattet, sich von Strauß abzusetzen. Im Bundestag erklärt er, eine Verteufelung des politischen Gegners käme für ihn nicht in Frage. Und der CDU-Generalsekretär Kurt Biedenkopf nutzt eiskalt die Gelegenheit, um ohne jede Rücksprache mit der CSU seinen Parteichef Kohl zum Kanzlerkandidaten für die kommende Wahl auszurufen. «Eine Nacht-und-Nebel-Aktion», ärgert sich Fritz Zimmermann noch Jahre später. Verärgert geht Strauß auf Konfrontationskurs zu Kohl und lässt sich von seiner Partei ebenfalls zum Kanzlerkandidaten wählen, muss aber zwei Wochen später einlenken.

Kohl betreibt, anders als Strauß, eine Oppositionspolitik, welche zwar die regierende SPD hart attackiert, die mitregierende FDP aber weitgehend schont. Strauß hingegen will alles auf eine Karte setzen und bei den Wahlen möglichst die absolute Mehrheit für die Union erringen, Kohl will lieber eine Koalition mit der FDP. Die liberale Partei soll «springen», also genau das tun, was Strauß ihr immer vorwirft: opportunistisch die Seiten wechseln. Strauß strebt für den Wahlkampf eine große «geistesgeschichtliche Auseinandersetzung über die Klärung der grundsätzlichen Begriffe menschenwürdigen Zusammenlebens» an, die am Ende aber nur im schlichten Slogan «Freiheit oder Sozialismus» mündet. Kohl schneidet bei der Bundestagswahl im Oktober 1976 hervorragend ab (48,6 Prozent), verfehlt die absolute Mehrheit nur sehr knapp. Er kann die FDP und Genscher aber noch nicht zum «Sprung» bewegen.

Was also tun? Wie kann Strauß seinen aufsteigenden Rivalen Kohl, den er nicht für besonders intelligent und fähig hält, beim nächsten Wettbewerb um die Kandidatur für das Kanzleramt ausschalten? Wie kann er für diese Kandidatur seine Chancen verbessern, ohne um die verhasste FDP als möglichen Koalitionspartner buhlen zu müssen? Nur einen Monat nach der verlorenen Wahl kommt er auf sein Lieblingsprojekt zurück, die Auflösung der Fraktionsgemeinschaft mit der CDU und die Ausweitung der CSU auf die ganze Republik. Jetzt nimmt die Idee Gestalt an.

Anstatt die Fraktionsgemeinschaft mit der CDU fortzuführen wie schon siebenmal zuvor, ruft der neue Landesgruppenchef Fritz Zimmermann die CSU-Abgeordneten ins Wildbad Kreuth zu einer zweitägigen Klausurtagung. Parteichef Strauß redet lange, analysiert die Lage nach der verlorenen Wahl, überlässt aber anderen die Schlussfolgerung. Richard Stücklen führt am Ende den «Kreuther Beschluss» herbei. Tief in der Nacht votieren dreißig Abgeordnete für die Trennung von der CDU, neunzehn sind dagegen. Man beschließt, im Bundestag eine eigene Fraktion zu bilden. Am nächsten Morgen ist die Stimmung gedämpft, man weiß nicht so recht, was jetzt geschehen soll. Strauß hat auch nicht den Mut, Helmut Kohl den Trennungsbeschluss mitzuteilen. Als sich endlich Zimmermann aufrafft und Kohl anruft, hat dieser es schon aus dem Radio erfahren. Man wolle «getrennt marschieren, aber vereint schlagen», erläutert Zimmermann dem wütenden und fassungslosen Pfälzer. Man könne auf diese Weise die rechtsextremen Wähler, vor allem der NPD, ins demokratische Lager zurückholen und dadurch vielleicht sogar die absolute Mehrheit erringen.

Es ist ein Desaster. Ein Sturm der Entrüstung bricht los, nicht nur bei der CDU, die sich im Stich gelassen fühlt, auch bei den allermeisten Parteimitgliedern der CSU. Die Junge Union verlangt ein klärendes Gespräch mit dem Parteivorsitzenden. In einem Konferenzsaal des «Wienerwald»-Konzerns seines Freundes Friedrich Jahn versucht Strauß am 24. November 1976, der Parteijugend den Trennungsbeschluss zu erklären. Sein 15-jähriger Sohn Franz Georg, eben Mitglied der JU geworden, ist dabei, als Strauß seine Rede hält. Er hat «ein paar Gläschen» getrunken und verspricht, er werde heute «kein Blatt vor den Mund nehmen». Denn er hoffe für seine Partei, «dass vielleicht einmal aus der Versumpfung und Verfettung von Postenjägern und Schwätzern in Hinterhöfen von Gasthäusern eine andere Generation hochwächst». Dann beginnt eine 90-minütige hemmungslose Attacke auf Helmut Kohl und die CDU: «Ich sage es denen seit zehn Jahren: So wie ihr es macht, kommt ihr nie mehr hin. Dieser Faschingszug, den die Opposition darstellt …» Der Vorsitzende Strauß hat nachdrücklich auf die Vertraulichkeit seiner Ausführungen hingewiesen, und niemand ahnt, dass in einer abgestellten Aktentasche ein Tonbandgerät mitläuft, das die Rede aufzeichnet. Am folgenden Montag wird sie schon im «Spiegel» nachzulesen sein: «Der Helmut Kohl wird nie Kanzler werden. Er ist total unfähig, ihm fehlen die charakterlichen, die geistigen und die politischen Voraussetzungen. Ihm fehlt alles. Der wird mit 90 Jahren seine Memoiren schreiben: ‹Ich war 40 Jahre Kanzlerkandidat, Lehren und Erfahrungen aus einer bitteren Epoche.›» Strauß beschimpft die CDU-Politiker als «politische Pygmäen, die nur um ihre Wahlkreise bangen, diese Zwerge im Westentaschenformat, diese Reclamausgaben von Politikern …» Und er schont auch nicht seine eigenen Parteifreunde. «Ich bin nicht größenwahnsinnig, aber ich möchte auch mal erleben, dass jemand außer mir, jemand von Ihnen hier, mehr als 2000 Leute mobilisieren kann – damit ich mir meine Ruhe gönnen kann. Der Normalfall ist doch der, dass die in einem Hinterhof eines Dorfwirtshauses die Hälfte voll kriegen, wenn sie reden.»

Er schwingt sich, beflügelt von seinen rhetorischen Künsten, zu ungeahnter polemischer Schärfe auf, vor allem gegen Kohl. Für dessen Führungsstil findet er folgendes Bild: «Wenn ein Rentner mit fünf Dackeln spazieren geht, der eine hebt's Bein, der andere läuft dem Wurstzipfel nach, der dritte verschwindet in der Kantine, der vierte legt sich im Straßengraben schlafen und der fünfte jault durch die Gegend. Und wenn man ihn dann fragt: Ja, was ist denn da los?, sagt er: Ja, das ist mein Führungsstil.» – «Ich kann das jetzt überhaupt nicht mehr aushalten … So kann man keine Politik machen …»

Eine schallende Ohrfeige für Helmut Kohl, vom «Spiegel» publik gemacht; der offenbar hemmungslose Zornesrausch eines Mannes, der ein miserabler Verlierer ist – so wird der Bericht empfunden. Als bald darauf Strauß' eigener Landesvorstand ultimativ die Rücknahme des Trennungsbeschlusses fordert, als immer mehr CSU-Bezirksverbände einen Sonderparteitag verlangen, weicht Strauß dem Druck seiner eigenen Leute.

Der Beschluss von Kreuth wird rückgängig gemacht. Rechtzeitig zur ersten Sitzung des neuen Parlaments, am 12. Dezember 1976, wird zwischen CDU und CSU vereinbart, die seit 1949 bestehende Fraktionsgemeinschaft fortzuführen. Friedrich Zimmermann glaubt bis heute, dass damals eine große Chance vertan wurde. «Ich hätte es mir zugetraut, in einem halben Jahr die CSU flächendeckend zu schaffen.»

Die drei Kinder – Max, Franz Georg, Monika – stehen immer im Rampenlicht. «Meine Mutter hatte Angst davor, dass wir immer nur die Kinder von Franz Josef Strauß blieben», sagt Monika Hohlmeier. «Und dass wir immer versucht sein würden, in diesem Abbild zu leben. Mit einem großen Namen sind ja auch viele Vorteile und Privilegien verbunden, und sie hatte Angst, dass wir uns zu sehr an diese Privilegien gewöhnen könnten.» Es ist ein privilegiertes, in Wahrheit aber auch schwieriges Leben, das Leben der Promi-Kinder. Nach außen sind sie so auffällig «wie Zebras in einem Ponyhaufen» (Hohlmeier), in der Familie müssen sie höchsten Ansprüchen genügen. Wenn die schulischen Leistungen mal nicht stimmten, so erzählt die Tochter, dann schrie der Vater: «Meine Herrschaften, ihr habt alle genug im Hirn, also los!» Ein Strauß-Kind ist kein Versager, niemals.

Schlimmer als der Leistungsdruck ist die ständige Gefährdung. Sie können nicht ohne Begleitschutz aus dem Haus gehen, können sich zeitweilig nur noch in gepanzerten Wagen durch die Stadt fahren lassen, besonders ab Mitte der siebziger Jahre, als der Vater immer wieder Morddrohungen erhält. Die Sicherheitskräfte entwickeln zu seinem Schutz ein System, das die ganze Familie einbezieht. Sogar die Kinder bekommen einen eigenen Personenschutz. Trotzdem besteht Marianne darauf, dass sie normale öffentliche Schulen besuchen. Doch sie spürt, dass die Umstände, unter denen sie leben müssen, auf Dauer Wirkung zeigen. In einem Interview sagt sie über die Drohbriefe und Angriffe: «Das ist wie mit dem Lärm. Man hört ihn gar nicht mehr. Aber nach einiger Zeit wird man davon krank.» Es ist ein Schlüsselsatz zum Verständnis dieser Familie: Das Leben zwischen Prominenz, Verunglimpfung und Dauergefährdung kann emotional nicht folgenlos bleiben – erst recht nicht für Kinder.

Marianne Strauß hat sich niemals ausführlich über sich selbst und ihre Ängste geäußert, über das Gefühl, bedroht zu sein. Aber in einem Zeitungsinterview sagt sie 1979, ihre Feinde, das seien «die Roten, wie wir sie nennen» – ein Sammelbegriff für alle, zu deren Wertgefüge es nicht gehört, mittelständisch, bayerisch, katholisch und traditionell zu sein. Ihre «Gegenwelt», sagt die Tochter einer hanseatischen Mutter, bestehe aus dem «norddeutschen, roten und gleichmacherischen Leben», wie es jetzt mit der sozialliberalen Koalition zum Programm erhoben worden sei. Draußen, ringsherum in Deutschland, gingen die alten Werte zugrunde. Die Zahl der Scheidungen, der Scheidungskinder, der Abtreibungen, der Ehen ohne Trauschein – ein «gesellschaftlicher Verfall. Die Roten entgrenzen alles, wollen sich loslösen von allen Traditionen. Was sie wollen, ist der heimatlose, der bindungslose Mensch. Der ist nämlich manipulierbar». Deshalb komme es für sie darauf an, die Kinder «von innen auszupolstern und stark zu machen» gegen diese Welt.

Das eigentliche Problem sei aber die falsch verstandene Emanzipation, sagt die Frau, die vor ihrer Ehe von einer großen Karriere in Brüssel träumte: «Den Frauen wird suggeriert, sie seien erst dann vollwertig, wenn sie einen Beruf haben und kinderlos durchs Dasein gehen.» Natürlich könnten in der modernen Gesellschaft Frauen überall ihren Platz einnehmen. «Ich bin aber nicht der Ansicht, dass eine Frau das Abziehbild des Mannes darstellen soll.» Es werde bei ihren Kindern niemals eine «Wohlstandsvernachlässigung» geben. Sie würden zum Beispiel niemals ohne Frühstück in die Schule geschickt, bloß wegen einer Verabredung auf dem Golfplatz. Der «Münchner Abendzeitung» sagt sie, «wenn die Kinder ins gegnerische Lager wechseln würden, das käme einer Katastrophe gleich. Die Kinder bei den Roten, nein, das kann ich mir nicht vorstellen.»

Marianne Strauß hat in einem Wohnhaus am Münchner Listseeweg die drei Wohnungen des 14. und letzten Stockwerks gekauft und zu einer einzigen Wohnung umbauen lassen – «ein abgeschirmtes Zuhause», wie sie in einer Notiz schreibt, die sich im Nachlass befindet. Ein Bollwerk, fern vom gewöhnlichen Leben. Der Aufzug fährt nur bis zum 13. Stock, wo sich Sicherheitsbeamte eingerichtet haben. Ein Gitter trennt die Stockwerke zusätzlich. Jeder, der kommt, wird kontrolliert. Die Kinder erleben, wie gefährdet sie selbst sind, vor allem aber der Vater. Es entsteht ein ungewöhnlich fester Zusammenhalt in der Familie – «wie Eisbären, denen Gefahr droht», sagt Tochter Monika. Draußen ist Feindesland. Von ganz oben schaut Marianne morgens den Kindern nach, wenn sie zur Schule gehen, bis sie aus ihrem Blick entschwinden.

Monika Hohlmeier erzählt eindringlich von ihren Erinnerungen an jene Zeit. Die Angst wurde beinahe unerträglich, «als im benachbarten Hochhaus, etwa hundert Meter entfernt, eine konspirative Wohnung der RAF entdeckt wurde» – und zwar gerade durch die ständige Aufmerksamkeit Mariannes. Eine Spezialeinheit stürmt schließlich die Wohnung, findet keine Personen vor, aber «Pläne zur Entführung und Ermordung unserer Familie, die dann entschlüsselt wurden». Die Angst der Marianne Strauß vor Terroristen steigert sich nur noch mehr, als die RAF-Terroristen erbarmungslos zu töten beginnen: Am 5. September 1977, nachmittags, ist der Präsident der Bundesvereinigung der deutschen Arbeitgeberverbände, Hanns Martin Schleyer, in seinem Dienstwagen in Köln unterwegs. Am Steuer sitzt sein Fahrer Heinz Marcisz, in einem zweiten Fahrzeug sind die drei Männer des Begleitschutzes. In der Vincenz-Statz-Straße stoppen vier Unbekannte die beiden Autos und eröffnen ohne Vorwarnung aus automatischen Schnellfeuerwaffen das Feuer. Sie töten kaltblütig den Fahrer und die drei Polizisten, zerren Schleyer aus dem Wagen und entführen ihn. Die Entführer fordern die unverzügliche Freilassung von elf gefangenen RAF-Mitgliedern, andernfalls werde Schleyer getötet. Obwohl bereits im April der Generalbundesanwalt Siegfried Buback und im Juli der Chef der Dresdner Bank Jürgen Ponto erschossen worden waren, erreicht die Deutschen der Schock erst jetzt. Später wird diese Zeit «deutscher Herbst» genannt werden.

Kein Spitzenpolitiker oder Wirtschaftsführer kann sich noch sicher fühlen. Strauß, der zeitweilig ganz oben auf der Liste der RAF steht, trägt immer eine Pistole bei sich. Er hat Angst. Und ein Waffennarr war er immer schon: 1933 trat er als 18-Jähriger dem Landesverband für Kleinkaliberschießen, Abteilung Maxgymnasium, bei. 1952 ließ er sich vom bayerischen Innenminister Wilhelm Hoegner eine «Genehmigung zum Besitz von Faustfeuerwaffen» erteilen. Und als Verteidigungsminister hatte er im Wagen immer eine Maschinenpistole dabei, versteckt unter einer Wolldecke hinten auf der Hutablage. Im Falle eines Angriffs sollte sein Fahrer Otto Finger – wie dieser später seinem Sohn, dem Bonner Historiker Stefan Finger, erzählt – mächtig Gas geben, während Strauß aus dem Heckfenster heraus feuern wollte. Seine im Nachlass befindliche «Waffenbesitzkarte» vom 28. Februar 1977, ausgestellt vom Landratsamt Miesbach, verzeichnet acht verschiedene Waffen, hauptsächlich Jagdgewehre schweren Kalibers. Bei Beginn des «deutschen Herbstes» hatte Marianne Strauß sich und ihre Familie bereits hoch oben im Listseeweg eingebunkert. In allen Familien der Spitzenpolitiker und Wirtschaftsführer geschieht jetzt Ähnliches. Marianne Strauß bringt obendrein große Mengen Bargeld, gebündelt in der Handtasche, in die Schweiz, um im Falle einer plötzlich notwendigen Flucht ins Ausland das Geld jederzeit verfügbar zu haben.

Zunächst versucht Strauß, aus dem Terror politisches Kapital zu schlagen, indem er ihn der sozialliberalen Koalition anlastet: «Eine falsch verstandene Liberalisierung ließ den Staat seit 1969 immer schwächer, seine Gegner immer frecher und stärker werden. Rechtschaffene Bürger wurden immer unsicherer, linke Systemveränderer immer dreister.» Im großen Krisenstab, den Helmut Schmidt noch am Abend der Schleyer-Entführung einrichtet, hat die Parteipolitik jedoch ein Ende. Die politischen Gegner lernen sich «als Patrioten» gegenseitig schätzen: «Seit jenen Stunden habe ich eine unvergängliche Hochachtung vor Helmut Schmidt», sagt Fritz Zimmermann knapp dreißig Jahre später im Interview.

Bonn hat sich binnen Stunden in eine Stadt im Ausnahmezustand verwandelt. Überall Stacheldrahtrollen, Sandsäcke, Mannschaftswagen, Schützenpanzer, Doppelstreifen zu Pferde, Schäferhunde. Nachts dasselbe, aber alles in gleißendes Scheinwerferlicht getaucht. Ein Heerlager. Zweimal täglich tritt die oberste Kommandozentrale zusammen, der Krisenstab. Der Reporter Jürgen Leinemann hat das Ritual, das sich vor dem Kanzleramt abspielte, von seinem gegenüberliegenden Büro aus beobachtet und beschrieben: «Der Konvoi von fünf schweren Limousinen näherte sich mit scharfem Tempo der letzten Kurve vor dem Kanzleramt. Bevor die Kolonne einschwenkte, sprangen sechs Grenzschützer aus den vorderen Wagen, sicherten mit Maschinenpistolen die Straße und zielten auf die Büsche in den Vorgärten.»

Jeder Minister kommt inmitten einer Gruppe von Bodyguards, Innenminister Werner Maihofer beispielsweise hatte sechs Leibwächter, Justizminister Hans-Jochen Vogel vier. Außenminister Genscher, Generalbundesanwalt Rebmann, BKA-Chef Herold, die Teilnehmer Lambsdorff, Wischnewski, Brandt, Kohl, Strauß, Wehner, Zimmermann, Mischnick – «alles Leute, die die ganze Scheiße des Kriegs hinter sich hatten», sagt Helmut Schmidt.

Die Schleyer-Entführer sind ganz normale Verbrecher, und trotzdem nehmen Schmidt und seine «Leute» die «Kriegserklärung» der RAF offensichtlich tatsächlich als Kriegserklärung gegen den Staat an. «Sechs gegen 60 Millionen», spottet Heinrich Böll. Strauß findet die Zustimmung seiner Kollegen im Krisenstab, als er kategorisch erklärt, der Staat dürfe sich «nicht weiter demütigen lassen».

Es fällt auf, dass die Männer des Krisenstabs schnell in den militärischen Jargon fallen. Der «kalte, tödliche Ernst der Situation» sei Helmut Schmidt «wie jedem Truppenführer» immer bewusst gewesen, sagt Regierungssprecher Bölling. Alle preisen den «Geist der Kameradschaft», der im Krisenstab herrsche. Und Herold sagt, sie säßen wie Kameraden zusammen, wie «sonst nur im Krieg, mit Kriegskollegen». 32 Jahre nach Kriegsende sind die soldatischen Grundmuster bei einer ganzen deutschen Politikergeneration noch präsent. Wie auch nicht? Schmidt ist Oberleutnant gewesen, Maihofer und Strauß ebenfalls, Wischnewski, Herold und Zimmermann waren Leutnants und teilweise Kompaniechefs, die anderen waren Fahnenjunker (Vogel), Pioniere (Genscher), Panzerschützen (Lambsdorff), Flakhelfer (Bölling). Nur zwei von ihnen, Brandt und Wehner, haben «die ganze Scheiße des Krieges» anders erlebt. Sie kämpften im Untergrund gegen die Nazis.

Schmidt, den die französische Presse gern als «Le Feldwebel» bezeichnet, ist in diesen Wochen weder kaltschnäuzig noch schnodderig: ein ernster, gefasster, verantwortungsbewusster Patriot. Er hat «strikte Verschwiegenheit» über die Gespräche im Krisenstab angeordnet. Trotzdem wird später kolportiert, Franz Josef Strauß habe den Vorschlag gemacht, man solle «einen nach dem anderen aus dem Gefängnis herauslassen». Und dann? Dann solle «die Jagd eröffnet» werden, auf alle, denn «schließlich herrscht Ausnahmezustand». Schmidt lobte an Strauß dessen «Tapferkeit», verwarf aber die Idee, gegen die Terroristen «das Kriegsrecht» anzuwenden. Ein anderer Vorschlag von Strauß soll gelautet haben, jede Stunde einen Häftling zu erschießen, eine Art von – verfassungswidrigem – Standrecht also. Hans-Dietrich Genscher, sein alter Feind, hält es, wie er sagt, «für ausgeschlossen, dass diese Behauptung zutrifft». Einen derartigen Vorschlag hätte er bestimmt niemals vergessen. Es sei aber möglich, dass sich Strauß «am Rande der Beratungen» einmal so geäußert habe.

Der Fortgang des Dramas vom Herbst 1977 ist bekannt: palästinensische Terroristen entführen am 13. Oktober ein Flugzeug, um die RAF-Häftlinge freizupressen; die «Landshut»-Passagiere erleben in Todesangst eine fünftägige dramatische Odyssee, bis Schmidt am 18. Oktober der GSG-9-Truppe den Befehl gibt, die in Mogadischu stehende Maschine zu stürmen. «Wie viele Tote?», fragt Schmidt bang am Telefon. Und Wischnewski in Mogadischu sagt: «Auf unserer Seite keine.» Am Morgen danach findet man die RAF-Terroristen Baader, Ensslin und Raspe tot in ihren Stammheimer Zellen, einen Tag später wird die Leiche von Hanns Martin Schleyer irgendwo im Elsass im Kofferraum eines grünen Audis entdeckt.

In dieser aufgewühlten Lage, mit einer Mischung aus Angst und Zorn, begibt sich Strauß auf eine Reise, die sein Image als «Faschistenfreund» zu bestätigen scheint. Er lässt sich von deutschstämmigen Chilenen, deren Vorfahren vor 150 Jahren nach Südamerika ausgewandert sind, einladen – in ein Land, das vier Jahre zuvor einen blutigen Militärputsch erlitten hat. Mehr noch: Der Führer dieses Putsches, der chilenische Diktator Augusto Pinochet, empfängt ihn höchstpersönlich. In seiner Kommunistenfurcht, die zwischen den Kreml-Führern, westdeutschen Trotzkisten, lateinamerikanischen Befreiungstheologen oder gewalttätigen RAF-Terroristen nur geringfügige Unterschiede zulässt, sieht er im Putschgeneral einen Bruder im Geiste, einen Halbbruder zumindest, der immerhin «sein Land vor dem Kommunismus gerettet» habe, und dadurch vielleicht sogar ganz Lateinamerika.

Dass die Regierung des gestürzten sozialistischen Präsidenten Salvador Allende durch freie und demokratische Wahlen an die Macht gekommen war, bedeutet ihm offenbar wenig, auch nicht, dass der Putsch Tausende von Opfern gekostet hatte. Mit der inneren Distanz des Historikers sagt er lächelnd in die Mikrophone: «Wenn die Militärs eingreifen, ist das etwas anderes, als wenn die Franziskaner Suppe verteilen.»

Der tiefe Schrecken, den das Läuten der Münchener Kirchenglocken bei der Revolution 1918 in dem dreijährigen Franz auslöste, ist wohl niemals ganz von ihm gewichen. Seine Angst vor der «sowjetisch-bolschewistischen Gewaltideologie» kommt als nüchterne Analyse daher; dann sieht er «die nahtlose Kombination von großrussischem Imperialismus und weltrevolutionärer Zielsetzung des Kreml». Wer aber glaubt, Strauß habe in Chile faschistische Tendenzen verfolgt oder auch nur gutgeheißen, irrt gewaltig. Er pflegt nur seine politischen Kumpaneien mit allen möglichen Moskaufeinden, ob sie nun in Chile oder in Portugal, bei den Militärs in Griechenland oder bei den alten Revolutionären in Peking zu finden sind. «Im Sinne der Eindämmung des Kommunismus war er mitunter auch bereit, dem Teufel die Hand zu reichen», sagt Norbert Blüm, der gewiss nicht zu den Strauß-Bewunderern zählt. Und außerdem messen Strauß' Feinde mit zweierlei Maß: dass in China während der von Mao befohlenen «Kulturrevolution» Millionen von Menschen sterben mussten, damit Maos Herrschaft gesichert werden konnte, ist von keinem Strauß-Kritiker auch nur erwähnt worden, als dieser dem greisen Mao die Hand schüttelte.

Einer seiner Begleiter auf der Chile-Reise, der CSU-Politiker Erich Riedl, erzählt 2004 im Interview, in kleinem Kreise habe Strauß dem General Pinochet empfohlen, bald eine demokratische Verfassung verabschieden zu lassen. Was daran so wichtig sei, habe der General gefragt. Und Strauß habe sich ein Blatt Papier geben lassen und den Anfang der Verfassung der Bundesrepublik aufgeschrieben: «Die Würde des Menschen ist unantastbar …» Riedl jedenfalls ist überzeugt, dass Strauß aufrichtig versucht habe, als Demokrat auf Pinochet einzuwirken.

Immer wieder, und verstärkt nach dem Chile-Besuch, versuchen publizistische Gegner von Strauß, ihm eine Vergangenheit als Nazi anzuhängen. Vor allem Bernt Engelmann tut sich hierbei hervor, ein mehr durch seine Biographie als sein Werk glaubwürdiger Autor. Er hatte gegen Hitler Widerstand geleistet und war gegen Kriegsende ins KZ Dachau gekommen, wo er von den Amerikanern befreit wurde.

Engelmanns Behauptung, Strauß sei ein überzeugter Nazi gewesen, entbehrt jeder Grundlage, im Gegenteil. Strauß hat, wie gezeigt wurde, die Nazis gehasst. Auf die Frage, warum er gegen Engelmann nicht prozessiere, hat er im Sommer 1978 geantwortet: «Gegen Ratten und Schmeißfliegen führt man keine Prozesse.» Diese wütende Entgleisung war eindeutig auf Engelmann bezogen, aber bald glaubte jedermann zu wissen, Strauß habe die deutschen Schriftsteller pauschal als Ratten und Schmeißfliegen bezeichnet, also Nazi-Jargon verwendet. Die Empörung über diesen Vergleich sollte noch viele Jahre anhalten.

Immer häufiger erwägt er, alles hinzuschmeißen und auszusteigen aus der Politik. Vielleicht spürt er selbst, dass seine Fundamentalopposition letzten Endes steril ist, wenig kreativ. War er nicht immer für kreative Lösungen gut, als Verteidigungs- wie als Finanzminister? Eine Variante dieser Überlegungen sieht vor, dass er sich nach Bayern zurückzieht, wo man ihn liebt und verehrt. Im Laufe des Jahres 1977 entwickelt der Stratege Strauß eine Doppelstrategie: Er will Ministerpräsident von Bayern werden. Und als solcher will er einen letzten Versuch unternehmen, das höchste deutsche Regierungsamt zu erobern und mit Marianne in den Kanzlerbungalow einzuziehen.

Er ist zwar nicht nur einfacher Abgeordneter in Bonn, sondern auch Vorsitzender seiner Partei. Doch die CSU ist eine Regionalpartei. Verglichen mit Schmidt, gegen den er anzutreten gedenkt, verfügt er nur über geringe Ressourcen. Als Ministerpräsident würde ihm zusätzlich zur Partei der gesamte Apparat einer Landesregierung zur Verfügung stehen, die Infrastruktur der Staatskanzlei. Außerdem würde ihn die Rolle des Ministerpräsidenten, die Reputation des «bayerischen Landesvaters», aufwerten; er wäre ein wichtiger, aber auch gütiger und sympathischer Politiker, ganz gegen sein Image. Und in München warten auch seine wahrhaft getreuen Gefolgsleute. Gerold Tandler bringt für ihn den behäbigen Parteiapparat auf Touren: fort mit dem gemütlichen Provinzialismus, fort mit den «verfetteten und versumpften Postenjägern» und den «Hinterhof-Schwätzern» des bayerischen Landes. Freilich gibt es auch Widerstand.

Alfons Goppel ist in München seit 16 Jahren Ministerpräsident, er ist allseits beliebt, und er wäre gerne noch eine Zeit lang in Amt und Würden geblieben. Doch einen offenen Kampf gegen Strauß wagt er nicht. Als sich abzeichnet, dass Strauß nach München kommt, flüchten zwei Männer aus der Landesregierung, um sich rechtzeitig ein warmes Plätzchen zu sichern. Finanzminister Ludwig Huber wird Präsident der Bayerischen Landesbank, Innenminister Bruno Merck, ein Schwabe mit deutlicher Abneigung gegen Strauß, lässt sich zum Präsidenten des bayerischen Sparkassenverbandes wählen. Der Weg für Strauß ist frei.

Am 6. November 1978 wird Franz Josef Strauß, 63 Jahre alt, zum Ministerpräsidenten des Freistaates Bayern, des größten deutschen Bundeslandes, gewählt. Beinahe drei Jahrzehnte hindurch, seit 1949, war er ununterbrochen Mitglied des Deutschen Bundestages. Es ist sicher nicht «das schönste Amt der Welt», wie er seinen Bayern weismacht, doch es ist ein Amt, in dem es sich aushalten lässt. Für den Fall einer Niederlage bei seinen hochfliegenden Plänen fängt er schon mal an, dieses Amt seinen persönlichen Bedürfnissen entsprechend umzugestalten. So lässt er als Erstes den Etat für repräsentative Ausgaben des Ministerpräsidenten erhöhen, um 80 Prozent. Ungefähr ein halbes Jahr lang probiert er aus, wie es sich anfühlt, Bayern zu regieren. Mit großer Hingabe kümmert er sich um den Fernstraßenneubau, um Klärwerke, um den Bau des Rhein-Main-Donau-Kanals. Er koordiniert die Förderprogramme der Luft- und Raumfahrt, er plant den Bau eines neuen Großflughafens im Erdinger Moor, nördlich von München (der heute seinen Namen trägt). Aber bald spürt er, wie eng dieser bayerische Käfig für einen Mann seines Formates ist, auch wenn es ein goldner Käfig ist. Ein Landesfürst treibt keine Weltpolitik. Bald gibt er nur noch die großen Linien vor und überlässt seinen Mitarbeitern, vor allem Edmund Stoiber und Gerold Tandler, das Alltagsgeschäft.

Er wartet.

Kapitel 10

EIN LEBENSTRAUM ZERBRICHT
Die Niederlage gegen
Helmut Schmidt

Die Stimmung könnte besser nicht sein. Am Ende eines erfolgreichen Tages sitzt Strauß mit seinen Bonner Parteifreunden im Godesberger Edelrestaurant «Klopfstuben» und feiert bis tief in die Nacht. Es ist der 23. Mai 1979, an diesem Tag ist die Bundesrepublik genau dreißig Jahre alt geworden. Es ist traditionell auch das Datum, an dem alle fünf Jahre die Bundesversammlung zusammentritt, um den Bundespräsidenten zu wählen.

Strauß hat an diesem Tag einen großen Sieg errungen. Helmut Kohl hätte gerne eine zweite Amtszeit von Bundespräsident Walter Scheel gesehen, um damit die Liberalen allmählich auf seine Seite zu ziehen. Seit der Wahl von Gustav Heinemann 1969 ist bekannt, dass sich bei der Präsidentenwahl künftige Koalitionen abzeichnen können. Strauß hat stattdessen den CDU-Politiker Karl Carstens favorisiert, den er als einen scharfen Kritiker der sozialliberalen Ostpolitik schätzt. Es gab sogar den Vorschlag, dass nach zwei Bundespräsidenten von der FDP (Heuss und Scheel), einem von der CDU (Heinrich Lübke) und einem von der SPD (Gustav Heinemann) nun endlich auch einmal die CSU an der Reihe sei.

Doch Strauß hat, zur Verwunderung aller, abgelehnt. Er will seine vermutlich letzte Chance, Bundeskanzler zu werden, nicht gefährden. Und deshalb wird an diesem Tag der CDU-Mann Karl Carstens zum Bundespräsidenten gewählt.

Grund genug zu feiern. Aber dann sickert plötzlich, am späten Abend, die Nachricht durch, die CDU wolle schon übermorgen für die Bundestagswahl im kommenden Jahr offiziell einen Kandidaten küren: den niedersächsischen Ministerpräsidenten Ernst Albrecht. Die Empörung ist groß. Fritz Zimmermann, der CSU-Landesgruppenchef in Bonn, spricht aus, was alle denken: «Die können doch nicht schon wieder ohne Rücksicht auf uns einen Kandidaten benennen, wie beim letzten Mal, als dieser Biedenkopf ohne Absprache mit der CSU Kohl proklamiert hat.» Und überhaupt: Ist nicht Franz Josef der beste Mann des konservativen Lagers, viel erfahrener als der Newcomer Ernst Albrecht, den alle Welt wegen seines breiten Zahnpasta-Lachens «Strahler 80» nennt? Es vergehen nur ein paar Minuten, ehe Zimmermann und Edmund Stoiber ihren Chef mit der Frage konfrontieren, auf die Strauß insgeheim schon lange gewartet hat: «Wann, wenn nicht jetzt?!» Der Kairos.

Aber wie früher schon oft, zaudert Strauß im entscheidenden Moment. «Strauß war im Gegensatz zu seinem Draufgänger-Image erstaunlich zögerlich», sagt Zimmermann, «er spielte stets mit dem Feuer, aber dann steckte er die Streichhölzer wieder weg. Und so war es auch an diesem Abend.» Strauß verweigert sich. Jedenfalls scheint es so. Weiß er, dass er die Wahl nicht gewinnen kann? Will er sich genussvoll bitten lassen? Will er damit die Verantwortung für eine eventuelle Niederlage nicht allein tragen müssen? Der Eindruck dieses Abends ist klar: Strauß sei in die Kandidatur regelrecht «hineingedrängt» worden, sagen seine Fans später, nach der Niederlage.

In Wirklichkeit hat Strauß sich systematisch auf die Kandidatur vorbereitet, ist vor allem deshalb Ministerpräsident geworden, um sich für 1980 in eine günstige Startposition zu bringen. Dass er jetzt, in den «Klopfstuben», einen Moment zögert, dass er sich bedrängen und überreden lässt, ist kein Widerspruch dazu. Das Kanzleramt, das war der Traum seines ganzen politischen Lebens, spätestens jedenfalls seit 1956, als er Verteidigungsminister wurde. Aber er zögert auch, weil er bereits jetzt erkennt, dass er den Kampf beinahe allein gewinnen muss, ohne Koalitionspartner. Die FDP steht für Strauß nicht zur Verfügung. Er muss also die absolute Mehrheit erringen, etwa zwei Prozent mehr Stimmen als Helmut Kohl 1976.

Und immer noch ist der Traum von Strauß auch der Albtraum von

Augstein. Also muss diese Wahl auch gegen das Hamburger «Presse-kartell» aus «Spiegel», «Stern» und «Zeit» gewonnen werden. Doch dann beschließt er zu kämpfen. Und so verkündet Zimmermann am nächsten Tag im Fernsehen, zur Verblüffung von Freund und Feind: «Franz Josef Strauß steht für die Kandidatur zur Wahl des deutschen Bundeskanzlers zur Verfügung.»

Strauß hat sich keine Sekunde lang mit Marianne beraten, auch nicht etwa telefonisch aus den «Klopfstuben», es ist nicht nötig: Marianne kennt seine Träume und ist in seine Pläne eingeweiht. Trotz aller Schwierigkeiten und Krisen, deren gefährlichste, die Liebesgeschich-te mit Ulli, nun schon zehn Jahre zurückliegt, hat ihre Loyalität zum Ehemann und Politiker Strauß niemals aufgehört. Außerdem würde er letzten Endes sowieso machen, was er für richtig hält.

In diesem Sommer 1979 sind Marianne und Franz Josef Strauß eigentlich noch damit beschäftigt, ihre neue Rolle als Ministerprä-sident und «Landesmutter» zu üben. Marianne muss da noch ihren eigenen Stil finden. Bonn hat sie immer gehasst; sie hat geschworen, nicht dorthin zurückzukehren, jedenfalls nicht mit schulpflichtigen Kindern. Doch jetzt sind die Kinder fast schon erwachsen: Als im Mai 1979 die Entscheidung fällt, hat Max gerade seinen 20. Geburtstag gefeiert, Franz Georg ist vor ein paar Tagen 18 geworden, und «Moni» wird im Sommer 17. Max Strauß absolviert in München eine Lehre als Bankkaufmann, Franz Georg und Monika sind noch Schüler, aller-dings nicht mehr lange. Also doch nach Bonn? Marianne gibt einmal mehr den Interessen des «Genies» an ihrer Seite den Vorrang.

Helmut Kohl, der Fraktionsvorsitzende der Union und Verlierer der Wahl von 1976, leistet zunächst noch Widerstand. Doch eine Pro-beabstimmung in der Fraktion ergibt eine große Mehrheit für Strauß gegenüber Ernst Albrecht. Da lenkt Kohl ein. Vielleicht beginnt er zu ahnen, dass sich ihm mit der Kandidatur von Strauß eine große Chan-ce bietet: Er könnte den Widersacher endgültig abschütteln, wenn er ihn kandidieren – und verlieren lässt. Jede Partei ernennt ihren eigenen Wahlkampfleiter, die Generalsekretäre Heiner Geißler und Edmund Stoiber. Geißler will einen nüchternen, programmatischen Wahlkampf mit argumentativer Auseinandersetzung. Stoiber – der sich in Bayern bereits den Beinamen «das blonde Fallbeil» erworben hat – will einen aggressiven und ganz und gar auf Strauß als Person zugeschnittenen Wahlkampf, voller Angriff, Attacke und Emotion. Mit diesem unlösbaren Widerspruch fängt das strategische Chaos dieses Wahlkampfes an.

Der «Spiegel» beschreibt sogleich die beiden Kandidaten Schmidt und Strauß als Antipoden: der Hanseat gegen den Bayern, der Protestant gegen den Katholiken; Vernunft und Besonnenheit gegen Emotion, Ressentiment und Affekt; der rationale Erfolgsmensch Schmidt gegen den emotional gesteuerten Versager Strauß; der persönlich unbestechliche Macher gegen den affärengebeutelten Mann mit seinem ewigen «Ruch der Korruption». Das Presse-Imperium des Axel Springer wiederum setzt sich entschlossen für Strauß ein.

Strauß geht erst mal auf Reisen, um den Wählern zu zeigen, dass er in der Welt ähnlich geachtet ist wie Schmidt. Max darf den Vater nach Washington begleiten, sogar ins Weiße Haus. Jimmy Carter empfängt den bayerischen Kandidaten demonstrativ wie einen großen Staatsmann und unterhält sich lange mit ihm im «Cabinet-Room» des Weißen Hauses – viel länger als mit Kanzler Schmidt, wie Strauß betont –, um anschließend vor der internationalen Presse die analytischen Fähigkeiten des Bayern zu loben: «Ich wünschte, das amerikanische Volk hätte dem bayerischen Ministerpräsidenten bei diesem Gespräch zuhören können …» Bei späteren Reisen wird Max erleben, dass auch die Nachfolger Carters im Weißen Haus seinen Vater schätzen, sogar bewundern. Reagans Vizepräsident George Bush springt begeistert über die Absperrung vor dem Weißen Haus, als er Strauß kommen sieht, um den Bayern enthusiastisch zu begrüßen. Strauß tätschelt ihm beruhigend die Hand. So zeigen es Filmaufnahmen der ARD. Henry Kissinger, der früher vor dem Atompolitiker Strauß warnte, umarmt ihn wie einen alten Freund und begrüßt den 20-jährigen Max wie einen jungen Kollegen. Später sitzen sie alle in einer nahen Kneipe, Strauß, Max, der Journalist Wilfried Scharnagl, der Strauß-Referent Holger Pfahls, und feiern ihren Erfolg.

Auch Papst Johannes Paul II. empfängt den Kandidaten Strauß. Umfragen ergeben trotzdem, dass sich im Falle einer Direktwahl mehr als 60 Prozent der Wähler für Helmut Schmidt und nur 25 Prozent für Franz Josef Strauß entscheiden würden. Schmidt ist auf dem Höhepunkt seiner politischen Karriere, seine demoskopischen Werte erinnerten an die besten Zeiten seiner Vorgänger Adenauer und Brandt. Wie will Strauß ihn besiegen? Einen ersten Testlauf stellen die Landtagswahlen in Nordrhein-Westfalen dar, in denen Strauß sich heftig engagiert, mit desaströsen Ergebnissen für die Union. Die SPD erreicht die absolute Mehrheit der Mandate im Landtag vielleicht gerade wegen der zahlreichen Auftritte von Strauß. Auch die Landtagswahlen in Bremen, Baden-Württemberg und im Saarland bringen große CDU-Verluste und zeigen die Schwierigkeiten von Strauß, außerhalb Bayerns Punkte zu machen. Dabei sind die Strauß-Auftritte äußerst beliebt: Er zieht sehr viel mehr Zuhörer an als Helmut Schmidt. Strauß-Veranstaltungen sind nicht nur Politik, Theater, Zirkus – für manche sind sie sogar Kirchgang und antikommunistische Feierstunde. Sie sind aber auch immer unweigerlich mit Radau und Randale verbunden. Schon im Herbst 1979, anlässlich der Kommunalwahlen in NRW, kommen in Essen Tausende junger Menschen zusammen, um mit Geschrei und faulen Eiern zu zeigen, was sie von Strauß halten – dem Mann des Nazi-Jargons, der die chilenischen Faschisten hofiert und die deutschen Schriftsteller verunglimpft. Sie halten riesige Transparente hoch: «Ratten und Schmeißfliegen.» Dieses Zitat, so viel war klar, würde sich nie mehr korrigieren lassen.

Strauß tobt und erfüllt jedes Klischee als Radaubruder: «Ihr könnt einem Leid tun mit eurer erbärmlichen Dummheit!», schreit er über die Lautsprecheranlage gegen das nicht abschwellende Gejohle und Gepfeife an. «Ihr seid die besten Nazis, die es je gegeben hat. Ihr wäret die besten Schüler von Joseph Goebbels gewesen.» Während die um ihn herum postierten Helfer gegen die heranfliegenden Eier und Tomaten riesige Schirme aufspannen, ruft er: «Es wird Zeit, dass der rote Terror auch hier in diesem Gebiet gebrochen wird.» Egon Bahr nutzt solche Verbalattacken, um ihn abzuqualifizieren: «Strauß ist ein Kraftwerk mit den Sicherungen eines Kuhstalls.» Es nützt nichts, dass Strauß sich nach diesem Auftritt monatelang zurückhält, auf Provokationen verzichtet, sehr sachlich sein politisches Konzept referiert. Die von ihm stets bekämpfte sozialliberale Ostpolitik etwa will er im Falle eines Wahlsieges unangetastet lassen: *Pacta sunt servanda*. Aber jetzt heißt es, der Wolf habe nur eben mal Kreide gefressen. Aufgepasst!

Die offiziellen Wahl-Slogans der Union sind von eindrucksvoller Schlichtheit: «Freiheit oder Sozialismus», «Mit Optimismus gegen Sozialismus», «Roter Filz hat ausgelatscht», «Endstation Volksfront». Seine linken Gegner formieren sich. Eine «Dokumentation Strauß in Chile» behauptet, für Strauß sei der lateinamerikanische Faschismus ein erstrebenswertes Vorbild auch für Deutschland. Bernt Engelmann bedient sich wieder etlicher Stasi-Quellen für sein neues «Schwarzbuch: Franz Josef Strauß» und kommt zu dem Schluss, Strauß sei «ein Sicherheitsrisiko für unsere Demokratie». Es erscheinen angebliche Briefe des alten Konrad Adenauer, in denen der greise Ex-Kanzler kurz vor seinem Tod in dringendem Ton vor Strauß warnt; sie erweisen sich aber bald als Fälschungen. Seine Gegner halten es Strauß als dummdreiste Ablenkung vor, wenn er sich als «vom Osten meistgehassten Mann» darstellt, als Opfer einer «vom Osten gesteuerten Verleumdungsmaschinerie». Nicht selten aber verbirgt sich tatsächlich die Stasi hinter derlei kritischer «Aufdeckung»: Im später aufgetauchten Protokoll eines Treffens von Stasi-Chef Erich Mielke mit dem KGB-Chef Andropow vom Juli 1979 wird festgehalten, «dass Strauß ein ernsthafter Gegner Schmidts ist. Es ist deshalb wichtig, Strauß und seine Anhänger zu kompromittieren.»

Es zeigt den eigenartigen, listigen Humor des Kandidaten Strauß, wenn er in die Fernsehkameras sagt: «Bei mir gibt es keine verborgenen oder geheimen oder untergründigen Seiten, bei mir gibt es auch keine Vergangenheit, die ich zu verbergen habe oder die ich zu erklären hätte. Bei mir weiß jedermann, woran er ist.» Gerade das aber glaubt ihm kaum noch jemand außerhalb Bayerns. Er sei «das Objekt der psychologischen Kriegsführung der Linken aller Schattierungen», klagt er, als er begreift, dass er sein Image aus den sechziger Jahren niemals wird abschütteln können. Der junge Juso-Vorsitzende Gerhard Schröder aus Hannover beispielsweise behauptet, Strauß als Kanzler werde die Bundesrepublik «in einen Polizeistaat verwandeln». In der heißen Phase des Wahlkampfes, im Spätsommer 1980, bilden sich Aktionsbündnisse und Initiativen gegen Strauß, die weitgehend mit politischen Argumenten operieren, teilweise aber tief unter die Gürtellinie zielen: «Stoppt StrauSS» (mit SS-Runen) oder «Stoppt Strauß! Hitler war genug!» oder «Hitler, du bist fett geworden!» Monika Hohlmeier, die als damals 18-Jährige ihren Vater im Wahlkampf begleitete, erinnert sich: «Er hatte Phasen, in denen es ihm sehr schlecht ging und er an allem gezweifelt hat. Manchmal hat er gesagt, ich schmeiße alles hin. Dann war er einfach nur noch schwierig und widerspenstig.»

Und maßlos: «Die Stimmung, die gegen die Juden vor '33 erzeugt worden ist, die Massenhetze, die Verhetzung der Massen, wie sie Goebbels oder wie sie Julius Streicher vorgenommen haben – die haben sich genau derselben Methoden bedient, mit denen heute die Jungsozialisten, die Kryptokommunisten, die Kommunisten, die pseudoliterarische Subkultur gegen mich arbeiten.»

Im Spätsommer ist der Wahlkampf gegen den «politischen Unhold» und seinen Versuch der «Machtergreifung» vollends zur Schlammschlacht ausgeartet. «Hetze statt Wahlkampf», titelt die FAZ am 18. Juni 1980. Schon in den Tagen nach der Kandidatur, so erinnert sich Monika Hohlmeier, änderte sich das alltägliche Leben der Strauß-Familie vollkommen. «Ich wurde plötzlich von Mitschülern gemieden oder sogar angefeindet», sagt sie, «auch von Lehrern.» Sie galt als Tochter eines «machtbesessenen Monsters», eines «skrupellosen Machtmenschen». Die Familie erhielt wieder Drohungen, auch anonyme Todesdrohungen, sodass auch jetzt kein Mitglied der Familie sich ohne Sicherheitsbeamten bewegen konnte. «Wir fühlten uns alle tief verletzt, da wir tagtäglich erleben mussten, dass die Gegner ein völlig verfälschtes Bild von unserem Vater zeichneten.»

Max und Franz Georg Strauß treten auf Wahlveranstaltungen auf, Franz Georg zum Beispiel in Köln, wo er in der Fußgängerzone den Passanten erklärt: «Franz Josef Strauß kommt bei der Jugend an. Er hat mich überzeugt, er hat meine Klassenkameraden überzeugt … Wenn er es nicht schaffen würde, seine eigene Familie zu überzeugen, wie soll er dann Hunderttausende Jugendliche überzeugen? Und ich bin sicher, er wird die Wähler überzeugen.» Gefilmt wird er von einem «Monitor»-Team des WDR. «Die begleiteten mich drei Tage auf Schritt und Tritt, um auf den einen Moment zu warten, in dem ich irgendeinen Quatsch oder irgendein typisch faschistoides Zeug sagen würde, wie man's von den Strauß ja nicht anders erwarten kann.» Er tut den Fernsehleuten den Gefallen nicht, und so gibt es nur einen kurzen Beitrag. Monika Strauß tritt noch nicht auf, begleitet aber den Vater auf vielen seiner Wahlkampfreisen, oft bis zwei oder drei Uhr nachts, wie sie sagt. Es ist ihr letztes Schuljahr, das Jahr ihres Abiturs, und jeden Morgen sitzt sie wieder in der Schule. Sie erlebt diese Reisen als einen unverzichtbaren Ausflug in die wirkliche Welt der Politik. Manchmal mischt sie sich unerkannt unter die Demonstranten, die meisten sind in ihrem Alter. «Einmal beobachtete ich einen Jungen, der das Schild ‹Frieden für alle› hochhielt, während er mit Blick auf meinen Vater schrie: ‹Warum hat noch keiner dieses Schwein umgebracht?›»

Aber auch ein unabhängiger Geist wie Günter Gaus, der Ex-«Spiegel»-Chefredakteur, stellt fest, «Franz Josef Strauß und seine politische Natur sind fast vollständig hinter den Abziehbildern verschwunden, mit denen ihn die westdeutschen Medien seit vielen Jahren beklebt» haben. Eine der aufschlussreichsten Geschichten erzählt Jürgen Leinemann, der als «Spiegel»-Autor wochenlang mit Strauß im Wahlkampf herumreist. Er macht schmerzhafte Erfahrungen mit den eigenen Klischees und Vorurteilen gegenüber dem CSU-Politiker. Am Ende hat er enorme Schwierigkeiten, über Strauß zu schreiben, er zeigt seine Entwürfe schließlich seiner Frau. «Das kann doch nicht dein Ernst sein», sagt ihm diese, «du hast ja bei jedem Satz Schaum vor dem Mund.» In einem mühsamen Prozess entdeckt der ebenso kritische wie selbstkritische Autor in den Wochen des Wahlkampfs, dass er mit Franz Josef Strauß «mehr Ähnlichkeiten und Überschneidungen» hat, «als ich mir in meinen schlimmsten Albträumen hätte ausmalen können». Es seien nicht etwa Gemeinsamkeiten in den politischen Inhalten, «wohl aber in den Lebenszielen des ehrgeizigen Aufsteigers, in seinen verdeckten Ängsten, in den emotionalen Einfärbungen und den zeitgeschichtlichen Prägungen. Das tat weh. Aber ich lernte, Franz

Josef Strauß zu verstehen.» Mit dieser genauen Selbstbeobachtung ist Leinemann dem Geheimnis der Person Strauß und der Faszination, die sie für viele Menschen hat, sehr nahe gekommen.

Strauß kämpft. Er ist wochenlang unterwegs, benutzt Hubschrauber des Bundesgrenzschutzes, Privatflugzeuge seiner Freunde wie Eduard Zwick, gepanzerte Limousinen und Dutzende von Fahrzeugen, die sein Freund, der Daimler-Manager Karl Dersch, kostenlos zur Verfügung stellt. Er wird nicht nur von seinen Freunden, sondern auch von der Familie unterstützt. Marianne absolviert 40 eigene Wahlveranstaltungen, bei denen sie einerseits die private Sanftheit und Zuverlässigkeit ihres als brutal und unberechenbar verschrienen Gatten preist, andererseits mit den Kenntnissen der Volkswirtschaftlerin komplexe Zusammenhänge wie die geplante Rentenpolitik ihres Mannes erklärt. Aus ihrer Sicht ist Strauß «der am meisten verleumdete Politiker Deutschlands». Die dauernde Kritik, die Vorurteile, der offene Hass, der ihm entgegenschlage – alles das sei für sie und ihre Kinder seit langem «eine schreckliche Kakophonie, mit der wir zu leben versuchen». Sie vertritt auch Positionen, die nicht unbedingt die ihres Mannes sind, beispielsweise ist sie im Familienrecht, im Eherecht, in der Behinderten- und Altenpolitik inzwischen weit fortschrittlicher als Strauß. Das hat damit zu tun, dass die ehemalige «Prinzessin» sich jetzt um die Alten und Kranken kümmert, sogar um geschiedene und allein erziehende Frauen. Sie hat in der Diözese München eine «Geschiedenen-Betreuung» gegründet, weil sie entdeckt hat, dass «viele Pfarrer die Geschiednen immer noch scheel angucken».

Sie macht jetzt sogar, was sie immer verabscheute: Sie empfängt Journalistinnen zu *Homestorys*. Man beschreibt und fotografiert das schöne neue Haus an der Hirsch-Gereuth-Straße, die elektrischen Rollgitter («Gräßlich, aber nicht zu ändern») und vermittelt den Lesern Einsichten und Erkenntnisse: «Sie ist wirklich größer, als man vermutet, und fabelhaft locker in ihren Bewegungen, ist urlaubsbraun und ungeschminkt, kein Puder, kein Lippenstift, nur die hübschen Hände mit zwei kostbar-schlichten Platin-Diamant-Ringen sind rosé gelackt», schreibt eine Reporterin der «Welt» und fährt fort: «Sie hat

das selbstverständliche Großzügige eines Menschen, der sich unbe-
lastet fühlt, frei, seiner selbst sehr sicher, egal, ob zu Hause oder in der
Öffentlichkeit.» Eine andere schreibt: «Haselnussaugen mit Gold-
punkten, großzügiger Mund, nussbraunes Haar, langbeinig, elegant
in der Bewegung, die Accessoires ganz exquisit ...» Und im «Zeit-
Magazin» heißt es: «Sie formuliert schnell, präzis und mit fast derselben Diktion wie ihr Mann, sie *timed* die Pausen wie er, sie wählt und
betont die Wörter wie er. Es nimmt ihr aber nichts von ihrer Indivi-
dualität, ihrer Unabhängigkeit, ihrer Eigenständigkeit. Sie kann ein
Gespräch in atemberaubender Schnelligkeit führen, ohne hektisch zu
werden. Sie ist nie um eine Antwort verlegen.»

Marianne und Monika kümmern sich auch um das Aussehen des
Kandidaten Strauß: «Mein Vater hat die Bedeutung der äußeren
Erscheinung im Fernsehzeitalter völlig unterschätzt», sagt Monika
Hohlmeier, «ihm war sein ‹Outfit› total egal, also kämpfte die ganze
Familie um die richtige Krawatte, ums richtige Hemd, um den richti-
gen Anzug.»

Strauß versucht, wo immer möglich, den Fernsehkameras aus-
zuweichen, stattdessen geht er auf die klassische Wahlkampftour. Er
spricht auf Hunderten von Veranstaltungen – darunter 52 Großver-
anstaltungen in Hallen und Stadien – direkt zu den Menschen; insgesamt mehr als zwei Millionen hören ihm im Laufe der Kampagne zu.
Eine Art Popstar der Politik: Man will ihn sehen, hören, sich aufregen
oder berauschen lassen, auch wenn man ihn am Ende nicht wählt.
Bei jeder einzelnen Rede verausgabt er sich, ist in Schweiß gebadet,
manchmal scheint er einen rauschhaften Zustand erreicht zu haben,
wie entrückt, sein Denken überträgt sich rhythmisch auf seinen Körper, er wippt auf den Füßen auf und ab, eine gleichmäßig schaukeln-
de Bewegung, Denken und Reden sind bei ihm Schwerstarbeit. Am
Ende «ein erschöpftes Lächeln im schweißverklebten Gesicht», wie
Hans Ulrich Kempski schreibt.

Im Hubschrauber sackt er jedes Mal zusammen, schüttet eiskaltes
Wasser ins Gesicht, trinkt eine Flasche Bier oder einen Sekt, regene-
riert sich bis zum nächsten Auftritt, zur nächsten Rede, bei der er sich
abermals verausgabt. Fünfmal am Tag, siebenmal. Viele seiner Zu-

hörer geraten in ähnlich ekstatische oder rauschhafte Zustände. Ein Strauß-Anhänger erklärt den Reportern anschließend: «Davon zehre ich ein ganzes Leben.»

In der letzten Phase des hochemotionalisierten Wahlkampfs greift Strauß nur noch auf seinen bewährten polemischen Stil zurück. Er beschimpft Helmut Schmidt als «Oberkanzler, Weltkanzler und Abkanzler», als «weisen Hirten aller Schafe», als «magister germaniae», als «leitenden Angestellten der marxistischen Führungsgruppe der SPD», der «reif ist für die Nervenheilanstalt».

In diesen letzten Wochen macht Strauß aber selbst den Eindruck, mit den Nerven am Ende zu sein, ein Opfer der eigenen Impulsivität, eine Beute seiner Leidenschaften. Der Mann «hat sich nicht in der Hand», heißt es. Ein Beobachter meint, die Strauß'schen Angriffe wirkten «wie breit gestreute Sprengladungen», mit zufälligen Treffern, während Schmidts polemische Reden «ihrer Präzision nach wie Maschinengewehrfeuer» seien. Es mangele Strauß an Selbstkontrolle, sagt der stets beherrschte Schmidt, und deshalb sei er «ein Sicherheitsrisiko», denn: «Wer sich nicht selbst in der Gewalt hat, dem darf nicht die Regierungsgewalt über ein ganzes Volk ausgeliefert werden.»

Während der «stets kontrollierte» Helmut Schmidt mehrfach, ohne dass es die Öffentlichkeit erfährt, in Ohnmacht fällt und etliche Herzattacken erleidet, sitzt der «stets unbeherrschte» Franz Josef Strauß um fünf Uhr morgens mit Marianne im Münchner Wohnzimmer, tiefdeprimiert und schluchzend angesichts des Hasses, der ihm entgegenschlägt. «Das hat ihm stark zugesetzt», sagt Monika Hohlmeier. Innenansichten des politischen Geschäfts, die dem Wähler verschlossen bleiben. Im personalisierten Wahlkampf mit Duell-Charakter darf das Publikum auch nicht wissen, dass sich die beiden, die sich als kompromisslose Feinde geben müssen, in Wahrheit äußerst sympathisch sind. Strauß hat eine hohe Meinung von Schmidt, er hält ihn für den einzigen Politiker, mit dem er sich in Wirtschafts-, Finanz- und Verteidigungsfragen ernsthaft auseinander setzen kann. Schmidt ist laut Strauß «mit den richtigen Ansichten in der falschen Partei». In seinem Erinnerungsbuch «Weggefährten» schreibt umgekehrt Schmidt über Strauß: «Als unmittelbare Wahlkampfgegner haben wir uns 1980 nichts geschenkt.» Aber sie hatten sich doch «oft genug auch privat getroffen, hatten sich freundschaftliche Briefe geschrieben. Das persönliche Verhältnis war intakt.» Außerdem gab es das einschneidende Erlebnis des ‹deutschen Herbstes›: «Wir haben Seite an Seite gestanden in der Abwehr des mörderischen RAF-Terrorismus.» Ihm, Schmidt, sei auch «eine gewisse Antenne für den Charme geblieben, den Strauß bisweilen hat». Später, nach dem Wahlkampf, sei es häufiger vorgekommen, «dass ich zur Begrüßung zu ihm gesagt habe: ‹Na, Sie alter Gauner?›, worauf Strauß geantwortet hat: ‹Na, Sie alter Lump!›»

Ihre Jugend im Dritten Reich, der Krieg und die Nachkriegszeit hatten sie für immer geprägt, sie teilten diese gemeinsamen Erfahrungen. Schmidt vergaß niemals «den Geruch brennender Städte und faulender Leichen», Strauß kehrte in seinen Albträumen immer wieder an die russische Front zurück, wie seine Tochter Monika später erzählt: «Je älter er wurde, desto häufiger und eindringlicher kamen die Kriegserinnerungen.» Er sprach aber nicht darüber, sondern prahlte lieber damit, dass man nach dem Krieg «aus dem größten Trümmerhaufen der Weltgeschichte» ein großartiges Land aufgebaut habe. Auch die frühen Lebensläufe von Schmidt und Strauß ähneln sich. Die Eltern waren in beiden Fällen strikte Anti-Nazis. Franz Strauß war nur als leidenschaftlicher Motorradfahrer zeitweilig Mitglied einer NS-Organisation geworden, Helmut Schmidt als begeisterter Ruderer, dessen Verein in die HJ übernommen wurde. Beide mussten nach dem Krieg erst lernen, was das sein sollte: Demokratie. Beide hatten den Krieg verloren und waren entschlossen, das Leben zu gewinnen, die Schlachten des Aufstiegs. Beide pflegten später, wie Jürgen Leinemann erkannte, «ein autoritäres Amtsverständnis und einen kumpelhaften Machostil». Führung hatten sie als Wehrmachtsoffiziere in ihren Einheiten und Kommandoständen gelernt.

Beide hatten als Leutnant immer nur «ihre verdammte Pflicht und Schuldigkeit» getan, und mit dieser Haltung waren sie auch in die Politik gegangen, hart gegen sich selbst und gegen andere. Dem einen, Schmidt, wurde die Arbeit zur unverzichtbaren Droge, trotz aller Ohnmachtsanfälle und Herzattacken, der andere griff zusätzlich noch zum Alkohol.

Am 5. Oktober 1980 ist der Traum des Franz Josef Strauß, Kanzler der Bundesrepublik Deutschland zu werden, endgültig ausgeträumt. Zweieinhalb Jahrzehnte hindurch hat dieser Traum ihn geleitet, hat ihn angestachelt, inspiriert, hat ihm Kraft geschenkt. Aber jetzt hat er nur 44,5 Prozent aller Stimmen auf sich vereint, vier Prozent weniger als Helmut Kohl bei der letzten Wahl. Eine Katastrophe. Und trotzdem sind die Unionsparteien nach wie vor die stärkste politische Kraft. Kanzler Schmidt, als «Friedenskanzler» und «Weltökonom» auf dem Höhepunkt seiner Karriere, ist nur auf 42,9 Prozent der Stimmen gekommen. Die FDP hat mit einer klaren Koalitionsaussage zugunsten der SPD ein Ergebnis von über 10 Prozent erzielt. Strauß hat verloren, obwohl sein Ergebnis am Ende dieser «Schlammschlacht ums Kanzleramt» beachtlich ist. Was er an diesem Abend in die Fernsehkameras sagt, klingt wie das verstockte Argument eines schlechten Verlierers: «Das ist der Anfang vom Ende Helmut Schmidts.» In weniger als zwei Jahren wird er damit Recht behalten haben.

In diesem Wahlkampf der Klischees ist ihm sein alter Ruf gefolgt wie ein Schatten, stofflos und nicht abzuschütteln: der Ruch der Korruption, der Unzuverlässigkeit und Unberechenbarkeit. Die Mehrheit der deutschen Wähler hat außerdem den coolen «Macher» Schmidt dem polternden «Kraftmenschen» Strauß vorgezogen. Die verbreitete Sehnsucht nach Ruhe und Ausgewogenheit, nach einem pragmatischen Management an der Regierungsspitze hat Schmidt begünstigt. «Der Manager gewinnt gegen den Rummelplatzboxer», wie Norbert Blüm sagt. Obwohl scheinbar längst vergessen, hat sich auch jene Hamburger Nacht von vor 23 Jahren ausgewirkt, als Augstein beschloss, Strauß «als Kanzler zu verhindern». Augstein selbst war davon überzeugt. Als man ihn fragt: «Haben Sie diese Republik vor einem Kanzler Strauß bewahrt?», sagt er: «Ja. Wenn ich ein Verdienst habe, dann diesen.»

Kurze Zeit nach dem Wahlabend nimmt Marianne Strauß ihre Tochter Monika mit zu einem Besuch der Salzburger Festspiele. Es soll eine Belohnung sein. Monika hat fast den ganzen Wahlkampf hindurch den Vater begleitet, hat ihn umsorgt, hat ihn getröstet, hat immer gute Laune verbreitet und damit oft seine düsteren Stimmungen auf-gehellt. Nicht ein einziges Mal hat sie morgens in der Schule gefehlt, bei keiner Klassenarbeit versagt. Sie hat sich ungeheuer diszipliniert verhalten, ein ganzes Jahr lang, eine echte Strauß-Tochter. Sie hat «alle Gefühle ausgeschaltet», wie sie später sagt. Bald nach dem auf-reibenden Wahlkampf hat sie Abitur gemacht – obendrein das beste von allen drei Strauß-Kindern, mit einem Notendurchschnitt von 1,8. Jetzt sitzt sie neben ihrer Mutter in der Loge in Salzburg. Die Ou-vertüre beginnt, Mozart. Und da erwischt sich Monika Strauß dabei, dass sie weint. Monate hindurch hat sie alles sorgfältig unterdrückt, die Ängste, die Schwächen, den Zorn, die Spannung. «Und hier in der Oper brach alles heraus.»

Kapitel 11

ZUM HERRSCHEN GEBOREN
First Family in Bayern

Danach ist er nicht mehr der Alte. Was ihn ein halbes Leben lang angetrieben hat, sein brennender Ehrgeiz, läuft ins Leere. Gerd Schmückle glaubt, ihm sei nach der verlorenen Bundestagswahl «die ganze Lebensperspektive verloren gegangen». Nach außen gibt er sich unverwüstlich; er lacht viel, vielleicht mehr denn je. Aber es ist ein ironisches, oft nur ein halbes Lachen; ein Teil von ihm bleibt nachdenklich, sogar unbeteiligt. Er hat seine Chance gehabt, er hat sie vertan. Wenn man es ihm also verwehrt, in Rom der Erste zu werden, so will er es jetzt in der Alpenprovinz sein: der Herrscher in Bayern, dem Land seiner Herkunft, ein «Nachfolger der Wittelsbacher», wie er nur halb im Scherz sagt. Aus dem gelernten Demokraten wird der Monarch, eine Art Wahlkönig, der mit Zustimmung des Volkes regiert.

Jetzt redet ihm niemand mehr rein. Schon in seiner ersten Regierungserklärung hat er klargestellt: Bayerische Politik ist «keine arkadische in dem Sinn, dass sie selbstgenügsam an den weiß-blauen Grenzpfählen endet». Sie sei vielfältig mit der deutschen und europäischen Politik verwoben. Er wolle nicht nur Landesvater, sondern Anwalt Bayerns in der Welt sein: «Einem bayerischen Ministerpräsidenten dürfen die wirtschaftlichen Interessen Chinas oder Japans auf dem europäischen Markt nicht fremd sein.» Das ist sein Anspruch: München als Zentrum der Strauß'schen Globalpolitik. An seinem goldenen Käfig sollen die Türen immer weit offen stehen.

Er zieht einen Schlussstrich unter 32 Jahre Bundespolitik. An dieser Geschichte hat er entscheidend mitgewirkt, in jedem Kapitel eine Rolle gespielt. Jetzt will er das Leben genießen, will herrschen, will seinen Spaß haben mit seinen zahlreichen Gefährten, aber auch mit Marianne und den Kindern. Seinen Regierungsstil bezeichnet er ironisch als «Mischung aus Heinrich VIII. und Ludwig XIV.». Der Etat für repräsentative Ausgaben wird deutlich erhöht. Er lässt zehntausend silberne Münzen mit seinem Bild prägen, Strauß-Taler, die er als «ehrende Anerkennung» für tüchtige Landeskinder verteilt. Die «Welt» bezeichnet seinen Regierungsstil als eine «großzügig gesponserte Renaissance-Hofhaltung».

Dazu gehört auch, dass private Angelegenheiten wie Geburtstage, Taufen und Hochzeiten der Herrscherfamilie jetzt zu offiziellen Staatsakten werden, an denen das Volk beteiligt wird – etwa die Hochzeit der 20-jährigen Monika Strauß mit dem Diplom-Kaufmann Michael Hohlmeier, 1982. Eine Trauung wie in einem Königshaus. Und selbst der Justizapparat des Freistaates scheint den Mitgliedern dieser Familie Rechtsprivilegien einzuräumen. Jedenfalls wird Max beim Wildfrevel erwischt, aber nicht bestraft, während sein Jagdgefährte wegen «besonders schwerer Wilderei» zu einer hohen Geldstrafe verurteilt wird.

Marianne glaubt, ihr Mann sei «zum Herrschen geboren». Sie selbst, fünfzig Jahre alt, ist jetzt bereit, aus dem Privatleben endgültig hervorzutreten und die «Erste Dame» des Freistaates zu werden oder, wenn's gemütvoller klingen soll, die «Landesmutter». Marianne mag diesen Titel nicht: «Ich glaube, man sollte die Begriffe ‹Mutter› und ‹Vater› da lassen, wo sie hingehören, in der Familie.» Vielleicht ist sie sogar eher «zum Herrschen geboren» als ihr Mann: Als Kind in Rott am Inn war sie eine Art Prinzessin, ausgestattet mit jenem gelassenen und unerschütterlichen Selbstvertrauen der Fürstenkinder, mit dem sie nun routiniert das spanische oder das schwedische Herrscherpaar empfängt oder, französisch plaudernd, mit einer thailändischen oder jordanischen Königin Kaffee trinkt.

Sie gibt sich wie sonst auch, sie sagt, was sie denkt. Sie engagiert sich zunehmend in verschiedenen sozialen Bereichen, übernimmt Vorsitze und Schirmherrschaften, organisiert Geld und Öffentlichkeit für arme, schwer kranke, benachteiligte Menschen. Besonders beeindruckt ist sie vom Schicksal der Menschen, die an multipler Sklerose leiden. Sie ist sogar bereit, in einer Sendung des jungen Fernsehmoderators Thomas Gottschalk aufzutreten, wenn garantiert ist, dass sie dort über ihre Arbeit sprechen kann.

Strauß und sein Hofstaat: Das bedeutet Pomp und Zeremoniell, Willkür, Privilegien und Gefälligkeiten. Politik zu treiben hieß für ihn immer schon, im Mittelpunkt eines Beziehungsgeflechts zu agieren. Die diversen Freundeskreise, öffentliche und private Freunde, Politik und Geschäft – er kann das alles nicht richtig trennen, hat es noch nie gekonnt. So macht er aus Bayern, ganz allmählich, ein Amigoland, ein Beziehungsgestrüpp, in dem sich seine Nachfolger heillos verheddern werden. Besonders eng ist Strauß mit Männern vertraut, die aus eigener Kraft ganz nach oben gekommen sind, «Selfmademen» wie er.

Josef März ist ein alter Freund aus Schongauer Tagen; damals erbte März zusammen mit seinem Bruder in Rosenheim ein kleines Molkereigeschäft, zu dem bald eine kleine Wurstfabrik hinzukam. Jetzt ist März der «Wurstkönig von Rosenheim» und macht mit seinem Konzern «Marox» Milliardenumsätze im internationalen Fleischhandel, betreibt Viehfarmen in Afrika und beliefert die DDR und andere Ostblockländer. Aus seinem Landhaus «Gut Spöck» hat er ein diskretes Refugium gemacht, in dem er die Abgesandten der DDR, aber auch afrikanische Diktatoren empfängt, etwa Eyadéma aus Togo. Strauß ist gerne auf «Spöck», mag auch die Ehefrau Liesl März, leiht sich häufig für kleine Fluchten die «Cessna Citation II» aus. Mit März und Eyadéma geht er in Afrika auf Jagd.

Karl («Karli») Dersch ist ein Junge aus der Arbeitervorstadt Giesing, der es vom Lehrjungen zum mächtigen Münchner Daimler-Benz-Repräsentanten gebracht hat. Der viel jüngere Karli ist für Strauß fast wie ein dritter Sohn. Dersch stellt in Wahlkämpfen bereitwillig Dutzende von Mercedes-Lastwagen zur Verfügung, natürlich auch die repräsentativen Limousinen. Es ist ein Geben und Nehmen: In einem ihrer Urlaube in Südfrankreich vermittelt Strauß einen Kontakt zu seinem alten Freund beim französischen Geheimdienst, dem Comte de Marenches; es endet damit, dass zuerst die französische Armee bei Dersch 800 Geländewagen bestellt, dann aber auch der

Geheimdienstmann mit hohem Preisnachlass auf ein schönes Merce-des-Coupé belohnt wird.

Beinahe jede dieser schillernden Figuren wäre ein längeres Por-trät wert. Valentin Argirov, ein gebürtiger Bulgare, hatte sich in seiner Jugend in Sofia als Boxer und Jazzmusiker durchgeschlagen, ehe er sich über Paris nach Deutschland absetzte. Er machte erst als Roman-autor («Die Ehrbaren und die anderen»), dann als Mediziner Karrie-re. Im Wahlkampf 1969, als Strauß vollkommen erschöpft war, verhalf ihm «ein kleiner Oberarzt», Valentin Argirov, auf wundersame Weise wieder zu Kräften; seitdem waren sie Freunde. Argirov kaufte 1980, als Strauß Regierungschef in München war, eine Villa am Starnberger See, in der er eine feine Privatklinik einrichtete. Eine schöne Karriere: vom Klinikarzt zum Klinikbesitzer. In der Clique ist er der Freund und «Leibarzt» für Strauß (Flüsterpropaganda der CSU: «Hast du mit der Leber Zoff, geh zu Doktor Argirov»).

Auch Eduard Zwick ist promovierter Arzt. Er stammt aus Ru-mänien, ist jahrelang als Tropenarzt in Indochina tätig gewesen, ein Engel der Armen, bis er die heilende Kraft des Wassers entdeckte wie weiland Sebastian Kneipp. Er kam nach Füssing, stieß dort, von vielen verlacht, auf heiße Quellen und gründete das «Johannesbad», in das Freunde wie Strauß gern zu Kurzkuren einkehren. Dank Zwick wurde aus dem Kaff Füssing bald das Bad Füssing. Zwick verdient jetzt viele Millionen, lässt seinem Freund Strauß und der CSU zeitweilig 20 000 Mark monatlich zukommen und «versteigt sich zu der Idee, er müsse nicht noch obendrein Steuern bezahlen», wie der Journalist Michael Stiller feststellt. Das wird ihm zum Verhängnis.

Friedrich Jahn verkörpert eine weitere Aufsteigerlegende. Er war Oberkellner in Wien, ehe er darauf kam, den Leuten in speziellen Lokalen, den «Wienerwald»-Restaurants, genormte Brathendl an-zubieten. Inzwischen hat es der «Hendl-König» Jahn weltweit auf über 1200 Restaurants gebracht. Strauß und Jahn hatten sich kennen gelernt, als Strauß untergeschoben wurde, Jahn habe ihm in New York die Schauspielerin Jane Mansfield für eine Nacht zum Geschenk gemacht. Mit seinen Partys in Wien, Windhoek und New York, samt der in der Ägäis liegenden Yacht und der Privatloge in der Wiener

Oper, macht Friedrich Jahn seinem Freund Strauß stets große Freude. Dieser nennt Jahn zärtlich seinen «Bundesgeflügeladjutanten», ehe das Jahn-Imperium 1982 mit 500 Millionen Mark Verbindlichkeiten zusammenkracht.

Walter Schöll hat sich vom kleinen Anzeigen-Aquisiteur für den Münchner «Merkur» zum Besitzer einer florierenden Werbeagentur hochgeboxt. Der Titel eines Konsuls gilt in der Clique als schick, Schöll ist Konsul von Papua-Neuguinea. Fritz Haberl, der größte Audi- und VW-Händler in Süddeutschland, schmückt sich mit einem Konsul-Titel für Panama. Der Nürnberger Uhren- und Rüstungsfabrikant Karl Diehl huldigt Strauß, indem er sein Flugzeug unter dem Code D-I-FJS registrieren ließ.

Für ernsthaftere Gespräche hat Strauß seinen alten Freund, den Rechtsanwalt Franz Dannecker, und vor allem den Journalisten Wilfried Scharnagl, der alle anderen körperlich und intellektuell überragt. Ein paar Figuren aus der CSU-Spitze, jüngere Männer, gelten als «Wurzelgeflecht»: Gerold Tandler, Peter Gauweiler, Edmund Stoiber. Andere ergebene Mitarbeiter sind Friedrich Voss, Holger Pfahls, Wilhelm Knittel, Wolfgang Held.

Karlheinz Schreiber gehört nicht in diesen Kreis, ist aber mit Strauß befreundet: ein kleiner, eher bulliger Typ aus Niedersachsen, der sich nach einer Kaufmannslehre nach oben kämpfte, in Möbelhäusern arbeitete, iranische Teppiche importierte, alles unternahm, was vielversprechend war. Er tat sich auch in Kanada um, ließ sich aber schließlich in Kaufering nieder. Über Franz Dannecker lernte er Strauß kennen.

Strauß ist von Schreiber angetan und bittet ihn, er möge sich doch um seinen erstgeborenen Sohn Max kümmern, ihn «unter seine Fittiche» nehmen und in die Geschäftswelt einführen. So wird Max Strauß beispielsweise Teilhaber der in Edmonton/Kanada eingetragenen Firma «Maple Leaf Enterprises Industries Limited». Strauß hat zu Schreiber so viel Vertrauen, dass er ihm mehrere Millionen Mark für Grundstücksspekulationen in Kanada überlässt, die allerdings verloren gehen. «Da lagen die Nerven in der Familie blank», erinnert sich Franz Georg Strauß.

Trotzdem investieren Marianne und Franz Josef Strauß 1980, mitten in der heißen Phase des Wahlkampfes, drei Millionen Mark in die Gründung der kanadischen Firma «F.M.S. Investments Limited», die Initialen stehen für Franz und Marianne Strauß. Schreiber wird bald feststellen, dass man mit Panzern und Flugzeugen noch viel mehr Geld verdienen kann als mit Grundstücken. Vor allem, wenn man die Freundschaft zu einem bedeutenden Politiker – und seinem Sohn – als Türöffner benutzen kann.

Max Strauß hat neben seinen vielfältigen Geschäften mit Schreiber und anderen ein Jurastudium aufgenommen, er lebt aber weiterhin im Elternhaus. Der Vater braucht ihn in seiner unmittelbaren Umgebung: Max soll ihn entlasten, soll ihm auch politisch zur Hand gehen und manchen kleinen, heiklen Auftrag ausführen. Wie sich der frühere «Bild»-Chefredakteur Peter Boenisch, ein alter Strauß-Freund, erinnert, hat Max alles dies «zur Zufriedenheit des Vaters» erfüllt. «Wirklich großartig!», habe Strauß einmal gesagt. Nur eines gefalle ihm nicht an seinem Sohn: «Manchmal glaubt er, genauso klug wie der Vater zu sein.»

Mehr als seine Geschwister versucht Max, den hohen Ansprüchen des Vaters gerecht zu werden; ihm fehlt dabei, anders als seinem jüngeren Bruder, jede innere Distanz, er identifiziert sich vollkommen mit dem Alten. Franz Georg verlässt sogar Elternhaus und Heimatstadt und beginnt eine Ausbildung in Frankfurt; er will Werbe- und Medienkaufmann werden. Max bleibt. Die Zukunft scheint ihm einen festen Platz in jener Welt zu versprechen, welche die Welt des Vaters ist. «Er lebte in einer Traumwelt», wird sein Anwalt mehr als zwanzig Jahre später zu seiner Entlastung vorbringen. Und Schwester Monika wird ergänzen: «Es ist sehr schwierig, eine eigene Persönlichkeit zu entwickeln, wenn man immer am Vater gemessen wird.»

Monika wird, als Tochter, nicht direkt am Vater gemessen. Nach ihrem glänzenden Abitur hat sie eine Ausbildung an der Hotelfachschule begonnen, die sie mit einem Diplom als Hotelkauffrau abschließt. Sie heiratet früh, mit zwanzig; später wird sie noch am Münchner Fremdspracheninstitut Französisch und Spanisch studieren. Marianne hat ihre Tochter immer an die selbstbewussten, unabhängigen und tatkräftigen Frauen der Zwicknagl-Familie erinnert: Monikas Großmutter Ilse und die Urgroßmutter Anna, die Frau des Amtsarztes, hatten zeitweilig die Betriebe der Familie geleitet, Marianne selbst ebenfalls, bis zu ihrer Eheschließung: «Meine Mutter hat von Anfang an gesagt: Das Mädchen macht eine Ausbildung, denn in der Ehe gibt es keinen Versicherungsschein. Eine Frau muss fähig sein, ihr eigenes Leben zu gestalten, und darf von niemandem abhängig sein.»

Schon als Mitglieder der Jungen Union werden die Strauß-Söhne zu Auftritten in die Provinz geladen. Man will sehen, ob die Buben nach dem Vater geraten – geistig und auch äußerlich. Max gilt als der Sohn, der besonders deutlich dem Vater nachschlägt: Da er stetig dicker wird und sich auch seine Gesichtszüge verweichlichen, scheint er dem Alten immer ähnlicher zu werden. Franz Georg hingegen wird immer schlank bleiben. «Eigentlich sehe ich aber meinem Vater viel ähnlicher als mein Bruder Max», insistiert er im Gespräch mit dem Verfasser. Er hat Recht, wenn man den jungen, drahtigen Franz Josef Strauß aus der Kriegs- und Nachkriegszeit betrachtet, den Leutnant und Landrat. Die Ähnlichkeit mit seinem jüngeren Sohn ist verblüffend.

Die Söhne wollen es dem bayerischen Ministerpräsidenten gleichtun, an dem sie beobachtet haben, was «Politik» bedeutet. So hauen sie ordentlich auf den Putz, bleiben aber zumeist nur schwache Kopien des Originals. Überliefert ist eine Rede, die Franz Georg 1982 beim Ortsverein Oberding hält zum Thema «Wo führt die Politik von SPD und FDP für die Jugend hin?». Sein Fazit: «Das sind Lumpen, wirkliche Lumpen. Auch in der Presse gibt es viele Lumpen, Superdeppen und Rindviecher.»

Sogar die Liebesromanzen der Strauß-Kinder sind der Regenbogenpresse immer eine Schlagzeile wert; sie werden behandelt wie Filmstars, etwa wenn sich Max in Gabriele Thyssen verliebt: «Strauß-Sohn liebt Thyssen-Tochter.» Auch Marianne wird zu einer prominenten Illustriertengröße. Ihr Privatleben entspricht allerdings in jener Zeit nicht immer dem Bild der glücklichen und starken Landesmutter, das die Medien verbreiten. Die Unternehmerin Renate Thyssen, Gabrieles Mutter, erzählt, Marianne habe oft deprimiert bei ihr angerufen und um einen Besuch gebeten. «Sie wollte ein Glas Champagner mit mir trinken und ein bisschen reden. Sie wirkte auf mich einsam und überfordert.»

Franz Josef Strauß widmet sich derweil seiner Leidenschaft, der geopolitischen Globalanalyse, dem Kräfteverhältnis zwischen Ost und West. Und einmal mehr ist er derselben Meinung wie Kanzler Helmut Schmidt, der Anfang der achtziger Jahre eine verstärkte sowjetische Aufrüstung mit Raketen des Typs SS-20 beobachtet; eine Art von fragiler Balance – bei der jede Seite glaubt, die andere sei der Aggressor – gerät in Gefahr. Kanzler Schmidt macht deshalb in den Führungszirkeln der NATO einen Vorschlag, der bald als «Nachrüstungsbeschluss» zu heftigen Protesten führt: Man wolle der Sowjetunion bis Ende 1983, also etwa zwei Jahre, Zeit lassen, um mit der NATO in ernsthafte Verhandlungen über den Abbau von Mittelstreckenraketen beider Seiten einzutreten. Geschehe dies nicht, so müsse die NATO «nachrüsten». Sie werde dann 108 neue Pershing-II-Raketen und 464 Cruise Missiles in Westeuropa aufstellen.

Dieser Vorschlag kommt zu einer Zeit, als die deutsche Friedensbewegung so stark ist wie nie zuvor. Die Vorstellung, dass in Westdeutschland Tausende von Atombomben bereitstehen, versetzt viele Menschen in Angst, zumal kaum noch jemand an die Fähigkeit der Politiker glaubt, komplexe internationale Krisen jederzeit managen zu können. Ein Schuss irgendwo, irgendein Missverständnis – und der Krieg, der in Stunden oder Minuten zum Atomkrieg werden kann, hätte begonnen. Hunderttausende, die das verhindern wollen, demonstrieren allein in Bonn. Nicht einmal Strauß gelingt es, sie allesamt als Kommunisten abzutun.

Er erklärt, vor den «Gesinnungspazifisten» und ihrer Gewissensentscheidung, grundsätzlich gegen Gewalt einzutreten, wolle er «jederzeit den Hut ziehen». Die «Angstpazifisten» allerdings mit ihrer Losung «Lieber rot als tot» werde er bekämpfen, denn sie begingen einen großen gedanklichen Fehler und seien obendrein «unfähig, ihren intellektuellen Irrtum einzusehen». In Wirklichkeit gebe es die Alternative «rot oder tot» gar nicht. «Wer sich für rot entscheidet, entscheidet sich auch für tot.» Er verstehe zwar die große Sehnsucht nach Frieden, aber «die Sehnsucht nach Frieden alleine hat noch niemals den Frieden gesichert». Die letzten 36 Jahre Frieden in Europa seien hauptsächlich der Abschreckungskraft der Atomwaffen zu verdanken.

Und deshalb schlägt er Helmut Schmidt vor, noch einen Schritt weiter zu gehen: Sofort nachzurüsten und erst dann, aus einer Position der Stärke, über eine beiderseitige Abrüstung zu verhandeln. Obwohl Schmidt in der Beurteilung der strategischen Lage mit Strauß übereinstimmt, kann er sich auf einen solchen Vorschlag nicht einlassen: Er verliert ohnehin zusehends den Rückhalt in seiner eigenen Partei. Die Genossen murren – auch über die Rüstungspolitik des Kanzlers.

Und bald murren nicht nur die Genossen. Ein Schock erfasst viele Menschen, als im Februar 1982 die Staatsanwaltschaft Bonn bekannt gibt, dass sie gegen eine ganze Reihe von Politikern von CDU, SPD und FDP Ermittlungsverfahren eingeleitet hat. So beginnt die «Flick-Affäre» – mit ihr setzt sich die Erkenntnis durch, dass nicht nur einzelne Politiker, sondern die ganze herrschende Klasse, «die Republik», offenbar käuflich ist. Vor allem die Minister Otto Graf Lambsdorff und sein Vorgänger, Hans Friderichs, sollen für ihre Parteien illegale Spenden in Millionenhöhe angenommen und im Gegenzug dazu die Versteuerung von 1,5 Milliarden Mark Gewinn erlassen haben, den Flick mit dem Verkauf von Daimler-Benz-Aktien erzielt hatte: «Die gekaufte Republik» war ein Skandal, in den nur die CSU nicht verwickelt war, trotz der engen Beziehungen von Strauß zum Konzern (über Wolfgang Pohle, den CSU-Schatzmeister und Flick-Boss) und zur Familie Flick. Mit Friedrich Karl Flick ist Strauß befreundet. Zum 60. Geburtstag von Strauß 1975 hatte Flick ihm ein nobles Geschenk gemacht: ein silbernes Pferd des Nürnberger Meisters Jeremias Ritter (Mitte 17. Jahrhundert), das im Kunsthandel etwa 66 000 Mark gekostet hat.

Strauß hat Flick umgekehrt mit Tipps versorgt, wie man Geld steuerfrei und gewinnbringend anlegt, etwa beim amerikanischen Chemiekonzern Grace. Die Staatsanwälte fanden in den Akten des Unternehmens auch vier Belege aus den Jahren 1975/76 und 1978/79 mit dem Vermerk «wg. F.J.S.». Danach hat Flick insgesamt 950 000

Mark an Strauß gegeben. Das sei aber, so Strauß in seiner Aussage, nicht für irgendwelche Leistungen erfolgt, sondern «für eine bestimmte politische Linie», die er, Strauß, «im Inland und im Ausland stets verfolgt» habe und weiter verfolge. Er sei nicht käuflich. Im Sog des Skandals um Flick, in dem die Minister Otto Graf Lambsdorf und Hans Friderichs schließlich untergehen, bleibt ausgerechnet Franz Josef Strauß ungeschoren.

Bei einem Spaziergang am Tegernsee, mitten in den Hochzeitsvorbereitungen für Monika Strauß, weiht Kohl im September 1982 den CSU-Chef in ein Geheimnis ein: Man müsse jetzt jeden Tag mit dem Ende der Regierung Schmidt/Genscher rechnen. Denn er, Kohl, habe sich mit Genscher insgeheim darauf verständigt, Schmidt zu stürzen und gemeinsam eine neue Regierung zu bilden. Die FDP werde also endlich «springen». Kohl und Genscher wollen ein konstruktives Misstrauensvotum gegen Schmidt, das heißt, die Union und die abtrünnige FDP würden im Bundestag gegen Schmidt und für Kohl stimmen. Damit wäre Schmidt gestürzt und Kohl automatisch neuer Kanzler.

Strauß hat heftige Einwände. Es stört ihn, dass Schmidt, der ihn vor zwei Jahren bei den Wahlen besiegte, auf diese Weise gestürzt werden soll – durch die Illoyalität Genschers, dieser «Edelkurtisane zwischen zwei Monarchen» (Strauß). Er würde Schmidt stattdessen lieber weiter in die Enge treiben, bis dieser, nach einem öffentlich eingestandenen Bankrott seiner Regierung, zurücktreten müsste, was die Auflösung des Bundestags und sofortige Neuwahlen zur Folge hätte. Eine absolute Mehrheit für die CDU/CSU bei Neuwahlen ist laut Umfragen durchaus möglich, so tief ist die Zustimmung zu Schmidt gesunken. Auf diese Weise wäre die verhasste FDP wahrscheinlich mit untergegangen.

Doch Kohl will gar nicht den Versuch machen, eine absolute Mehrheit zu erzielen. Erst recht will er keine knappe Mehrheit. Er will die sichere Koalition mit Genscher. Außerdem kann er sich ausrechnen, dass Strauß im Falle eines Wahlsieges mit absoluter Mehrheit wahrscheinlich nach Bonn zurückkommen würde – in das Amt des Vizekanzlers und Außenministers, Ämter, die beinahe schon erblich der FDP zufielen, durch alle Koalitionen hindurch. Damit müsse, so Strauß, endlich einmal Schluss sein. Mitte September veröffentlicht Wirtschaftsminister Lambsdorff ein provozierendes, gegen Schmidt und den eigenen Koalitionspartner SPD gerichtetes Papier mit wirtschaftspolitischen Thesen. Es ist ein nüchternes Kalkül, das Startzeichen zum Sturz von Helmut Schmidt. Denn Schmidt reagiert wie erwartet: Außer sich vor Zorn, entlässt er am 17. September die vier FDP-Minister aus der Regierung, den Grafen Lambsdorff voran.

Kohl braucht für das Misstrauensvotum auch die Stimmen der CSU-Abgeordneten im Parlament. Doch Strauß lässt seinen Parteivorstand in München beschließen, die CSU-Abgeordneten in Bonn sollten sich den Plänen Kohls widersetzen. Aber seine Bonner Männer, allen voran Fritz Zimmermann, gehorchen plötzlich nicht mehr. Offensichtlich fürchtet nicht nur Kohl, Strauß könne nach Bonn zurückkommen; auch Fritz Zimmermann sieht seinen Parteivorsitzenden lieber in München. Zimmermann erzählt im Gespräch 2004, dass ihm Strauß dies nie verziehen habe: «Er hat getobt und sich verraten gefühlt, er hat es mir sein Leben lang nachgetragen.»

So wird Helmut Schmidt gestürzt. Der 52-jährige Helmut Kohl wird sechster Bundeskanzler der Bundesrepublik. Er hat nicht nur Schmidt zu Fall gebracht, sondern auch, einmal mehr, Strauß ins Leere laufen lassen. Mit dem Plan von Kohl, die günstige, gegen die SPD gerichtete Stimmung zu nutzen und Neuwahlen durchzuführen, ist Strauß einverstanden. Aber er will die Wahlen möglichst rasch, sofort, jedenfalls noch im Dezember, um eine ebenfalls verbreitete Stimmung zu nutzen: die Empörung über die «verräterische» FDP, die «Umfallerpartei». Er sieht endlich die Chance, diese Partei «auszuradieren». Und er ist empört, als Kohl beschließt, mit den Wahlen bis März zu warten.

Am 6. März 1983 ist der von Lambsdorff, Genscher und Kohl inszenierte Machtwechsel endgültig besiegelt, die Union gewinnt knapp 49 Prozent der Stimmen; eine absolute Mehrheit wäre vielleicht, ohne Koalitionszusage an die FDP, möglich gewesen. Die kann sich nur sehr knapp retten, mit 6,9 Prozent.

Bis an sein Lebensende wird Strauß der FDP, die ihn zum dritten Mal um ein Ministeramt gebracht hat, vorhalten, die charakterloseste Partei unter der Sonne zu sein. Kohl hat ihm zwar vage ein Ministeramt angeboten («Sag, was du machen willst»), aber die drei attraktivsten Ressorts (Außen-, Wirtschafts- und Finanzpolitik) sind ja ohnehin schon vergeben. Strauß hätte vielleicht um das Amt des Finanzministers kämpfen können – schließlich hat die CSU deutlich mehr Stimmen und Mandate als die FDP –, doch er ist sich wochenlang unschlüssig, ob er unter Kohl nach Bonn gehen oder in München bleiben solle. Friedrich Zimmermann sagt später: «Er konnte sich am Abend seines Lebens nicht eingestehen, dass er an seiner Rolle auch selber schuld war.»

Strauß nimmt an allen wichtigen Sitzungen der neuen Bonner Koalition teil, hauptsächlich aber, um Helmut Kohl das Leben schwer zu machen. Dass dieser den Kanzlerthron bestiegen hat und nicht er, Strauß, kann er ihm nicht vergeben. Er ist stets glänzend vorbereitet, wenn er nach Bonn kommt, hat Papiere entwickeln lassen, intelligente und detaillierte Analysen. Doch Kohl belehrt ihn wie einen Schuljungen: «Das ist doch sinnlos, Franz Josef, diese Papiere kannst du auf der Toilette ablegen, so macht man doch keine Politik.» So berichtet es Theo Waigel.

Permanentes Störfeuer wird aus München auch gegen den Außenminister abgeschossen, die «Edelkurtisane» Genscher, und die «illusionäre Entspannungspolitik» dieses «Dauerreisenden». Es ist für Strauß ein mühsamer und schmerzhafter Prozess, zu begreifen, dass man ihn in Bonn nicht mehr braucht. Man fürchtet ihn nicht einmal.

Die Alltagsgeschäfte in der bayerischen Regierung, diesem «weißblauen Puppenküchentheater», fordern ihn nicht sonderlich. Aber er verfolgt beharrlich seine alte Vision: aus seinem traditionell rückständigen Heimatland, das von den reichen Bundesländern alimentiert wird, ein modernes Musterland zu machen, ohne dafür die alten Traditionen zu opfern. «Laptop und Lederhose» wird diese Politik bald heißen. Schon als Atom- und Verteidigungsminister hat er die Ansiedlung zukunftsträchtiger Industrien und Institute gefördert, beispielsweise den Forschungsreaktor in Garching. «Meine Grundidee war, mit dem Aufbau der Bundeswehr eine Kombination von militärischer und ziviler Technik zu schaffen und zu nutzen, die insgesamt einer modernen Wirtschaftsstruktur zugute kam.» Eine Politik des langen Atems. Helmut Schmidt hatte schon in den frühen sechziger Jahren geklagt, die Arbeitsplätze, die anderswo fehlten, «hat Verteidigungsminister Strauß um München herum geschaffen».

Strauß hat auch einen genauen Blick für Unternehmer und Erfinder, die sich für seinen bayerischen Entwicklungsplan begeistern lassen: Aus Stuttgart holt er den begabten Ingenieur Ludwig Bölkow nach München und leistet bei der Gründung der Bölkow GmbH Starthilfe. Später überzeugt er den Unternehmer Messerschmitt, mit Bölkow zu fusionieren. Schließlich lockt er aus Hamburg den Industriellen Blohm nach Bayern.

Jetzt fördert Strauß mit zäher Geduld – und mit viel Geld aus Bonn – den Zusammenschluss der einzelnen Firmen zum Luft- und Raumfahrt-Konzern MBB (Messerschmitt-Bölkow-Blohm) – der später in der DASA aufgeht. Strauß unterstützte bereits in seiner Zeit als Verteidigungsminister auch viele andere bayerische Firmen, beispielsweise die MAN, der er große Aufträge für Bundeswehr-Lastwagen zukommen ließ. Er förderte den BMW-Motorenbau in München-Allach. Er holte die Firma seines Nürnberger Freundes Karl Diehl «zurück in den Bereich der Wehrtechnik». Diehl hatte zwar schon vor dem Krieg «Rüstungsgüter», also Waffen, produziert – zum Teil auch in Konzentrationslagern in Polen produzieren lassen –, nach dem Krieg jedoch zunächst auf die Herstellung von Uhren umgestellt.

So wird der Münchner Raum mit seinen Kriegs- und Waffentechnologien zum Zentrum der deutschen Rüstungsproduktion. Und obwohl noch zahlreiche Betriebe der Atom-, Elektro- und Chemie-Industrie hinzukommen, warnen Gegner dieser Ansiedlungspolitik vor dem «Pulverfass Südbayern».

Hobby-Flieger Strauß ist auch eine Schlüsselfigur der deutschen Luftfahrtindustrie. Das ehrgeizigste Projekt in diesem Bereich ist zweifellos die Entwicklung des Airbus, eines europäischen Großraumflugzeuges in Konkurrenz zum Monopol der amerikanischen Firma

Boeing. Kaum jemand hielt diese Entwicklung für möglich. Strauß und die paar Ingenieure und Unternehmer, die an das Projekt glaubten, galten als leicht größenwahnsinnige Spinner, Boeing auf diese Weise herauszufordern.

Doch Strauß, der Ministerpräsident, schafft es, deutsche, französische und englische Unternehmer und Politiker für den Airbus zu überzeugen. Auf diese Weise beginnt die einzigartige Erfolgsgeschichte dieses Flugzeugs, und wegen dieses Erfolgs feiern die beteiligten Unternehmer Strauß bis heute. Für Hanns Arnt Vogels, den Vorstandsvorsitzenden von MBB, war Strauß der «Vater des Airbus». Auch Helmut Kohl bekräftigt, dass es ohne Strauß den Airbus nicht geben würde. Kein Wunder also, dass das internationale Airbus-Konsortium Franz Josef Strauß zum Aufsichtsratsvorsitzenden wählte.

Wann immer in den achtziger Jahren Strauß, der Politiker, auf Reisen geht, ist zugleich Strauß, der Airbus-Chairman, mit seinem Auftragsbuch dabei. Der Ministerpräsident als Flugzeugverkäufer, als Handlungsreisender der Luftfahrt-Industrie. «Wenn heuer Politiker auf Reisen gehen, dann erzählen sie bei ihrer Rückkehr, sie hätten ihr Essen selbst bezahlt», spottet Peter Gauweiler zwanzig Jahre später im Interview. «Wenn Strauß auf Reisen war, hat er zwei oder drei Airbus-Flugzeuge verkauft, was dann ein paar tausend Arbeitsplätze der einschlägigen Industrie sicherte. Natürlich können Sie fragen, darf denn der als Aufsichtsrat in einem staatlichen Beteiligungsunternehmen Flugzeuge verkaufen? Aber diese Frage wäre uns ganz unbegreiflich gewesen. Und unsere Antwort wäre gewesen: Er wäre ein völliger Versager, wenn er keine Aufträge nach Bayern bringen würde.»

Gewiss, er brachte die Aufträge, er sicherte die Arbeitsplätze, er machte das Airbus-Projekt zu einem unglaublichen Erfolg. Doch wie bei vielen seiner großen Leistungen bleibt auch beim Verkauf dieser Flugzeuge ein nicht zu tilgender Verdacht: dass auf illegale Weise Gelder geflossen seien. Und dass er sein Airbus-Amt auch für seine Partei oder sogar für seine privatwirtschaftlichen Zwecke benutzt habe.

Ein anderer Franz Josef Strauß, der Schwabinger Metzgermeister, war ein Mann mit Grundsätzen. Als ihm Ende der zwanziger Jahre, mitten in der wirtschaftlichen Not, der Geflügelzüchter Heinrich Himmler dringend den Eintritt in die NSDAP und damit den wirtschaftlichen Aufstieg offerierte, lehnte Strauß ab.

Sein Sohn Franz Josef aber wollte mächtig werden, und er wollte reich sein. Als er 1978 bayerischer Ministerpräsident wurde, war er bereits vielfacher Millionär. Es wird wohl für immer unklar bleiben, ob er nicht Teile der enormen Summen, die ihm in die Hand gedrückt oder überwiesen wurden, in die eigene Tasche gesteckt oder illegal für Parteizwecke verwendet hat.

Dem Enkel, Max Strauß, wird später ein deutscher Richter in einfachen Worten bescheinigen, er habe «ganz profan und raffgierig» Steuern hinterzogen – aus Provisionen, die er für die Vermittlung von Airbus-Flugzeugen erhalten hat. In die Usancen dieses Geschäftes hatte ihn sein Vater eingeführt. So gesehen ist der Aufstieg der Familie Strauß ein moralischer Abstieg.

Am 5. Mai 1983 stoppt ein untersetzter Mann mit Sonnenbrille seinen Volvo auf einem Parkplatz der Transitstrecke und wartet. Staatssekretär Alexander Schalck-Golodkowski ist für den Außenhandel mit westlichen Ländern zuständig; er ist der «Devisenbeschaffer» der DDR. Außerdem ist er Offizier der Staatssicherheit. Verabredungsgemäß taucht bald ein westdeutscher Wagen auf, ein 750er BMW der bayerischen Staatsregierung, der den DDR-Mann ohne jede Grenzkontrolle in die Bundesrepublik bringt, genauer gesagt nach Bayern. «Noch heute», schreibt Schalck Jahre später, «empfinde ich die innere Spannung, die mich befiel, als die gepanzerte Limousine von der Bundesstraße auf einen Feldweg einbog und das auf einer sanften Anhöhe gelegene Gut Spöck auftauchte. Würde sich ausgerechnet hier eine Lösung der Kreditprobleme der DDR finden lassen? Wie würde der Kommunistenfeind Strauß einem Vertreter des ‹SED-Regimes› begegnen?» Wenig später schwebt Ministerpräsident Strauß, für Schalck bis dato der «böseste Exponent des westdeutschen Imperialismus», mit dem Hubschrauber ein und steigt «lachend und winkend» aus. «Ich freue mich, Herr Staatssekretär, Sie kennen zu lernen», sagt Strauß gewinnend. Er kommt gerade vom feierlichen

Gelöbnis seines Sohnes Franz Georg, der bei der Luftwaffe in Roth bei Nürnberg seinen Wehrdienst ableistet.

Schalck fällt sofort auf, dass Strauß in der persönlichen Begegnung völlig anders ist als erwartet, nicht der «polternde Bierzeltredner, als den man ihn kennt. Er sprach ruhig, fast leise, ohne jeden rhetorischen Nachdruck.» An diesem Tag beginnt eines der größten konspirativen Abenteuer im Leben des Franz Josef Strauß – und eine verblüffende Männerfreundschaft: Der «Spiegel» hat recherchiert, dass Strauß und Schalck sich in den folgenden fünf Jahren ungefähr 240-mal getroffen haben; eine vertrauensvolle Beziehung entsteht, bei der Schalck seinem Freund Operninszenierungen empfiehlt (für Marianne) und Strauß sich auch ganz offen über sein «Alkoholproblem» äußert.

Schon im Herbst 1982, so Strauß in seinen «Erinnerungen», «ist ein Hinweis an mich herangetragen worden, dass die Regierung der DDR den Wunsch habe, einen DM-Kredit aufzunehmen». Hinter diesem steif formulierten Satz steckt nichts anderes als ein Trick seines Freundes Josef März: Bei einer Feier auf «Gut Spöck» erzählt der «Wurstkönig» dem Ministerpräsidenten, der DDR-Staatssekretär Alexander Schalck-Golodkowski wolle ihn, Strauß, unbedingt kennen lernen. Schalck ist seit langem ein guter Geschäftspartner des international agierenden Fleischhändlers. März sagt nicht, dass er umgekehrt dem DDR-Devisenbeschaffer Schalck gesteckt hat, Strauß habe großes Interesse an einem Treffen mit ihm. März wirft zwei dicke Köder aus, und die großen Fische beißen sofort zu.

Helmut Kohl hat nach der Wahl vom März 1983, vor kaum zwei Monaten, einen «historischen Neuanfang» versprochen, sogar eine grundlegende «geistig-moralische Wende». In weiten Teilen hat er allerdings das Programm des Kanzlerkandidaten Strauß vom Jahre 1980 übernommen. Nur in der Ost- und Deutschlandpolitik wollen Kohl und Genscher den Kurs der sozialliberalen Koalition fortsetzen. Die einzige unabdingbare Forderung, die Strauß in diesem Zusammenhang erhebt, ist die Rücknahme der noch von Helmut Schmidt ausgesprochenen Einladung Erich Honeckers – man dürfe niemals so weit gehen, diese «blutige Hand» zu schütteln.

Der Deal, den Strauß und Schalck jetzt im Gästehaus von «Gut

Spöck» einzufädeln beginnen, ist folgender: Die DDR braucht Geld, sehr dringend, und sehr viel. Hunderte von Millionen, am besten eine Milliarde D-Mark. Strauß formuliert eine erste Gegenleistung, die von der DDR zu erbringen wäre: «Sie sollen unsere Bürger an der Grenze so behandeln wie die Polizei in Frankreich, in Italien, Dänemark oder Schweden deutsche Bürger behandelt, wenn sie einreisen. Genau so. Das Verhalten Ihrer Grenzorgane steht im scharfen Gegensatz zum Grundlagenvertrag – oben die schönen Worte, unten die brutale Praxis», sagt Strauß zu Schalck-Golodkowski. «Die Unfreundlichkeit, das Geschrei, der Kasernenhofton beim Grenzübergang müssen aufhören.»

Beim nächsten konspirativen Treffen bringt Schalck einen Brief Honeckers mit, in dem dieser, wie Strauß später schreibt, die Bereitschaft erklärt, für einen Kredit in Höhe von einer Milliarde DM die folgenden Gegenleistungen zu erbringen: «Beseitigung der Selbstschussanlagen vom kommenden Herbst (1983) an, Änderung in Art und Ton der Grenzabfertigungen, erleichterte Familienzusammenführungen und weitere Punkte.» Strauß, der immer begeistert «große Politik» gemacht hat, selbst mit ideologischen Gegnern, ist entzückt und stimmt zu – im Namen eines Konsortiums deutscher Banken, die in dem Kredit zu Recht das große Geschäft wittern.

Am 29. Juni 1983 ist es so weit: Die Bundesregierung beschließt, gegenüber den Banken die Bürgschaft für diesen Kredit zu übernehmen, der wiederum durch Abtretungserklärungen der DDR abgesichert wird. Wie damals bei seinem Mao-Besuch scheinen ideologische Vorbehalte keine Rolle zu spielen. DDR-Sympathisanten in der Bundesrepublik preisen Strauß, den sie sonst oft für einen «Faschisten» hielten, für diese «Einfädelung». Die CSU-Anhänger hingegen, die in Strauß immer die Galionsfigur des Antikommunismus verehrt haben, sind entsetzt. Sie strafen ihren Parteichef regelrecht ab, indem sie ihn diesmal nur mit einer – für bayerische Verhältnisse – beschämenden Quote von 77 Prozent als CSU-Vorsitzender bestätigen. Sie begreifen nicht, dass es bei Strauß immer schon einen grundlegenden Unterschied gab zwischen seinen lauten Sprüchen und seinem politischen Handeln. Einige der unzufriedenen CSU-Politiker, darunter Strauß' langjähriger Günstling Franz Schönhuber, werden sich bald enttäuscht abwenden und eine neue Partei gründen, die rechtsradikalen «Republikaner».

Einen Höhepunkt erreicht das konspirative Abenteuer am 24. Juli 1983. Max Strauß, mit seinen Eltern «privat unterwegs in Polen», wie es offiziell heißt, steuert seinen Mercedes von Stettin in Richtung DDR-Grenze. Dort wartet Schalck mit seinem schwedischen Volvo. Franz Josef Strauß steigt um zu Schalck, Frau Schalck steigt um zu Marianne und Max, man rast mit 180 über die Autobahn – der Turbodiesel seines Sohnes hat es ihm so angetan, dass Strauß eigens die Geschwindigkeit notiert. Im DDR-Jagdhaus Hubertusstock wartet Erich Honecker. Als die Fahrzeuge vorfahren und die Besucher aussteigen – «wunderbares Jagdschloss aus der Zeit der Hohenzollern», notiert Strauß –, kommt der Staatsratsvorsitzende auf sie zu. Hocherfreut schüttelt Strauß ihm die – vor kurzem noch «blutige» – Hand. In Wahrheit ist Strauß von Honecker und seiner politischen Biographie beeindruckt: «Im Dritten Reich im Widerstand, verhaftet, Gerichtsverfahren, viele Jahre im Zuchthaus Brandenburg wegen Hochverrats – sein Leben war alles andere als leicht», schreibt Strauß in seinen «Erinnerungen».

Strauß ist erstaunt, nicht auf jene «hölzerne Funktionärsmentalität zu treffen», mit der er bei Honecker gerechnet hatte. Und nicht nur das: «Meine Frau war Honeckers Tischnachbarin. Die beiden haben sich offenbar gut verstanden. Meine Frau, Schmeicheleien keineswegs zugänglich, war beeindruckt von seiner Wendigkeit, seiner Frische, seiner geistigen Reaktionsfähigkeit. ‹Das ist ein beeindruckendes Mannsbild!›, sagte sie, ‹schade, dass er ein Kommunist ist.›»

Noch Jahre später freut sich Strauß über den Überraschungs-Coup: «Es war eine Sensation, die Freund und Feind bewegte. Keiner hat sich mehr ausgekannt. Was ist da eigentlich los mit dem Franz Josef Strauß, wurde bei uns gefragt, und die anderen fragten: Was hat der Erich Honecker ausgerechnet mit unserem Hauptgegner zu schaffen? Meine angestammten und eingefleischten Kritiker taten sich plötzlich schwer, weil das Strauß-Bild nicht mehr in ihre linke Schublade passte. Dort war ich als weit rechts abgelegt worden, als

Feind der Entspannung, als Rüstungspolitiker, als unversöhnlicher Gegner des Ostens. Hatten sie mich lange Zeit als schlimmen Störer der Ost-West-Beziehungen hinstellen wollen, so gingen ihnen jetzt die Argumente aus.»

Es ist ein inoffizieller, eigentlich privater Besuch, an den sich eine kleine Rundreise anschließt. Die Menschen in Erfurt, Weimar und Dresden wissen Bescheid, Tausende laufen überall zusammen, stehen wartend vor seinem Hotel, bilden ein Spalier, wenn er endlich kommt. Die Fernsehbilder zeigen einen strahlenden, offensichtlich glücklichen Strauß, der im offenen Sommerhemd, Marianne und Max immer an der Seite, durch die Straßen schlendert, Hände schüttelt, Bemerkungen anhört, kurze Geschichten erzählt.

Die Bilder zeigen auch, wie sich immer wieder Menschen ganz dicht an ihn herandrängen und ihm kleine Zettel in die Hand drücken, die er in die Tasche steckt. «Herr Ministerpräsident, glauben Sie, ich kann bald nicht mehr!», sagt ein junger Mann, der auf seine Ausreisegenehmigung wartet. «Geduld!», sagt Strauß, «wir haben auch darüber geredet.» In der Tat: Strauß hat nicht nur erreicht, dass die Selbstschussanlagen am deutschen Todesstreifen verschwinden, er hat vielen einzelnen Menschen geholfen: «Was ich an Haftentlassungen erreicht habe, was ich erreicht habe an Familienzusammenführungen: ich habe die Vorgänge nie gezählt, es sind aber Tausende, denen ich auf diese Weise zu einem neuen Leben verholfen habe», schreibt er stolz.

Zu Hause warten wieder die kleinen Probleme auf ihn, die aber manchmal richtig Ärger machen können. Sein Freund Edi, der Füssinger Bäderkönig, hat ernste Schwierigkeiten mit den Steuerbehörden. Schon 1977 hatten gesetzestreue Steuerbeamte ein Ermittlungsverfahren gegen ihn eingeleitet. Als «Bauernfinanzämter» hatte Zwick sie verhöhnt. Als Strauß Ministerpräsident wurde, setzte er seinen Büroleiter Wilhelm Knittel auf den Fall an. Knittel ließ Finanzminister Streibl wissen, das Vorgehen seiner Behörde gegen Zwick sei «skandalös». Strauß hielt weiterhin seine schützende Hand über Zwick, riet ihm aber dringend, endlich einen Deal mit seinem «Bauernfinanzamt» zu machen. Immerhin waren die Steuerschulden bereits auf 45 Millionen Mark angewachsen – bei einem geschätzten Reinvermögen von 200 Millionen Mark. Doch Zwick beschloss stattdessen, dieses unfreundliche Land zu verlassen. Er gibt ein letztes rauschendes Fest in Bad Füssing, ein Abschiedsfest, an dem Strauß und die ganze Clique teilnehmen. Dann wandert Edi aus. Er hat sich vorsorglich in Breganzona (Tessin) eine Villa bauen lassen. Strauß muss dafür sorgen, dass die Details der Geschichte unter der Decke bleiben. Einer der engsten Freunde ein Steuerbetrüger? Das würde in der Öffentlichkeit nicht verstanden werden.

Es darf auch kein Außenstehender wissen, auf welche Weise Gerold Tandler in die Zwick-Affäre verwickelt ist. Der Strauß-Zögling, der 1978 zuerst bayerischer Innenminister wurde, ehe er 1982 den Posten des CSU-Fraktionsvorsitzenden im Landtag übernahm, hatte sich schon Jahre zuvor schwer übernommen mit einem privaten Geschäft, seinem Hotel «Zur Post» in Altötting. Seine Schulden waren auf 17 Millionen angewachsen. Und da hat Freund Zwick schon mal ausgeholfen – wie erst viele Jahre später bekannt wurde, zum Beispiel mit einem privaten Darlehen über 200000 Mark. Dass gegen Zwick jetzt, 1983, ein internationaler Haftbefehl erlassen wird, lässt sich freilich nicht geheim halten. Strauß nennt seinen Kumpel Edi «ein Arschloch», und auf den Rand einer Akte schreibt er: «Dr. Z. ist unverbesserlich.» Damit hat er, wie seine Nachfolger noch leidvoll erfahren müssen, vollkommen Recht.

Auch der Ministerpräsident selbst versucht sich in kleineren Nebengeschäften, innerhalb der verschwiegenen Clique. Als er sein Amt antrat, beteiligte sich Strauß mit einem 15-Prozent-Anteil an der «Contas», der Werbeagentur seines Freundes Walter Schöll; eine sehr stille Teilhaberschaft, die aber regelmäßige jährliche Gewinnanteile abwirft. Sind derlei Privatgeschäfte nach Artikel 57 der bayerischen Landesverfassung für einen Ministerpräsidenten schon verboten, so wird die Sache vollends anrüchig durch die Art der Aufträge und ihrer Beschaffung. Denn die «Contas» lebt nicht nur von den Aufträgen, die aus dem inneren Zirkel selbst kommen, vom Rüstungs-Diehl, vom Hendl-Jahn, vom Marox-März und anderen. Sie lebt hauptsächlich von Werbeaufträgen der bayerischen Ministerien, der staatlichen und halbstaatlichen Betriebe und Verbände. Eine Bemerkung aus dem Büro des Ministerpräsidenten oder von Strauß selbst kann jederzeit einen derartigen Auftrag beeinflussen. «Strauß konnte am eigenen Kabinettstisch entscheiden, ob er sich bereichern wolle oder nicht», sagt Wolfram Bickerich. «Und das nenne ich Korruption, denn er hat sich bereichert.»

Strauß bereichert sich auch durch eine kleine Nebentätigkeit, die einmal im Jahr abfällt – und von der die Öffentlichkeit nichts wissen darf: Er ist einer der Testamentsvollstrecker der Friedrich-Baur-Stiftung in Burgkunstadt, deren enormes Kapital vor allem aus dem Versandhandel stammt. Bereits 1957 hatten die Inhaber, Friedrich und Katharina Baur, testamentarisch verfügt, dass einige honorige Herren, darunter der jeweilige bayerische Ministerpräsident, später einmal als Hüter ihres letzten Willens tätig werden. Sie sollen dafür mit einem kleinen Honorar von einem viertel Promille des Umsatzes (0,25 Promille) entschädigt werden. Das war 1957 nicht sehr viel Geld; aber als Strauß ein Vierteljahrhundert später dieses Ehrenamt übernimmt, ist der Baur-Jahresumsatz auf 1,2 Milliarden Mark gewachsen. Das Honorar für Strauß beträgt also 300000 Mark – fast so viel wie sein Gehalt als Ministerpräsident.

Am 22. Juni 1984 ist Marianne Strauß bei Freunden in ihrem Heimatort Rott am Inn zu Besuch. Ehe sie abends mit dem Auto abfährt, klagt sie über Schmerzen und Unwohlsein. So erzählt es ihr Klassenkamerad Jakob Rothmeier. Peter Gauweiler meint sich zu erinnern, dass Marianne Strauß damals an Gürtelrose erkrankt war und unter dem Einfluss von Medikamenten stand. Mariannes Schwester Brigitte glaubt, Marianne, die als Kind «herzkrank» war oder ein «schwaches Herz» hatte, habe während der Fahrt einen Herzinfarkt erlitten; dabei habe sie unwillkürlich das Gaspedal voll durchgedrückt. Vielleicht wird man eines Tages die Umstände dieses Todes genauer verstehen. Im Nachlass von Strauß gibt es den Hinweis auf vier Briefe, die Marianne Strauß unmittelbar vor ihrer Abfahrt in Rott am Inn schrieb, Briefe an alte Freundinnen und an einen Pfarrer. Diese Briefe werden frühestens im Jahre 2014 zugänglich sein.

Auf einer ganz gewöhnlichen Landstraße in der Nähe von Wildbad Kreuth, bei gutem Wetter, gerät das Fahrzeug in einer leichten Linkskurve außer Kontrolle, stürzt nach rechts eine tiefe Böschung hinab und stößt unten frontal gegen einen Baum. Der Wagen wird zu einem Schrotthaufen zusammengequetscht. Niemand weiß, ob und wie lange Marianne Strauß noch gelebt hat; ein Bauer findet sie zufällig am nächsten Morgen, da ist sie tot.

Franz Josef Strauß ist zu einem Staatsbesuch in Jugoslawien; sein Sohn Franz Georg und Wilfried Scharnagl sind bei ihm. Scharnagl erinnert sich, dass die Fahrzeugkolonne auf einer kroatischen Landstraße plötzlich gestoppt wurde und lange Zeit still stand. Niemand wusste, warum. Schließlich wurde «Herr Strauß» ausgerufen. Franz Georg erzählt 21 Jahre später im Gespräch mit dem Verfasser, er habe sich spontan angesprochen gefühlt und sofort ein schlechtes Gewissen gehabt, wegen irgendetwas, das er in München nicht richtig erledigt hatte. Gemeint war aber sein Vater. Der Ministerpräsident wird ans Telefon einer kleinen Kneipe am Straßenrand geführt, Franz Georg und Wilfried Scharnagl stehen dabei, als Strauß telefonisch die Nachricht vom Tod seiner Frau erhält. Er erleidet einen Schock.

Es ist der wohl schlimmste Augenblick seines Lebens. «Wie, was?», sagt er immer wieder tonlos, ohne etwas zu begreifen, «Marianne tot?» So erzählt es Scharnagl. «Auf dem Rückflug habe ich mit Vater und Sohn geredet: Wie kann man so was packen», sagt Scharnagl, «kann man es?»

Strauß kann es nicht «packen». Es wird Monate dauern. Nach der Trennung von Ulli vor fünfzehn Jahren hatte er nie wieder an seiner Ehe gezweifelt; es war ihm selbstverständlich, dass er und Marianne zusammen alt werden würden.

Karl Dersch erzählt, er habe am Tag nach dem Unfall das Wrack des Autos in eine Garage der Münchner Mercedes-Niederlassung bringen lassen und es zusammen mit Max Strauß untersucht. Da die tote Marianne Strauß erhebliche Schnittwunden aufwies, habe man mit viel Blut im Auto gerechnet. Man habe aber keinerlei Blutspuren gefunden. Deshalb, so Dersch, müsse man davon ausgehen, daß Frau

Strauß bereits tot war, als das Auto von der Straße abkam und die Böschung hinunterstürzte. Ihr Herz habe in diesem Moment schon nicht mehr gearbeitet.

Viele Menschen, vor allem in Bayern, sind geschockt über den Unfalltod. Marianne Strauß wurde 54 Jahre alt, und die Hälfte dieser Zeitspanne war sie die Ehefrau von Franz Josef Strauß. Jetzt zeigt sich, dass sie in den fünf Jahren als Landesmutter die Zuneigung vieler Menschen gewonnen hat; sie stehen vor der Münchner Liebfrauenkirche und weinen. Drinnen, während der Messe, stützen die beiden hünenhaften Söhne ihren Vater, dem über das leere, erstarrte Gesicht die Tränen laufen; daneben Monika und Michael Hohlmeier, vom Schmerz gezeichnet: veröffentlichte Trauer, Verzweiflung in Großaufnahme, das Fernsehen überträgt alles.

Intimer ist Tage später die Beerdigung in Rott, dem Geburts- und Lebensort Mariannes, mit einer Messe in der alten Klosterkirche, der «Hauskirche» der Zwicknagls, in die sich das «Mariandl» als kleines Mädchen so oft staunend zu den Heiligenfiguren geschlichen hat; beerdigt wird sie in der Familiengruft der Kaiser/Zwicknagls, auf dem Friedhof unter den Fenstern des Prälatenstocks.

Wochenlang ist Strauß entschlossen, alles aufzugeben und aus seinen Ämtern, aus der Politik überhaupt, auszuscheiden. Aber dann macht er weiter. Sein Leben wird von jetzt an noch schneller, noch rastloser.

Nach dem Tod der Mutter kehrt Franz Georg in das Sendlinger Haus zurück, wo die drei Männer jetzt versuchen, ohne Marianne eine Art Alltag zu finden. Es ergibt sich schließlich in der weitläufigen Villa ein Junggesellenleben zu dritt, eine Männer-WG, die von der Haushälterin Kathi Schmid betreut und versorgt wird.

Was der Verlust der Mutter vor allem für Max Strauß bedeutet haben mag, bleibt Spekulation. Erich Riedl jedenfalls sieht es wie viele andere auch: «Marianne Strauß ist leider viel zu früh gestorben. Und alles, was sich in den letzten Jahren um ihren Sohn Max ergeben hat, wäre nie passiert, nie, wenn sie noch gelebt hätte.»

Monika begleitet den Ministerpräsidenten zu offiziellen Terminen, beinahe täglich: das rührende Bild einer Tochter, die sich in einer großen Krise um den Vater kümmert. Zuerst ist es vielleicht nur die Fürsorge für Strauß, der in dieser Zeit so niedergeschlagen ist, so zerbrechlich wirkt. Niemand denkt, dass dies der Beginn einer politischen Karriere ist. Es würde auch nicht zu dem Frauenbild passen, das Franz Josef Strauß pflegt. Der Vater braucht an seiner Seite einfach eine fürsorgliche Frau. Am Ende der Veranstaltungen, etwa in Passau, nachdem er auf der Bühne stundenlang den überlebensgroßen strahlenden Franz Josef Strauß gegeben hat, führt ihn Monika am Hinterausgang der Halle die Treppe runter, er geht langsam, stützt sich auf sie, immer nur eine Stufe, denn er ist krank und sehr schwach.

War Monikas Mutter eine kleine Prinzessin in Rott am Inn, die Tochter eines lokalen Fürsten, so wird Monika Hohlmeier geborene Strauß jetzt eine bayerische Prinzessin, Tochter des Monarchen. Für ihre Fürsorglichkeit wird er ihr später, 1988, den bayerischen Verdienstorden verleihen lassen: als Anerkennung dafür, dass sie «der bayerischen Jugend ein solch leuchtendes Vorbild» sei.

Ihm zu Ehren, und als mitfühlender Trost für den Witwer, wird sein 70. Geburtstag wie ein überdimensionales Volksfest gefeiert, das fast zwei Wochen dauert. Feierlichkeiten überall, Tag und Nacht, in Stadt und Land. Das Bayerische Fernsehen richtet ihm eine Gala aus. Alles ist groß und pompös, oft gigantisch: die Chöre, die Tanzveranstaltungen, die Folklore-Darbietungen. Auf dem Odeonsplatz geben ihm 1500 Blasmusiker ein Ständchen. Fast 4000 Menschen gratulieren ihm in diesen Tagen persönlich, schütteln seine Hand. Die «Zeit» schreibt: «Ein Fest, das nirgendwo anders vorstellbar wäre, großartig bis ins Byzantinische, landsmannschaftlich bis ins Urdemokratische und überwölbt von bayerischer Königstradition. Wo außer in München ist das möglich? Und selbst dort wäre es für niemand anderen möglich als für Franz Josef Strauß.» Der Bundespräsident, Richard von Weizsäcker, gratuliert: «Die deutsche Geschichte der Nachkriegszeit verzeichnet in jedem Kapitel seinen Namen. Er ist weit über sein Amt hinaus eine politische Autorität.»

Sein starker Wille und seine Disziplin kehren zurück. In seinem 70. Lebensjahr erwirbt Strauß den «Berechtigungsschein zum Führen von Strahlflugzeugen», also den Pilotenschein für Düsenjets. Scharnagl erinnert sich, wie Strauß wochen- und monatelang für das Examen englischsprachige Fachliteratur studierte, im Auto zwischen zwei Terminen oder auf transatlantischen Flügen, nach einem Treffen im Weißen Haus, wenn im Flugzeug die anderen vor Erschöpfung schon schliefen. Etliche seiner reichen Freunde besitzen solche Maschinen – der Jahn, der Diehl –, die er sich jetzt mal ausleihen kann, um Flugstunden zu sammeln, um aus dem Münchner Einerlei zu flüchten. Am besten zu irgendeinem fernen Jagdfreund, zum Beispiel zu Gnassingbé Eyadéma, dem Diktator Togos, mit dem ihn – wie die übergroßen Transparente am Flughafen von Lomé verkünden – eine «ewige Freundschaft» verbindet.

Als seien Max und Franz Georg Kronprinzen, die in die künftigen Aufgaben von Herrschern eingeführt werden müssen, nimmt Strauß seine Söhne beinahe auf alle seine Reisen mit, mal den einen, mal den anderen. Vielleicht sind es auch Schuldgefühle, die ihn dazu bewegen, denn er hat sich in früheren Jahren wenig um die Kinder gekümmert. Jetzt zeigt er ihnen den Élysée-Palast und das Weiße Haus, nimmt sie mit zu Airbus-Terminen in aller Welt und zu Panzer-Geschäften in Saudi-Arabien.

Mit vierzig deutschen Großunternehmern im Gefolge fliegt Strauß im November 1986 nach Riad, um mit König Fahd die weitere Entwicklung der Handelsbeziehungen, vor allem der Waffengeschäfte, zu besprechen. Die Saudis sind vor allem an den Leopard-2-Panzern interessiert. Die deutschen Regierungen, Schmidt und Kohl, haben sich dem mit Rücksicht auf Israel stets widersetzt. Doch zuletzt stellten einige CSU-Politiker die Exportbeschränkung in Frage. Und auch Jürgen Möllemann von der FDP trommelte: Ab 1987 sei der NATO-Bedarf an Leopard-Panzern gedeckt, danach seien zehntausend deutsche Arbeitsplätze in Gefahr.

In Riad spricht sich jetzt auch Strauß für eine Änderung der deutschen Waffenexportbestimmungen aus. Denn vor allem die bayerische Industrie würde davon profitieren. Bei einer Gesprächsrunde deutscher Wirtschaftsbosse und saudischer Prinzen – Vater Strauß hat gerade einen anderen Termin – sitzt auch Max dabei, als Vertreter seines Vaters, so fühlt er sich. Dem ebenfalls anwesenden deutschen Botschafter, Walter Nowak, wird es rasch unheimlich, als die Runde von deutschen U-Booten, Thyssen-Panzern, Streubomben und Leopard-Panzern redet. Nowak weist auf die bisher gültige Haltung der Bundesregierung und des Auswärtigen Amtes hin – und wird darauf von Max Strauß rüde angegriffen: «Seien Sie doch still!» Und als Nowak nicht auf den jungen Mann hört, der keinerlei Amt oder Mandat hat, rastet Max aus: «Jetzt können wir ja gleich gehen.» Auch die Bosse sind äußerst verärgert über den Diplomaten. MBB-Vorstand Vogels und Krauss-Maffei-Vorstand Wollschläger sagen, der Botschafter sei ihnen «in den Rücken gefallen». Auch Thyssen-Vorstand Winfried Haastert beschwert sich noch in Riad bei den mitgereisten deutschen Journalisten über Nowak.

Erst vier Jahre später, zwei Jahre nach dem Tod von Strauß, bahnt sich endlich das Geschäft mit den Fuchs-Spürpanzern für die Saudis an – mit der berühmt gewordenen Schlüsselszene, in der Karlheinz Schreiber dem CDU-Schatzmeister Walther («Waldherr») Leisler Kiep einen Koffer mit einer Million D-Mark in bar übergibt. Auch der in Riad so verärgerte Thyssen-Mann Haastert wird dann doch noch zu den heiß ersehnten Geschäften kommen, dabei fallen 1,2 Millionen Mark für ihn persönlich ab. Ein Gericht verurteilt ihn im Jahre 2005 zu 22 Monaten Freiheitsstrafe. Er wird überführt, Schmiergelder empfangen und nicht versteuert zu haben.

Unmittelbar nach der Rückkehr aus Saudi-Arabien, Ende November 1986, geht Franz Josef Strauß in München auf ein Fest, zu dem sein Sohn Franz Georg ihn eingeladen hat. Eigentlich hat er keine große Lust, er will nur ganz kurz bleiben. Aber an diesem Abend, zweieinhalb Jahre nach Mariannes Tod, lernt der 71-jährige bayerische Ministerpräsident seine letzte Liebe kennen, Renate Piller.

Kapitel 12

RENATE

Der letzte Akt der
großen Oper

Gegen elf Uhr hat die Party ihren Höhepunkt erreicht. Gastgeber in dem schönen Haus an der Nymphenburger Straße ist der junge Münchner Anwalt Hermann Mayer. Rund fünfzig Gäste haben sich zur Einweihung seiner neuen Kanzlei versammelt, viel Münchner Lokalprominenz, darunter auch sein Freund Franz Georg, der Sohn des Ministerpräsidenten. Franz Georg Strauß ist einer der Hauptgesellschafter des privaten Fernsehsenders «tv weiß blau», und er hat gerade eben Hermann Mayer als neuen Geschäftsführer der TV-Firma durchgesetzt. Mayer ist der letzte Joker von Franz Georg. Dem Sender geht es wirtschaftlich schlecht, die nächtlichen Krisensitzungen nehmen kein Ende, die Angestellten fürchten um ihren Arbeitsplatz. Mayer, der erfolgreiche Anwalt, soll jetzt den maroden Betrieb sanieren.

Um elf Uhr fliegt die Tür auf, und zwei Polizisten stürmen herein. Sie sichern den Auftritt eines stämmigen Mannes im dunklen Anzug, der lächelnd den Raum betritt. Es ist der Ministerpräsident. Das Gelächter hört auf, die Gespräche verstummen, alle Blicke richten sich auf Franz Josef Strauß. Der ist an diese Art von Auftritten gewöhnt. Unbefangen tritt er auf den Gastgeber zu, um ihm «Glück und Segen» zu wünschen – für die neue Kanzlei, vor allem aber für sein Engagement zur Rettung des Senders. Franz Georg steht daneben und freut sich über den gelungenen Coup – der Auftritt des Ministerpräsidenten als kleine Geste der Dankbarkeit.

Irgendwo im Hintergrund gibt eine geistesgegenwärtige junge

Frau dem Personal schnelle, präzise Anweisungen. Die Teller mit den unappetitlichen Essensresten verschwinden von den Tischen, plötzlich sind auch neue Gläser da, ein besonderer Wein wird entkorkt. Renate Piller ist bei «tv weiß blau» zwar für Werbung und Öffentlichkeitsarbeit zuständig, aber in diesem Moment handelt sie als Gastgeberin. Sie hat dem Anwalt Mayer sein Fest organisiert, davon versteht sie etwas. Zum ersten Mal beobachtet sie jetzt eine Szene, die sie noch hundertmal erleben wird: Alle haben sich um den Ministerpräsidenten geschart, manche mit halb offenem Mund. Strauß hat angefangen zu erzählen. Kleine Anekdoten zuerst. Aber dann, vom Wein und der Aufmerksamkeit beflügelt, ist er plötzlich tief in seine eigenen Erinnerungen verstrickt. Leutnant Strauß in Russland – eines seiner Lieblingsthemen. Zwei feindliche Russen, das Gewehr im Anschlag, und er, Strauß, tritt lächelnd auf sie zu, zückt langsam sein Etui und bietet ihnen Zigaretten an. Die Russen zögern. Werden sie schießen? Nein, sie nehmen die Zigaretten. Strauß und die Russen rauchen zusammen, eine Art Friedenspfeife. Am Ende hat er sie so weit, dass sie sich gefangen nehmen lassen.

Er hat die Geschichte schon oft erzählt. Manchmal ist es nur ein einziger Russe, der sich ergibt, mal sind es zwei, mal sieben. Zu vorgerückter Stunde ist es auch schon mal ein ganzer Trupp. Früher war das dann der Augenblick, in dem Marianne ihn von der russischen Front abzog und diskret vom Fest entfernte. Aber Marianne ist seit über zwei Jahren tot.

Irgendwann fällt der Blick des Geschichtenerzählers auf die junge Frau, die im Hintergrund steht. «Da hat sofort etwas geflackert zwischen uns», erinnert sich Renate Piller fünfzehn Jahre später im Gespräch mit dem Verfasser. Strauß ist offenbar fasziniert von der schönen, dreißig Jahre jüngeren Frau. Später an diesem Abend macht er sich von der Umzingelung durch seine Bewunderer frei und kommt wie zufällig mit ihr ins Gespräch. Strauß lobt ihr schönes Pepita-Kostüm, fragt, wer sie sei, was sie hier mache, mit wem sie gekommen sei. «Ich bekam ein kleines Herzklopfen», gesteht Renate Piller.

Am nächsten Tag, Samstag, 29. November 1986, klingelt morgens früh bei Renate Piller das Telefon. «Hier Strauß.» Er hat sich ihren

Namen gemerkt und ihre Nummer im Telefonbuch gefunden. Ob er sie um 19 Uhr zum Essengehen abholen dürfe. Sie ist einverstanden, warnt ihn aber: «Herr Ministerpräsident, ich wohne im fünften Stock.» Er besteht darauf, hochzukommen. Will er erst mal sehen, wie sie lebt? Er schaut sich, wie sie glaubt, prüfend in der Wohnung um. «Gschlamperte Verhältnisse» sind ihm ein Gräuel. Bei Renate ist alles blitzblank und picobello. Sie trinken einen Aperitif, dann chauffiert er sie in seinem BMW ix ins «Canal Grande» in Nymphenburg. Ganz ohne Polizeischutz, denn er hat ja «das hier» – und klopft auf sein Ledertäschchen. Die kleine Smith & Wesson-Pistole ist immer dabei.

An diesem Abend hat die junge Frau den älteren, berühmten Mann zunehmend beeindruckt, mit ihrer Schönheit, ihrer Natürlichkeit, ihrer praktischen Intelligenz, mit ihrer Art, «sich auf hohem Niveau durchs Leben zu schlagen», wie der «Stern» später schreiben wird. Von Vorteil ist auch, dass sie, wie Strauß erleichtert feststellt, «absolut keine Emanze» ist. Auf dem Heimweg, im Auto, fragt er ein bisschen förmlich und sehr schüchtern: «Renate, wollen Sie meine Freundin werden?»

Renate Piller, die sich ihr Leben lang immer nur in ältere Männer verliebte, steckt 1986 in einer festgefahrenen, langjährigen Beziehung zu einem Mann in Monte Carlo, den sie nur noch manchmal für ein Wochenende an Nobel-Skiorten trifft oder zum Kurzurlaub in der Karibik. Viel Vergangenheit, wenig Zukunft. Die alsbald schnüffelnden Klatschreporter finden zur Freude von Strauß über Frau Pillers Privatleben beinahe nichts heraus.

Mit 21 Jahren hatte die gebürtige Salzburgerin einen deutlich älteren Bankangestellten kennen gelernt, ihn jung geheiratet, nach zwei Jahren kinderloser Ehe kam schon die Scheidung. Sie nahm ihren Mädchennamen wieder an und ging nach München, ergänzte ihren Handelsschulabschluss durch Sprachkurse in Französisch und Italienisch und ergatterte prestigeträchtige Jobs, bei einem Investmentfonds, bei den Olympischen Spielen in München, bei der Modewoche, bei einem Kosmetikkonzern. Ihr Faible für ältere und gut situierte Herren hielt an, und sie erklärte es sich selbst mit dem schwachen und stets kranken eigenen Vater, der jetzt in seinem langen Siechtum in Salzburg von der Mutter gepflegt wird. «Vierzehnmal Intensivstation!», sagt Renate Piller über ihren Vater. Und über ihre eigenen Erklärungsversuche, einsichtsvoll: «Hobby-Psychologie.»

Am nächsten Samstag holt Strauß sie wieder ab, diesmal zu einem Ausflug an den Tegernsee. Sie wandern ein Stück, machen Brotzeit beim «Bachmeir» in Weissach, ihr Lachen steckt an, er lacht viel, es gefällt ihm alles, er hat sich verliebt. «Sag doch einfach Franz zu mir», bittet er. Abends essen sie in Renate Pillers kleiner Wohnung in Thalkirchen, im fünften Stock. Sie ist eine glänzende Köchin. «Später wollte er aber nie, dass ich mir zu viel Arbeit mache. ‹Brauchst nix vorzubereiten, ich kauf heut ein›, hat er oft gesagt.» Der Ministerpräsident des Freistaates Bayern steigt begeistert und schnaufend die fünf Treppen hoch, beladen mit riesigen Tüten vom «Feinkost-Käfer», Delikatessen, mit denen man leicht eine größere Familie satt bekommen könnte. Er will sein «schönes Mädi», wie er sie nun nennt, so gern verwöhnen.

Einmal fährt er mit ihr zum «Trachten-Stadler» an den Tegernsee, um ihr ein bayerisches Trachtenkostüm zu kaufen (wie Marianne sie gern trug, aber das sagt er Renate nicht). «Er setzte sich da in den Laden», erzählt sie, «die Inhaber überschlugen sich vor Aufmerksamkeit, ich bin rein und raus aus der Umkleidekabine, mit Trachtenhut und allem Drum und Dran.» Strauß hat diese eigens für ihn inszenierte kleine Modenschau genossen, diese jugendliche Frau, die sich für ihn schön macht, diesen schlanken Körper, den er in seinen Armen halten darf.

Die Befürchtung Renates, Strauß sei womöglich nur auf ein kurzes oberflächliches Abenteuer aus, erweist sich als unbegründet. Wie die meisten Klischees über Strauß ist auch die Vorstellung vom virilen bayerischen Mannsbild und Weiberhelden falsch. Als ein sicheres Zeichen betrachtet Renate es, dass er sie vor seinen Freunden und engsten Mitarbeitern nicht lange verborgen hält, sondern sie schrittweise in seine private Welt einführt.

War er einsam? «Ja, im Grunde genommen war er ein einsamer Mensch. Er hat natürlich versucht, das abzutöten, indem er immer was vorhatte – oder die anderen, die Freunde, haben dafür gesorgt, dass er gar nicht zur Ruhe kam. Er hat einfach an beiden Enden gebrannt, das war zu viel. Selbst mir war der Stress manchmal zu viel, und ich war wirklich um einiges jünger.»

Den Tod Mariannes hat er lange nicht verwunden; seine Freunde fanden ihn viele Monate lang «niedergeschlagen und verzweifelt» (Peter Boenisch). Dann ist Strauß rastlos geworden: ein endloser Reigen von Festen, Reisen, Auftritten, Sitzungen, Reden, Interviews. Jetzt, mit Renate, steigert er das Tempo seines Lebens noch einmal. Die von ihm einst so verachtete Münchner Schickeria und der europäische Jet-Set werden plötzlich seine bevorzugte Spielwiese. «In seine freie Zeit packte er wahnsinnig viel rein», erinnert sich Renate Piller. «Da fuhr man schon mal nach Wien zum Opernball, und am Abend vorher ging man aus, und am Tag danach wurde noch ein Heuriger angesetzt, und das war auch noch nicht genug. Haberls haben eingeladen zum Karneval in Venedig, die Maschinen standen ja sowieso schon in Wien. Und so flog man da rasch hin. Und am Tag darauf war mein Geburtstag, der wurde in München gefeiert. Das war schon heftig. Und stressig.»

Einen Monat nach der ersten Begegnung in Nymphenburg hat Strauß seine neue Liebe richtig auf Touren gebracht. Sie sehen sich oft, telefonieren zwischendurch, erzählen sich, was sie gerade machen, schreiben sich zusätzlich kleine Liebesbotschaften. Renate hat dem Herrn aus Monte Carlo den Laufpass gegeben, und Strauß fühlt sich glücklich. Bald fragt er sie, wenn auch in der gedrechselten Art eines Gutsherrn, ob sie ihn heiraten wolle: «Könntest du dir vorstellen, meinem Hause vorzustehen?»

Allerdings lässt er sich viel Zeit, sie in sein Haus überhaupt hereinzulassen. Der wesentliche Teil seines Privatlebens findet nicht in der Villa an der Sendlinger Hirsch-Gereuth-Straße statt, die er mit seinen beiden Söhnen bewohnt, sondern auf einem prachtvollen alten Bauernhof bei Kufstein, dem «Praschberghof» seines Freundes Franz Dannecker. Hier ist Strauß vollkommen geschützt und ungestört; nicht einmal die Staatskanzlei ruft an. An jedem freien Wochenende taucht Strauß mit Renate Piller hier unter. Und alle paar Wochen finden hier die großen Feste des ganzen Freundeskreises statt, manchmal auch private Theaterabende, Komödienstadl mit Laiendarstellern wie Staatssekretär Peter Gauweiler, der in diesen Volksstücken als Schauspieler glänzt. Josef März und Ehefrau Liesel sind da; Karli Dersch mit seiner superblonden Barbara, einem ehemaligen Fotomodell; der «Leibarzt» und Klinikbesitzer Valentin Argirov (ohne Ehefrau, sie mag diese Feste nicht); Konsul Fritz Haberl, Mahag-Chef und größter VW-Audi-Händler Süddeutschlands; Konsul Walter Schöll, Besitzer der Werbeagentur «Contas»; Wilfried Scharnagl, Chefredakteur des «Bayernkurier», der Intellektuelle unter den Geldleuten.

Zu den größeren Strauß-Festen kommen auch andere handverlesene Gäste: die «Zimmermänner», das sind Fritz, der Innenminister, und Eduard, der Fernsehmoderator, Wolf Feller vom Bayerischen Rundfunk, der Filmgroßhändler Leo Kirch, der Filmproduzent Luggi Waldleitner, der Ex-«Bild»-Chefredakteur Peter Boenisch, der Konzernbesitzer Friedrich Karl Flick, der Unternehmensberater Roland Berger, außerdem Kaufhaus-Bosse, Brauerei-Chefs und weitere Auto- und Immobilien-Großhändler. «Zur Abrundung», wie Renate Piller so unnachahmlich treffend sagt, lädt man gern eine «künstlerische Persönlichkeit» ein, etwa den Schauspieler Hans Clarin oder den Opernsänger Hermann Prey.

Die Fotos in Renate Pillers privaten Fotoalben zeigen alle diese Leute – und mittendrin einen gelösten und entspannten Strauß, oft lachend, der sein «schönes Mädi» beim Tanz fest im Arm hält. Renate wird ein selbstverständlich akzeptiertes Mitglied dieser verschiedenen Cliquen, die in festgelegten Abständen um Strauß kreisen wie Trabanten um einen Stern.

Um diese Zeit fängt Renate Piller an, sich ernste Sorgen zu machen wegen seines Alkoholkonsums. Sie entdeckt, dass er krank ist, auch wenn in seiner Umgebung niemand wagt, dieses Wort zu benutzen. «Er konnte einfach nicht nippen. Entweder hat er sich stundenlang an einem Gespritzten festgehalten, oder er hat es fließen lassen.» Legendär ist das Interview aus der Nacht der Bundestagswahl im Januar 1987, das Wolf Feller live mit einem offensichtlich sturzbetrunkenen Franz Josef Strauß führt. Niemand hat es auf sich genommen, solche Auftritte zu verhindern: Strauß mit aufgedunsenem Gesicht, der mit blutunterlaufenem, starrem Blick zusammenhangloses Zeug in die Kameras stammelt. Solche peinlichen Situationen will Renate in Zukunft vermeiden, will ihn beschützen, auch vor sich selbst. Und es ist anrührend zu lesen, was Strauß seinem Freund Schalck-Golodkowski im März 1987 schreibt: Er hoffe, durch seine neue Gefährtin Renate endlich «vom zeitweilig überhöhten Alkoholgenuss» loszukommen.

Natürlich will er seinen Job in der Staatskanzlei gut machen, und er macht ihn gut; aber der hochfliegende Ehrgeiz früherer Jahre ist vorbei; Bonn rückt derweil immer weiter weg. In den Bundestagswahlkampf 1986/87 mischt er sich kaum noch ein. Zwar liefert er prompt und pünktlich seine Tiraden, etwa wenn er gegen das drohende «rot-grüne Linkskartell» losdonnert, aber das sind nur Rituale. Pflichtübungen. Umgekehrt wird er auch kaum noch ernsthaft angegriffen, selbst der «Spiegel» zielt nur noch aus guter alter Tradition, beinahe pflichtschuldig, ein paarmal auf den Bayern.

Er mault und poltert immer mal wieder in Richtung Bonn, so im Mai 1987, als er Helmut Kohl auffordert, von seiner Richtlinienkompetenz Gebrauch zu machen und in den Abrüstungsverhandlungen eine Null-Lösung, wie sie für die Kurzstreckenwaffen diskutiert wird, strikt zu verhindern. Allerdings bestehen Genscher und seine Partei genau darauf, und so kommt es zwar zu einer dramatischen Koalitionskrise in Bonn, zu gegenseitigen Drohungen und zähen Verhandlungen.

Aber Strauß ist gar nicht dabei, wird auch nicht eingeladen, nicht einmal informiert. Oder erst, wenn alles beschlossen ist. «Ja, hat denn der Kohl nicht begriffen, was ich ihm erklärt habe», grollt er, «oder wollte er mich reinlegen?» Dann greift er zum Hörer und ruft den Kanzler in Bonn an, um ihn zurechtzustauchen, schreit und schimpft eine ganze Stunde lang, weil Kohl ihn «bewusst getäuscht» habe. Kohl lässt ihn einfach reden. Strauß ist verzweifelt, dass jetzt in Bonn, wie auch sein früherer Wehrmachtskollege Helmut Schmidt festgestellt hat, die «Arschlöcher» das Sagen haben bzw. die «Oberarschlöcher», wie Strauß präzisiert. Er hat Kohl, den «Amtsinhaber», noch nie für eine große Leuchte gehalten. Er erkennt nicht, dass der Kanzler ihm zwar intellektuell unterlegen ist, ihn aber als Macht-Stratege nach Belieben austricksen kann.

Im kleinen Kreis kokettiert Strauß mit der Frage, ob er Kohl stützen oder doch stürzen solle. Der 71-jährige Strauß denkt daran, dass Konrad Adenauer in genau diesem Alter seine bundespolitische Karriere erst gestartet hat. Seine vielen Freunde aus der zweiten und dritten Umlaufbahn, die «Nivea-Fraktion» (Synonym für Arschkriecher), sagen in trauter Tischrunde immer wieder: «Da fehlst halt du in Bonn» oder «Uns fehlt halt ein starker Mann». Er schweigt, lächelt aber. Wenn er gut drauf ist, pflegt er zu sagen: «Glaubt ihr, der bayerische Ministerpräsident möchte gern Postminister in Bonn werden?» «Nein, aber wie würdest du reagieren, wenn man dir das Außenministerium anböte?» «Das steht nicht zur Disposition», sagt er dann lächelnd. So erinnert sich Renate Piller später im Gespräch mit einer «Stern»-Autorin. Immerhin räumt Strauß gerne ein, dass er auch von diesem Amtsinhaber, Hans-Dietrich Genscher, wenig hält. «Viel Show und nichts dahinter», sagt er über dessen rastlose Reise-Diplomatie. Man könne dem Mann nicht über den Weg trauen, der habe eine «überdurchschnittlich hohe Wendigkeit», halte sich nicht an verabredete Vertraulichkeit und tue überhaupt alles, «um mir zu schaden».

Beim Versuch, eine der neuen gesellschaftlichen Strömungen zu verstehen, versagt sein politischer Instinkt. Beim Bau der atomaren Wiederaufbereitungsanlage (WAA) in Wackersdorf, den der technikbegeisterte Ministerpräsident jahrelang betrieben hat, kommt es zu gewaltsamen Protesten, in der Sprache der Presse sogar zu «bürgerkriegsähnlichen Verhältnissen». Für Strauß ist diese Fabrik, in der abgebrannte Brennstäbe gelagert und «wiederaufbereitet» werden sollen, «nicht gefährlicher als eine Fabrik, die Fahrradspeichen herstellt». Die WAA ist Teil seines großen Konzepts, das rückständige, agrarisch geprägte Bayernland zu einem Hightech-Standort zu machen. Darin ist er der politische Frontmann seiner Industriefreunde, allerdings nicht in dem Sinne, dass er sich von ihnen benutzen ließe. Im Gegenteil: Er glaubt, die bayerischen Industriellen für sein Konzept einspannen zu können. Seine Technikgläubigkeit ist seit seiner Zeit als Atomminister ungebrochen, daran hat auch das Reaktor-Unglück von Tschernobyl im April 1986 nichts geändert.

Die politische Drecksarbeit für Wackersdorf, das knallharte Vorgehen gegen die protestierenden Bürger, überlässt er Peter Gauweiler: Es sind die gewalttätigsten Auseinandersetzungen in der Geschichte der Bundesrepublik. Ohne das geringste Verständnis für die Ängste vieler Menschen angesichts eines unbegreiflich gefährlichen Stoffes wie Plutonium, wettert Strauß in bekannter Manier: Er demaskiert die Demonstranten als seine alten Feinde, als Kommunisten: «Während der kommunistische Nachwuchs bei uns gegen Kernkraftwerke demonstriert, wird in seinen geistigen Mutterländern im Osten Kernkraftwerk um Kernkraftwerk gebaut.»

Überhaupt verbittet er sich in Sachen Umweltschutz jede Belehrung, in Bayern habe der Umweltschutz bereits Verfassungsrang. Und der Ministerpräsident verfügt auch über die entsprechenden Worthülsen in seinem geistigen Zwischenlager: «Das beste Grün ist weißblau!» oder, eine schöne Volte: «Konservativ sein heißt an der Spitze des Fortschritts marschieren.»

An einem bestimmten Tag ärgert sich Strauß über die Demonstranten ganz besonders. Es ist der Tag des Wiener Opernballs, und die österreichischen Atomkraftgegner stehen zu Tausenden vor der Oper, um gegen Strauß und Wackersdorf zu protestieren. Strauß ist mit Edmund Stoiber, Karl Dersch, Walter Schöll und deren Frauen angereist. Man logiert im Hotel Bristol, direkt gegenüber der Oper. Hier ist er früher auch mit Marianne immer abgestiegen. Franz Josef Strauß ist Staatsgast, Renate Piller reist – anders als Marianne früher – im protokollarischen Niemandsland: Prompt hat sich zwischen den Zimmern der beiden fürsorglich die Polizei eingenistet. Draußen sammeln sich die Demonstranten. Strauß müsste sich, wenn er die paar Schritte zur Oper zu Fuß zurücklegen wollte, einen Weg durch aufgebrachte Atomkraftgegner bahnen. Das ist ausgeschlossen. Er will aber hoch erhobenen Hauptes durch den Haupteingang die Oper betreten, nicht auf Schleichwegen. Also fährt er das winzige Stück in einer geschlossenen Limousine, ringsherum von Polizisten gesichert, im Schritttempo «durch die grölenden Massen» (Piller). «Wir anderen mussten wie die geprügelten Hunde zu Fuß vom Hotel durch irgendeinen Hintereingang in die Oper schleichen. So hatte ich mir meinen ersten Opernball mit Franz Josef nicht vorgestellt.»

Während es draußen zu einer gewalttätigen Auseinandersetzung von Demonstranten und Polizisten kommt, sitzt die Strauß-Gruppe entspannt in der Privatloge des Brathendl-Königs Friedrich Jahn, die Herren Dersch, Stoiber, Schöll im Smoking und, soweit vorhanden, mit Verdienstkreuzen am Revers. Strauß, auf den sich auch hier alle Blicke richten, kommt strahlend und mit der bayerischen Schärpe über dem Smoking die große Freitreppe zur Loge herauf. Nach Mitternacht bittet Franz Josef sein «schönes Mädi» zum Tanz, und «vor den Augen der Welt» («Stern») tanzen sie ihren ersten Walzer.

Renate Piller lernt in diesen Tagen, dass es in der Strauß'schen Welt zugeht «wie in Dallas und Denver hoch drei» – wie sie in Anspielung auf zwei damals beliebte Seifenopern sagt. Am Tag nach dem Opernball gibt's erst mal einen ausgiebigen Wiener Heurigen, anderntags fliegt man auf Einladung von Konsul Haberl zum Karneval nach Venedig, dann zurück nach München, um in Derschs Stammlokal «Piazzetta» in Renate Pillers Geburtstag hineinzufeiern. Zum Abschluss: der große Gauklerball (Rosenmontag), zum Schunkeln in den «Franziskaner» (Dienstag) und dann nach Passau, wo Strauß am Aschermittwoch traditionell eine große, meist etliche Stunden dauernde Rede hält. «Der Franz Josef hatte eine Bären-Kondition.»

Wohl eher nicht. Er will nur nicht wahrhaben, was er seinem Körper zumutet, welchen Raubbau er betreibt; er hat doch immer so gelebt. Jetzt hat er, wie er glaubt, nur «Zipperlein», kleinere Beschwerden wie Bluthochdruck und Blutzucker, manchmal ein Stechen in der Brust. In seinen Cliquen spricht man nach Saufgelagen gern vom «Haarspitzenkatarrh». Warum greift sein Leibarzt und ständiger Begleiter Argirov nicht ein? Hat er resigniert?

Renate Piller und die Bilder aus der schnellen Zeit, in der sie mit Franz Josef Strauß zusammen war, der «intensivsten Zeit meines Lebens»; ihre liebevoll-pedantisch angelegten Fotoalben spiegeln davon nur einen kleinen Teil: den Wochenendtrip mit dem Jet vom «Rosenheimer Wurstkönig» März ins marokkanische Marrakesch, wo sie in den alten Stadtpalast derer von Bohlen und Halbach eingeladen sind, einen maurischen Ryad mit Pool in einem der Patios; Renate im Bikini am Beckenrand, Strauß im Wasser, ihr zugewandt: «Die ersten Badefreuden des Jahres», steht in Pillers akkurater Schrift neben dem Foto. Ostern in Taormina/Sizilien, Hotel Ipanema, wo Franz Josef Strauß sich besonders gut und sicher aufgehoben fühlt, weil es einem Münchner Bekannten, dem Inhaber vom «Da Pippo», gehört.

Drahtige junge Kerle, die man in jedem anderen Land Bodyguards nennen würde, passen auf sie auf: die Liebenden unter dem Schutz der Mafia. Natürlich sind sie nie allein, Karli und Barbara Dersch sind unvermeidlicherweise dabei, ebenso Argirov und, wie immer, einer der Söhne, diesmal Franz Georg mit Freundin. Für das Osterfrühstück hat Renate vorsorglich Schokoladeneier, Häschen und grünes Papiergras mitgebracht, um jedem ein Nestchen zu bauen, so ist sie, immer praktisch, immer vorausschauend, diese Fürsorglichkeit behagt dem Ministerpräsidenten.

Strauß wiederum, der Historiker, erklärt dem lokalen Fremdenführer, wie es sich bei der grausamen Schlacht von Drepana tatsächlich verhalten hat. Auf dem Rückweg ein Zwischenstopp in Rom, das Luxushotel Hassler, ausgedehntes Shopping für die Damen, derweil die Herren einer Einladung zum 60. Geburtstag des Kardinals Joseph Ratzinger folgen. Auch der Papst schaut vorbei. Die meisten fliegen am nächsten Tag nach München, während Renate mit Franz Josef und Karl Dersch im Auto «über die Alpen brettert», da sind Strauß und Dersch in ihrem Element.

Außer den Fotos gibt es die täglich stenographierten Aufzeichnungen in den Kalendern von Renate Piller: nicht nur «stille Wanderung», «schöne Stunden am Berg», «Spritztour», «Essen mit Dersch», sondern auch solche Einträge: «22. März 1987. Traurig.» Ein Wochenende in Dr. Argirovs Traumhaus in Kitzbühel hatte abgebrochen werden müssen, damit Strauß pünktlich am Sonntagmorgen zur Taufe seines ersten Enkelkindes, Michaela, in der Kirche sein konnte, wo Kardinal Wetter das Kind «über die Taufe hielt». Die Geliebte ist dem Kardinal nicht zuzumuten, das versteht sie: «Wir dürfen den Kardinal nicht brüskieren.» Oder «3. Mai 1987. Deprimiert. Er beim Papst, ich daheim am Fernseher.» Sie sieht den glanzvollen Empfang, den Franz Josef, ihr Verlobter, dem Papst im Olympiastadion bereitet, und auch dort darf sie nicht dabei sein. Oder einfach: «20. Juni 1987. Unser Wochenende futsch. Monika ruft an, um ihn an ein Gedenk-Konzert zugunsten der Marianne-Strauß-Stiftung zu erinnern.»

Schon am Dreikönigstag 1987, fünf Wochen nach ihrem ersten Treffen, hat Franz Josef Strauß unvermittelt erklärt: «Es wird Zeit, dass du dich einmal um die Annullierung deiner Ehe kümmerst.» Annullierung? Renate ist seit beinahe zwanzig Jahren geschieden. Aber Strauß meint nicht die vor dem Gesetz vollzogene Trauung, die längst aufgelöst ist, sondern jene, welche die Piller und ihr erster Mann «vor Gott» geschlossen haben. Diese kirchliche Ehe gilt als nicht aufgelöst, streng genommen sogar als unauflöslich. Da aber Renate einmal Frau Strauß und bayerische First Lady werden und seinem «Haushalt vorstehen» soll, ist diese alte kirchliche Trauung ein schweres Hindernis. Heiraten will er Renate, aber bitte kirchlich, mit Kardinal Ratzingers Segen.

Ihren Einwand, andere CSU-Politiker seien doch auch schon in zweiter oder gar dritter Ehe verheiratet, zum Beispiel Fritz Zimmermann, lässt er nicht gelten. Die anderen, das sind die anderen. Er aber ist ein Landesfürst, mit Vorbildfunktion. Und der Vorsitzende einer christlichen Partei, ein Mann, der vom Kardinal getraut wurde, den der Papst in Privataudienz empfing und dessen Enkelkinder von einem Kardinal übers Taufbecken gehalten werden – der nie besonders strenggläubige Strauß ist im Alter doch ziemlich ehrpusselig geworden.

Von Januar 1987 bis Mai 1988 kämpft Renate Piller also um die Annullierung ihrer früheren Ehe, bei der die Gatten vor Gott geschworen hatten, zusammenzubleiben, «bis dass der Tod euch scheidet». Wohl dreißigmal fährt sie nach Salzburg zum zuständigen Diözesangericht und auch, um Zeugen zu finden, die ihr helfen sollen. Denn es ist äußerst kompliziert, eine katholisch geschlossene Ehe wieder aufzulösen, wenn sie nicht – wie bei Franz Josef Strauß – durch den Tod des Partners beendet wurde. Abgesehen vom «Nichtvollzug» einer Ehe, wenn ein Ehepaar also niemals Sex miteinander hatte, gilt als geeignetes Argument die Behauptung, dass der Ehepartner niemals Kinder haben wollte. Denn das sei der höhere und eigentliche Zweck einer Ehe.

Doch Renates Salzburger Ex-Gatte will ihr nicht beistehen, streitet beides ab, im Gegenteil, er habe oft und gern mit ihr geschlafen und sich dabei sehnlichst Kinder gewünscht. Als dritter und letzter Ausweg, den das Kirchenrecht bietet, bleibt nur der Nachweis, dass sie ihren Mann niemals geliebt habe. Das muss mit Zeugenaussagen beweiskräftig belegt werden. Strauß hat es seiner Renate sehr schwer gemacht: Um Frau Strauß werden zu können, muss sie zunächst einmal wieder Fräulein Renate Piller werden – die nie verheiratet war. An einem Frühlingstag 1988, vier Monate vor seinem Tod, wird es endlich so weit sein: Renates Uralt-Ehe ist ungültig, es hat sie gewissermaßen nie gegeben, und zur Feier dieses Tages lädt «Fräulein Renate Piller», wie sie schreibt, den Ministerpräsidenten in ein todschickes Restaurant, auf ihre Rechnung. Sie stoßen mit Champagner auf ihre Verlobung an.

Am 24. Mai 1987 wird Max Strauß 28 Jahre alt, er gibt eine große Party im Strauß-Haus in der Hirsch-Gereuth-Straße, in das Renate Piller zum ersten Mal eingeladen wird. Bislang kannte sie es nur von außen, etwa wenn sie Strauß in der Nacht hier ablieferte. Und zum ersten Mal trifft sie an diesem Abend auch Monika. Anders als die Söhne, vor allem der arrogante, verbal um sich schießende Max, ist Monika der Freundin des Vaters gegenüber zunächst aufgeschlossen; das ändert sich erst, als offen übers Heiraten gesprochen wird. Denn eine neue Ehe – das können die drei Kinder dem Vater offenbar nicht zubilligen, vielleicht in einer Art von posthumer Loyalität zu Marianne Strauß, deren großes gemaltes Porträt unübersehbar mitten im Wohnzimmer hängt, darunter immer frische Blumen und brennende Kerzen. Ein mahnender Mariannen-Hausaltar oder – wie einer der Freunde später sagt – «ein düsteres Mausoleum». «Meine Brüder und ich», wird Monika Hohlmeier sagen, «waren der Ansicht, dass Frau Piller es nicht wirklich ehrlich mit ihm meinte.» Und Max Strauß wird der «Bild am Sonntag» in seiner direkten Art erläutern: «Sie wollte meinen Vater ja nur ausnehmen.» Laut Renate Piller hat Max 1987 auch gedroht, «er werde aufgrund seiner guten Beziehungen zu Kardinal Ratzinger meinen Ehe-Annullierungsprozess hintertreiben. Aber da hatte er sich verrechnet.»

Dallas und Denver. Und die Hauptfigur dieser melodramatischen Serie, der große FJS, ist hilflos und leidet unter den Spannungen und Misshelligkeiten. Er sucht Harmonie, ergreift aber nie Partei, sondern im Notfall eher die Flucht, setzt sich in seinen schnellen BMW oder, wenn die Maschine frei ist, in die Cessna von Josef März. Um seinen drei Kindern aber wenigstens die Angst zu nehmen, sie könnten durch eine Eheschließung um erhebliche Teile des Strauß'schen Vermögens gebracht werden, bittet Strauß seinen Freund, den Anwalt Dr. Dannecker, das Problem zu lösen. Dannecker bereitet «ein Papier» vor, so Piller, in dem festgelegt wird, dass Renate Piller im Falle einer Eheschließung auf alle Erbansprüche aus dem Strauß-Vermögen verzichte. «Schließlich, so sagte mir Dannecker, sei ich für den Fall des Falles mit der Witwenrente eines Ministerpräsidenten in Höhe von rund 180 000 Mark pro Jahr angemessen abgesichert. Und eine freie Wohnung sei vielleicht auch noch drin.»

Ist Strauß gegen Ende seines Lebens wirklich so reich, wie einige der Eingeweihten vermuten? Freund Zwick schätzt das Strauß'sche Vermögen auf 200 Millionen, andere denken sogar an das Doppelte. Das sind Spekulationen. Monika Hohlmeier sagt fünfzehn Jahre später in einem unserer Gespräche: «Es könnte sich um ein Zehntel dessen handeln, was da immer behauptet wird» – also um 20 bis 40 Millionen Mark. Strauß, der arme Junge aus der Schellingstraße, der 1957 «gut geheiratet» und dann Mariannes Vermögen über die Jahrzehnte beträchtlich gemehrt hat, ist jedenfalls ein reicher Mann. Und er verdient immer noch fleißig hinzu: 350 000 Mark Jahresgehalt als Ministerpräsident und etwa 650 000 Mark aus anderen Quellen, rund eine Million jedes Jahr. Über die Rechtmäßigkeit der einen oder anderen Quelle – geheime Teilhaberschaft an Firmen, Beratungshonorare, Tantiemen – wird man fünf Jahre nach seinem Tod heftig streiten. Bis in seine letzte Zeit gilt für Franz Josef Strauß jedenfalls, was er in schöner Offenheit in den fünfziger Jahren über sich schreiben ließ:

«Der Vermehrung seines Vermögens widmet er sich mit derselben Kraft wie seinen politischen Aufgaben». Seine Bayern bewunderten das sehr: Des is a Hund!

Eine der alljährlichen kleinen Fluchten, vielleicht auch vor Mariannes Hausaltar, beginnt Anfang August, die «Alpentour». Ein Grüppchen Auserwählter darf jedes Jahr in vier, fünf Geländewagen den Ministerpräsidenten begleiten, meistens über Nebenstrecken und alte Kriegsstraßen durch Österreich, Italien und Frankreich. Beinahe sechs Jahrzehnte zuvor hatten die italienischen Zöllner den jungen Franz mit seinem Fahrrad gestoppt und zurückgeschickt. Jetzt kann ihn niemand mehr hindern zu tun, was er will. Dersch stellt die Wagen zur Verfügung, als «Testfahrzeuge», und Strauß stellt die Truppe zusammen und tüftelt auf alten Generalstabskarten die Strecke aus. Pfadfinderei auf höchstem Niveau, mit einem Nachhall von Soldatentum.

Dieses Mal sind unter anderem Scharnagl und Gauweiler dabei, außerdem die «hoffnungsvollen» jungen Staatssekretäre Wolfgang Gröbl und Holger Pfahls (derselbe Pfahls, der zwölf Jahre später ganz andere Touren zurücklegt auf seiner jahrelangen Flucht vor der Polizei). Strauß hat das Kommando, er ist der Führer der Einheit und teilt die Salamiwurst aus als Wegzehrung. Einmal sitzt er in den Dolomiten auf einem Felsbrocken und skizziert auf schönem Papier die nächste Etappe. Das Papier trägt die Prägung THE WHITE HOUSE, und genau von dort, aus dem Hause seines Freundes Ronald Reagan, hat Strauß es mitgehen lassen. Der Felsbrocken aber, auf dem er saß und schrieb, steht heute bei Wilfried Scharnagl im Garten. Der Mercedes-Boss Karli Dersch, nicht minder sentimental als Scharnagl, wenn es um Strauß geht, wird den Brocken nach dem Tod ihres großen Freundes aus den Dolomiten herbeischaffen lassen.

Er ist jetzt 72. Er denkt jetzt immer häufiger über sein Leben nach, und er hat beschlossen, es zu erzählen. Regelmäßig spricht er mit Wilfried Scharnagl bei laufendem Tonbandgerät, manchmal ist noch der Historiker Michael Stürmer dabei. Hier entstehen die rund 600 Seiten Text, die später als seine «Erinnerungen» erscheinen, nachdem sie im

«Spiegel» vorveröffentlicht werden – ein unfertiger Text, vor dessen Vollendung der Tod kam. Zugleich erzählt er, als Liebender, auch seiner Renate die Geschichte seines Lebens, und hier spürt man noch mehr als in seinem Buch, dass er sie selbst für eine wunderbare und unerhörte Geschichte hält, vor allem seinen Aufstieg. «Diese einfache Herkunft als Sohn eines rechtschaffenen katholischen Metzgers. Wie er als Ministrant ging und begeistert die lateinischen Formeln herunterbetete, ohne sie zu verstehen», erinnert sich Renate Piller an seine Worte.

Das Wunder von der Schellingstraße, es übermannt ihn manchmal selbst. Als sein Freund Walter Schöll, der Chef der «Contas»-Werbeagentur, einen opulenten Bildband über das erstaunliche Leben des Franz Josef Strauß herausgibt und feierlich im «Bayerischen Hof» vorstellt, da fließen dem so Geehrten vor Rührung die Tränen.

Aber wie gut er immer noch Latein spricht, ein halbes Jahrhundert nach dem Abitur! Mit den Äbten und Mönchen der vielen Klöster, die sie in ihren zwei Jahren besichtigen, unterhält er sich anscheinend fließend, leicht und sogar humorvoll. «Ich habe ihn lauthals bewundert und beneidet.» Und so kommt es zu einer anderen starken Szene: Zu ihrem ersten Sommerurlaub, im Juni 1987 im Hause seines Freundes Hoffmann in Malaga, packt er umständlich-zeremoniell die Lateinbücher aus, die er ihr schenken will – Bücher, wie sie in der Sexta bayerischer Gymnasien verwendet werden. Sie paukt und büffelt den ganzen Urlaub hindurch: «Claudius magnum hortem ...» Am 15. Juni zensiert Lateinlehrer Strauß eine erste Klassenarbeit von Schülerin Renate mit einer 1. Auch nach der Rückkehr lernt sie fleißig weiter, auch wenn er ein so strenges Tempo vorgibt, dass sie sich schließlich heimlich einen Nachhilfelehrer nimmt.

Auch Strauß hat seine Geheimnisse; eines der erstaunlichsten und bestgehüteten wird erst nach seinem Tod bekannt werden: die Treffen mit Rudolf Augstein in seinen letzten Lebensjahren. Natürlich hat auch Augstein kein Interesse daran, dass die Öffentlichkeit von seinen Besuchen bei Strauß etwas erfährt. Denn Jahrzehnte nach der «Spiegel»-Affäre und dem Zweipersonenstück «Kampf auf Leben und Tod» zelebriert das Publikum immer noch lieb gewordene

Vorurteile. Derweil sitzen die beiden Protagonisten hochvergnügt in München zusammen. Strauß hat seine Referenten und alle anderen «Zwerge» weggeschickt. Bei edlen Getränken aus Regierungsbeständen setzen die beiden «Riesen» ihren Disput aus jener Hamburger Nacht von 1957 fort, alles, was damals zwischen ihnen stand, ist jetzt Geschichte, Adenauer, die Atombombe, Stalins Friedensnote. Peter Gauweiler schwört: «Die verstanden sich gut, und sie hatten sogar ein großes Vergnügen an ihrer Unterschiedlichkeit und ihren Meinungsverschiedenheiten.» Nach dem Tod von Strauß wird Augstein eingestehen: «Wir hatten ja viele vergnügliche Stunden. Der Strauß, der hatte etwas, das sehr selten ist in der Politik, der hatte Gemüt.» Mindestens 25 Jahre lang, bis zur definitiven Niederlage von Strauß als Kanzlerkandidat, hatte zwischen den beiden ein Vernichtungskampf getobt. Allmählich begriffen sie, was sie sich gegenseitig zu verdanken hatten.

Augstein hatte den Dämon «Strauß» geschaffen und damit sein Blatt profiliert und einflussreich gemacht. Mit Augstein gegen Strauß hatten sich die «Spiegel»-Leser immer auf der richtigen Seite gefühlt. Augstein wurde der «World Press Freedom Hero», und die Auflage stieg in ungeahnte Höhen. Strauß hatte sich jahrelang – und nicht nur zu Unrecht – von Augstein verfolgt und verleumdet gefühlt, sein bereits angelegter Verfolgungskomplex war vollends aufgebrochen und hatte oft sein Urteilsvermögen getrübt. Das Hamburger Magazin, diese «Verleumdungsmaschinerie», hatte er nach seinem Sturz als Verteidigungsminister sogar als die «Gestapo unserer Tage» gesehen – und fühlte sich als das Opfer wie ein rechtloser Jude während des Nationalsozialismus.

Aber die jahrelange Kampagne gegen ihn, die Bilder und Zerrbilder, hatte ihn auch berühmt gemacht, sogar zu einer «überlebensgroßen Figur» (Augstein), zum «Mythos», zum «Urgestein»: Er war zu Boden gegangen, sicher, aber er war wieder aufgestanden und niemals besiegt worden. Er erlebt es auf seinen Reisen: Nie wird er als der deutsche Provinzpolitiker betrachtet, der er ist, sondern als einer der wichtigsten politischen Führer Deutschlands, ob in Paris und Washington, in Moskau und Peking, in Kapstadt und Santiago de Chile. Wo immer er in Deutschland auftrat, war Protest angesagt. «Strau-SS kommt» und ähnliche Torheiten. Andererseits hat wohl kein deutscher Politiker – außer Willy Brandt – so viel Hoffnung und Zuversicht geweckt wie Strauß. Man wüsste gerne genauer, was die Ex-Leutnants Augstein und Strauß sich zu sagen hatten, wenn sie in der Staatskanzlei tranken und stritten bei ihren «Kamerad-weißt-du-noch-Abenden» (Augstein).

Am 7. September 1987, einen Tag nach dem 72. Geburtstag von Strauß, reist zum ersten – und einzigen – Mal ein Staats- und Regierungschef der DDR in die Bundesrepublik. Erich Honecker wird von Helmut Kohl mit allen offiziellen Ehren, allerdings nicht denen eines ausländischen Staatsoberhauptes, in Bonn empfangen: roter Teppich, Ehrenformation des Bundeswehr, Flagge der DDR, die «Spalterflagge». Das Bonner Diplomatische Corps ist von diesen Feierlichkeiten ausgeschlossen, Kohl will damit klar machen, dass es sich nicht um einen internationalen, also ausländischen Besuch handelt. Nur der bayerische Ministerpräsident, der alte Kommunistenfresser Strauß, geht beim Empfang Honeckers in München sehr viel weiter: Er begrüßt den DDR-Chef wie das Oberhaupt eines anderen, voll anerkannten Staates.

In den vier Jahren seit dem Milliardenkredit von 1983 hat Strauß, vor allem über Schalck-Golodkowski, immer engen Kontakt zu Honecker gehalten; die beiden Männer, der Kommunist und der Konservative, verstehen sich gut. Seit 1983 hat Franz Josef Strauß, der die Ostpolitik der sozialliberalen Regierungen so heftig bekämpft hat wie kein Zweiter, seine eigene Ostpolitik gemacht – eine Politik, die jener von Willy Brandt gar nicht unähnlich ist.

Er macht sich über den menschenverachtenden Charakter der Mauer natürlich keine Illusionen, aber jetzt will er, als hätte Egon Bahr ihm den Text soufliert, «mit Wirklichkeitssinn und Verständigungsbereitschaft» Fortschritte im Zusammenleben der beiden Staaten und ihrer Menschen erzielen. Dem stimmt Honecker in seiner Tischrede zu, beharrt jedoch auf der «Unabänderlichkeit der Realitäten». Der Mann, der hier mit Strauß das Glas erhebt und der nur wenige Jahre später wie ein international gesuchter Verbrecher über Moskau nach Santiago de Chile flüchten muss, fügt selbstbewusst hinzu: «Es sind Realitäten, die ohnehin niemand ändern kann.»

Weihnachten 1987 besucht Renate, die nicht zur Strauß-Familienfeier eingeladen wird, ihre Eltern in Salzburg. «Da rief er mich an, triumphierend, man konnte ihn fast durchs Telefon strahlen sehen, und sagte: ‹Renate, in drei Tagen geht es los!› Die Russen hatten ihn lange Zeit schmoren lassen und ihm dann, pünktlich am Heiligen Abend, die Einladung zukommen lassen.» Renate Piller kennt auch die Gründe für die lange Wartezeit: «Unter Gorbatschow tat er's nicht.» Der Mann, der in Deutschland niemals die Nummer eins war, geht nur nach Moskau, wenn ihn die dortige Nummer eins mit allen Ehren empfängt. Jetzt will Gorbatschow ihn also kennen lernen.

Strauß fliegt mit der «Citation II» von März, auf diese Weise kann er noch ein paar Flugstunden sammeln. Dann gibt es ein Problem: Der vorgesehene Moskauer Flughafen ist gesperrt, der Treibstoff reicht nur noch für wenige Flugminuten, Umkehren ist ganz unmöglich, doch die Landebahn ist vereist. «Strauß wäre nicht Strauß gewesen», sagt der Flugpassagier Scharnagl, «wenn er nicht trotzdem gelandet wäre.» Eiskalter Wind treibt die Schneekristalle in Böen über den Asphalt, als in der Dunkelheit der zweistrahlige Cessna-Jet mit blinkenden Signallichtern sicher aufsetzt und ausrollt. Der Pilot kommt die kleine Gangway runter und sagt stolz zur russischen Delegation: «War 'n bisschen schwierig, der Flug.»

Es ist der 28. Dezember 1987. Bei ihm sind, neben seinem Sohn Franz Georg und Scharnagl, die wichtigsten Männer der Partei- und Regierungsspitze, Theo Waigel, Gerold Tandler, Edmund Stoiber. Waigel erzählt später, er habe Strauß nie so glücklich erlebt wie in diesen Tagen in Moskau: «Er war von einer solchen Liebenswürdigkeit und strahlte eine solche glückliche Zufriedenheit darüber aus, dass er, der doch über Jahrzehnte hinweg als Kalter Krieger abgestempelt worden war, im Kreml wie ein Staatsgast empfangen wurde.»

Das Gespräch mit dem neuen Generalsekretär der KPdSU, Michail Gorbatschow, dauert über drei Stunden. 45 Jahre nach seinem, wie er den Russen lächelnd erklärt, letzten «Aufenthalt in der Sowjetunion», geht einer seiner späten Träume in Erfüllung. Es ist eine Begegnung der besonderen Art: Gorbatschow berichtet dem Bayern sehr offen von den Problemen im Land und von den Methoden, mit denen er sie zu lösen versucht: Glasnost und Perestroika. Diese Reformversuche hält Strauß, wie er zu verstehen gibt, für «genauso aussichtslos wie das Rösten von Schneebällen, Herr Generalsekretär». Die Offenheit des Bayern macht auf Gorbatschow, wie er später schreibt, einen starken Eindruck, wie überhaupt der ganze Mann – «gegen die verbreiteten Klischees, die von unseren Journalisten bis zum Überdruss strapaziert werden».

Noch zwei Jahre zuvor, bei einem Vortrag vor dem «International Institute for Strategic Studies» in Georgetown hatte Strauß warnend erklärt: «Weite Kreise im Westen haben bis heute nicht verstanden, dass die Begriffe Koexistenz, Entspannung, Abrüstung, Rüstungskontrolle für Moskau, anders als für uns, keine Werte an sich sind, sondern psychologisch-politische Kampfformeln, Instrumente zur Erringung der Überlegenheit für die Sowjetunion.» Jetzt diktiert er für seinen Erinnerungsband, Gorbatschow wolle keinen Krieg. Nach innen wolle er Reformen, aber keine grundsätzliche Änderung des Systems. Und: «Es ist unsere Pflicht, auf diesem schwierigen Weg zu helfen, mit Augenmaß und Nüchternheit.» Denn Mars, der Gott des Krieges, müsse Merkur weichen, dem Gott des friedlichen Handels.

Plötzlich, im Alter von 72 Jahren, glaubt er ernsthaft an den Friedenswillen der Herren im Kreml. Übrigens wird Merkur schon in Moskau auf überaus effiziente Weise tätig: Die Sowjetunion sichert zu, achtzig Airbus-Flugzeuge zu kaufen, das ist für Strauß, den Aufsichtsratsvorsitzenden von Airbus, natürlich ein schöner Erfolg.

Strauß ahnt sehr genau, dass Gorbatschows Versuch, den Kommunismus zu reformieren, der Anfang vom Ende des Kommunismus in Europa sein wird. Er glaubt, dieser «Prozess des Umbaus» werde noch längere Zeit dauern. Am Schluss aber, so Strauß, werde man «mit Sicherheit auch eine Lösung des Problems der Wiedervereinigung Deutschlands» erwarten können. Scharnagl wird Jahre später im Interview in nicht endender Rührung sagen, Strauß sei eine Art

Moses gewesen, der tragischerweise das Gelobte Land, für das er zeitlebens kämpfte, zwar noch sehen, aber nicht mehr selbst betreten konnte.

Am frühen Silvesterabend kommt Strauß aus Moskau zurück, er verfasst rasch seine jährliche Fernsehansprache, die er in einem Studio des Bayerischen Rundfunks aufzeichnet. Für seine erstaunten Landsleute sind die Meinungen, die er aus Moskau mitbringt – «der Ministerpräsident als Russlandheimkehrer», wie er feixt –, einfach sensationell.

Dann holt er Renate ab und fährt mit ihr zur großen Silvesterfeier nach Wildbad Kreuth. Strauß ist immer noch glücklich. Die ganze Party hindurch muss er immer wieder von Moskau und von seinem neuen Freund Michail Gorbatschow erzählen.

Ein paar Tage später, Anfang Januar, trifft sich Strauß erneut heimlich mit dem Bundeskanzler auf «Gut Spöck», dem Landhaus von Josef März, nahe Rosenheim. Ein diskretes Haus, in dem schon 1983 die konspirativen Treffen zur Vorbereitung des Milliardenkredits stattfanden und wo «Wurstkönig» März immer die Delegationen aus der DDR oder Togo empfängt. Strauß und Kohl gehen im Wald spazieren, Strauß berichtet über Details seines Moskau-Besuches und Kohl trägt ihm ein weiteres Abenteuer an. Jedenfalls behauptet das Renate Piller, die sagt, dass «Kohl den Franz Josef damals auf den Zug nach Südafrika gesetzt hat. Ich war gar nicht begeistert, Strauß in Südafrika, das konnte nur schlechte Publicity bringen.»

Als Strauß den Führern des Apartheid-Regimes im Februar 1988 seine Aufwartung macht, fordert dies die kritischen Kommentare geradezu heraus: Strauß sei «der einzige Schwarze, der in Afrika immer gut behandelt wird». Aber von politischer Korrektheit hat er sein Denken und Handeln noch nie bestimmen lassen. Bisher war Afrika für ihn vor allem eine Art Nebenschauplatz in einer bipolaren Welt, die den Kalten Krieg auch in die Dritte Welt exportierte. Bisher galt, man müsse den Kommunismus auch hier schlagen: den Afrikanern helfen «bei der Abwehr des sowjetischen Imperialismus, der durch den Export von revolutionären Ideen und von Waffen den friedlichen Aufbau zu verhindern sucht». Man müsse Afrika das Schicksal erspa-

ren, «nach der Entlassung aus dem alten Kolonialismus die Zwangs-
herrschaft kommunistischer totalitärer Diktaturen erleiden zu müssen». Strauß, wie man ihn kennt.

Aber jetzt hat er mit Gorbatschow gesprochen; zum ersten Mal
muss er an seiner Vorstellung vom immer und überall «aggressiven»
und «expansiven» Kommunismus zweifeln. Er ist vom Friedenswillen
des derzeitigen Kreml-Herren vollkommen überzeugt, aber damit ist
eine der Grundlagen seines Denkens erschüttert. Ob er manchmal an
Adenauer denkt, der dem jungen stürmischen Strauß sagte: «Nehmen
Sie es einem alten Mann nicht übel, dass er noch in der Lage ist, seine
Meinung zu ändern»?

Jedenfalls rät er – gerade als ein Freund, wie er in seinen «Erinnerungen» schreibt – der südafrikanischen Regierung und Botha,
den Abbau der rassistischen Gesetze zu beschleunigen und die Apartheid Schritt für Schritt aufzuheben. Einige seiner Gegner behaupten,
er gehe nur nach Afrika, um bayerischen Firmen einen Auftrag beim
Ausbau des Eisenbahnnetzes zu beschaffen, also nur «um mit den Ras-
sisten Geschäfte zu machen». Diese Vorwürfe nimmt Strauß gelassen
in Kauf. Dass er sich in diesen Gesprächen für die Freilassung des
seit dreißig Jahren inhaftierten Nelson Mandela einsetzt, erfährt die
Öffentlichkeit nicht von Strauß, sondern von Mandela selbst – nach
seiner Haftentlassung 1990.

Sommer 1988. Alles hat sich wiederholt, wie meteorologische Phäno-
mene im Ablauf des Jahres: der Opernball, der Heurige in Wien, der
venezianische Karneval, der Aschermittwoch, der Osterurlaub, diesmal in Bulgarien, ein Segeltörn auf der Yacht eines griechischen Milli-
ardärs im Marmara-Meer, ein zweiter Malaga-Urlaub, die Herrentour
durch die Alpen, schließlich der August-Urlaub im Ferienhaus an der
Côte d'Azur. Wir wissen nicht, wie ihm wirklich zumute ist in diesem
August; es gibt nur die Aussagen derer, die ihn überlebt haben. Sein
ganzes «Zigeunerleben» habe Strauß nicht glücklich gemacht, sagt
sein Mitarbeiter Karl-Heinz Spilker, «zufrieden war er nicht». Er litt
vielleicht unter der Krankheit, unter dem zunehmenden Alter, das er
sich nicht eingestehen wollte. Monika Hohlmeier sagt, er habe oft ei-

nen seltsam «abwesenden, in sich gekehrten Eindruck» gemacht, «das kannte man gar nicht von ihm». Seine berühmte Geistesgegenwart war zeitweilig wie erloschen.

Immerhin: In diesem August 1988, in den südfranzösischen Ferien mit Renate und seinen erwachsenen Kindern, als er sechs Wochen vor seinem Tod so still und in sich gekehrt ist, bringt er zum letzten Mal die Kraft auf für eine radikale Analyse seiner Situation. Ja, er ist unzufrieden. Die Rolle des bayerischen Löwen und Alpenheroen, diese glatt schnurrende Routine des Regierens, der Reigen der großen Feste und kleinen Feiern mit immer denselben Gesichtern, das alles macht ihn nicht glücklich, füllt ihn nicht aus, fordert ihn nicht heraus.

Er sucht insgeheim etwas anderes. Einfach Schluss machen mit der Politik, das kann er allerdings nicht. Die «Droge», wie sein Freund Friedrich Zimmermann es nennt, der Rausch der Macht, das lässt ihn nicht los. Sich zur Ruhe zu setzen – er wüsste nicht, wie das aussehen könnte. Ja, er ist nahe daran, das «schönste Amt der Welt», wie er seinen Bayern stets geschmeichelt hat, niederzulegen – und damit zugleich ein ganzes Repertoire von allzu häufig und perfekt gespielten Rollen.

Er ist sogar bereit, wegzugehen, Bayern zu verlassen. Heimlich hat er darüber mit Helmut Kohl geredet, der ihm «mit Nachdruck» (Monika Hohlmeier) ein hohes europäisches Amt angeboten hat, EU-Kommissar zum Beispiel, mit der Aussicht, Präsident der Kommission zu werden. «Er hätte sich einer solchen Tätigkeit sehr gerne gewidmet, schließlich hatte er sich jahrzehntelang für die Einigung Europas engagiert und genoss in vielen europäischen Ländern ein hohes Ansehen», sagt Monika Hohlmeier.

Einen Moment hat er diesen neuen Traum, phantasiert ein neues Projekt: Europa, Brüssel. Brüssel mit Renate. Eine letzte Metamorphose: eine andere Welt, andere Aufgaben, andere Rollen. Raus aus diesen ganzen bayerischen Verklammerungen, Kleinkariertheiten und Rücksichtnahmen, raus auch aus der Rolle des Heilsbringers für das bedürftige Volk. Es kostet zu viel Kraft, den Menschen, die in Passau und in anderen bayerischen Hallen auf die Tische steigen und ihm frenetisch zurufen: «Franz Josef, erhalt uns frei!», die Hoffnung einzuflößen, die sie von ihm erwarten. Er sucht vielleicht selbst nach einer Hoffnung.

Ende August, jener glühend heiße Tag am Mittelmeer; das Fischessen bei seinem Freund, dem Comte de Marenches, bekommt ihm nicht. Fischvergiftung, Virusinfektion, totale Erschöpfung? Jedenfalls ist Monika Hohlmeier so alarmiert, dass sie den Nürnberger Industriellen Karl Diehl bittet, sofort seinen Jet zu schicken, um Franz Josef Strauß nach München zu fliegen. Man bringt ihn nach Starnberg, in die Klinik von Argirov. Die Untersuchungen ergeben, dass alle Stoffwechselwerte «Amok laufen» (Piller). Argirov verordnet eine strenge Diät, entlässt den Ministerpräsidenten aber sofort wieder in sein normales Leben.

Renate Piller sagt: «Trotz allem hat Franz Josef in den letzten vier Wochen seines Lebens so intensiv gelebt wie eh und je.» Aus ihrem Tagebuch ergibt sich, dass sie sofort zum Praschberghof fuhren, zu einer Feier. Zwei Tage später, am 5. September, feiern sie im «Bogenhauser Hof» in seinen 73. Geburtstag hinein, der dann mit einem großen offiziellen Fest im Wildbad Kreuth begangen wird. Strauß stürzt sich auch wieder in die Arbeit, arbeitet einen prallvollen Terminkalender ab. Einmal fliegt er nach Rhodos zu einer Konferenz konservativer Parteien, macht auf dem Rückweg in Bulgarien Stopp, um mit Präsident Schiwkoff auf die Jagd zu gehen. Dann der Beinahe-Absturz aus zehntausend Meter Höhe.

«Ich komm wahrscheinlich noch heut Nacht zurück», sagt Franz Josef Strauß am Samstagmorgen, dem 1. Oktober 1988, zu Renate Piller. «Wünsch mir Weidmannsheil.» Er ist zur Jagd im Regensburger Revier der Fürsten von Thurn und Taxis eingeladen, «er war ganz erpicht darauf, irgendein großes Tier zu erlegen», wie sich Renate Piller erinnert. Aber dann geht er doch zuerst noch auf die Wies'n, zum Oktoberfest. Der Helikopter fliegt ihn ins Regensburger Revier, der Fürst und seine Jagdgenossen begrüßen ihn kameradschaftlich, Strauß zieht seine Jagdkleidung an und schickt sich an, den Kleinbus zu besteigen, der ihn zur Hirschhatz bringen soll.

Plötzlich ringt er nach Luft. «Halt», sagt er, «der Flug war ein bisserl anstrengend, warten S' noch.» Dann bricht er zusammen und verliert das Bewusstsein. Panik entsteht, man macht am leblosen Ministerpräsidenten Wiederbelebungsversuche. Ein Rettungshubschrauber fliegt ihn schließlich ins Regensburger «Krankenhaus der Barmherzigen Brüder». Die Öffentlichkeit erfährt zunächst gar nichts, Renate Piller ebenso wenig.

Ahnungslos macht sie sich gegen Abend fertig, um zu einer Gala-Veranstaltung anlässlich der Eröffnung der Münchner Modewoche zu gehen, als das Telefon klingelt. «Ich habe schlechte Nachrichten für Sie», sagt Peter Gauweiler, «der Ministerpräsident hat einen Unfall gehabt.» Er spürt ihr Erschrecken und sagt beruhigend, es sei eigentlich alles unter Kontrolle. Was sei sie gerade im Begriff zu tun? Nein, diese Gala, da solle sie lieber nicht hingehen. «Stellen Sie sich bloß vor, wie das aussieht, wenn man Sie mit dem Sektglas in der Hand fotografiert, während der Chef ...» Da begreift sie plötzlich. Sie ruft im Regensburger Krankenhaus an, aber man gibt ihr keine Auskunft, sie ist keine Familienangehörige. Immerhin meldet sich Gauweiler noch ein paarmal und unterrichtet sie über die aktuelle Lage, Strauß ist weiterhin ohne Bewusstsein, die Ärzte sind hilflos. Im Krisenstab muss Gauweiler sich wegen Renate Piller rechtfertigen, doch er sagt nur: «Wen glaubt ihr, dass der Chef sehen will, wenn er aufwacht. Na also.»

Am Sonntag schickt Gauweiler einen Wagen, der Renate Piller nach Regensburg bringt. «Franz Josef lag an tausend Schläuchen, ich hielt ihm eine Weile die Hand, aber erkannt hat er weder mich noch sonst wen.» Monika und Michael Hohlmeier sind im Krankenhaus, nicht aber die Söhne. Im Radio laufen dauernd dringliche Suchmeldungen nach einem ganz bestimmten Fahrzeug mit Münchner Kennzeichen, das irgendwo in Südtirol unterwegs sein muss. Es ist der Wagen von Max Strauß. Der Krisenstab ist auch auf der Suche nach Franz Georg. Zuerst hieß es, er sei auf einem Medienkongress in den USA. Dann stellt sich heraus, dass er in einem gemieteten Wohnmobil mit seiner Freundin irgendwo in den Südstaaten unterwegs ist, niemand weiß genau, wo.

Am Montag wartet Renate Piller vergebens auf neue Nachrichten.

Mittags unterbricht der Bayerische Rundfunk abrupt sein Programm und sendet Trauermusik. Da weiß sie Bescheid. Franz Josef Strauß ist an diesem Tag, dem 3. Oktober 1988, gegen zwölf Uhr mittags gestorben, alle ärztlichen Bemühungen waren vergebens. Die Nachricht tickert um die Welt. Die Münchner Kommentatoren entwerfen rasch ihre Texte für die Extrablätter: «Der Titan ist tot, das Urgestein, der Machtmensch, Bayerns Monarch. Einer wie er wird nie mehr auf Bayerns Thron sitzen.»

Kapitel 13

SCHWERES ERBE
Das Ende einer Familiensaga

Der König ist tot – und eine Welt bricht zusammen. Der Stern, um den so viele Existenzen kreisen, ist erloschen: Die Höflinge sind ohne Hof, die Günstlinge ohne Gunst, die Schützlinge ohne Schutz. Als Erstes verändert sich das Leben von Renate Piller schlagartig. Sie war nur einen Schritt davon entfernt, die Frau des Ministerpräsidenten zu werden. Halb München hatte ihr zu Füßen gelegen, bedeutende Männer und Frauen hatten sie umschmeichelt. Jetzt wird Renate Piller nur noch eine Frau in mittleren Jahren sein, eine kleine Angestellte.

Schon am Tag der Beerdigung in Rott am Inn erhält sie einen Vorgeschmack. Der tote Ministerpräsident wird hier, in der alten Familiengruft der Kaisers und Zwicknagls, neben seiner Frau begraben, auf dem Friedhof hinterm Prälatenstock. Es missfällt der Strauß-Familie, die sich bei Mariannes jüngster Schwester versammelt hat, dass Renate Piller an diesem Tag einen Witwenschleier trägt. Sie lässt sich damit sogar fotografieren. Aber etwas anderes stört noch mehr: Renate hat ein großes Kreuz aus Rosen binden lassen, mit einer Schleife und der Aufschrift «In stillem Gedenken Deine Renate». Irgendjemand hat dem Friedhofswärter die Anweisung gegeben, das Kreuz sofort wegzuschaffen. Renate Piller findet es später im hintersten Winkel des Friedhofs, mit abgerissener Schleife.

Zwischen den Kindern von Strauß und Renate Piller ist in den vergangenen zwei Jahren keinerlei Beziehung entstanden; sie werden sich nicht mehr wiedersehen. Aber die Strauß-Erben wollen sich nicht nachsagen lassen, sie seien rachsüchtig oder geizig. Über Franz Dannecker, auf dessen Praschberghof das Paar so viele schöne Wochenenden verbrachte, lassen sie Renate Piller ausrichten, sie würden für die Kosten (etwa neuntausend Mark) der nunmehr überflüssigen Annullierung ihrer Ehe aufkommen. Und sie bieten ihr obendrein Vaters Auto, den BMWix, als Geschenk an. Darüber freut sie sich sehr. «Dieser Wagen war ja so was wie ‹unser› Auto gewesen. Wie oft sind wir durch Bayern gefahren, bei Marschmusik aus der Stereoanlage.» Doch dann wird aus diesem Geschenk nichts, es stellt sich heraus, dass Franz Josefs Lieblingsauto gar nicht ihm gehörte, sondern auf den «Bayernkurier» zugelassen ist.

Einige Details, die später aus dem bis heute unveröffentlichten Obduktionsbericht bekannt werden, deuten darauf hin, dass Franz Josef Strauß bereits am Tag seines Zusammenbruchs, dem 1. Oktober, irreversible Hirnschäden erlitten hat. Wäre er aus dem Koma erwacht, dann hätte er wohl den Rest seiner Tage mit schwerster geistiger Behinderung weiterleben müssen. «Franz Josef Strauß als hilfloser alter Greis – das ist eine schreckliche Vorstellung», entsetzt sich Wilfried Scharnagl noch fünfzehn Jahre später. Er erinnert sich lieber an die trostreichen Worte, die Kardinal Ratzinger in seinem Pontifikalamt für Franz Josef Strauß fand: «Wie eine Eiche ist er vor uns gestanden, kraftvoll, lebendig, unverwüstlich, so schien es. Und wie eine Eiche ist er gefällt worden.» So gesehen war es doch ein gnädiger Tod.

Einmal noch tritt Renate Piller ins Rampenlicht. In fünf Folgen erzählt sie der «Stern»-Autorin Paula Almqvist ihr «Leben mit Franz Josef Strauß». Viele Strauß-Anhänger sind empört über die angeblichen Enthüllungen in der «Feindpresse», aber Frau Piller «enthüllt» absolut nichts Kompromittierendes über ihren Verlobten, keine pikanten Details, keine herabsetzenden Beobachtungen; im Gegenteil, ihre Äußerungen lassen Strauß als einen zwar schwierigen und widersprüchlichen, doch auch sympathischen Mann erscheinen. Max Strauß behauptet, die Verlobte des Vaters soll zuvor von der Familie 200 000 Mark verlangt haben; andernfalls sei sie eben gezwungen, dem «Stern» ihre Geschichte zu erzählen. Renate Piller bestreitet das. Sie wird bald darauf München verlassen, die meisten Beziehungen abbrechen und nach Österreich zurückkehren. Heute lebt sie als Frau eines Chefarztes in Linz, wo sie ihre alten Fotoalben und Tagebücher aus der Zeit mit Strauß hütet wie einen Schatz.

Max Streibl, der Nachfolger als Ministerpräsident, beginnt seine Amtszeit Ende 1988 auf angenehm zivile Weise. Er stoppt die Arbeiten an der Wiederaufbereitungsanlage in Wackersdorf; sie wäre gegen den Dauerprotest wohl auch nicht durchsetzbar. Zuvor hatte der für die Polizei zuständige Staatssekretär Peter Gauweiler mit Billigung von Strauß erwogen, hochgefährliches CS-Gas gegen die Demonstranten einsetzen zu lassen, um sie endgültig zu vertreiben. Streibl besucht auch als erster bayerischer Ministerpräsident das ehemalige KZ Dachau, das Strauß und andere CSU-Spitzenpolitiker demonstrativ nie zur Kenntnis genommen hatten.

Ein paar Jahre lang wird Rott am Inn ein Wallfahrtsort; es entsteht ein regelrechter «Gruft-Tourismus»: Busreisen aus ganz Bayern zum Grab von Franz Josef und Marianne Strauß, mit anschließender Kaffeetafel und Gelegenheit zum Souvenir-Shopping: Franz-Josef-Büsten aus Gips, Videos mit Redeausschnitten, Postkarten, Bücher, Schriften. Die Strauß-Kinder zeigen sich oft und gern in der Öffentlichkeit, auch in Rott. Sie hätten sich ins Privatleben zurückziehen können, aber sie genießen es viel zu sehr, die Erben der «Herrscherfamilie» zu sein, mit Fototerminen für die in Scharen herbeieilenden Anhänger des Vaters.

Auf den Tag genau zwei Jahre nach dem Tod von Strauß, am 3. Oktober 1990, wird Deutschland wiedervereinigt; bald darauf zerfällt die Sowjetunion als Staat und Idee. Es wäre für Strauß eine Genugtuung gewesen, das zu erleben. Die sieben Jahrzehnte der Sowjetunion deckten sich ungefähr mit seiner Lebensspanne. Er hat die Glocken nie vergessen können, die im November 1918 in München zur «bolschewistischen Revolution» geläutet wurden. Zeitlebens hat er die Sowjetunion bekämpft – und ebenso ihr gesellschaftliches System, dessen Ausbreitung er gefürchtet hat wie sonst nichts. Er hätte das Ende der Sowjetunion als endgültigen Triumph einer «Politik der Stärke» betrachtet und nicht als Ergebnis einer geduldigen Politik der Verständigung, die es Gorbatschow im Herbst 1989 bereits unmöglich machte, das rote Imperium mit Waffengewalt zusammenzuhalten und Panzer gegen die rebellierenden DDR-Bürger einzusetzen.

Strauß hätte beansprucht, auch darin Recht behalten zu haben, «dass sich schließlich die Wiedervereinigung Deutschlands im Rahmen der Wiedervereinigung Europas vollzieht». Aber hätte er Helmut Kohl als «Kanzler der Einheit» ertragen? Während er, Strauß, vielleicht gerade mit der bayerischen Gemeindereform beschäftigt gewesen wäre?

Oder mit den Ärgernissen, die einige seiner Spezis anrichten? Denn Eduard Zwick hat einen Skandal heraufbeschworen, der sich nicht mehr lange unter der Decke halten lässt. Der neue Ministerpräsident Streibl hatte sich schon als Finanzminister jahrelang mit Zwick herumschlagen müssen. Nach dem Tod von Strauß hatte er dieses Amt an Gerold Tandler übergeben – perfiderweise, wie manche sagen, denn er wusste von Tandlers Privatschulden bei Zwick, ebenso wie Stoiber und andere es wussten: der bayerische Finanzminister als Schuldner eines mit internationalem Haftbefehl gesuchten Steuerkriminellen, das war pikant. Auf diese Weise hatten Streibl und Innenminister Stoiber Tandler definitiv unter Kontrolle, sie konnten es jederzeit zum Eklat kommen lassen. Zu dieser Zeit hatte der geflüchtete «Bäderkönig» – wie Michael Stiller recherchiert hat –, bei einem Vermögen von rund 300 Millionen Mark, ungefähr 70 Millionen Steuerschulden. Im November 1990 kam es zur Niederschlagung der Strafbefehle, also zu einem Ausgleich zwischen Zwick und den bayerischen Finanzbehörden: Statt der fälligen 70 Millionen zahlte Zwick genau 8,7 Millionen Mark – und war hinfort in Bayern schuldenfrei.

Gerold Tandler war kurz zuvor als Finanzminister zurückgetreten, nicht ohne sich von Zwick noch einmal bei der Umschuldung seiner riesigen Verbindlichkeiten für das Altöttinger «Hotel zur Post» helfen zu lassen; dann sagte er den Intrigen der Politik adieu für immer und begann ein friedliches Leben als Vorstandsmitglied beim Wiesbadener Linde-Konzern. Alles dies geschah freilich noch unter dem Gesetz der «Omertà», der ehernen Verschwiegenheit. Erst unter dem Druck der einsetzenden «Amigo-Affären» um Max Streibl bricht Edmund Stoiber 1993 dieses Gesetz und enthüllt auch die Verstrickung Tandlers.

Max Streibl wird vorgeworfen, sich bei staatlichen Stellen für einen alten Schulfreund, den Flugzeugbauer Burkhard Grob, verwendet zu haben. Grob soll ihn dafür mit mindestens zwei Luxusreisen belohnt haben: nach Brasilien und nach Namibia. Seitdem wird der Begriff der «Amigo-Affäre» zum Synonym für allzu anrüchiges oder illegales Geben und Nehmen zwischen «Freunden» aus Politik und Wirtschaft: ein neuer Name für die alte Spezlnfreundschaft in Bayern.

Im Strudel dieser Affäre, die auch ihn selbst bedroht, weist Stoiber demonstrativ auf die Verbindungen zwischen Zwick und Tandler, Streibl und Grob. Zum ersten Mal distanziert sich ein Strauß-Zögling öffentlich vom Meister, ein Sakrileg. Stoiber, der Ende Mai 1993 als Nachfolger von Streibl Ministerpräsident wird, verfügt sogar die Aufhebung der skandalösen «Niederschlagung» von November 1990 und lässt Zwick jetzt als «Steuerkriminellen» bezeichnen. Einige Unterführer der alten Clique, vor allem Dersch und Schöll, sind empört, halten sich aber noch zurück. Auch die Strauß-Kinder sind geschockt. «Meine Freundschaft zu Edmund Stoiber hat sehr gelitten», sagt Monika Hohlmeier über diese Vorgänge, «dabei ging es vor allem um die Umstände des Rücktritts von Gerold Tandler, mit dem ich persönlich sehr gut befreundet bin. Aber die Details bleiben ein Geheimnis von genau drei Leuten.»

Stoiber ist der Erste, dessen politischer Instinkt ihm sagt, dass das Denkmal Strauß bald Risse erleiden wird. Gerade durch die Abkehr von der überlebensgroßen Figur kann er sich besonders profilieren. CSU-Parteichef Theo Waigel, selbst nie ein intimer Strauß-Freund, warnt Stoiber davor, allzu viele Geheimnisse preiszugeben. Er fürchtet Schaden für die Partei, wenn bekannt wird, was der in Bayern immer noch hochverehrte Strauß und seine Cliquen so getrieben haben.

Schon in seiner Zeit als Innenminister hat sich Stoiber mit Kronprinz Max öffentlich angelegt. Streitpunkt war Alexander Schalck-Golodkowski, der Stasi-Offizier und Devisenbeschaffer der DDR, den 1989 das Ende des Staates, dem er so treu diente, kalt erwischt hatte. Immerhin war Schalck ein Strauß-Freund geworden, dem dieser sicher seinen persönlichen Schutz gewährt hätte.

Nicht so Stoiber. Er lässt Schalck, der sich mit Hilfe von Josef

März am Tegernsee niedergelassen hatte, zur «in Bayern unerwünschten Person» erklären. Max bekommt einen seiner Tobsuchtsanfälle: «Man kann doch nicht sagen, der lichtvolle Strauß hat den lichtvollen Milliardenkredit unter lichtvollen Umständen mit dem größten Verbrecher, Schieber und Dreckschwein aller Zeiten gemacht!»

Viele Freunde von Max Strauß scheinen zu glauben, dass er über Informationen verfügt, die den Günstlingen und Mitspielern des Vaters nachträglich höchst unangenehm sein müssen – der Max müsse sich «nur mal vierundzwanzig Stunden hinsetzen und alles aufschreiben», dann könnten «die alle einpacken». Doch Max tut nichts dergleichen. Stoiber weiß ohnehin, wie eng er in das Leben und Treiben des Franz Josef Strauß verwickelt war, nicht zuletzt als Teilnehmer von Urlaubsreisen nach Südfrankreich, die offenbar in jener fröhlichen Zeit noch Zwick bezahlt hat.

Und so geht der Ministerpräsident in die Offensive: Auf einer Pressekonferenz lässt Stoiber 1994 ein gut gehütetes Geheimnis platzen. Er habe, sagt er tugendhaft, anders als seine Vorgänger Strauß und Streibl, «niemals Gelder als Testamentsvollstrecker angenommen». Ein kryptischer Satz, doch Michael Stiller und andere Journalisten brauchen nur wenige Tage, um die Hintergründe dieser Bemerkung aufzudecken: Strauß hat also Jahr für Jahr rund 300 000 Mark Honorar kassiert, «für ein einziges Treffen mit den anderen Testamentsvollstreckern und den Managern des Baur-Versandhauses», wie Wolfgang Winkler, der Vorsitzende der Baur-Stiftung, im Jahr 2001 im Gespräch mit dem Verfasser bestätigt. Die vorbereitende Arbeit hatte Strauß obendrein stets von einem Ministerialbeamten erledigen lassen. Jetzt ist die Öffentlichkeit empört, dass Strauß dieses schnell verdiente Geld nicht wenigstens für gemeinnützige Zwecke gespendet hat. Und man ist erschrocken über die Selbstverständlichkeit, mit der Max Streibl ebenso abkassiert hat.

Karl Dersch sieht abermals das Schweigegesetz verletzt, kann sich diesmal nicht zurückhalten und marschiert in die Staatskanzlei, um seinem alten Freund Edmund, der früher in der Clique nur eine kleinere Rolle spielte, den Marsch zu blasen: «Edi, du bist die größte Sau, die ich kenne!» Man hört das Geschrei der beiden im ganzen

Gebäudeflügel, in dem Stoibers Büro untergebracht ist. «Denver und Dallas hoch drei», immer noch.

Nach der Baur-Sache ist auch das Verhältnis der Strauß-Kinder zu Stoiber gestört, obwohl Stoiber mit ihnen allen, vor allem aber mit Monika Hohlmeier, eng befreundet ist; er ist sogar der Taufpate ihres Sohnes Markus. Ein paar Monate später haben sie sich aber «ausgesprochen»: «Er wollte nicht nur eine Ära beenden, sondern sich selbst als Boten eines neuen Zeitalters präsentieren», sagt Monika Hohlmeier verständnisvoll in einem Gespräch mit der Autorin Herlinde Koelbl. «Aber er wollte meinen Vater nicht vom Sockel stoßen. Und Freundschaften müssen was vertragen können. Ich kenne die Politik schon so lange. Ich weiß, welchem Druck Menschen standhalten müssen, deshalb hält sich meine Enttäuschung in Grenzen.»

Ist es als fürsorgliche Wiedergutmachung gemeint, dass Stoiber die Strauß-Tochter zur Staatssekretärin im Kultusministerium ernennt? Will er den Strauß-Clan auf das neue Zeitalter einstimmen und die immer noch zahlreichen Strauß-Fans zugleich beruhigen?

Es sind erstaunlicherweise nicht die vom Vater angeleiteten Söhne, die in der Politik aufsteigen, es ist die Tochter, von der Strauß es selbst nie erwartet hat. Aber nur «die Tochter» zu sein, das hätte Monika Hohlmeier nicht gereicht. Nach dem Unfalltod ihrer Mutter war die damals 22-Jährige an der Seite ihres Vaters rasch in eine öffentliche Rolle hineingewachsen, vielleicht nicht in die Rolle der Ersten Dame, aber der Tochter des Herrschers. Sie machte, wie die Bayern fanden, ihre Sache gut, sie war freundlich und gelassen, auch wenn hoher Besuch kam, Prinz Charles und Lady Diana beispielsweise. Michael Hohlmeier, der 1982 die Tochter des Ministerpräsidenten geheiratet hatte, musste sich von Anfang an auf eine ziemlich ungewöhnliche Ehe einstellen.

Der Vater brauchte Monika; für ein Hausfrauendasein oder für ein Studium nach der Ausbildung zur Hotelfachfrau blieb da keine Zeit. Die junge Frau war zwar wie ihre Brüder Mitglied der Jungen Union geworden, aber politisch aktiv wurde sie erst nach dem Tod des Vaters. Die Partei nutzte ihre Bekanntheit, vor allem bei jungen Wählerinnen. Sie war auch eine gefragte Rednerin, in Sälen und Bierzelten: «Ich möchte sagen, dass es Fluch und Segen zugleich war, die Tochter von Franz Josef Strauß zu sein, beides. Die Erwartungshaltung an mich war sehr hoch. Wenn ich in ein Bierzelt kam, dann erwartete jeder gleich die perfekte Rede, die perfekte Kenntnis in allen Angelegenheiten. Von der Strauß-Tochter durfte nur Gutes kommen. Das war schon eine sehr hohe Hürde.» Doch sie entwickelte sich, wurde immer eigenständiger; ihr Vater hatte ihr ein schönes Motto mitgegeben: *Everybody's darling is everybody's Depp.* Sie konnte schließlich sogar auf Distanz zur traditionellen Parteilinie gehen – etwa beim Thema Schwangerschaftsabbruch – sie habe «Verständnis für die Nöte vieler junger Frauen», die kein Kind bekommen wollen.

Ihre Ehe allerdings wurde durch die politische Karriere lange Zeit auf die Probe gestellt, «weil es für einen Mann mit konservativer Erziehung nach wie vor nicht einfach ist, seine beruflichen und familiären Vorstellungen streng partnerschaftlich einzuteilen, manchmal sogar zu seinen Lasten», wie sie sagt. «Wir suchen ja alle nach dem emanzipierten Mann, dem es nichts ausmacht, seine Partnerin mit Freude so zu begleiten, wie wir Frauen die Männer begleiten, wenn sie Erfolg haben.» 1990 in den Landtag gewählt, wird sie bald auch stellvertretende CSU-Vorsitzende und Staatssekretärin.

Ihre Mutter hatte noch geglaubt, es sei unmöglich, Ehefrau und Mutter und zugleich karriereorientiert zu sein. Hohlmeier versucht genau das, auch wenn sie lernen muss: «Die Gesellschaft macht es Männern nicht leicht, es verlangt dem Mann etwas ab, was ihm noch nie zuvor abverlangt worden ist.» Bei alledem scheint sie unverkrampft zu bleiben; sie lacht viel, gibt sich optimistisch, gewährt aber manchmal auch tiefere Einblicke in ihr Seelenleben: «Es gibt auch eine Monika Hohlmeier, die depressiv, kaputt und müde sein kann, und die kennt die Öffentlichkeit nicht», erklärt sie öffentlich. «Das sind die Stunden, in denen ich unruhig und traurig bin. Ich kann dann stundenlang daliegen und mich fragen, warum es mir so schlecht geht.» Solche Bekenntnisse tragen wesentlich zu ihrer Beliebtheit bei.

Max Strauß hingegen macht niemals den Eindruck, bei irgendwem beliebt sein zu wollen. Sein Vater fand es verächtlich, sich als «Gefälligkeitshansel» zu geben. Abgesehen von dieser Haltung, die beim Vater mit viel Charme abgefedert war, hat Max nur die eher rabaukenhaften Eigenarten übernommen. «Auf Druck reagiere ich nur mit Gegendruck», sagt er, «ich heiße Strauß.» Max Strauß macht es allen leicht, ihn nicht zu mögen. Die Kraftmeiereien, die beim alten Strauß immer durch Intelligenz kontrolliert blieben, scheinen beim Sohn manchmal völlig ungehemmt hervorzubrechen. So hat er den Journalisten der «Süddeutschen Zeitung», Michael Stiller, zum Lieblingsfeind erkoren und beschimpft ihn als «Berufsdesinformant», als «Mitglied der journalistischen Totenkopfdivision Joseph Goebbels» oder auch einfach mal als «ausgemachte Drecksau». Stiller stellt einen Strafantrag und zieht ihn erst gegen Zahlung von 10 000 Mark für ehemalige Dachau-Häftlinge zurück. Offensichtlich hält sich Max für jemanden, der außerhalb jeder Regel lebt. Zu spät wird er einsehen, dass mit dem Tod des Vaters auch die Welt untergegangen ist, für die er erzogen wurde und in der er sich auskannte. Und dass er bald ganz ohne Schutz sein wird.

Es fängt an mit kleineren Ärgernissen. Max Strauß ist der Vorsitzende des CSU-Kreisverbandes München, und als solcher steht er einer in Bayern und der CSU einzigartigen Versammlung vor: einer Truppe von Verlierern. Denn in München gewinnt traditionell die SPD, die dagegen im Land Bayern seit langem in politischer Bedeutungslosigkeit verharrt. Seit Max Strauß hier zu den Führungsfiguren gehört, herrscht in der Münchner CSU die nackte Willkür oder, wie manche Journalisten sagen, die «Karikatur des Führungsstils von Franz Josef Strauß»: Spezln- und Vetternwirtschaft, heimliche Absprachen der Führungsleute, manipulierte Wahlen, Druck und Einschüchterung gegenüber Abweichlern. Die «Süddeutsche Zeitung» bezeichnet den Kreisverband als «Schlangengrube». Der Vorstand scheint obendrein einen äußerst laxen Umgang mit Parteigeldern zu pflegen. Jedenfalls fehlen in der Kasse des Kreisverbandes plötzlich 200 000 Mark. Und ausgerechnet Erich Riedl, der väterliche Freund, der Max und seinen Bruder in die Junge Union aufnahm – dieser Riedl lässt sich von der Parteispitze beauftragen, der Sache genauer nachzugehen. Riedl findet rasch heraus, dass sein ehemaliger Schützling Max «irgendwie von der richtigen Fahrbahn abgekommen ist»

(Riedl). Aber er muss erleben, dass ihn die Führung der Landespartei in seinem Aufklärungsbemühen einfach stoppt, als es für Max kritisch zu werden droht. Noch Jahre später zielt Riedl enttäuscht in Richtung Stoiber und andere: «Wissen Sie, zu Lebzeiten mit dem Strauß in Urlaub fahren und sich zu dessen Freundeskreis zählen zu dürfen, das fanden die toll. Aber dann, wenn die Eltern tot sind, haben dieselben Leute nicht den Mut, zu sagen, Max, jetzt mach mal Schluss. Die haben mich völlig allein gelassen.»

Aber auf Max Strauß und die Strauß-Familie wartet noch ganz anderer Ärger: Michael Stiller und andere Rechercheure finden jetzt heraus, dass Ministerpräsident Strauß an der Werbeagentur seines Freundes Walter Schöll finanziell beteiligt war. Es lässt sich mit Dokumenten belegen, dass Schöll den Erben beim Verkauf seiner Agentur 275 000 Mark Abfindung für den Anteil des Vaters ausgezahlt hat. Von 1983 bis 1988, bis zum Tod von Strauß, hatte die «Contas»-Agentur rund 2,55 Millionen Mark Gewinn gemacht, davon waren auf Strauß knapp 400 000 Mark entfallen. Schöll hatte nach 1988 schnell eingesehen, dass die Agentur ohne die Vermittlung und den Schutz von Strauß nicht mehr lange lebensfähig sein würde – und sie rasch noch günstig verkauft.

Der treue Schöll bleibt übrigens dem Omertà-Prinzip streng verpflichtet, weit über den Tod seines großen Freundes hinaus: Beim Untersuchungsausschuss zur Aufklärung der Zwick-Affäre wird er gefragt, ob die «Contas» einen Mitbesitzer gehabt habe. Er leugnet tapfer und erklärt sich zum «Alleinbesitzer». Etwas später kommt aber die Wahrheit ans Licht, und Schöll wird wegen Falschaussage verurteilt. Die Strafe von 12 000 Mark zahlt er schweigend. Und noch Jahre später, als Zeuge im Zwick-Prozess 1999, wird er nur sagen, er sei alt und müde und könne sich an nichts mehr erinnern.

Im Frühjahr 1995 kommen die Ermittlungen der Augsburger Steuerfahnder und Staatsanwälte gegen Karlheinz Schreiber richtig in Fahrt. Dieser hat offensichtlich ungeheure Geldsummen mit Waffengeschäften verdient, das Geld durch ein komplexes System von Konten gepumpt und es sorgfältig vor der Steuer verborgen. Im Oktober

1995 tauchen in Kaufering Staatsanwälte und Steuerfahnder zur Hausdurchsuchung auf. Zu dem beschlagnahmten Material gehören auch zwei unscheinbare kleine Kalender; sie werden später wichtige Beweisstücke. Schreiber, der neben der deutschen auch die kanadische Staatsbürgerschaft besitzt, wird sich der Strafverfolgung bald durch seine Flucht nach Kanada entziehen. Die Auslieferung eines Kanadiers an deutsche Behörden, das weiß Schreiber, ist so gut wie ausgeschlossen.

Am 14. Dezember 1995 erfolgt eine weitere Hausdurchsuchung, diesmal beim CDU-Schatzmeister Walther Leisler Kiep: Der CDU-Spendenskandal deutet sich bereits an. Kiep wird später, in die Enge getrieben, den Staatsanwälten den Empfang einiger Großspenden für die CDU gestehen – nicht nur von Schreiber, sondern auch von Thyssen. Beispielsweise sei 1991 einmal Bargeld in Höhe von 1,3 Millionen Mark auf einem Autobahnrastplatz übergeben worden. Entsprechend den Strauß-«Sonderkonten» tauchen diverse CDU-«Schattenkonten» auf. Kanzler Kohl wird das alles zugeben, wird sich aber weigern, die Namen einiger besonders generöser Großspender zu nennen.

Am selben Tag wie bei Kiep tauchen die Fahnder auch in der Tegernseer Villa von Holger Pfahls auf. Der ehemalige Strauß-Referent und spätere Chef des Verfassungsschutzes sagt über seinen Freund Schreiber: «Ich habe nie Geld gesehen von diesem Mann.» Eine dreiste Lüge, wie sich später herausstellt. Max Strauß muss gespürt haben, dass die Ermittler auch ihn im Visier haben; langsam und unaufhaltsam arbeiten sie sich an ihn heran. Dabei hat Max Strauß im Dezember 1995 gerade Grund zum Feiern: Er heiratet seine Freundin Gabriele, die Tochter eines Münchner Bauunternehmers und gelernte Architektin; die Hochzeit wird in Italien gefeiert, ein rauschendes Fest mit viel europäischer Spitzenprominenz, die «Traumhochzeit von Verona». Gabriele macht Pläne für eine gründliche Renovierung der Familienvilla.

Die Hausdurchsuchungen gehen Schlag auf Schlag weiter. Im Januar 1996 werden zeitgleich mehrere Wohnungen und Büros des Rechtsanwalts Max Strauß durchsucht, darunter auch eine Wohnung in Berlin. Unter anderem werden Computer-Festplatten beschlagnahmt. Aber offensichtlich ist Max gewarnt gewesen; er hat am Vortag etliche Dateien gelöscht – «wegen Virus-Schäden», wie er den Ermittlern sagt. Später wird die Festplatte verschwunden sein.

In den Kalendern Schreibers stoßen die Ermittler auf rätselhafte Notizen; es sind offenbar verschlüsselte Hinweise auf getätigte Geld-Überweisungen. Immer wieder tauchen die Namen «Master», «Maxwell», «Waldherr» und «Holgart» auf. Nach gründlicher Recherche ordnet der Augsburger Steuerfahnder Winfried Kindler diese Tarnnamen realen Personen zu, zunächst hypothetisch. Karlheinz Schreiber wird später in Interviews einige dieser Zuordnungen bestätigen: «‹Master› ist ähnlich entstanden wie ‹Waldherr›. ‹Waldherr› stand für Walther Leisler Kiep. ‹Master› stand für Franz Josef Strauß», sagt er einem ARD-Reporter.

Nach seiner jahrelangen Flucht und der Festnahme 2005 in Paris gibt auch Holger Pfahls es zu: Mit «Holgart» sei er gemeint gewesen, er habe über dieses schweizerische Tarnkonto 1,94 Millionen Mark von Schreiber bekommen. Und «Maxwell»? Ist es ein Konto für Max Strauß?

Beim Berliner Untersuchungsausschuss zur Parteispendenaffäre, im Jahre 2000, wird Max Strauß als Zeuge verhört: Stimmt es, was Schreiber im fernen Kanada behauptet? Dass er und Strauß junior nur die Vorgaben von Franz Josef Strauß umsetzten: nämlich mit Schmiergeldern Geschäfte für deutsche Unternehmen anzukurbeln? Und zugleich mit den erzielten Provisionsgewinnen die Partei zu finanzieren? Max Strauß schweigt zu der Frage, ob er von Schreiber Geld erhalten habe. Er schweigt auch zu der Frage, ob solche Gelder als Spenden an die CSU geflossen seien.

Das bayerische Denkmal Franz Josef Strauß verliert immer mehr von seinem Glanz: die Zwick- und Tandler-Affäre, die Baur-Honorare, die «Contas»-Gewinne … und jetzt, im April 1996, findet die Siegburger Hausfrau Marita Halft auf dem Trödel die brisanten Akten des CSU-Schatzmeisters Wolfgang Pohle. Der «Spiegel» kann endlich dokumentarisch belegen, wie das System aussah, mit dem Marianne und Franz Josef Strauß die CSU finanzierten: Es bestand aus diversen Sonderkonten und einem Spenden-System für Unternehmen, dessen Struktur an die «Cosa Nostra» erinnerte: Schutzgelder an Strauß, um die «sozialistische Umwälzung» zu verhindern. Der 1993 über seine «Amigo-Affäre» gestürzte Max Streibl ist fassungslos: «Wenn ich bedenke, wie die es getrieben haben und weswegen ich zurückgetreten bin. Das waren daran gemessen wirklich nur Lappalien.» Maria Strauß, die jetzt bald 90 Jahre alte Schwester von Franz Josef Strauß, muss solche Äußerungen über ihren geliebten Bruder Franz in den Zeitungen lesen.

Währenddessen scheint der Aufstieg der Monika Hohlmeier unaufhaltsam. Seit 1993 Staatssekretärin, wird sie 1998 die bayerische Staatsministerin für Unterricht und Kultus. Die gelernte Hotelfachfrau wird zur erfolgreichen Bildungspolitikerin. «Sie hat sehr viel Intelligenz vom Vater geerbt», sagt Michael Stiller. «Aber irgendwann fing sie an, sich einzubilden, sie müsse ihrem Vater auch im Amt des Ministerpräsidenten nacheifern. Und damit begann der Niedergang.» Will sie wirklich Edmund Stoiber ablösen, früher oder später, den Freund, den Taufpaten ihres Sohnes Markus? Oder ihm nachfolgen, falls er die Bundestagswahlen gewinnt und Kanzler wird?

Offensichtlich glaubt Stoiber, in Monika Hohlmeier wachse eine allzu ehrgeizige Konkurrentin heran. Im Sommer 2003 überträgt er ihr, scheinbar vertrauensvoll, eine schwierige zusätzliche Aufgabe: Sie soll die Vorsitzende des Münchner CSU-Verbandes werden. Es ist der Verband, in dem schon Max und seine Freunde so viel Chaos anrichteten.

Stellt Stoiber sie also gezielt vor die eigentlich unlösbare Aufgabe, als Strauß-Tochter gegen das «System Strauß» anzutreten, das Max hier etabliert hat? Will er sie stolpern lassen? Hier in München, wo die CSU-Leute von der Macht ausgeschlossen sind, wo jeder kleine Konflikt mit großer Verbitterung ausgetragen wird, ist bisher noch jeder Vorsitzende gescheitert. Monika Hohlmeier aber willigt ein und lässt sich zur Vorsitzenden wählen. Die Umarmung nach der Wahl, vor laufenden Kameras, soll gegenseitige Loyalität und Vertrauen signalisieren.

In diesem Sommer 2003 wird die Familiensaga zur Tragödie. An einem Septembertag erhält Monika Hohlmeier einen Anruf ihrer Schwägerin Gaby: «Moni, der Max ist am Ende. Der braucht psychiatrische Hilfe, Franz und ich bringen ihn in die Klinik.» Max Strauß hat nur noch im Bett gelegen, ohne Kraft, sich aufzurichten, sich anzuziehen, ins Arbeitszimmer zu gehen. Hat niemand etwas gemerkt? Schon Weihnachten 2002, bei einer Familienfeier, hatte Max Selbstmordgedanken geäußert; man wusste nicht, wie ernst man das nehmen sollte.

Es ist eine Krise, die sich aus vielen Quellen speist; eine Desorientierung, weil die bayerische Welt nicht mehr so ist, wie sie war, und deshalb der Lebensentwurf unmöglich wurde. Sie ist aber auch eine Folge der seit fast acht Jahren laufenden Ermittlungen. Man muss sich einen Mann vorstellen, der weiß, dass er im Sinne der Verdächtigungen nicht schuldig ist, und der lange Zeit ein Mammutverfahren ertragen muss. Max war seit Jahren immer dicker geworden, hatte sich gepanzert, hatte sich Schritt für Schritt von einer Welt zurückgezogen, die er nicht mehr verstand und als feindselig empfand, hatte sich vor ihr verborgen. Sein letztes Refugium war sein Arbeitszimmer, dort sperrte er sich ein. Niemand hatte Zutritt, nicht die beiden Kinder, Marianne und Gloria, und nicht einmal seine Frau.

Als Max in der Klinik ist, entdeckt Gaby Strauß in seinem Arbeitszimmer, dass er hier schon lange nicht mehr gearbeitet hat. Briefe liegen herum, die seit Jahren ungeöffnet sind, wichtige Geschäfte blieben unerledigt. Max Strauß hat in dieser quälenden und einsamen Phase seines Lebens auch einen großen Teil seines Vermögens eingebüßt, allein 3,5 Millionen Euro mit seiner Computerfirma. Wegen des dringenden Verdachts der Steuerhinterziehung ist sein gesamtes Vermögen gepfändet.

«Max hat den Lebensmut verloren», sagt Monika Hohlmeier über die menschliche Tragödie des Bruders, der sich immer so robust gab, herrisch im Auftreten, barsch im Tonfall, schnell bis vorschnell im Urteil und deftig und beleidigend in seinen Äußerungen. Sie sei oft «völlig konsterniert» gewesen über seine «emotionalen und völlig realitätsfremden Ausbrüche», sagt Hohlmeier. Tiefe Depression, lautet die Diagnose der Ärzte; ein schweres psychiatrisches Krankheitsbild.

Die jetzt folgenden Monate und Jahre sind der absolute Tiefpunkt in der Familiengeschichte. Zunächst stehen gegen Max Strauß zwei Prozesse an. Im November 2003, nur wenige Wochen nach seinem Zusammenbruch und der Einlieferung in die psychiatrische Klinik, beginnt gegen ihn der «Wabag-Prozess», ein Verfahren wegen Beihilfe zum Betrug: Er soll als Rechtsberater der Anlagegesellschaft Wabag (Wirtschafts- und Beratungs-AG) in Oberhaching von den betrügerischen Methoden der Firma gewusst haben oder sogar daran beteiligt gewesen sein, Tausende von Kleinanlegern um ihr Geld zu bringen – insgesamt um hundert Millionen Mark. Sein Schwager, Michael Hohlmeier, dem er zuvor noch bei der Wabag einen guten Posten als «Controller» vermittelt hatte, war nach kurzer Tätigkeit wieder ausgestiegen. Er soll überzeugt gewesen sein, «dass hier irgendwann der Staatsanwalt vorbeischaut». Michael Hohlmeier wechselte rechtzeitig in den Konzern eines alten Freundes seines Schwiegervaters, Leo Kirch.

Max aber machte weiter. Sein Anwalt sagt, er sei dafür aber nur «eingeschränkt schuldfähig»: «Es gibt Anzeichen, dass er während der Tatzeit strafrechtlich nicht voll verantwortlich war»; er habe die komplexen Verflechtungen der Firma gar nicht mehr durchschauen können. Schwester Monika sagt, Max sei nicht so sehr Handelnder als vielmehr Opfer gewesen: «In den letzten zehn Jahren, in denen er persönlich gejagt wurde, ist der Mensch Max zerbrochen.» Ihm seien ohne Prozess und Urteil Konten gesperrt worden. Unzählige böse Schlagzeilen habe er auf sich gezogen.

Auf Drängen seines Anwalts hat Max schon vor Prozessbeginn seine Zulassung als Anwalt zurückgegeben. Auch sein Parteiamt als stellvertretender Vorsitzender im Münchner CSU-Kreisverband – also Stellvertreter seiner Schwester – lässt er ruhen. Max Strauß legt ein volles Geständnis ab, das sich strafmildernd auswirkt. Am 16. April 2004 wird das Urteil gesprochen: 300 000 Euro Geldstrafe, zahlbar in 20 Raten.

Doch schon drei Monate zuvor, im Januar 2004, hat vor dem

Landgericht Augsburg ein weiteres Strafverfahren gegen Max Strauß begonnen – er soll für die Vermittlung von Airbus-Flugzeugen an Luftfahrtgesellschaften in Kanada und Thailand von dem Lobbyisten Karlheinz Schreiber Provisionen in Höhe von mindestens 5,2 Millionen Mark (2,6 Millionen Euro) erhalten und nicht versteuert haben. Dieses Geld soll in nur zwei Jahren, zwischen 1988 und 1990, also unmittelbar nach dem Tod seines Vaters, auf ein Schweizer Konto geflossen sein, das zunächst den Tarnnamen «Master» trug, aber dann in «Maxwell» umbenannt wurde. Demnach wäre das Geld also ursprünglich für Franz Josef Strauß bestimmt gewesen? Ist es der sichtbare Teil eines eingespielten Systems: Hat Strauß persönlich regelmäßig Provisionen von Schreiber erhalten? Oder haben Franz Josef Strauß und Karlheinz Schreiber dieses Geld als eine Art einmaliger Entschädigung für die seinerzeit so verlustreich misslungenen kanadischen Grundstücksgeschäfte angesehen? Und wenn dies zuträfe: Hat Strauß dann, um rasch zu seinem Geld zu kommen, dem Waffenhändler zu den großen Geschäften erst verholfen – also Aufträge für Airbus und sonstige Handelsprodukte vermittelt?

Für das Bild des Franz Josef Strauß wäre es aufschlussreich, seine geschäftliche Verbindung zu Schreiber genauer zu kennen. Die staatsanwaltschaftlichen Ermittlungen können dabei aber nur wenig helfen: Gegen Tote wird nicht ermittelt. Ab dem Zeitpunkt des Todes von Franz Josef Strauß führte aber Max die Geschäfte der Familie. Und aus dieser Übergangszeit gibt es doch ein paar Hinweise: Die früheste Airbus-Zahlung in den Listen der Staatsanwaltschaft, über eine Summe von 100 000 kanadischen Dollar, ist am 30. September 1988 bei einer Privatbank in Vaduz erfolgt: also am Tag vor dem Zusammenbruch von Strauß am 1. Oktober 1988. Weitere Airbus-Zahlungen an «Master», wie sie die Augsburger Steuerfahnder recherchiert haben, erfolgten am 5. Oktober 1988, also zwei Tage nach dem Tod von Strauß: Diesmal überweist Schreiber gleich fünf Millionen Dollar auf das Konto, am nächsten Tag noch einmal 4,5 Millionen. Bald nach dem Tod von Strauß erhält das «Master»-Konto die neue Chiffre «Maxwell».

Der Direktor der psychiatrischen Klinik, Hans-Jürgen Möller, hält Max Strauß für suizidgefährdet – und für verhandlungsunfähig.

Er warnt: Es sei Schlimmes zu befürchten, wenn das Gericht den Prozess ohne Rücksicht auf den Zustand des Angeklagten durchziehe. Das Gericht bleibt hart. Zu sehr fürchtet es den Vorwurf der Öffentlichkeit, man kehre auch jetzt wieder alles, was mit Strauß zu tun hat, unter den Tisch. Ist es deshalb, wie Max und sein Anwalt behaupten, ein «politischer Prozess»? Ein beauftragter Landgerichtsarzt, Medizinaldirektor Richard Gruber, hat den Richtern bestätigt, Strauß sei sehr wohl verhandlungsfähig.

Ein Strauß als Angeklagter vor einem Strafgericht – eine Sensation, die mehr als hundert Journalisten am Eröffnungstag nach Augsburg kommen lässt, dazu Dutzende von Fotografen und Fernsehteams. Sie halten das Unglaubliche fest: der unantastbare Sohn des mächtigen Herrschers als ein Bild des Jammers. Seine kurzen fragmentarischen Bemerkungen wirken müde und matt, die Stimme klingt schwer, die Worte kommen schleppend. Ist es die Wirkung der Medikamente? Die depressive Erkrankung selbst? Totale Apathie?

Max Strauß wird an jedem Verhandlungstag aus der Klinik zum Gericht gefahren. «Es ist schon makaber», sagt Anwalt Dingfelder, «jemanden aus einer lang angelegten stationären Behandlung herauszureißen und auf Teufel komm raus auf die Anklagebank zu zerren.» Michael Stiller, der vermeintliche «Todfeind» von Max Strauß, sagt, er habe «persönlich den Eindruck, dass diese Krankheit wirklich manifest ist. Ich fand es nicht fair, einem Menschen, der so krank ist und unter solchen Medikamenten steht, den Prozess zu machen.» Politische Gegner wie der SPD-Fraktionsvorsitzende Franz Maget behaupten, Max suche Zuflucht zur Krankheit, um sich einem ordentlichen Verfahren zu entziehen. «Trick oder Tragödie?», hat auch der «Spiegel» gefragt. Monika Hohlmeier dazu: «Denen fehlt jedes Maß an Anstand.»

Max steht da im Gericht, hünenhaft und trotzdem in sich zusammengesunken. Seit dem Eröffnungstag nimmt er am Verfahren kaum noch teil, er schweigt, er wirkt wie erloschen: ein Mensch in den Trümmern seiner bürgerlichen Existenz. Die hoch gespannten Erwartungen des Vaters blieben unerfüllt, sie waren für Max Strauß unerfüllbar; und einen alternativen Plan für sein Leben hat er nicht gehabt. «Ich glaube, dass es für meinen Bruder Max eine echte Bürde, eine viel größere Bürde war als für mich», sagt Monika Hohlmeier. Er war der Lieblingssohn, er galt als Kronprinz. Das war ihm offensichtlich zu Kopf gestiegen, buchstäblich.

Sein Anwalt verlangt, bei der forensischen Begutachtung müsse auch die Frage nach dem «Übervater Strauß» eine entscheidende Rolle spielen. Es sei für Max sehr schwer gewesen, «im Schatten des Giganten» aufzuwachsen und vergebens um dessen Anerkennung zu kämpfen. Er wollte wie sein Vater sein, ein Adler, der hoch hinausfliegt, doch er, Max, «konnte nur flattern», sagt Anwalt Dingfelder. Groß und «immer unerfüllt» sei deshalb später sein Bedürfnis gewesen, von aller Welt respektiert zu werden. Andernfalls ließ er «den großen Max» raushängen. «Er lebte in einer Traumwelt.»

Kaum ein anderes Bild verdeutlicht so sehr die Abwendung Stoibers von seinem Mentor Franz Josef Strauß wie sein Auftritt als Zeuge vor diesem Gericht. Der Ministerpräsident lässt seine Sicherheitsbeamten im Gerichtssaal so postieren, dass es für die Fotografen unmöglich ist, ihn und den Sohn Strauß zusammen auf ein Bild zu kriegen.

Der Edmund würdigt den Max, seinen früheren Duz-Freund, keines einzigen Blickes; und Max spielt desinteressiert und gedankenverloren mit seinem Handy.

Viele andere CSU-Politiker, die ehemaligen Günstlinge und Bewunderer des Franz Josef Strauß, werden vorgeladen. Alle beteuern, die CSU habe niemals Geld von Schreiber oder Max erhalten.

Franz Georg Strauß hat versucht, einige der Vorwürfe gegen seinen älteren Bruder selbst zu recherchieren, und ist eigens nach Kanada gereist, zu Schreiber, wie er als Zeuge berichtet. Doch bei Schreiber seien an den kritischen Punkten «die Stahlrollos runtergegangen». Da die fraglichen 5,2 Millionen Mark bis 1995 auf dem schweizerischen Nummernkonto «Maxwell» gelegen hätten, am 26. Januar 1995 aber – kurz nach den Hausdurchsuchungen bei Max Strauß – auf ein Konto in Liechtenstein überwiesen wurden, sei er auch nach Liechtenstein gefahren. Die Bank-Manager hätten ihm «völlig eindeutig» erklärt, dass sich aus den Bankunterlagen keinerlei Beziehungen zwischen dem fraglichen Konto und Max Strauß ableiten lassen. Das Gericht kann oder will diese letzte Aussage nicht prüfen, Liechtenstein ist nicht zur Rechtshilfe verpflichtet. «So ist Europa», sagt Richter Hofmeister.

Vielleicht ist Europa so; aber man hätte es ebenso gut versuchen können.

Die Reporter staunen über diesen «jüngeren Bruder», der zurückgezogen lebt, in keine Affären verwickelt ist und – selbst hier vor dem Gericht – reichlich über den Charme verfügt, der seinen Vater auszeichnete. Obendrein tritt Franz Georg Strauß dem Gericht selbst als Jurist gegenüber: Gerade ein paar Monate zuvor hat er vollbracht, wozu seinem Vater stets die Zeit oder die richtigen Umstände fehlten, er hat seine Doktorarbeit geschrieben, über europäisches Recht. Franz Georg Strauß hat offenbar eine Fähigkeit, über die seine beiden Geschwister Max und Monika nicht verfügen: innerlich unabhängig von der Welt des Vaters einen eigenen Weg zu gehen.

Der 22. Juni 2004 ist der Tag, an dem zwanzig Jahre zuvor Marianne Strauß tödlich verunglückte. An diesem Tag wird im Landgericht Augsburg das Urteil gesprochen. Max hat über fünf Prozessmonate geschwiegen; es war ein reiner Indizienprozess, einschlägige Dokumente hat es ebenso wenig gegeben wie Hauptbelastungszeugen. Die Ankläger stützen sich hauptsächlich auf den Kalender von Schreiber.

Es bleiben aber bereits jetzt Zweifel: Zwar scheint sicher, dass Schreiber für Max Strauß auf das Tarnkonto «Maxwell» Geld überwiesen hat. Es gibt aber keinen Beweis dafür, dass Max Strauß dieses Geld je angenommen hat. Wenn er es nicht genommen hat, musste er es logischerweise auch nicht versteuern: Warum dann also eine Strafe wegen Steuerhinterziehung? Darauf vor allem wird Anwalt Dingfelder die Revision aufbauen.

Richter Maximilian Hofmeister ist sich sicher, Max Strauß habe «ganz profan und raffgierig» Steuern hinterzogen. Er habe seine «vom Vater ererbten Kontakte» als «Türöffner» für Karlheinz Schreiber benutzt. Er habe dafür über 5,2 Millionen Mark (2,6 Millionen Euro) Provision «faktisch erhalten» – als «Maxwell» – und er habe dieses Geld nicht versteuert. Das Urteil lautet: Freiheitsstrafe von drei Jahren und drei Monaten. Hofmeister hält dem Verurteilten auch mahnend vor: «Dieses Strafverfahren hätte Ihnen Gelegenheit geben können, Ordnung in Ihr Leben zu bringen und die Schatten der Vergangenheit abzustreifen. Sie haben diese Chance ausgeschlagen.» Dass der Angeklagte der Sohn von Franz Josef Strauß ist, habe für das Gericht keine Rolle gespielt. Diese Tatsache könne die Taten nicht entschuldigen, jeder sei für sein Tun selbst verantwortlich.

Nach der Urteilsverkündung stürmt Max, immer noch bullig, durch den Pulk von Fotografen und Kameraleuten hinaus ins Freie. Seine Frau Gabriele ruft laut durch den Saal: «Mein Mann ist unschuldig.» Verteidiger Wolfgang Dingfelder nennt das Urteil ein «einseitiges Blendwerk, das man natürlich nicht akzeptieren kann».

Die Schatten der Vergangenheit: Sie haben das Leben des Max Strauß offensichtlich beinahe zerstört. Psychisch schwer krank, als Anwalt gescheitert und aus seiner Sozietät ausgeschlossen, mit 3,5 Millionen Euro Verlusten in seiner Computerfirma, mit Pfändungen gegen seine Konten und einer Zwangshypothek auf die Villa zerbricht schließlich auch seine Ehe mit Gaby. Gabriele Strauß fühlt sich «zermürbt», sie hat «panische Angst, dass unser Haus verwanzt ist», sie hat zeitweilig «Lähmungserscheinungen, nervöses Zucken am Auge …». Sie zieht mit den beiden Töchtern Marianne und Gloria zu ihren Eltern, die Villa wird vermietet. Max verkriecht sich in Rott am Inn, wo der alte Zwicknagl-Besitz immer noch als Zufluchtsort zur Verfügung steht. Ein paar Monate später verlangt Gaby die Scheidung – was Max, wie er der «Bunten» erzählt, «gut verstehen» kann. Seine Frau will von ihm 3000 Euro monatlich als Unterhalt für die Kinder. Sie will außerdem die Hälfte des Wertes der Villa (geschätzt: 1,4 Millionen), «um ein neues Leben anfangen zu können». Max Strauß hat aber «zurzeit», wie er sagt, «keinerlei Einkünfte». Sein gesamtes restliches Vermögen hat das Finanzamt gepfändet.

Vier Wochen nach der Urteilsverkündung gegen Max Strauß, am 20. Juli 2004, gibt Monika Hohlmeier in München auf: Sie kündigt für den kommenden September ihren Rücktritt vom örtlichen Parteivorsitz an – «wegen Arbeitsüberlastung». Es scheint genau das eingetreten zu sein, was viele – und wohl auch Stoiber – vorausgesehen haben: Der Grabenkrieg, die Schlammschlachten, die wechselseitigen Verleumdungen ganz im alten Stil der Münchner CSU sind unerträglich. Offensichtlich hat sie es nicht geschafft, Ordnung in die «Schlangengrube» zu bringen, schlimmer noch: Die Verhältnisse sind chaotischer geworden. Die Staatsanwaltschaft findet Beweise, dass im CSU-Kreisverband ganze Mitgliedslisten gefälscht wurden, dass neue Mitglieder «gekauft» und damit interne Wahlen manipuliert wurden. Die Täter – teilweise die alten Freunde von Max – werden rechtskräftig verurteilt, behaupten aber, «die Ministerin hat alles gewusst» und habe es «billigend in Kauf genommen». Monika Hohlmeier schlägt hart zurück: «Alles erstunken und erlogen!» Aber in solchen Situationen erinnert sich natürlich jeder daran, was sie in ihrem Gespräch mit Herlinde Koelbl einmal verriet: «Bei einem Angriff geht man nach außen in die Attacke und sagt, erstens, was geht euch die Sache an, und zweitens, was behauptet wird, das stimmt nicht.»

Im Grunde versucht sie mit der Ankündigung ihres Rücktritts nur noch Zeit zu gewinnen. Denn sie ist schwer unter Druck geraten. Vier Tage zuvor, am 16. Juli, so sagen empörte Parteimitglieder, sei Monika Hohlmeier auf einer Versammlung erschienen, habe am Podium Platz genommen und mit einem blauen (manche sagen: grünen) Schnellhefter gewedelt: «So. Gegen jeden von euch hab ich hier was.» Ein «Dossier», so verstehen es die meisten, angelegt zum Zweck der Einschüchterung und Erpressung. Hohlmeier bestreitet dies, sie sei vollkommen missverstanden worden. Niemals habe sie jemanden erpressen wollen. Die öffentliche Empörung ist groß, der Name Strauß hilft jetzt nicht mehr, im Gegenteil.

Und wie beim Vater bleibt auch bei der Tochter immer ein Rest Zweifel: Hat sie oder hat sie nicht? Die öffentliche Empörung ist so groß, dass Edmund Stoiber sie am 23. Juli 2004 in die Staatskanzlei bestellt: ein weiteres Gespräch der «alten Freunde» unter vier Augen. Nur drei Tage nach ihrer Ankündigung, sie werde im September ihr Parteiamt niederlegen, ist es für sie aus: Sie muss als CSU-Chefin Münchens zurücktreten. Es ist der Anfang vom Ende.

Denn von jetzt an ist die ehemalige Sympathieträgerin dauernd und heftig in der Kritik. Niemand hat noch Vertrauen zu ihr, selbst die ehedem so folgsame Parteibasis hat die ewigen Zweideutigkeiten satt. Die Münchner Presse schießt sich auf sie ein. Das Sehbehindertenzentrum Schleißheim, in dem ihr Mann Michael Hohlmeier stellvertretender Direktor ist, hat vom Ministerium 8,5 Millionen Euro für einen Erweiterungsbau erhalten – «skandalös bei dem allgemeinen Sparkurs», schreibt der «Münchner Merkur». Die Ernennung ihres Pressesprechers, des Lehrers Peter Brendel, zum Direktor eines Gymnasiums in Pfarrkirchen wird als unzulässige Begünstigung, als dreiste Vetternwirtschaft gesehen (das Verwaltungsgericht erklärt später diese Ernennung für rechtlich korrekt).

Freund Edmund schweigt zu alledem, lange. Dann, kurz bevor ein Untersuchungsausschuss zur Münchner CSU-Affäre seine Arbeit aufnimmt, kritisiert der Ministerpräsident öffentlich und ungewöhnlich scharf seine Ministerin – wegen ihrer Bildungspolitik. Der neue Münchner CSU-Vorstand hört nicht auf, ihren Rücktritt auch als Kultusministerin zu fordern.

Dann wird sie von der Affäre um die gefälschten Aufnahmeanträge und den Stimmenkauf in der Münchner CSU eingeholt: Einer der verurteilten Täter, Maximilian Junker, wiederholt am 14. April 2005 als Zeuge vor dem Untersuchungsausschuss den Vorwurf, die CSU-Vorsitzende habe alles gewusst: «Jedem war klar, wer ganz oben steht, das war die Frau Hohlmeier.» Am selben Tag sagt der CSU-Fraktionsvorsitzende im Münchner Rathaus, Hans Podiuk, in einem Interview mit der «Süddeutschen Zeitung», er sei bereits im Dezember 2002 den gefälschten Aufnahmeanträgen auf die Spur gekommen, aber die Ministerin habe ihn daran gehindert, gegen den Fälscher Maximilian Junker vorzugehen. Hohlmeier wird vor dem Ausschuss wiederholen, sie habe weder Wahlfälschungen unterstützt noch Parteikollegen erpresst. Und unter Tränen wird sie sagen: «Die Münchner CSU ist ein ‹Intrigantenstadl›, in dem nur noch Mauscheleien und Intrigen herrschen.»

Aber nicht einmal der Ministerpräsident glaubt ihr noch. Nach einem Gespräch mit Edmund Stoiber muss Monika Hohlmeier am nächsten Tag, dem 15. April 2005, von ihrem Ministeramt zurücktreten. Sie ist nicht mehr zu halten, die Stimmung hat sich vollkommen gedreht. Der Name Strauß, der einmal alle Türen öffnete, ist für die Politik in Bayern zur Belastung geworden. An diesem Tag trennt sich Stoiber nicht nur von Monika Hohlmeier, sondern endgültig auch von seinem Übervater Strauß. Das «System Strauß» ist erledigt, schreiben Kommentatoren.

Ihre letzte Pressekonferenz als Ministerin: Die neugierigen Journalisten, die Kameras und Mikrophone, die gespannte Aufmerksamkeit, alles das gehörte immer zum Alltag der Familie Strauß. Die Reporter spüren das Besondere des Augenblicks: Eine lange Epoche geht zu Ende. Familiensaga? Tragödie? Bauerntheater?

Max, ein Häuflein Elend vor dem Richter, verurteilt als notorischer Steuerbetrüger; Monika, hoch aufgerichtet, doch blass in der Pressekonferenz, die sie als Ministerin zu ihrem eigenen Sturz geben muss – es sind Bilder, die das definitive Ende dieser bayerischen Ausnahmefamilie zeigen. Hundert Jahre nach der Eröffnung eines Metzgerladens in der Schellingstraße ist die Herrscherfamilie, die einst so stolz schien, so mächtig und so unverwundbar, endgültig abgestürzt.

Doch ein halbes Jahr später dreht sich das Spiel noch einmal, mit einem Paukenschlag oder, wie einige Journalisten schreiben, mit einer «Ohrfeige» – für das Landgericht Augsburg. Der Bundesgerichtshof hebt im Oktober 2005 den Haftbefehl gegen Max Strauß auf, es verwirft das Urteil und verweist es zur Neuverhandlung an das Gericht zurück. Vor allem die Erklärung im Urteil, Max hätte auch dann die von Schreiber für ihn gebunkerten Gelder versteuern müssen, wenn er sie nie erhalten hat, sei äußerst «lückenhaft» begründet. Deshalb konstruiert die Staatsanwaltschaft jetzt einen neuen Vorwurf: Max Strauß sei «gewerbsmäßiger Lobbyist» gewesen; als solcher habe er wie jeder Kaufmann die für ihn deponierten 2,6 Millionen Euro wie Außenstände behandeln – und versteuern müssen.

Am 6. August 2007, nach sechs Monaten Verhandlung, wird das Urteil gesprochen, in demselben Raum der 9. Strafkammer des Landgerichts wie am 22. Juni 2004. Richter Manfred Prexel sagt «im Namen des Volkes»: «Der Angeklagte wird freigesprochen.» Und es folgt eine Begründung von außerordentlicher Klarheit: «Der Angeklagte war unter keinem rechtlichen Gesichtspunkt verpflichtet, für die auf dem Konto ‹Maxwell› eingezahlten Beträge Einkommenssteuer zu bezahlen. Das Konto gehörte allein Karlheinz Schreiber. Zahlungen von diesem Konto an den Angeklagten sind nicht erfolgt. Max Strauß hat von Karlheinz Schreiber nichts erhalten. Also muss er auch nichts versteuern. Er hat keine Steuern hinterzogen.»

Max Strauß, der «Schieber», der «Waffenhändler», der «Steuerbetrüger», ist frei. Er ist unschuldig. Zwölf Jahre lang hat man ihn verdächtigt. Jetzt kann er sein Vermögen, das jahrelang gepfändet war, zurückfordern. Er kann Schadensersatz verlangen und seine alten Steuererklärungen korrigieren lassen. Die Geschwister von Max laufen zu ihm, die drei umarmen sich, lachen freudestrahlend. Halten sich wiegend umschlungen. «Eisbären». Ein großes Aufatmen im Blitzlichtgewitter. «Es war schrecklich», sagt Monika Hohlmeier, «mit ansehen zu müssen, wie Max bis zur Grenze der physischen und psychischen Vernichtung getrieben wurde.»

Die unerträglich lange Dauer des Verfahrens ist kritikwürdig. Sie hat aber nicht zuletzt damit zu tun, dass Steuerfahnder und Staatsanwälte erst einmal Licht in einen unvergleichlichen Dschungel bringen mussten, in das System des Karlheinz Schreiber: ein System von Briefkastenfirmen und Treuhandanstalten zwischen Liechtenstein und Panama, von Fremdwährungs- und Rubrikkonten mit einem irrwitzigen Spiel von Kreuz- und Querüberweisungen, bei dem sich alle anderen Verdächtigen am Ende wirklich als Täter erwiesen hatten, als Schuldige: Pfahls, Kiep, Haastert, Maaßmann. Dieses System hat seinen Ursprung in Airbus- und Panzergeschäften, die alle noch im Schatten des großen und damals unangreifbaren Franz Josef Strauß eingefädelt wurden, man denke nur an jene frühe Szene in Riad, bei der Max, gegen den Einspruch des deutschen Botschafters, für Thyssen und andere Konzerne derlei Waffengeschäfte durchzusetzen versuchte.

Unmittelbar nach der Urteilsverkündung sagt Max Strauß strahlend in die Kameras: «Die Zukunft? Sie beginnt in dieser Sekunde. Neues Spiel, neues Glück.» Nach einem Leben in ungeheurem Glanz und einem Sturz in das tiefste Unglück haben die Kinder und Enkel des Franz Josef Strauß jetzt, zwanzig Jahre nach seinem Tod, zum ersten Mal die Chance, eine ganz normale Familie zu werden.

QUELLEN UND LITERATUR

Interviews

Josef Altinger, Bürgermeister a. D., Rott am Inn
Wolfram Bickerich, Autor, Hamburg
Luitpold Braun, Landrat, Schongau
Hans Christoph, Ehrenpräsident RC Amor, München
Dr. Sergeij Chruschtschow, Historiker, Providence/USA
Karl Dersch, Manager, München
Dr. Peter Gauweiler, Rechtsanwalt, München
Anne von Hassel, Verlegerin, Geretsried
Renate Heidler-Piller, Linz/Österreich
Monika Hohlmeier, MdL, Staatsministerin a. D., München
Siegfried Huber, Direktor Max-Gymnasium, München
Dr. Richard Kirchlechner, Chemiker, Rott am Inn
Robert McNamara, Politiker, Washington D.C./USA
Dr. Erich Riedl, Staatssekretär a. D., München
Christine Roth (Schanderl), Anwältin, Nürnberg
Jakob Rothmeier, Rott am Inn
Rosa Schaber, Unternehmerin, Rott am Inn
Wilfried Scharnagl, Journalist, München
Wolfgang Schmidbauer, Lehrer, Schongau
Michail Schumakow, U-Boot-Kommandant a. D., Moskau
Michael Stiller, Journalist, München
Dr. Franz Georg Strauß, Unternehmer, München
Brigitte Wasum geb. Zwicknagl, Bacharach
Wolfgang Winkler, Vorsitzender der Baur-Stiftung, Burgkunstadt
Dr. Friedrich Zimmermann, Bundesminister a. D.,
    Planegg/München

Archive

Archiv des Maximilians-Gymnasiums München
Archiv des CSU-Ortsverbandes Schongau
Historisches Archiv der Stadt Schongau
Archiv der Stadt Rott am Inn
Privatarchiv Dr. R. Kirchlechner, Rott am Inn
Archiv der Süddeutschen Zeitung, München
Pressearchiv des Westdeutschen Rundfunks, Köln
Film- und Video-Archiv des Westdeutschen Rundfunks, Köln
Schallarchiv des Westdeutschen Rundfunks: Tondokumente zu Franz Josef
Strauß (1952–1988)
Nachlass Franz Josef Strauß, Archiv für Christlich-Soziale Politik der
Hanns-Seidel-Stiftung

Auswahlbibliographie

a) Veröffentlichungen von F. J. Strauß

Entwurf für Europa, Stuttgart 1966
Deutschland, deine Zukunft, Stuttgart 1975
Erkenntnisse, Standpunkte, Ausblicke – in: Franz Josef Strauß, hrsg. von
Karl Carstens, Alfons Goppel, Henry Kissinger, Golo Mann, München
1985
Auftrag für die Zukunft, Percha 1987
Die Erinnerungen, Berlin 1989

b) Bücher

Ackermann, Volker: *Nationale Totenfeiern in Deutschland von Wilhelm I.
bis Franz Josef Strauß,* Stuttgart 1990
Adenauer, Konrad: *Erinnerungen,* Stuttgart 1965
Augstein, Rudolf (Hrsg.): *Überlebensgroß Herr Strauß,* Reinbek b. Hamburg 1980
Augstein, Rudolf: *Schreiben, was ist.* Kommentare, Gespräche, Vorträge,
hrsg. von Jochen Bölsche, Stuttgart/München 2003
Bauer, Winfried (Hrsg.): *150 Jahre Maximiliansgymnasium,* Chronik 1849–
1999
Behrend, Manfred: *Franz Josef Strauß: Eine politische Biographie,* Köln
1995

Bickerich, Wolfram: *Franz Josef Strauß: Die Biographie,* Düsseldorf 1996

Braun, Luitpold: *Der unbekannte Strauß – Die Schongauer Jahre,* Schongau 1992

Brawand, Leo: *Die Spiegel-Story: wie alles anfing,* Düsseldorf 1987

Dahlberg, Thomas: *Franz Josef Strauß – Porträt eines Politikers,* Gütersloh 1968

Drewitz, Ingeborg (Hrsg.): *Strauß ohne Kreide: Ein Kandidat mit historischer Bedeutung,* Reinbek b. Hamburg 1980

Engelmann, Bernt: *Franz Josef Strauß: Das neue Schwarzbuch,* Köln 1980

Finger, Stefan: *Franz Josef Strauß,* München 2005

Gaus, Günter: *Zur Person. Von Adenauer bis Wehner.* Portraits in Frage und Antwort, Köln 1987

Greiwe, Ulrich: *Augstein. Ein gewisses Doppelleben,* München 2003

Haffner, Sebastian: *Geschichte eines Deutschen,* Stuttgart/München 2000

Heinrichs, Hans-Jürgen (Hrsg.): *Franz Josef Strauß: der Charakter und die Maske, der Progressive und der Konservative, der Weltmann und der Hinterwäldler,* Frankfurt/Main 1989

Kirchlechner, Richard: *Rott am Inn. Ortschronik,* Horb am Neckar 2003

Koch, Peter: *Das Duell, Franz Josef Strauß gegen Helmut Schmidt,* Hamburg 1980

Koelbl, Herlinde: *Spuren der Macht. Die Verwandlung des Menschen durch das Amt,* München 1999

Kohl, Helmut: *Erinnerungen 1930–1982,* München 2004

Krone, Heinrich: *Tagebücher* Band 2 (1961–1966), Düsseldorf 2003

Kuby, Erich: *Franz Josef Strauß: ein Typus unserer Zeit –* mit Eugen Kogon, Otto von Loewenstern, Jürgen Seifert, Wien 1963

Leinemann, Jürgen: *Höhenrausch. Die wirklichkeitsleere Welt der Politiker,* München 2004

Merseburger, Peter: *Willy Brandt 1913–1992,* Stuttgart 2002

Schalck-Golodkowski, Alexander: *Deutsch-deutsche Erinnerungen,* Reinbek b. Hamburg 2001

Scharnagl, Siegfried: *Franz Josef Strauß: Der Mensch und der Staatsmann,* Hrsg. Walter Schöll, Percha 1984

Scharnagl, Wilfried: *Bayern und Strauß: Lebenswerk und Abschied,* Percha 1989

Scharnagl, Wilfried: *Marianne Strauß,* Percha 1984

Schmidt, Helmut: *Weggefährten. Erinnerungen und Reflexionen,* Berlin 1996

Schmückle, Gerd: *Ohne Pauken und Trompeten. Erinnerungen an Krieg und Frieden,* Stuttgart 1982

Schoenbaum, David: *«Ein Abgrund von Landesverrat»,* München 1968, Neuaufl. 2002

Stiller, Michael: *Strauß, Schreiber & Co. Das weißblaue Amigo-System,* in: Leyendecker, Hans; Stiller, Michael; Prantl, Heribert: *Helmut Kohl, die Macht und das Geld,* Göttingen 2000

Wolf, Markus: *Spionagechef im geheimen Krieg.* Erinnerungen, München 2002

Zierer, Otto: *Franz Josef Strauß. Ein Lebensbild,* München 1978

Zimmermann, Friedrich: *Kabinettstücke.* Politik mit Strauß und Kohl 1976–1991, München/Berlin 1991

Zimmermann, Ulrich: *Unvergessen: Franz Josef Strauß,* Passau 1989

c) Aufsätze

Archiv für Christlich-Soziale Politik (Hrsg.): *Franz Josef Strauß. Wesentliche Stationen seines Lebens,* München 2000

Barbier, Colette: *Les négociations franco-germano-italiennes en vue de L'établissement d'une coopération militaire nucléaire au cours des années 1956–1958* – in: Revue d'histoire diplomatique, 104. Jahrgang 1990, Heft 1/2

Bliersbach, Gerhard: *Projektionsfläche Strauß* – in: Psychologie heute Jg. 7 1980 Nr. 3

Bloemer, Klaus: *Außenpolitische Vorstellung und Verhaltensweisen des F. J. Strauß* – in: Liberal Jg. 22 1980 Heft 7/8

Glaser, Hermann: *Im bajuwarischen Kulturparadies: Franz Josef Strauß und der deutsche Geist* – in: Pädagogik heute Jg. 20 1987 Heft 3

Halfmann, Dieter: *Lebensweg und Karriere des Franz Josef Strauß* – in: Blätter für deutsche und internationale Politik Jg. 20 1975 Heft 1

Herrmann, Ludolf: *Franz Josef Strauß: Ein Bild von einem Mann:* Versuch über einen Primus, der Erster werden will – in: Der Monat Jg. 31 1979 Heft 3

Heuser, Beatrice: *The European dream of Franz Josef Strauss* – in: Journal of European integration history, Heft 1 1998

Jankus, Anneke: *Franz Josef Strauß und sein Verhältnis zu dem Hamburger Nachrichtenmagazin «Der Spiegel»,* in: Publizistik Jg. 47 2002 Heft 3

Kahn, Helmut Wolfgang: *Strauß und der Griff nach der Atommacht* – in: Blätter für deutsche und internationale Politik Jg. 24 1979 Heft 10

Piller, Renate: *Mein Leben mit Franz Josef Strauß* – in: «Stern» 27–31/1989

Siebenmorgen, Peter: *Franz Josef Strauß (1915–1988),* in: Oppelland, Torsten (Hrsg.): Deutsche Politiker, Band 2, Darmstadt 1999

PERSONENREGISTER

BILDNACHWEIS

1, 2 und 3 – Nachlass Strauß – Sammlung Kray, Archiv für Christlich-Soziale Politik (ACSP) der Hanns-Seidel-Stiftung, München

4 und 5 – CSU-Ortsverband Schongau

6 – Renate Albrecht (Erbengemeinschaft Zwicknagl)

7 – Archiv der Stadt Rott am Inn

8 – Bildarchiv Preußischer Kulturbesitz, Ernst Grossar

9 – Burt Glinn, Magnum, Agentur Focus

10 – Bilderdienst Süddeutscher Verlag

11 – Keystone Pressedienst

12 – Bilderdienst Süddeutscher Verlag

13 – Ullstein Bild / Dietrich

14 – Ullstein Bild / Freiheit

15 – Bildarchiv Preußischer Kulturbesitz, Hanns Hubmann

16 – Heinz Gebhardt, München

17 – Bilderdienst Süddeutscher Verlag

18 – Renate Heidler-Piller

19 – Ullstein Bild / ddp

20 – Ullstein Bild / Seyboldt